?
한국사 상식 바로잡기

한국사 상식 바로잡기

박은봉 지음

cum libro
책과함께

 책머리에

　어느 고요한 수목원에서였다고 기억한다. 이 책의 원고 청탁을 처음 받은 것은. 뜨거운 여름 햇살 아래에서 냇물에 발 담그고 서 있는 내게 "이런 책 어때요?"라고 말을 건네온 것이 시작이었다. 그로부터 몇 년이란 시간이 훌쩍 흘렀고, 길었던 시간만큼이나 많은 우여곡절 끝에 드디어 책이 세상에 나오게 되었다. 기쁘기보다는 홀가분하다. 먼 길 지고 온 무거운 짐을 내려놓았을 때처럼.

　이 책《한국사 상식 바로잡기》는 일반인들에게 널리 알려져 있는 한국사 상식 중에서 잘못된 것을 바로잡고, 그 같은 오류가 발생하게 된 원인을 찾아가고 있다. 오류의 원인은 크게 몇 가지로 나눌 수 있다. 일본 제국주의가 뿌려놓은 식민사학이 낳은 의도된, 그러나 아직 청산되지 못한 오류, 해방 후 나라 만들기 과정에서 생성된 오류, 거슬러 올라가 조선 후기 집권세력의 성리학적 지배질서 강화와 맞물려 만들어진 이데올로기성 오류, 그리고 새로운 사료나 유물·유적의 발굴 등으로 학계에서는 이미 폐기되었으나 일반인들에게는 제대로 알려지지 않은 탓에 여전히 진실로 믿어지는 오류, 사람들 입에서 입으로 전해지면서

책머리에

생긴 단순 오류……. 이 책에 실린 44가지 이야기는 그중 대표적인 것들이다. 그리고 학계에서는 이미 충분히 공유되고 있는 것들이다. 다만 일반인들에게 널리 알려지지 않았을 뿐.

　그동안 역사책을 집필하면서 독자들과 나눈 대화와 독자들로부터 받은 수많은 질문들이 44가지 이야기를 선택하는 데 중요한 기준이 되었다. 그러니 이 책의 절반은 독자들이 쓴 셈이다.

　무엇보다 객관적이고 정확해야 할 역사에 어찌 오류가 있을 수 있냐고 반문할지 모르지만, 역사에서 오류는 어쩌면 있을 수밖에 없는 것인지도 모른다. 역사란 끊임없이 재해석되고 재평가되는 것이니만큼 그 과정에서 현재의 이런저런 필요에 의해 과거를 비틀어버리는 일이 종종 일어나기 때문이다. 이 책을 읽는 독자는 현재의 필요에 의해 과거가 비틀리는 과정을 낱낱이 지켜보면서 '역사란 과연 무엇인가' 하고 새삼 되뇌게 될 것이다.

　책을 쓰면서 여러 분들의 도움을 받았다. 특히 소중한 조언과 함께 귀한 자료를 넘겨주신 이지수 님께 감사드린다. 덕분에 김정호와 《대동여지도》에 대해 아주 새로운 이야기를 쓸 수 있었다. 그 열매는 전적으로 이지수 님의 것이다. 그리고 우리 근현대사의 사료 공백은 당시의 아동 잡지를 비롯한 아동 출판물들로부터 상당 부분 보완될 수 있다는 이지수 님의 조언이 사실임을 책을 쓰면서 몇 번이고 확인할 수 있었다. 당시의 아동 잡지, 아동 출판물들은 단지 아동의 세계를 다루는 데 그치는 것이 아니라 새로운 사상을 보급하는 선두 매체였기 때문이다. 근현대사 연구에서 이 분야에 주목한다면 값진 성과를 거둘 수 있으리라 생각한다.

그리고 사료 번역을 도와준 최연희 님, 구하기 어려운 책을 선뜻 건네준 정상우 님, 초고를 읽고 섬세하게 지적해준 구지영 님을 비롯한 여러 사람들에게 감사드린다. 언제나 내게 힘을 주는 이들이다. 든든한 딸 세운이와 예쁜 글씨로 깔끔하게 정리한 교과서를 빌려준 그 친구 수아에게도 감사한다. 덕분에 우리 역사 교육의 현주소를 엿볼 수 있었다. 미안한 사람도 있다. 애초에 이 책은 한 후배와 공저로 출발했으나 필자의 게으름 때문에 끝까지 함께 하지 못했다. 이 자리를 빌려 다시 한 번 미

책머리에

안한 마음을 전한다.

  전문가 아닌 평범한 일반인들을 위한 역사책 집필에 나선 지 15년이 되었다. 처음 이 일을 시작했을 때에 비하면 격세지감이란 말이 실감날 정도로 역사책들이 양산되고 있지만, 오히려 지금부터 시작이 아닌가 싶다. 더 다양하고 풍부한 주제, 참신한 서술 방식, 재미만큼이나 깊이를 갖춘 양질의 역사책을 독자는 원하고 있다는 게 내 생각이다.

  이제 책과함께 식구들을 만나러 가야겠다. 그들과 함께 하는 시간은 내게 매우 행복한 순간이다.

2007년 늦가을에
박은봉

차례

■ 책머리에 · 4

1 어원에 관한 잘못된 상식 · · · · · · · · · · · · · · · · 11

01 | 고조선의 '고'는 이성계의 조선과 구별하기 위해 붙인 것이다? · · · · 13
02 | 고려 태조 왕건의 성은 왕씨다? · · · · · · · · · · · · · · · · · · · 21
03 | 백정은 도살업자다? · 29
04 | 내시는 거세한 남자다? · 39
05 | 고려장은 고려시대의 장례 풍습이다? · · · · · · · · · · · · · · · · 46
06 | 행주치마는 행주대첩에서 나온 말이다? · · · · · · · · · · · · · · · 55
07 | '두문불출'은 '두문동 72현'에서 나온 말이다? · · · · · · · · · · · 62
08 | 함흥차사는 모두 죽었다? · 70
09 | '현모양처'는 조선시대의 이상적 여성상이다? · · · · · · · · · · · 79

2 인물에 관한 잘못된 상식 · · · · · · · · · · · · · · · · 93

10 | 바보 온달은 평강공주와 결혼한 덕분에 출세했다? · · · · · · · · · 95
11 | 원효대사는 해골 물을 마시고 깨달음을 얻었다? · · · · · · · · · · 104
12 | 최영 장군은 '황금 보기를 돌같이 하라'고 말했다? · · · · · · · · · 112
13 | 강감찬은 귀주대첩에서 강물을 막아 대승을 거두었다? · · · · · · · 119

14	문익점은 붓두껍에 목화씨를 몰래 감춰 왔다?	126
15	신숙주 부인은 남편의 변절이 부끄러워 자살했다?	137
16	홍길동은 실존 인물이 아니다?	147
17	율곡 이이는 십만양병론을 주장했다?	153
18	김정호는 《대동여지도》 때문에 국가기밀 누설죄로 옥사했다?	167
19	명성황후는 한미한 집안의 고아 소녀여서 왕비로 간택되었다?	181
20	최익현은 대마도에서 단식 끝에 굶어죽었다?	190

3 유물·유적에 관한 잘못된 상식 ········ 199

21	고인돌은 남방식, 북방식으로 분류된다?	201
22	금관은 왕이 평소 머리에 썼던 것이다?	211
23	포석정은 왕의 놀이터였다?	219
24	경주 첨성대는 천문대다?	225
25	거북선은 세계 최초의 철갑선이다?	235
26	광화문 앞 해태는 화기를 막기 위한 것이다?	247
27	운현궁은 조선시대 궁궐이다?	255
28	독립문은 반일의 상징이다?	263
29	태극기는 처음부터 지금과 같은 모양이었다?	272

4 책·문헌·사진에 관한 잘못된 상식 ········ 283

| 30 | 《삼국유사》에 따르면 고조선은 기원전 2333년에 건국되었다? | 285 |

31 | 백제의 왕인 박사는 일본에 《천자문》을 전해주었다? · · · · · · · · · 292
32 | 도선대사는 왕건에게 《도선비기》를 주었다? · · · · · · · · · · · · · · 301
33 | 이규보의 〈동명왕편〉은 민족의식을 드높이기 위해 쓴 것이다? · · · · 309
34 | 《홍길동전》은 허균이 쓴 최초의 한글 소설이다? · · · · · · · · · · · 315
35 | 한국 최초의 서구 기행문은 유길준의 《서유견문》이다? · · · · · · · 324
36 | 교과서에 실렸던 명성황후 사진은 진짜다? · · · · · · · · · · · · · · 333

5 정치·사회·생활에 관한 잘못된 상식 · · · · · · · · · · 351

37 | 신라에만 여왕이 있었던 것은 신라 여성의 지위가 높았기 때문이다? · · 353
38 | 윤관이 개척한 동북 9성은 여진족의 간청으로 돌려주었다? · · · · · 365
39 | 임진왜란 때 경복궁을 불태운 건 백성들이다? · · · · · · · · · · · · 372
40 | 조선시대에도 담배는 어른들만 피웠다? · · · · · · · · · · · · · · · · 382
41 | 겉보리 서 말만 있으면 처가살이 안 했다? · · · · · · · · · · · · · · 391
42 | 씨 없는 수박은 우장춘의 발명품이다? · · · · · · · · · · · · · · · · 405
43 | 대한민국은 한반도에서 유일한 합법정부다? · · · · · · · · · · · · · 415
44 | 베트남 파병은 미국의 요구 때문이었다? · · · · · · · · · · · · · · · 422

┃더 읽을거리 외 참고문헌 · 438
┃사진 및 그림 출처 · 455

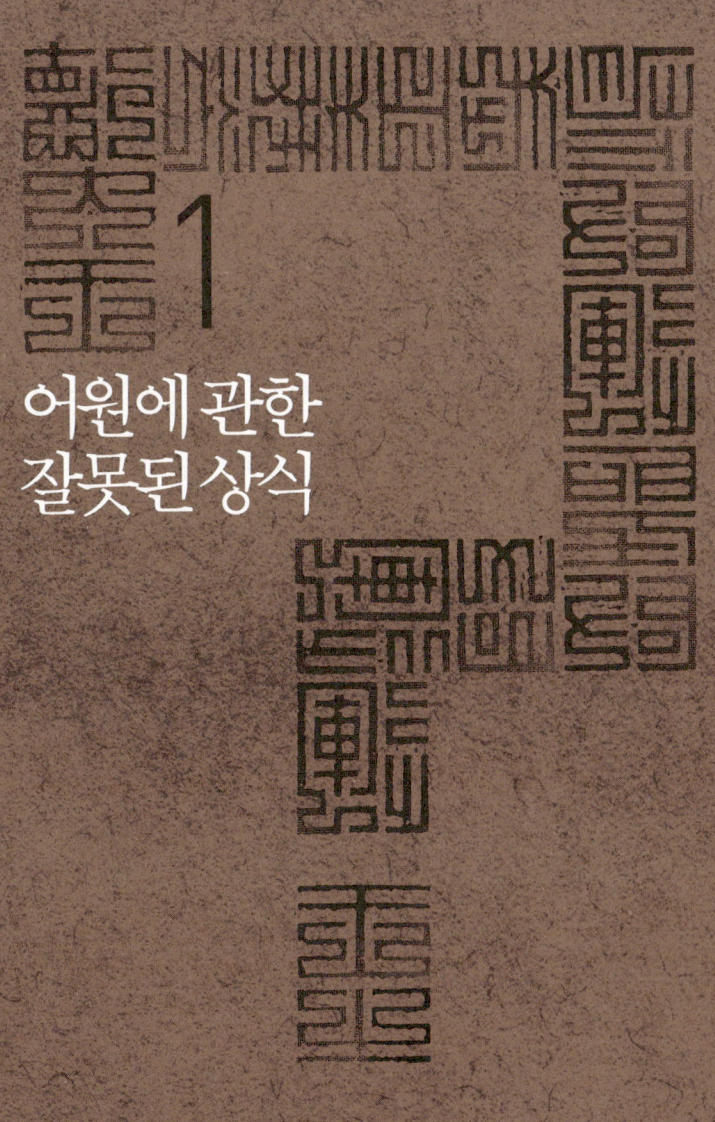

1

어원에 관한
잘못된 상식

어원에 관한 잘못된 상식 01

고조선의 '고'는 이성계의 조선과 구별하기 위해 붙인 것이다?

이성계가 세운 조선과 구별하기 위해 '옛날의 조선'이란 뜻에서 '옛 고古' 자를 붙인 거라고 알고 있는 사람이 많은데, 그렇지 않다. 고조선古朝鮮이라는 이름은 승려 일연이 편찬한 역사책 《삼국유사》〈기이紀異편〉에 처음 나온다. 그런데 일연이 《삼국유사》를 편찬한 것은 이성계가 조선을 건국하기 약 100년 전, 고려 충렬왕 때였다. 일연이 아무리 뛰어난 고승이었다 해도 아직 건국되지도 않은 나라의 이름을 예견하고 그것과 구별하기 위해 '고' 자를 붙였을 리는 만무하다.

그럼 무엇과 구별하기 위해 '고' 자를 붙였을까? 《삼국유사》에서 일연은 '고조선'이라는 제목 아래 단군조선과 기자箕子조선에 대해 서술한 다음, 뒤이어 '위만衛滿조선'이라는 별도의 제목을 잡아 위만조선에 대해 서술하고 있다. 즉 조선을 위만조선과 그전의 조선, 이렇게 둘로 나누고 위만조선과 그전의 조선을 구분하기 위해 '고' 자를 붙인 것이다. 뿐만 아니라 고조선과 나란히 '왕검조선'이라고 써줌으로써 고조선을 왕검조선이라고도 한다는 것을 밝혀놓았다. 《삼국유사》의 해당 대목을 보자.

고조선/왕검조선

옛날에 환인桓因(제석帝釋을 이른다)의 서자 환웅桓雄이 있어 천하에 자주 뜻을 두고 인간세상을 탐내어 구했다. ……풍백, 우사, 운사를 거느리고 곡식, 수명, 질병, 형벌, 선악 등을 주관하고 인간의 360여 가지나 되는 일을 주관하여 인간세계를 다스려 교화시켰다. ……여자가 된 곰은 그와 혼인할 상대가 없으므로 항상 단수壇樹 밑에서 아이 배기를 축원했다. 환웅이 이에 임시로 변하여 그와 결혼해주었더니 그는 임신하여 아들을 낳았다. 이름을 단군왕검이라 일렀다. ……평양성(지금의 서경)에 도읍을 정하고 비로소 조선이라 불렀다. ……주나라 무왕이 왕위에 오른 기묘년에 무왕이 기자를 조선에 봉하니 단군은 이에 장당경藏唐京으로 옮겼다가 후에 돌아와 아사달에 숨어서 산신이 되었는데 나이가 1,908세였다고 한다.

위만조선

연나라 사람 위만은 망명하여 그 무리 1천여 명을 모아서 동쪽으로 달려 요동 변방의 요새를 나와서 패수를 건너 진秦나라의 옛 빈 터 위아래 요새에서 살았다. ……진번과 임둔이 모두 와서 굴복 종속되었으므로 지방이 수천 리가 되었다.

고조선의 '고'는 이성계의 조선과 구별하기 위해 붙인 것이다?

널리 쓰이지 않은 이름, 고조선

고구려 각저총 벽화의 씨름도. 왼쪽의 커다란 나무 밑을 자세히 보면 웅크리고 앉아 있는 곰과 호랑이가 보인다. 곰과 호랑이는 고구려 때에도 대표적인 종교 신화적 상징이었던 것 같다.

조선에 관한 기록은 《삼국유사》뿐 아니라 《제왕운기》, 《세종실록지리지》에도 실려 있다. 모두 《삼국유사》보다 나중에 쓰인 책들이다. 그런데 이들 책에는 고조선이란 이름이 등장하지 않는다. 그럼 무엇이라 했을까?

일연과 비슷한 시기에 살았던 고려 말의 유학자 이승휴가 쓴 《제왕운기》는 조선을 전前조선, 후後조선, 위만조선의 셋으로 나누었다. 전조선은 단군조선, 후조선은 기자조선에 해당한다. 《제왕운기》를 보자.

> 처음에 누가 나라를 열었던고
> 제석의 손자로 이름은 단군일세
> 요임금과 같은 무진년에 나라 세워

순임금 시대 지나 하나라까지 왕위에 계셨도다.
……
후조선의 시조는 기자인데
주 무왕 즉위 원년 기묘년 봄
망명하여 이곳에 와 나라를 세웠다.
……
한의 장수 위만은 연나라에서 태어나니
한 고제高帝의 12년 병오년이네.
침공하여 준準을 내쫓고 그 나라 앗았는데……

《제왕운기》뿐 아니라 조선시대에 편찬된 《세종실록지리지》 역시 조선을 전조선, 후조선, 위만조선으로 나누었다. 이렇게 조선을 셋으로 구분하여 '삼조선'으로 이해하는 사고방식은 조선시대에 널리 통용되었다. 삼조선으로 이해하되 전조선, 후조선이란 이름보다는 단군조선, 기자조선, 위만조선이란 이름이 더 널리 쓰였다. 그러다가 17세기 호란 후에 이른바 주자학적 정통론이 등장하면서 기자조선을 정통의 시발로 삼고 우리 역사를 기자조선 - 마한 - 신라 - 고려 - 조선으로 체계화하는 사고방식이 자리 잡았다. 그러고 보면 고조선이란 이름은 《삼국유사》 이후로는 그리 널리 쓰이지 않았던 것이다.

기자를 숭상한 조선시대

이름은 단지 이름으로 끝나는 것이 아니라 그에 부여하는 무게와 의 고조선의 '고'는 이성계의 조선과 구별하기 위해 붙인 것이다?

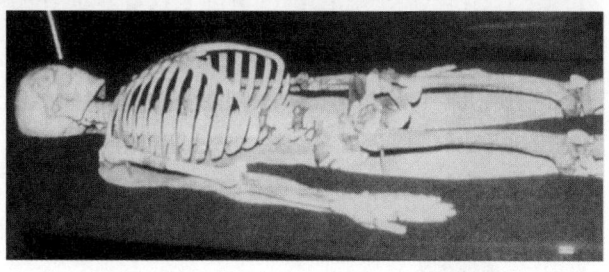

평양의 단군릉과 복원한 단군 뼈. 북한은 1993년 단군릉과 단군 부부의 뼈를 발굴했다고 발표했다. 그러나 남한 학계의 주류는 대체로 이를 부정하고 있다.

미가 담겨 있게 마련이다. 조선시대 대부분의 식자들은 단군조선보다 기자조선에 훨씬 더 무게를 두었다. 기자는 중국 은나라의 충신으로, 은나라가 주나라 무왕에게 멸망당하자 동쪽으로 와 조선 왕이 되어 백성을 교화시켰다는 인물이다. 일찍이 공자는 그를 비간比干, 미자微子와 더불어 '은나라의 삼인三仁', 즉 은나라의 세 명의 어진 이라고 칭송해 마지않았다. 공자가 칭송한 기자이니만큼 유교를 국가 이념으로 받든 조선시대 식자들이 존숭한 것은 지극히 당연한 일이다. 기자가 우리나라에 와 백성을 교화시켰다는 기자동래설을 부정하는 오늘날의 눈으로 보면 자못 불편한 얘기지만 말이다.

조선시대 식자들에게 기자라는 존재, 그리고 기자로부터 교화받은 나라 조선, 이는 곧 조선이 문명국이라는 자부심의 상징이기도 했다. 그래서 조선시대에는 기자와 그가 다스린 기자조선을 중시하면서 그 계승자임을 자랑스럽게 여기고 기자 사당을 세워 제사를 지내며 예를 다했다.

조선시대의 기자 존숭은 실학자들이라고 해서 다르지 않았다. 실학자 성호 이익은《성호사설》에서 "단군 시대는 원시적이어서 문화가 개척되지 못했고, 1,100여 년이 지나서 기자가 동쪽 지방에 봉함을 받으면서 암흑이 걷혔다"고 말했다. 또 실학의 집대성자라 일컬어지는 다산 정약용은 정전제井田制라는 토지제도를 가장 이상적인 토지제도로 상정하고 정전제의 뜻을 살려 농사짓는 농민에게 토지를 고르게 나눠주자고 주장했는데, 정전제는 다름 아닌 고대 중국의 토지제도로 기자가 조선을 다스릴 때 시행했다는 제도다. 대동강 부근 평양에는 기자의 무덤이 있으며 기자가 정전제를 시행한 흔적이 남아 있다고 조선시대 식자들은 믿어 의심치 않았다.

조선시대 학자 윤두수의《기자지》에 실려 있는 기자 초상. 조선시대 내내 기자는 백성을 교화시킨 인물로 존경받았다.

기자 존숭이 극에 달했던 때는 놀랍게도 대한제국 때였다. 황제국을 선포하여 자주국임을 만천하에 알린 대한제국에서 기자 존숭이라니, 어울리지 않는다고 여길지도 모른다. 그러나 '왕업중흥王業中興'을 이념으로 표방한 대한제국은 기자를 '중흥 군주'의 모범으로 삼고 존숭해 마지않았다. 실인즉, '대한大韓'이란 이름부터가 기자조선 - 마한을 정통으로 삼고 민족의 주류를 한韓에 둔 데서 나온 것이다.

《삼국유사》'고조선조'에는 기자와 기자조선에 대한 얘기가 "주나라 무왕이 왕위에 오른 기묘년에 무왕이 기자를 조선에 봉하니……"라는 단 한 문장뿐이다. 그러나 시간이 지날수록 기자와 기자조선에 대한 기록은 길어지고 풍부해졌다. 율곡 이이를 비롯하여 조선의 내로라하는 학자들이 앞 다퉈 글을 써서 기자 존숭에 앞장섰으니, 이이의《기자실기箕子實記》, 윤두수의《기자지箕子志》, 서명응의《기자외기箕子外紀》, 정조 때 편찬된《기전고箕田考》등이 그것이다.

■ 사료 속으로

기자를 왕도정치의 모범이요 공자와 맹자에 버금가는 성현으로 자리매김한 것은 다름 아닌 율곡 이이였다. 이이의 나이 45세 때 쓴 《기자실기》는 기자의 생애와 업적, 기자조선의 시작부터 멸망까지의 역사를 일목요연하게 정리한 책이다. 여기서 율곡 이이는 오랑캐나 다름없던 우리 동방을 중국처럼 교화시켜준 기자의 은혜를 칭송해 마지않았다. 조선시대 식자층의 기자 존숭은 비단 율곡 이이뿐만 아니라 일반적인 현상이었다.

우리 동방에도 백성이 있어 살아온 지 중국에 뒤지지 않은 것 같은데, 아직 예지를 지닌 성인이 나오시어 군사君師의 구실을 다하였다는 말을 듣지 못하였다. 물론 단군께서 제일 먼저 나시기는 하였으나 문헌으로 상고할 수 없다. 삼가 생각하건대 기자께서 우리 조선에 들어오시어 그 백성을 비루한 오랑캐로 여기지 않고 후하게 양육하고 힘써 가르쳐주시어 머리를 틀어 얹는 오랑캐의 풍속을 변화시켜 제로齊魯의 나라로 만들어주셨다. 그리하여 백성이 지금에 이르도록 그 은혜를 받아 예악의 습속이 왕성하게 계속되고 쇠퇴함이 없었으니…… 훌륭하신 기자여!

― 이이, 《기자실기》, 선조 13년(1580)(한국학중앙연구원, 《국역 율곡전서》 4)

더 읽을거리

송호정, 《한국 고대사 속의 고조선사》, 푸른역사, 2003.
이기백 외, 고조선의 제문제, 《한국사 시민강좌》 2, 1988.
한영우, 고려-조선 전기의 기자 인식, 《한국문화》 3, 1982.
박광용, 기자조선에 대한 인식의 변천-고려부터 한말까지의 사서를 중심으로, 《한국사론》 6, 1980.

어원에 관한 잘못된 상식 02

고려 태조 왕건의 성은 왕씨다?

고려를 건국한 태조 왕건. 당연히 '왕'은 성이요 이름은 '건'이라고 생각하겠지만 그렇지 않다. 왕건 집안은 원래 성이 없었다. 왕건 자체가 이름이었다. 왕건이 성공한 다음 이름 앞자리의 '왕' 자를 성으로 삼은 것이다. 《고려사》에도 왕건 아버지는 용건, 할아버지는 작제건이라 기록되어 있다. 만약 성이 왕씨였다면 왕용건, 왕작제건이라 했을 것이다.

지금은 누구나 태어나면서부터 성을 갖고 있지만, 고려시대 이전에는 왕족과 극소수의 대귀족만 성을 가졌고 나머지 사람들은 성 없이 이름만 있었다. 유력한 호족 집안에서 태어난 왕건조차 성이 없었으니, 그보다 못한 신분의 사람이 성을 가졌을 리는 만무하다.

고려 태조 왕건의 동상. 개성에 있는 왕건의 능 현릉에서 1992년 발굴되었다. 발굴 당시 허리띠 장식과 얇은 비단 천이 붙어 있던 것으로 보아 원래는 비단옷을 입고 있었으리라고 추정된다.

6세기 무렵에 비로소 등장

 삼국시대에도 성이 있긴 있었다. 신라 박혁거세의 박씨, 석탈해의 석씨, 김알지의 김씨가 떠오를 것이다. 그 밖에 고구려의 고씨, 백제의 부여씨도 있지 않느냐고 독자들은 말할 것이다. 그러나 이들은 처음부터 있었던 것이 아니라 중국과 교류가 잦아지면서 비로소 생겨난 것들이다. 그 증거 가운데 하나는 광개토왕릉비와 북한산 순수비를 비롯한 4개의 진흥왕 순수비, 울진 봉평비, 영일 냉수리비, 경주 남산신성비 등 6세기 이전에 만들어진 금석문에 등장하는 수많은 인물들 가운데 성을 가진 사람이 하나도 없다는 사실이다.

그런데 중국 위진남북조 시대의 역사책 《북제서》에는 신라의 '김진흥金進興'이라는 인물이 등장한다. 그가 바로 진흥왕, 때는 565년, 현재까지 발견된 사료에 등장하는 우리나라 역사 최초의 성 가진 인물이요 최초의 김씨다.

《북제서》보다 300여 년 뒤에 나온 《구당서》에는 '김진평', '김춘추'가 등장하며, 송나라 때 편찬된 《장안지》에는 '김진덕'이 나온다. 김진평은 다름 아닌 신라 진평왕이요 김춘추는 태종무열왕이며, 김진덕은 진덕여왕이다. 김춘추는 《일본서기》에도 기록되어 있다.

6세기 전에 만들어진 금석문에 등장하는 인물들 중 성을 가진 사람은 아무도 없다. 사진은 568년 신라 진흥왕이 세운 함경도의 마운령 순수비.

신라는 진흥왕 때인 6세기 중반, 한강 일대를 손에 넣고 서해안의 항구를 통해 중국 당나라와 활발한 교류를 하면서 중국에 보내는 외교문서에 성을 사용하기 시작했다. 왕실의 체모를 갖추려면 중국처럼 성을 써야겠다는 생각에서였다. 이는 중국과 신라의 호칭 문화가 다른 데 이유가 있었다. 사람을 호칭할 때 신라에서는 이름을 부르는 것이 관습이었지만 중국에서는 성을 불렀으며 이름 부르는 것은 무례한 일로 여겼다. 과거에 응시할 때나 계약서 등 각종 문서에도 성을 사용했다. 중국에서는 성 없이는 정상적인 생활이 곤란했다. 신라의 도당 유학생들, 장보고처럼 당나라에 건너가 활동한 사람들, 대당 무역 혹은 통역 일을 한 신라인들이 성을 갖고 있는 까닭은 그 때문으로 여겨진다.

성을 사용하면서 신라에서는 왕을 김씨, 왕비를 박씨, 이런 식으로 정하고 혈통을 따라 거슬러 올라가며 계보를 정리했다. 계보를 정리하는 과정에서 혼란이 생기기도 했다. 대표적인 경우가 눌지 마립간 때의 이름난 충신 박제상이다. 그는 왜국에 볼모로 잡혀 있던 왕의 동생을 몰래 귀국시키고 왜인들에게 잡혀 불에 타 죽었으며, 돌아오지 않는 남편을 기다리던 그의 아내는 치술령에서 망부석이 되고 말았다는 이야기의 주인공이다.

그런데 박제상은 《삼국사기》에는 박제상이지만 《삼국유사》에는 김제상으로 나온다. 그가 살았던 때는 아직 성이 사용되지 않던 시기였다. 나중에 계보를 정리하여 성을 붙이는 과정에서 김씨와 박씨를 혼동하여 《삼국사기》에는 박씨로, 《삼국유사》에는 김씨로 기록되었으리라고 추측된다. 어쩌면 아버지는 박씨요 어머니는 김씨인데 어머니 성을 따라 기록되었는지도 모른다. 당시에는 사위의 처가살이가 일반적이었고 사위가 처가의 계통을 잇는 일이 적지 않았으므로, 아버지 성과 어머니 성이 혼동되었을 가능성은 충분하다.

한편 고구려는 5세기 장수왕 때부터 중국에 보내는 국서에 고씨 성을 썼다고 추정되며, 백제는 4세기 근초고왕 때부터 여씨餘氏 성을 쓰다가 7세기 무왕 때부터 부여씨를 썼다.

고려의 '백성'은 지배집단을 일컫는 말

삼국의 왕실이 성을 사용하기 시작한 데 뒤이어, 소수의 대귀족들도 나름의 성을 갖게 되었다. 그러나 성이 본격적으로 확산된 것은 고려 초의 일이다. 고려 태조 왕건은 전국의 유력한 호족들이나 자기에게 협력한 사람에게 성을 하사했다. 강원도 명주의 세력가 순식이 귀순해오자 왕씨 성을 주어 왕순식이 되게 했으며, 발해 태자 대광현이 귀순해오자 왕씨 성과 계라는 이름을 주었고, 개국 일등 공신들에게도 성과 이름을 내려주었다. 능산이 신숭겸으로, 사괴가 복지겸으로, 홍술이 홍유로, 백옥삼이 배현경으로 불리게 된 배경이다.

고려 초부터 확산되기 시작한 성은 전국적인 지방제도의 정비와 함께 지방으로 퍼졌다. 때문에 오늘날 각 성의 시조를 찾아 거슬러 올라가면 고려에 닿는 경우가 대부분이다. 왕실에서 시작하여 귀족, 관료, 평민으로, 수도에서 시작하여 지방으로 성이 보급되었다고 할 수 있다.

그러나 당시에 성을 가진 사람들은 여전히 소수였다. 전국에서 100가지 성에 속하는 사람들은 적어도 지방의 지배집단 이상 신분의 사람이었다. 이들이 바로 '백성百姓'이다. 백성은 고려시대에는 지배집단을 일컫는 말이었던 것이다.

그럼 본관은 언제부터 생겼을까? 본관은 원래 어떤 사람의 거주지나 출신지를 의미하는 것으로, 역시 고려 초에 생겨났다. 태조 왕건은 성뿐 아니라 본관도 하사했다. 본관을 준 것은 해당 지역에 대한 지배권을 인정해주는 것과 같은 의미였다. 예를 들어 안동 권씨라 하면 안동의 유력한 호족에게 안동을 본관으로, 권씨를 성으로 삼게 하면서 안동 지역에 대한 지배를 인정해주는 것이다.

본관은 국가가 민에게 역役을 부과하는 데 근본 목적이 있었다. 즉 국가가 조세원을 정확히 파악하고 세금을 부과하기 위한 제도였던 것이다. 때문에 본관은 노비 같은 천인들에게는 적용되지 않았다. 천인은 나라에 세금을 내지 않는 신분이었기 때문이다.

본관과 성이 결부되어 특권적인 문벌의식을 형성하게 된 것은 고려 후기에 들어서다. 이를테면 경원 이씨니 철원 최씨니 경주 김씨니 하는 것인데, 이는 특권의식을 지닌 일부 인사들이 다른 집안과 자기 집안을 구별하기 위해 자신의 성과 본관을 유난히 강조하면서 생겨난 관념이다.

성을 가진 것만으로도 특권?

이렇게 성은 고려 때 보편화되긴 했으나 여전히 누구나 갖는 것은 아니었고 신분에 따라 차이가 있었다. 천인인 노비는 고려시대는 물론이고 조선시대에도 성 없이 이름만 있었다. 임진왜란 전인 16세기까지만 해도 전체 인구 중 40퍼센트 안팎이 성 없는 천인이었

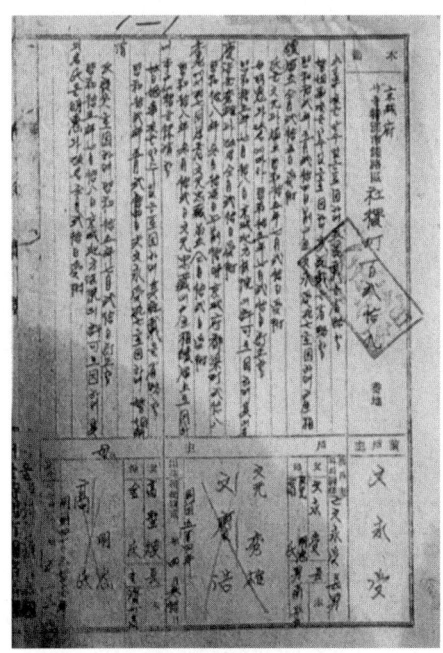

1909년 일본 통감부 치하에서 새로운 호적제도인 민적법이 시행되면서 성과 본관의 사용이 법제화되었다. 사진은 일제시대에 창씨개명한 사람의 호적등본.

다 하니, 성은 가진 것만으로도 보통이 넘는 특권이었던 셈이다.

그럼 지금처럼 누구나 성과 본관을 갖게 된 것은 언제부터일까? 1894년 갑오개혁으로 신분제도가 타파되자 빠른 속도로 보편화되었는데, 누구나 성과 본관을 갖도록 법제화된 것은 1909년 일본 통감부 치하에서 새로운 호적제도인 민적법이 시행되면서부터였다.

그런데 이때 처음으로 성과 본관을 갖게 된 사람들이 대거 등장하면서 웃지 못할 일들이 벌어졌다. 호적담당 서기나 경찰이 즉석에서 성과 본관을 정해주기도 하고, 노비였던 자가 옛 상전의 성을 따르기도 했으며, 주변에서 흔히 봐왔던 김·이·박 중 하나를 택해 자기 성으로 삼는 경우도 많았다. 그러다 보니 전주 이씨, 경주 김씨 등 이름난 성의 숫자는 더욱 늘어나게 되었다.

| 어원에 관한 잘못된 상식

■ 사료 속으로

세상에 전하는 말에, "고려 태조가 나라를 세운 뒤에 목주木州 사람이 여러 번 배반한 것을 미워하여 그 고을 사람들에게 모두 짐승 이름으로 성을 내렸다. 뒤에 우牛는 우于로 고치고, 상象은 상尙으로 고치고, 돈豚은 돈頓으로 고치고 장場은 장張으로 고쳤다" 한다.

- 《신증동국여지승람》 권16, 충청도 목천현 성씨 조

고려 태조 왕건이 자신에게 끝까지 저항한 충청도 목주, 지금의 목천 사람들에게 소 우, 코끼리 상, 돼지 돈 같은 짐승 이름으로 성을 내렸는데, 사람들이 이를 나중에 고쳤다는 얘기다. 글자 그대로 믿기보다는 태조의 성씨 하사가 어떻게 이루어졌는지 일단을 엿볼 수 있는 얘기로 알아두자.

더 읽을거리

이수건, 《한국의 성씨와 족보》, 서울대학교 출판부, 2003.
국사편찬위원회 편사회, 《우리 역사, 질문 있어요》, 동방미디어, 2001.
김기흥, 《천년의 왕국 신라》, 창작과비평사, 2000.
박종기, 《5백 년 고려사》, 푸른역사, 1999.

어원에 관한 잘못된 상식 03

백정은 도살업자다?

백정白丁하면 소나 돼지를 잡는 도살업에 종사하는 천인을 떠올린다. 조선시대의 백정에 한해서는 전적으로 옳은 얘기다. 그러나 고려시대의 백정은 도살업과 아무 상관없는 일반 농민이었다. 신분도 천인이 아니라 양인이었다.

'백白'이라는 한자는 보통 '희다'는 뜻으로 쓰이지만, '없다', '아니다'라는 뜻도 있다. 백의민족이라 할 때의 백의白衣는 '흰옷'이라기보다는 '색깔 없는 옷', 즉 '염색하지 않은 옷'을 말한다. 마찬가지로 백정은 '정丁이 아니다'라는 뜻이다.

그럼 '정'은 무엇일까. '정'은 '정호丁戶'를 말한다. 고려시대의 정호는 국가에 대해 일정한 직역職役을 가진 사람을 일컫는 호칭으로, 향리나 군인이 대표적인 예다. 그리고 백정은 정호에 대비되는 호칭으로, 국가에 대해 일정한 직역이 '없'는 자들이었다. 대다수 일반 농민들이 이

백정이 전부 도살업에만 종사한 것은 아니다. 버드나무 가지로 바구니 따위를 엮어 파는 고리백정, 가죽신을 만들어 파는 갖바치, 망나니 즉 사형집행을 맡아 하는 회자수, 그 밖에 노래와 춤, 재주를 팔면서 유랑하는 사람도 있었다. 사진은 19세기 말의 푸줏간.

에 해당했다. 직역은 또 뭘까? 직역은 당시 사람들이 생업으로 종사한 일, 그러니까 오늘날의 직업 비슷한 것이라고도 할 수 있겠는데, 당시의 신분제도와 밀접하게 얽혀 있어 다소 복잡하므로 여기서는 그 정도만 알아두자.

고려시대의 정호는 백정에 비해 상층 신분이었고, 넓은 의미에서 지배층에 속했다. 정호는 직역을 지는 대가로 국가로부터 토지를 받았다. 토지를 '받는다'고 하지만, 실제로는 정호가 원래 갖고 있던 토지에 대해 세금을 면제해주는 방식이 대부분이었다. 백정에게는 물론 그런 혜택이 '없'었다. 백정은 직역이 없는 대신에 성을 쌓거나 길 닦는 것 같은 일반 요역을 지고, 세금을 부담했다.

일반 농민 중에서 부류가 약간 다른 자들을 백정이라 했다는 견해도 있다. 즉 일반 농민 중에서 언제든 군역이나 다른 역에 차출될 수 있는 사람들을 백정이라 불렀다는 것이다. 그렇더라도 이들이 조선시대 백정과 달리 도살업자가 아니요 농민에 속한다는 점은 분명하다.

그럼 고려 때는 도살업자를 뭐라고 불렀을까? 양수척揚水尺 또는 화척禾尺이라 불렀다. 양수척은 후삼국시대부터 고려 초 무렵에 들어와 정착한 말갈 또는 거란인의 후예로 알려져 있다. 이들은 도살업 말고도 고리, 즉 버드나무 가지를 엮어 유기柳器를 만들어 팔거나 육류를 파는 것을 생업으로 삼았다. 양수척은 시간이 지나면서 화척, 재인才人이라고도 불렸다.

백정과 신백정

그런데 고려시대에 일반 농민을 뜻하던 백정이 어떻게 해서 조선시대에 들어서는 도살업자를 가리키는 말로 변한 것일까? 그것은 조선 초 세종 때의 양인확보 정책 때문이었다. 《세종실록》 5년(1423) 10월 8일자 기사를 보면, 병조에서 세종에게 이런 건의를 하고 있다.

"재인과 화척은 본시 양인으로 업이 천하고 칭호가 특수하여 백성들이 모두 다른 종류의 사람으로 보고 그와 혼인하기를 부끄러워하니, 불쌍하고 민망합니다. 칭호를 백정이라고 고쳐서 평민과 서로 혼인하고 섞여 살게 하며, 그 호구를 적籍에 올리고, 경작하지 않는 밭과 묵은 땅을 많이 가진 사람의 밭을 나눠주어서 농사를 본업으로 삼게 하소서."

어원에 관한 잘못된 상식

사형수의 목을 벤 망나니가 돼지를 받아들고 돌아가고 있는 풍속화.

재인이나 화척을 백정이라 부르게 하고 땅을 나눠주어 일반 백성들과 어울리게끔 하자는 것이다. 세종은 병조의 건의를 받아들여 재인과 화척에게 백정 칭호를 사용하도록 허락했다. 화척과 재인을 백정으로 '승격'시켜준 것이다.

그러나 이는 그저 화척과 재인을 불쌍히 여겨 베푼 시혜가 아니라, 고려 말 이후로 혼란해진 신분질서를 바로잡아 새 나라 조선의 집권체제와 질서를 강화하는 한편, 양인 숫자를 늘림으로써 세금 수세원을 확보하여 국가재정을 튼튼히 하기 위한 고도의 정책이었다.

삼국시대는 물론 고려나 조선에서도 천인은 나라에 세금을 내지 않았다. 나라에 세금을 내는 것은 양인들이었다. 따라서 나라의 입장에서는 수세원을 확보하려면 세금 부담자인 양인 수를 늘리는 것이 중요했다. 양인이 많을수록 거둘 수 있는 세금도 많아지기 때문이다. 양인 중에서도 가장 확실한 수세원은 농업에 종사하는 농민이었다. 토지를 근간으로 붙박이 생활을 하는 농민이야말로 국가가 가장 확실하게 파악할 수 있는 수세원이었던 것이다. 오늘날의 봉급생활자들처럼 말이다.

줄타기를 하는 광대. 김준근의 《기산풍속도첩》.

그런데 양수척 또는 화척은 본래 신분은 양인이지만 실제로는 천인 취급을 받는 이른바 '신량역천身良役賤'으로서 농사를 짓지 않고 사냥이나 유기 제조를 하며 외딴곳에 저희들끼리 모여 살았다. 결혼도 끼리끼리 했다. 이를테면 국가에서 파악되지 않는 사람들이었다. 세종 때 화척과 재인을 백정으로 승격시켜준 가장 큰 이유는 이들을 안정된 국가의 수세원으로 확보하기 위한 것이었다.

어쨌든 재인과 화척들이 백정이란 칭호를 얻자 진짜 백정인 농민들은 불만스러워했다. 이들은 새로 백정이 된 자들을 '신백정'이라고 부르면서 자기들과 선을 그었다. 세종 24년의 《실록》 기사를 보면, "관리와 백성들이 신백정이라고 부르면서 차별을 두며, 수령들이 이들을 사냥 등 여러 가지 일에 부리고, 유기를 공공연히 거두어가는 일까지 있다"면서 세종이 실태 조사를 명령하는 대목이 나온다.

어느덧 농민들은 백정이라는 칭호 자체를 기피하며 그들을 천시했다. 결국 일반 농민들은 백정이란 칭호 대신 평민, 양민, 촌민, 백성 등으로 불리게 되었고, 백정은 도살업자를 가리키는 말로 격하되고 말았다. 일반 농민을 일컫던 '백정'은 그 자체가 모욕적인 호칭으로 변질된 것이다.

세조 때 일이다. 왕 앞에서 성리설을 논하던 지관地官 안효례, 최호원이 서로 자기 의견을 고집하다가, 화가 치민 최호원이 내뱉었다.

"너는 백정의 손자다."

그러자 안효례가 응수했다.

"내가 백정의 손자라면, 넌 내 아들이다."

백정의 자식이라는 게 욕 중의 욕이었음을 알게 해주는 일화다. 안효례와 최호원은 왕 앞에서 무엄하게 입을 놀린 죄로 대사헌 양성지에게 탄핵당할 뻔했으나, 세조가 "심심파적이었으니 탓할 것 없다" 하여 가까스로 죄를 면했다.

동화정책에서 다시 차별정책으로

재인과 화척을 백정으로 승격시켜 일반 농민과 섞여 살게 하려던 조선 초의 정책은 실패로 돌아갔다. 그것은 재인과 화척들이 기왕의 생활방식을 버리지 않고 일반 농민들과 쉬이 동화되지 못한 이유도 있지만 일반 백성들이 그들을 기피한 탓도 있었다. 물에 기름처럼 겉돌던 백정들은 툭하면 도적으로 몰리곤 했다. 생활이 곤궁한 백정들이 도적이 되는 경우가 많은 것도 사실이었다. 조선 명종 때 조정을 발칵 뒤집어놓은 대도 임꺽정은 유기를 만드는 고리백정이었다. 《실록》에는 임꺽정 말고도 도적질하다 체포되어 처벌받은 백정들이 무수히 등장한다.

백정은 조정의 골칫거리였다. 오죽하면 일반 농민들과 섞이지 못하고 겉도는 이들에 대해 어떤 대책을 세우면 좋겠는가 하는 것이 과거시험 문제에까지 출제되었을까. 세조 14년(1468) 4월 2일 경회루 연못가에서 실시된 과거시험 문제, 즉 책문策問은 이러했다.

"도적의 근원은 모두 빈궁한 데서 일어난다고 하나, 지금의 도적질을 하는 자는 모두 호한豪悍한 무리를 거느려, 그 사이에 재인과 백정은 10에 8, 9가 되니, 비록 평민과 섞이어 살더라도 오히려 교화가 따르지 못하였다. 수백 년 이래 스스로 한 풍속을 이루어 뿌리를 다 제거할 수가 없었으니, 제거하지 않으면 도적이 끊이지 않는데 장차 무슨 방법으로 처리할 수 있겠는가?"

결국 조정은 백정을 농민과 동화시키려던 정책을 포기하고, 정반대로 철저히 차별하여 통제하는 정책으로 방향을 바꾼다. 백정들을 일정한 곳에 모여 살게 하면서 호적을 따로 만들어 보관하고 출생과 사망, 도망을 정기적으로 조사하여 왕에게 보고하게 했으며, 도망치다 붙잡힌 백정은 사형에 처했다. 다른 마을에 볼일 보러 가는 백정은 수령이 발급한 행장行狀, 즉 통행증을 소지해야 했다. 이들을 얼마나 잘 통제했는가가 해당 고을 수령의 인사고과에 반영될 정도였다.

백정의 차별 타파와 신분 해방을 위한 형평운동에 앞장선 백정의 아들 장지필. 맨 오른쪽이 장지필이다. 조선의 형평운동단체 형평사와 일본의 수평사가 제휴했다는 1927년 1월 10일자 〈조선일보〉 기사.

백정의 해방을 위하여, 형평운동

백정에 대한 멸시는 시간이 갈수록 심해졌다. 백정은 외진 곳에 따로 집단을 이루어 살아야 했고 옷차림만으로도 구별되었다. 중치막이나 명주옷을 입을 수 없으며, 새끼 꼰 끈이 달린 패랭이를 써야 했다. 1894년 동학농민운동 때 농민군이 내건 폐정개혁안에 "백정 머리에 쓰는 패랭이를 벗겨버릴 것"이라는 조항이 들어간 것은 그 때문이다.

백정은 결혼식을 할 때도 말이나 가마를 탈 수 없었으며, 죽은 뒤 상여를 쓸 수도 없었다. 백정 아닌 사람을 만나면 허리 굽혀 인사해야 하고 상대가 어린아이일지라도 깍듯이 존댓말을 써야 했다. 백정의 자식은 학교에도 다닐 수 없었다.

백정에 대한 차별은 1894년 갑오개혁 때 신분제 폐지가 공식 선언되면서 법제상으로는 사라졌다. 그러나 사람들의 의식과 관습 속에는 그들에 대한 차별이 여전히 남아 있었다. 그로부터 30년이 흐른 1923년, 백정에 대한 차별 타파와 신분 해방을 부르짖는 형평운동이 일어난 것은 그 때문이었다.

도살업에 종사하는 백정들 중에는 돈을 많이 모은 부자가 여럿 있었다. 도살업은 이익이 많이 남는 데다가, 백정은 옷차림부터 사는 집까지 엄격한 제한을 받았으므로 돈 쓸 일이 별로 없었기 때문이다. 진주의 이학찬, 의령의 장덕찬은 일제시대 때 손꼽히는 백정 부호였다. 형평운동에 앞장섰던 장지필은 바로 장덕찬의 아들이다. 부유한 아버지 덕분에 독선생, 즉 가정교사 밑에서 공부하고 일본 메이지 대학에 유학까지 한 장지필은 취직하려고 호적을 떼었다가 '도부屠夫'라고 쓰여 있는 것을 발견하고는 크게 충격 받고 그 뒤 형평운동에 나섰다고 한다. 진주의 이학찬도 형평운동의 중심에 서서 활약했다.

사료 속으로

양수척이여!	楊水尺
너 또한 사람의 자식인데,	汝亦人之子
어찌 남자로 태어나면 사내종이 되고	胡爲乎生男爲人奴
여자로 태어나면 계집종이 되느냐	生女爲人婢
양수척이여!	楊水尺
너 또한 하늘이 낸 백성인데	汝亦天之民
어찌 사내가 되어 시와 예법을 못 배우고	胡爲乎男不爲詩禮
계집이 되어 베짜기도 못 하느냐	女不爲組紃
소 잡고 버들고리나 만들며 살아갈 뿐이니	屠牛織柳自生理
사람축에 들지 못하도록 누가 만들었느냐	擯不齒人誰其使
……	……
그대 참으로 하늘이 낸 백성이고 사람의 자식이니	苟亦天之民人之子
가슴속에 독한 마음 품는 것도 마땅하구나	中藏怨毒固其理

– 이학규李學逵, 양수척, 〈해동악부〉 (허경진 옮김, 〈낙하생洛下生 이학규 시선〉)

18세기 조선 정조 때의 문인 이학규가 쓴 시다. 양수척의 차별받는 삶을 깊이 동정하고 있다. 시를 쓴 이학규는 뛰어난 남인 학자였던 이가환의 조카다. 이학규는 정조의 특별한 사랑을 받았으나 정조가 죽은 뒤 신유사옥 때 천주교도로 지목되어 24년간 유배생활을 했다. 정약용과 자주 교류했다. 호는 낙하생.

더 읽을거리

김중섭, 《형평운동》, 지식산업사, 2001.
박종기, 《5백 년 고려사》, 푸른역사, 1999.
권기중, 신분사회의 피해자:백정, 《조선시대 사람들은 어떻게 살았을까》 1, 청년사, 1996.

어원에 관한 잘못된 상식 04

내시는 거세한 남자다?

내시가 거세한 성 불구자라는 것은 조선시대의 내시에 관한 한 옳은 얘기다. 그러나 고려시대의 내시는 전혀 달랐다.

조선시대의 내시는 맡은 업무의 성격상 궁중에 상주하면서 왕비, 후궁, 궁녀들과 가까이 있어야 했는데, 궁중의 여인들은 왕비부터 최하층 궁녀인 무수리에 이르기까지 모두 왕의 여인, 즉 왕의 예비 신부들이기 때문에 왕 아닌 다른 남자를 가까이하는 것이 일절 금지되었다. 거세한 성 불구자로 내시를 삼은 것은 그 때문이다.

그러나 고려시대의 내시는 과거 급제나 음서로 벼슬에 오른 문벌 집안의 아들, 또는 전쟁에 나가 군공을 세웠거나 학식이 뛰어난 젊은이 가운데 장래가 촉망되는 자를 선발하여 왕의 측근에 둔, 최고 엘리트 집단이었다. 내시로 뽑히는 것은 탄탄한 미래와 부귀영화를 보장받는 지름길이었다. 당연히 이들은 거세한 성 불구자와는 거리가 먼 사람들이었다.

어원에 관한 잘못된 상식

고려시대의 내시는 왕 측근의 최고 엘리트로서 성 불구자가 아니었다. 여진 정벌로 이름을 떨친 윤관의 아들이요, 문장가 윤언이의 동생인 윤언민도 내시였다. 사진은 윤언민의 묘지명.

고려시대 내시는 엘리트 집단

고려시대 내시의 면면을 보면 그 실체를 실감할 수 있다. 고려에 성리학을 들여온 유학자 안향安珦,《삼국사기》편찬자이자 첫손 꼽히는 문벌 집안인 경주 김씨 김부식의 아들 김돈중金敦中, 구재학당이라는 사학을 열어 문헌공도를 배출한 해주 최씨 최충의 손자이자 권신 이자겸의 장인 최사추崔思諏, 최영 장군의 5대조로서 평장사 벼슬을 지낸 최유청崔惟淸, 의종의 태자 시절 스승인 정습명鄭襲明, 여진 정벌로 이름을 떨친 문하시중 윤관의 아들이자 문장가 윤언이의 친동생인 윤언민尹彦旼, 무신정권의 실력자 최충헌의 사위 임효명任孝明, 이들이 모두 내시였다. 내시 출신으로 재상에 오른 자만 해도 수십 명에 이른다.

뿐만 아니라《고려사》열전이나 죽은 이를 위해 쓴 묘지명을 보면 주인공의 관력을 설파하면서 "내시에 발탁되었다"고 자랑스럽게 말하고 있는 것을 심심치 않게 발견할 수 있다. 내시를 하다 쫓겨난 뒤 내시 자리를 되찾기 위해 고위층에게 아부한 이도 있었다. 고려 때 내시 자리가 얼마나 선망의 대상이었는지 짐작할 만하다.

고려의 내시는 왕의 최측근으로서 왕을 수행하고 국정 전반에 걸쳐 주요 업무를 담당하는 특수 집단이었다. 이자겸의 반란이나 무신정변 때 피살된 이들 중 상당수가 내시였다는 사실은 이들이 왕의 최측근이었음을 웅변한다.

내시는 지방이나 전쟁터에 왕명을 받든 봉명사신으로 파견되기도 하고, 외국으로 가는 사행에 참여하기도 했다. 특히 왕의 돈줄을 맡아 관리함으로써 왕의 수족 노릇을 했다. 왕실 재정을 관리한다든지, 국가 재정의 중추인 경창京倉 관리를 맡아 전곡錢穀의 출납을 관장한 것이다. 한 예로, 의종 때 내시 박회준朴懷俊은 왕실의 원찰인 흥왕사 관리를 맡아 했다. 왕의 돈줄을 관리하다 보니 부정부패도 뒤따랐다. 의종 때 경창을 관리하던 내시 조강실趙剛實은 매일같이 뇌물을 챙기다가, 앞집 사는 관리 이공승李公升에게 들켜 혼쭐이 났다.

내시는 무신정변이 일어나기 전, 즉 고려 전기에는 오로지 문신만이 할 수 있었다. 무신정변 후 자기네도 내시가 되게 해달라는 무신들의 요구에 따라, 명종 16년부터 무신도 내시가 될 수 있게 되었다.

내시가 소속된 관청은 내시성內侍省이 개칭된 내시원內侍院이었다. 천정天庭, 천원天院이라고도 불렸다. 일단 내시가 되면 내시 명부에 이름이 오르는데, 그만두거나 쫓겨나면 명부에서 삭제되었다. 내시적內侍籍 또는 금적禁籍이라 불린 이 명부는 내시들의 인사 기록부였던 셈이다.

내시의 숫자는 얼마나 되었을까? 지금까지 확인된 바에 따르면, 문종 때는 20여 명이었다가 인종 때는 41명, 의종 때는 57명으로 차츰 늘었

1919년 3·1운동 직후에 한국을 여행한 영국 화가 엘리자베스 키스가 그린 조선의 내시. 그는 구한말 왕을 섬기던 내시였는데 키스는 "이 사람이 자꾸 안절부절 못해서 재빨리 스케치를 끝내야 했다"고 기록하고 있다.

다고 한다. 고려 건국 초부터 무신정변이 일어난 의종 때까지 약 230여 년을 통틀어 내시는 모두 114명이었다는 최근 연구도 있다.

내시와 환관, 그 차이

그럼 우리가 알고 있는 '거세한 남자' 내시는 고려 때는 없었을까? 물론 있었다. 그러나 이름이 달라서, 환관宦官 혹은 환자宦者라 불리었다. 환관은 액정국掖庭局 (전 이름은 액정원)이라는 관청에 소속되어 궁중의 잡역을 담당했다.

내시가 최고 엘리트인 데 비해, 환관은 노비 출신이거나 무녀나 관비 소생, 혹은 특수 행정구역인 부곡 출신이 대부분이었다. 벼슬도 문무 양반과는 완전히 구별되는 남반南班에 속했다. 남반은 제아무리 높아봤자 7품 이상으로는 오를 수 없는 한품직限品職이다.

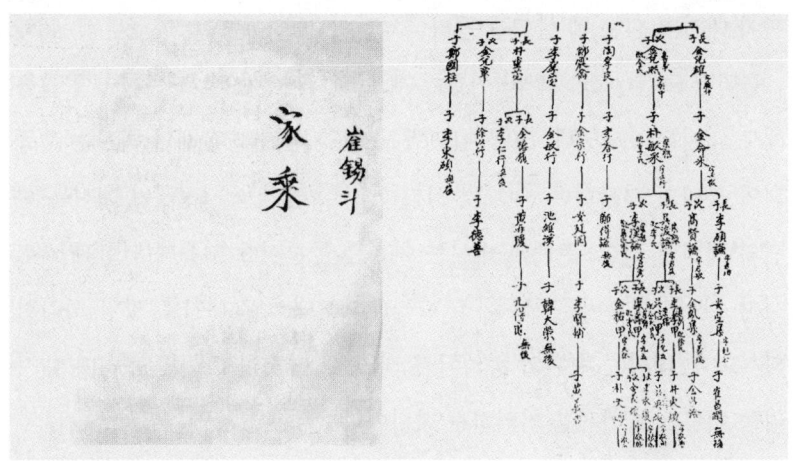

조선시대 내시는 양자를 들여 대를 이었으므로 족보가 없을 거라고 생각할지 모르나 그렇지 않다. 이들도 족보를 만들었다. 왼쪽은 최석두《가승家乘》, 오른쪽은《이사문공파 가승》.

 이렇게 내시와 환관은 전혀 다른 존재인데도 내시하면 으레 거세한 남자를 떠올리게 된 것은 고려 말 원나라의 영향권에 들면서 내시와 환관이 혼동되었기 때문이다. 그 과정을 보자.

 무신정권기와 원 간섭기에 왕의 신임을 얻은 환관이 내시로 임명되는 예가 생겨났으며, 환관의 정치적 영향력이 큰 원나라를 본떠 고려에서도 환관이 득세하게 되었다. 환관으로서 내시가 된 최초의 인물은 의종 때의 정함鄭諴이다. 의종은 자신을 젖 먹여 키워준 유모의 남편이요, 자신이 친동생에게 밀려 하마터면 왕위를 놓칠 뻔했을 때 보호자로 활약해준 환관 정함을 내시에 임명했다. 그러자 신하들은 전례 없는 일이라며 강력히 반대했고, 심지어 최숙청崔淑淸 같은 이는 정함이 "세를 믿고 권력을 남용"한다면서 몰래 죽이려다가 발각되어 외딴섬으로 귀양을 갔다. 신하들의 반대에도 의종은 뜻을 굽히지 않았다. 마침내 정함은 환관이 내시가 되는 데 물꼬를 텄다.

공민왕 5년(1356) 환관의 관청이 새로 설치되었는데 그 이름이 공교롭게도 내시부內侍府였다. 그 뒤 내시부 소속인 환관과 본래의 내시는 혼동되어 불리기 시작했다. 어느덧 최고 엘리트 집단을 지칭했던 내시는 환관의 별칭이 되고, 본래의 내시는 이름은 물론이요 고유의 역할과 지위까지 잃어버렸으며, 조선 세조 12년(1466) 내시원 폐지로 영영 사라졌다. 그 후 내시는 환관의 동의어가 되었다. 이것이 오늘날 우리가 내시라는 이름으로 환관을 기억하는 까닭이다.

내시라 불리게 된 환관, 그들은 조선 왕조 500년 내내 존재했다. 조선 시대에 환관이 오를 수 있는 최고 자리는 종2품 상선尙膳이었으며,《경국대전》이 정한 환관의 수는 모두 140명, 18세기 실학자 성호 이익이《성호사설》에서 말한 환관의 숫자는 335명이다. 환관이 법률상 완전히 폐지된 것은 19세기 말인 1894년 갑오개혁 때였다.

■ 사료 속으로

"입은 화의 문이요, 혀는 몸을 베는 칼이다. 입을 닫고 혀를 깊이 간직하면 몸이 편안하여 어디서나 굳건하리라 口是禍之門 舌是斬身刀 閉口深藏舌 安身處處牢."

-《연산군일기》 10년(1504) 3월 13일

조선 10대 왕 연산군은 환관들에게 위와 같은 글귀를 새긴 나무패를 차고 다니게 했다. 자신의 폭정이 알려지지 않도록 환관들의 입단속을 한 것이다. 한편으로는 왕명을 전달하는 환관을 무시하는 자가 있으면 왕을 무시하는 것이라 하여 엄벌에 처했다. 이런 분위기 속에서 환관 김처선金處善은 직간을 하다가 연산군 11년 4월, 죽음을 당했다. 실록은 그가 "술에 몹시 취해 임금을 꾸짖었다"고 기록하고 있다. 김처선의 죽음으로도 분노가 풀리지 않은 연산군은 문무 관리와 군사들 가운데 김처선과 이름이 같은 자는 모두 다른 이름으로 바꾸게 했으며, 각종 문서에 김처선의 '처' 자를 쓰지 못하게 했다. 심지어는 24절기 중 하나인 '처서處暑'를 '조서徂署'로 고치게 했다.

더 읽을거리

장희흥, 《내시, 권력을 희롱하다》, 경인문화사, 2006.
박한남, 고려시대 내시는 환관이 아니었다, 《고려시대 사람들은 어떻게 살았을까 2》, 청년사, 1997.
김보광, 〈고려 전기 내시의 구성과 역할〉, 고려대학교 석사논문, 2002, 《한국사학보》 13, 2002.
김재명, 고려시대의 내시-그 별칭과 구성을 중심으로, 《역사교육》 81, 2002.

어원에 관한 잘못된 상식 05

고려장은 고려시대의 장례 풍습이다?

늙은 부모를 깊은 산속에 내다버린다는 고려장은 고려와 아무 상관이 없다. 몇몇 국어사전에서는 "늙은이를 산 채로 광중壙中에 두었다가 죽으면 그곳에 매장하였다는 고구려 때의 풍속"이라 설명하고 있는데, 고구려와도 아무 상관이 없다. 요즘도 시골 마을에 가면 옛날에 고려장을 했던 곳이라는 전설이 어린 장소가 전해오고 있지만, 실은 고려장과는 관계없는 곳이다. 고려 때 고려장이 행해졌음을 입증하는 자료나 유물, 유적은 현재까지 발견된 것이 없다.

고려시대에는 부모상을 소홀히 하면 엄벌에 처하도록 법으로 규정되어 있었다. "부모가 죽었는데 슬퍼하지 않고 잡된 놀이를 하는 자는 징역 1년, 상이 끝나기 전에 상복을 벗는 자는 징역 3년, 초상을 숨기고 치르지 않는 자는 귀양 보낸다."《고려사》 형법지의 해당 법규다. 굳이 법을 들먹이지 않더라도, 유교와 불교가 이미 뿌리내려 효와 예 같은 윤리가 중시되던 고려 사회에서 부모를 산 채로 내다버리는 장례 풍습이 발붙일 자리는 전혀 없었다.

설화에서 사실로

고려장이 고려시대의 장례 풍습이 아닌데도 고려장이라 불리게 된 까닭은 무엇일까? 한마디로 말하면, 설화가 사실로 혼동되어 굳어진 것이다. 늙은 부모를 내다버리는 풍습에 관한 설화는 우리나라뿐 아니라 인도, 중국, 일본, 몽골, 시베리아에도 있으며, 유럽과 중동 지방에도 비슷한 설화가 있다.

초등학교 5학년 《도덕》 교과서 '공경하고 사랑하는 마음'에 실려 있는 삽화. 아무런 배경 설명이 없어 어린이들이 읽으면 고려장은 고려 때의 실제 풍습이라고 오해할 가능성이 크다.

우리나라에 널리 퍼져 있는 고려장 설화는 크게 두 유형으로 나누어진다. 중국의 《효자전》에 실려 있는 원곡 이야기 유형과, '팔만대장경'이라 불리는 《고려대장경》에 수록된 〈잡보장경雜寶藏經〉의 기로국棄老國 설화 유형이 그것이다.

원곡 이야기는 원곡의 아버지가 늙은 할아버지를 지게에 지고 산속에 버리고 돌아오다가 어린 원곡이 아버지가 늙으면 자기도 이 지게로 갖다 버리겠다고 말하는 것을 듣고 뉘우쳤다는 줄거리요, 기로국 설화는 옛날 기로국에서 국법을 어기고 몰래 늙은 아버지를 봉양하던 대신이 아버지의 지혜를 빌려 까다로운 수수께끼를 풀어서 나라의 위기를 구하고 아버지도 편히 모셨다는 이야기다.

> 棄老國緣 佛在舍衛國介時世尊而作是言恭敬宿老有大利益未曾聞事而得聞解名稱遠達智者所敬諸比丘宿老佛言不但今菌我於過去無量劫中恒恭敬父母耆長宿老佛言過去恭敬其事云何佛言過去久遠有國名棄老彼國土中有老人者皆驅棄有一大臣其父年老忍乃深掘地作一密屋置父著中隨時孝養介時天神捉持二蚖蛇著王殿上而作是言若別雄雌汝國得安不別者汝身及國七菌之後當覆滅王聞是已心懷憂惱即與群臣議斯事各自陳謝稱不能別者界誰能別即慕大臣饌賞大臣答言此事易知問其父父答言別以細軟物停蚖蛇上其躁擾者當知是雄住

일명 팔만대장경이라 불리는 《고려대장경》 〈잡보장경편〉에 실려 있는 기로국 설화.

이 두 유형의 이야기가 뒤섞이기도 하고, 버리는 대상이 아버지에서 어머니로 바뀌기도 하면서, 입에서 입으로 구전되어 오늘날 우리가 알고 있는 고려장 이야기가 된 것이며, '노인을 버리는 나라'라는 뜻인 기로국이 고리국 또는 고려국으로, 기로의 장례라는 뜻인 기로장棄老葬이 고려장으로 변해 굳어진 것으로 추정된다.

고려장은 지방에 따라 고리장, 고래장, 고린장, 고림장, 고름장이라고도 한다. 특히 고래장은 '인생칠십고래희人生七十古來稀'라는 말에서 나왔다고 하는데, 이는 당나라 시인 두보의 시 〈곡강曲江〉의 한 구절이다. 사람이 칠십까지 살기는 예부터 드문 일이니 즐겁게 지내자는 뜻이 담긴 '인생칠십고래희'가 노인을 갖다 버리는 '인생칠십고래장'으로 변한 건 패러디 중의 패러디가 아닐까 싶다.

기로국 이야기든 원곡 이야기든 혹은 그 둘이 뒤섞인 것이든, 고려장 이야기는 오래전부터 민간에서 떠돌았다. 그러면서 살이 붙고 구체화되었다. 이를테면 "산을 파고 그 속에 기름불 하나 켜놓고 밥 한 사발 갖다놓고 묻는다"거나, "밥 들어갈 만한 구멍 하나 남겨서 한 달 동안 밥을 갖다주다 기한이 지나면 문을 딱 닫는다"는 구전이 그것이다. 아마도 나병 같은 전염병에 걸린 사람을 따로 격리시켜 살게 했던 풍습이 반영된 게 아닐까 싶다.

고려장을 고려 때 실제 있었던 장례 풍습이라고 일반인들이 두루 믿게 된 것은 일제시대부터라고 생각된다. 삼국시대 이후로 조선시대까지 나온 역사책, 지리서, 수많은 문집들 어디에서도 노인을 산 채로 버리는 고려장 얘기는 찾아볼 수가 없는 반면, 일제시대에 어린 시절을 보냈거나 일제시대를 경험한 사람들은 어김없이 고려장 이야기를 알고 있으며 자기 동네에 고려장했던 곳이라는 전설이 내려오는 바위나 굴이 있었다는 기억까지 갖고 있는 것을 보면, 일제시대에 고려장 이야기가 널리 보급되었음은 부인할 수 없을 것 같다. 혹자의 말처럼 일본인들이 도굴을 위해 퍼뜨린 것이라고 단정짓긴 어렵더라도, 일제시대를 거치며 일반인들에게 널리 퍼진 것만큼은 사실 아닐까. 널리 퍼진 고려장 이야기를 토대로 해방 후에 영화까지 만들었으니, 1963년 김기영 감독, 김진규·주증녀 주연의 〈고려장〉이 그것이다.

고려장 이야기 보급에 앞장선 총독부 발간 동화

그런데 일제시대에 고려장 이야기를 보급하는 데 견인차 노릇을 한 것은 놀랍게도, 동화였다. 1919년 일찍이 평양고보 교사를 지낸 적이 있는 일본인 미와 다마키三輪環가 《전설의 조선傳說の朝鮮》이란 책을 간행

1963년의 영화 〈고려장〉. 김기영 감독, 김진규·주증녀 주연.

했는데, 여기에 '불효식자不孝息子'란 제목의 이야기가 실려 있다. 이것이 현재까지 확인된, 문헌에 남아 있는 최초의 고려장 이야기다.

그보다 40여 년 전인 1882년, 미국인 그리피스의 저서 《은자의 나라 한국》에 '고리장'에 대한 기록이 짤막하게 나오지만 구체적인 설명은 없다.

고려장 이야기 보급에 더 커다란 영향을 미친 것은 1924년 조선총독부가 발간한 《조선동화집》이었다. 《조선동화집》은 비록 일본어로 쓰이긴 했어도 우리나라 최초의 전래동화집으로, 제목은 동화집이지만 전설이나 민담을 모아놓은 것이다. 여기에 실린 총 25편의 이야기 중 '어머니를 버린 남자親な捨てる男'가 바로 고려장 이야기다.

옛날옛날 어느 시골 마을에 마음씨가 고약한 남자가 살고 있었습니다. 남자는 늙어서 몸이 약해진 어머니와 마음씨 착한 아들과 함께 살고 있었습니다. ……"집이 이처럼 가난한데 네 할머니는 조금도 일하지 않으니 어디 산속에 할머니를 버려두고 오려고 한다. 너는 지게에 할머니를 태워 와라." ……오 리 십 리를 가면서 길은 점점 산속으로 접어들었습니다. 이렇게 두 사람은 점점 깊은 산속으로 들어가 인적이 없는 깊은 곳에 이르렀습니다. 남자는 어머니를 지게에서 내려놓았습니다. 어머니가 땅에 넘어지듯 엎어져 있는 것을 뒤로하고 남자는 그대로 아들과 함께 도망치듯 집으로 돌아오려고 하였습니다.

《조선동화집》은 전래동화집의 원형이요 전범이 되었으며, 여기에 실린 이야기들은 다른 동화집에 그대로 혹은 약간 변형된 채 재수록되었다. 《조선동화집》의 내용이 확대재생산된 것이다. '어머니를 버린 남자' 또한 그 후에 나온 수많은 동화집에 그대로 실렸다.

여기서 잠깐, 조선총독부가 《조선동화집》을 편찬한 이유가 무엇이었을까 생각해보자. 이 책은 1924년 조선총독부가 간행한 총서 시리즈 중 하나다. 《조선도서해제》, 《조선금석총람》, 《조선의 수수께끼 朝鮮の謎》 등이 시리즈 목록에 들어 있으며, 특히 《조선동화집》은 《조선의 수수께끼》에 이어 조선민속자료 제2편으로 분류되어 있다.

책을 편찬한 곳은 조선총독부 학무국 편집과. 이곳은 식민지 조선의 교육에 필요한 학교 교과서 편찬과 각종 교육 관련 발간물을 담당하는 부서로, 지금으로 치면 교육부 산하 교육개발원이나 국사편찬위원회 같은 곳이다. 당시 편집과장은 오다 쇼고小田省吾. 나중에 경성제국대학 교수가 되었고 《고종실록》과 《순종실록》 편찬을 책임지기도 했던 대표적인 식민사학자다. 때문에 《조선동화집》의 편찬 동기와 의도를 일제의 식민통치와 결부시키지 않을 수 없다.

같은 시기에 같은 주제를 다룬 손진태의 《조선민담집》이나 박영만의 《조선전래동화집》과 비교해보면 차이가 뚜렷하다. 손진태는 고려장 이야기를 싣되 제목을 '기로전설'이라 하고 있으며, 박영만이 채록한 75편의 전래동화 중에는 고려장 이야기가 아예 나오지 않는다.

청산되어야 할 일제의 영향

조선총독부가 발행한 《조선동화집》이 미친 영향은 매우 크다. 이 책은 심의린의 《조선동화대집》(1926), 박영만의 《조선전래동화집》(1940)과 함께 일제시대 3대 동화집으로 꼽혔을 뿐만 아니라, 해방 후 60년이 지난 오늘날까지 어린이들에게 읽히고 있는 전래동화의 원전이 되어 있다. 그리하여 현재 시판되고 있는 전래동화집 중에는 《조선동화집》의 고려장 이야기를 그대로 답습하고 있는 경우가 상당히 많다. '노인을 버리는 지게'라는 제목 아래 고려장을 마치 고려 때 실제 있었던 일처럼 써놓은 전래동화집이 버젓이 팔리고 있다. 심지어는 현행 교과서에도 고려장 이야기가 아무런 배경 설명 없이 실려 있다. 초등학교 3학년 《읽기》 교과서의 '소년과 어머니', 초등학교 5학년 《도덕》 교과서의 '공경하고 사랑하는 마음'에 실려 있는 어머니를 업고 고려장 하러 가는 아들의 모습을 담은 삽화가 그것이다. 《읽기》 교과서의 해당 단원은 희 고려장은 고려시대의 장례 풍습이다?

화장한 유골을 안치한 고려시대의 석관. 청룡, 백호, 주작, 현무의 사신을 새긴 호화로운 석관이다. 상류층이 주로 사용했다.

곡이란 장르를 공부하면서 인물의 성격을 파악해보는 단원인데, 그런 목적이라면 하고많은 이야기 중에서 왜 하필 고려장 이야기를 텍스트로 삼았는지 모르겠다. 백번 양보하여 꼭 그래야 했다면 고려 때 그런 풍습이 존재하지 않았다는 것쯤은 밝혀놓았어야 하지 않을까.

고려장이 고려시대의 장례가 아니라면, 고려의 실제 장례 풍습은 어떠했을까? 고려시대에는 불교의 영향을 받아 주로 화장을 했다. 부모가 돌아가면 절에서 스님의 인도 아래 화장하여 유골을 절에 모셔두었다가, 일정 시간이 지난 뒤 항아리나 작은 돌관에 담아 땅에 묻기도 하고, 산이나 물에 뿌리기도 했다. 화장 아닌 매장도 했다. 특히 왕들은 매장을 주로 했다. 제대로 장례를 치를 수 없을 만큼 가난한 사람들은 어떻게 했을까? 구덩이를 파고 묻거나, 풀 따위로 덮어주는 것으로 대신했다.

어원에 관한 잘못된 상식

■ 사료 속으로

다음은 1882년에 간행된 그리피스의 저서 《은자의 나라 한국》에 실려 있는 고려장에 대한 짤막한 글이다.

조선 왕조는 한국인의 미신 속에 뿌리박고 있는 적어도 두 가지의 잔인한 악습을 철폐했다는 찬사를 듣고 있다. 그 이전까지는 이와 같은 풍속이 한국에서는 아무런 도전을 받지 않고 성행하고 있었는데, 이러한 풍속은 일본에서도 오래전부터 유행되어 17세기에 이르기까지 그 흔적을 찾아볼 수가 있다. 고리장Ko-rai-chang이라고 하는 것은, 노인을 산 채로 묻어버리는 풍습이었다. 인제In-chei人祭라 함은 아마 산신이나 해신에게 사람을 제물로 드리는 풍습이었던 것 같다. 이러한 부류의 미신적이고도 끔찍스러운 풍속들은 고대 사회에서 매우 성행되었으며 자비를 표방하는 불교의식으로서도 이들을 폐하지 못했다는 것은 가슴 아픈 일이다.

- 그리피스, 《은자의 나라 한국》, 1882(신복룡 역주, 《은자의 나라 한국》)

그리피스는 도쿄 제국대학의 전신인 카이세이開城 학교 화학교수를 지낸 일본통 미국인이었다. 그의 《은자의 나라 한국》은 19세기 말 한국 상황을 알려주는 중요한 책임에 틀림없지만, 일본 측 자료에 의거하여 쓴 것이기 때문에 시종일관 일본의 입장에서 한국을 바라보고 있다. 고려장과 인신제사에 대한 그의 지식 역시 한국에서 직접 얻은 것이 아니라 일본에서 얻었다고 생각된다. 그리피스는 3년 동안 일본에서 살았다. 그러나 한국에는 짧게 두 번 다녀갔을 뿐이다.

더 읽을거리
박태호, 《장례의 역사》, 서해문집, 2006
이정란, 《주제로 보는 한국사 2 - 고려편》, 고즈윈, 2005.
조선총독부 편, 권혁래 역저, 《조선동화집》, 집문당, 2003.
한국역사연구회, 《고려시대 사람들은 어떻게 살았을까 1》, 청년사, 1997.

어원에 관한 잘못된 상식 06

행주치마는
행주대첩에서 나온 말이다?

2007년판 초등 6학년 1학기 《사회과 탐구》 교과서는 '행주대첩'을 이렇게 설명하고 있다.

> 끝없이 밀려드는 왜군으로 인해 화살마저 부족하게 되자 군사들은 싸울 기력을 잃고 말았다. 이때, 성 안의 부녀자들이 앞치마에 돌을 주워 나르기 시작했다. ……돌에 맞아 쓰러지는 왜군의 수가 점점 늘어나자, 왜군들은 달아나기 시작했다. 행주산성에서 거둔 큰 승리는 왜군의 침략을 물리치는 전환점이 되었으며, 부녀자들의 애국심과 용기를 상징하는 '행주산성의 앞치마'에서 '행주치마'라는 이름이 생겼다고 전해온다.

임진왜란 때 왜군을 물리치고 대승리를 거둔 행주산성 전투에서 부녀자들이 앞치마에 돌을 날라 싸움을 도왔으며 그로 인해 앞치마를 행주

| 어원에 관한 잘못된 상식

임진왜란 때 왜군과 격전을 벌인 행주산성. 한강의 물길이 한눈에 내려다보이는 이곳은 삼국시대부터 전략적 요충지였다.

치마라 부르게 되었다는 것이다. 이에 따르면 행주치마는 행주산성 전투에서 나온 말이다. 그런가 하면 반대로, 당시 눈부신 활약을 벌인 행주치마에서 행주산성이란 이름이 나왔다는 얘기도 있다. 과연 행주치마 때문에 행주산성이 된 걸까, 아니면 행주산성 때문에 행주치마가 된 걸까?

각각 따로 존재했던 말

대답은 '둘 다 아니다'이다. 행주치마와 행주산성은 어느 한쪽이 다른 쪽을 따서 붙인 이름이 아니다.
만약 행주치마가 행주산성 전투에서 나온 말이라면 행주산성 전투가 일어난 1593년 이전에는 행주치마란 말이 존재하지 않았을 것이다. 그러나 행주치마란 말은 1517년 조선 중종 때, 역관이자 국어학자였던 최세진이 쓴 《사성통해四聲通解》에 이미 나오며, 10년 뒤인 1527년에 역시 최세진이 내놓은 한자 학습서 《훈몽자회訓蒙字會》에도 나온다. 《사성통해》에서 최세진은 '호扈'라는 한자를 풀이하면서 '힝ᄌ쵸마 호'라고 설명을 달아놓고 있다. '힝ᄌ쵸마'는 '행주치마'의 옛 표기다. 그러므로 행주산성 싸움이 일어나기 적어도 76년 전에 이미 행주치마란 말이 있었던 것이다.

조선 중종 12년(1517) 최세진이 쓴 《사성통해》에 이미 '행주치마'라는 말이 나온다. 당시 표기는 '힝ᄌ쵸마'. 행주대첩보다 76년이 앞선 것이다.

그럼 혹시 행주치마에서 행주산성이란 이름이 나온 건 아닐까? 행주라는 지명이 언제 생겼는지 알아보자. 다음은 조선시대의 지리서 《신증동국여지승람》에 나오는 행주에 관한 기록이다.

> 본래 고구려 개백현皆伯縣인데 신라 경덕왕이 우왕遇王—일명 왕봉王逢이라고 한다—이라 고쳐서 한양군 속현으로 만들었다. 고려 초기에 행주幸州라고 개칭하였고—일명 덕양德陽이라 하기도 한다—현종 9년에는 고봉, 행주 두 현을 모두 양주에 예속시켰다.

57

행주라는 지명이 고려 초에 이미 있었으니, 이는 행주대첩이 일어나기 무려 600여 년 전이다.

행주의 산에 처음 산성을 쌓은 것이 언제인지는 정확히 알 수 없으나 아마도 삼국시대일 것이다. 왜냐하면 이곳은 고구려, 백제, 신라가 한강의 지배권을 두고 치열한 다툼을 벌인 현장이기 때문이다. 지명이 자주 바뀐 이유도 백제에서 고구려로, 고구려에서 신라로 땅 주인이 자꾸 바뀐 탓이다. 《삼국사기》에 나오는 고구려 안장왕과 백제 여인 구슬아씨 한주漢珠의 사랑 이야기는 그 같은 역사적 상황을 배경으로 하고 있다. 고봉은 한주가 봉우리에 횃불을 높이 올려 안장왕을 맞았다는 곳이며, 왕을 만났다는 뜻인 우왕이나 왕봉 역시 두 사람의 만남에서 나온 이름이다.

행주대첩의 진실

행주치마와 행주산성은 행주대첩이 벌어지기 훨씬 전부터 각각 따로 존재했던 이름이다. 그런데도 오해가 생긴 것은 행주산성의 '행주'와 행주치마의 '행주'가 음이 같기 때문에 어원도 같을 거라고 잘못 추정했기 때문이다. 이렇게 음운의 유사함으로 어원을 유추하는 것을 언어학에서는 민간어원설이라 한다.

민간어원설은 음운의 유사함을 좇다 보니 본래의 어원과는 전혀 달리 오류를 낳는 경우가 많다. 이를테면 '화냥년'을 '환향녀還鄕女'에서 온 말이라 한다든지, '고린내'를 '고려취高麗臭'에서 온 말이라 하는 게 그 예다. 고린내는 '곯다'가 어원인 순 우리말이고, 고려취는 중국인들이 고려인들은 목욕을 자주 안 해서 발 냄새가 심하다며 멸시하는 뜻으로 했던 말로 고린내와는 아무 상관이 없다. 화냥년은 호란 때 청나라에 끌려갔다 돌아온 여인들을 뜻하는 '환향녀還鄕女'에서 온 말이라고 알려져 있으나, 실은 중국어 '화랑花娘' 또는 만주어 'hayan'에서 나온 말로 추정된다.

그럼 행주치마의 '행주'는 무슨 뜻이었을까?《훈몽자회》의 말抹자 풀이를 보면, '행주'라 쓰여 있고 바로 옆에 '抹布'라는 한자가 달려 있다. '말포抹布'는 '닦을 말', '베 포'이니 곧 '닦는 베', '닦는 헝겊'이다. 무엇인가를 닦는 헝겊을 '행주'라 부른 것이다. 행주치마는 행주대첩이 일어나기 훨씬 전부터 여인네들이 치마를 더럽히지 않기 위해 덧입고서 젖은 손을 닦거나 그릇의 물기를 훔치고 때론 눈물과 한숨까지 닦아내던 치마였다.

생각해볼 것이 또 있다. 행주대첩을 승리로 이끈 것이 순전히 행주치마의 활약에 힘입은 석전石戰이었을까 하는 점이다. 행주대첩은 3천의 병력으로 3만 왜군과 싸운 필사의 격전이었다. 돌멩이와 애국심만으로는 승리가 불가능하다.《선조실록》이나 임진왜란 때 영의정을 지낸 유성룡이 쓴《징비록》, 1602년에 세운 행주대첩비, 비석 뒷면에 새겨넣은 권율의 사위 이항복의 비문, 18세기 정조 때 이조판서와 대제학을 지낸 홍량호의《해동명장전》, 그 어디에도 행주산성에서 부녀자들이 동원된 투석전으로 승리했다는 기록은 없다.

행주산성에는 화차라는 무기가 있었다. 신기전, 비격진천뢰, 총통도 있었다.《연려실기술》에 따르면, 변이중邊以中이 만든 화차는 "한 화차에 구멍 40개를 뚫어서 승자총 40개를 넣고 심지를 연결하여" 동시에

당시의 신무기 화차는 행주대첩에서 눈부신 활약을 했다. 왼쪽의 화차는 신기전을, 오른쪽의 화차는 총통을 발사한 것이다.

발사하는 무기로 행주대첩에서 맹활약했다. 행주대첩의 승리는 유리한 지형조건, 우수한 화약무기, 그리고 일치단결한 병사들과 백성들, 그 삼박자가 맞아떨어진 결과였다. 행주치마의 활약은 매우 소중하되 그것만 부각시키는 건 또 다른 왜곡이 아닐 수 없다.

하나 더. 행주산성을 직접 답사해본 눈썰미 있는 독자는 물을지 모르겠다. 행주산성은 돌이 없는 토산인데 앞치마에 주워 담아 나르고 싶어도 나를 돌이 과연 있었겠냐고. 오늘날 우리가 보는 행주산성에는 돌이 거의 눈에 띄지 않지만 400여 년 전에는 그렇지 않았던 모양이다. 고종 3년(1866) 9월 3일자《승정원일기》는 이렇게 말하고 있다.

"우리나라의 승리로는 행주에서의 쾌전이 가장 큰 것이었는데, 산기슭이 암석으로 덮여 있어 시석矢石을 피할 수 있었기 때문에 적이 와서 힘껏 공격하다가 패배하여 돌아간 것입니다."

■ 사료 속으로

고구려 안장왕과 백제 여인 한주의 사랑 이야기는 《삼국사기》〈잡지雜志〉'지리편'에 짧게 언급되어 있고, 신채호의 《조선상고사》에 자세히 실려 있다. 신채호는 《해상잡록海上雜錄》이라는 저자 미상의 책에 실려 있는 것을 옮겨 적었다고 했는데, 《해상잡록》은 오늘날 전하지 않는다.

고구려 안장왕은 문자왕의 태자니, 그 태자 되었을 때에 일찍이 상인의 행장을 차리어 가지고 개백(지금의 고양 행주)에 유력遊歷하더니 당지의 장자長者 한씨의 딸 주珠는 절세의 미녀라, 안장왕이 백제 정리偵吏의 눈을 피해 한씨 집에 도망하여 숨었다가, 주를 보고 경희驚喜하여 드디어 잠통潛通하여 부부의 약約을 맺고 가만히 주에게 "나는 고구려의 태자니 귀국하면 대병大兵으로써 이 땅을 취하고 그대를 맞아가리라" 하고 도귀逃歸하였다. ……당지의 태수가 주의 미美함을 듣고 주의 부모에게 청하여 주와 결혼하려 하거늘, 주가 죽기를 결심하고 거절하나…… 주가 옥중에서 노래하여 가로되 "죽어죽어 일백 번 다시 죽어, 백골이 진토 되고 넋이야 있든 없든, 임 향한 일편단심 가실 줄이 있으랴" 하였다.

— 신채호, 《조선상고사》

안장왕이 처형당하기 직전의 한주를 구해내고 고구려가 개백 일대를 장악하는 것으로 끝나는 이 이야기는 언뜻 《춘향전》을 떠올리게 한다. 한편 신채호는 고려 말의 충신 정몽주의 시로 널리 알려져 있는 "이 몸이 죽고 죽어 일백 번 고쳐 죽어" 하는 〈단심가〉는 원래 한주의 작품으로, 나중에 정몽주가 이를 읊은 것이라 했다. 〈단심가〉는 정몽주의 작품이 아니라 훗날 조선시대에 만들어진 것이라는 주장도 있다.

더 읽을거리

박유희·이경수·차재은·최경봉, 《우리말 오류사전》, 경당, 2003.
박갑수, 《우리말, 바로 써야 한다 1》, 집문당, 1995.
최창렬, 《우리말 어원연구》, 일지사, 1986.

'두문불출'은
'두문동 72현'에서 나온 말이다?

이성계가 조선을 건국하자 고려의 충신 72명은 두문동杜門洞에 은거하면서 밖으로 나오지 않았다. 보다 못한 이성계는 불을 놓았다. 제아무리 충신이라 해도 타오르는 불길 앞에선 뛰쳐나오겠거니 하는 생각에서였다. 하지만 아무도 나오는 이 없이 모두 타죽고 말았다. 혹은 딱 한 사람만 나왔는데 그가 바로 훗날 명재상이라 일컬어진 황희였으며, 원래 73명이던 것이 그래서 72명이 되었다고도 한다.

새 왕조에 출사하기를 거부한 두문동 72현의 이 이야기는 오늘날까지 꿋꿋한 절의와 충의 상징으로 기억되고 있으며, 이들로부터 두문불출杜門不出, 즉 "문을 닫아걸고 밖에 나다니지 않는다"는 고사성어가 생겼다고 알려져 있다.

그러나 사실은 두문동에서 두문불출이란 말이 나온 것이 아니라, 두문불출에서 두문동이란 이름이 나온 것이다. 두문불출이란 말은 두문동

72현이 등장하기 훨씬 전부터 널리 쓰이고 있었다. 조선 건국 200여 년 전 사람인 고려 때의 이규보가 지인에게 보낸 편지에 이미 두문불출이란 말이 나오며, 좀더 거슬러 올라가면 644년 당 태종 때 편찬된 역사책 《진서晉書》에도 두문불출이 나오고, 기원전 90년에 완성된 사마천의 《사기》 '상군열전'에도 '공자 건虔 두문불출'이란 대목이 나온다.

조선의 명재상 황희. 후손들에 따르면 그는 두문동 출신이라 하나, 황희가 죽은 직후의 기록들에는 두문동에 관한 언급이 없다. 오늘날 학자들은 가문에서 발간한 문집이나 전기의 사료적 진실성에 의문을 제기하면서, 두문동 72현은 조선 후기 영조 때 시대적 필요에 의해 만들어진 것이라는 쪽에 무게중심을 두고 있다.

두문불출했기 때문에 두문동

무엇보다 명백한 답은 다름 아닌 《조선왕조실록》에 있다. 《영조실록》 16년(1740) 9월 1일 기사가 바로 그것이다. 그때 영조는 한양을 떠나 송도, 즉 지금의 개성에 능행 중이었다. 고려의 옛 도읍지 송도를 둘러보고, 조선 2대 왕 정종의 능인 후릉과 정종의 어머니이자 태조 이성계의 첫 번째 왕비인 신의왕후가 묻힌 제릉에 참배하러 간 길이었다. 폐허가 된 고려의 궁궐 터를 돌아본 뒤 후릉으로 향하던 영조가 문득 신하들에게 물었다.

"부조현不朝峴이 어느 곳에 있으며, 그렇게 부르는 것은 또한 무슨 뜻인가?"

그러자 주서 벼슬의 이회원李會元이란 신하가 대답했다.

"태종께서 과거를 설행했는데, 본도의 대족大族 50여 가家가 과거에 응하려고 하지 않았기 때문에 이 이름이 생긴 것입니다. 그리고 두문불출했으므로 그 동리를 두문동이라고 했습니다."

태종이 송도의 인재들을 등용하기 위해 과거를 보게 했는데 그곳의 명문대족 50여 가가 과거에 응하지 않아 부조현이라 이름 붙였으며, 또한 그들이 "두문불출했으므로 동리 이름을 두문동이라 했다且杜門不出 故又以杜門名其洞"는 것이다. 두문동에서 두문불출이란 말이 나온 것이 아니라 반대로 두문불출에서 두문동이 나왔다고 분명히 말하고 있다.

그러자 영조는 타고 가던 교자를 멈추게 하고 준엄한 목소리로 명했다.

"말세에는 군신의 의리가 땅을 쓸어낸 듯이 없어졌는데 이제 부조현이라고 명명했다는 뜻을 듣고 나니 비록 수백 년 뒤이지만 오히려 사람으로 하여금 눈으로 보는 것처럼 마음이 오싹함을 느끼게 한다."

그러면서 직접 '부조현'이라는 세 글자를 써주며 비석을 세워 기념하라 했다. 이로써 두문동과 두문동 충신들은 세상에 처음으로 빛을 보게 되었다. 두문동이란 이름이 기록에 등장하는 것이 이때가 처음이요, 입에서 입으로, 또 사사로이 전해오는 얘깃거리로만 존재하던 두문동 은거자들이 나라가 공식적으로 인정하는 충신으로 자리매김하게 된 것도 이때가 처음이니, 고려가 망한 지 약 350년 만의 일이었다.

두문동 충신을 공인해준 숨은 뜻

영조가 두문동 충신들을 공인해주면서 신하들에게 본받으라 한 데는 당시의 정치상황과 영조의 의도가 다분히 작용했다. 영조 16년은 노론과 소론 간 오랜 갈등의 핵심이던 신임옥사 문제가 노론의 승리로 일단락된, 이른바 '경신처분'이 선언된 해다. 경신처분이란 경종 시해 음모죄로 20여 년 전에 처형당한 노론 4대신(김창집, 이이명, 이건명, 조태채)에게 무죄 처분을 내림으로써 영조가 노론의 손을 들어준 사건을 말한다. 20여 년 전, 노론은 당시 왕세제 신분이던 영조를 차기 집권자로 밀면서 적극 지원하다가 소론에게 밀려 완패당하고 핵심 인물 4대신이 처형당했다. 그런데 이제 왕이 된 영조가 처형당한 노론 4대신은 죄인이 아니라 자신에게 충성한 자들이라고 선언하는 동시에, 앞으로는 4색 당파를 고루 등용하겠다는 이른바 탕평책을 제창한 것이다.

경신처분은 강력한 왕권을 세우려는 영조의 의도를 만천하에 밝힌 것이었다. 그런 영조에게 가장 절실했던 것은 일편단심 왕을 따르는 충신이었다. 마치 최후까지 고려에 충성을 다한 두문동 충신들처럼 말이다. 영조가 능행길에 두문동을 '발굴'하여 세상에 '공인' 시킨 것은 경신처분을 내린 지 7개월 뒤의 일이었다. 그 후로도 영조의 두문동 승격화는 계속되었다. 두문동 충신들에게 제사를 지내주고 비석을 세워 기념하게 했으며, 후손들을 적극 등용했다.

이렇게 하여 세상에 빛을 보게 된 두문동 72현. 그러나 처음부터 72명이 아니었다. 《실록》에 따르면, 영조 당시 확인된 인물은 고작 둘, 임선미林先味와 조의생曺義生뿐이다. 그리고 정조 때 개성 숭절사에 배향된 인물은 임선미, 조의생, 맹씨孟氏 성 가진 이, 셋이다.

그 후 차츰 숫자가 불어나는데, 그 배경에는 두문동 출신 조상의 사적을 발굴, 수집하여 국가로부터 공인받고자 노력을 아끼지 않았던 가문들의 적극적인 행보가 있었다. 절의와 충성을 최고의 덕목이자 가치로 여기고 장려한 노론 집권층의 국가적인 포충창절책布忠彰節策에 자신의 이름과 지위를 빛내려는 가문들의 소망이 맞물린 것이다. 더욱이 인조반정과 호란 후 극명해진 존명배청사상과 의리명분론은 절의와 충성의 상징이 될 인물들을 찾아 부각시키는 데 적합한 환경을 만들어주었다. 단종복위를 꾀하다 죽은 사육신, 두문동 충신들이 바로 이때 재평가된 것은 우연이 아니다.

두문동 후손으로 자처하는 가문에서 발간한 실기, 전기들이 꼬리를 물고 등장했다. 이들은 조상 중에 두문동 은거자가 있는 것을 자랑스럽게 여기고 문집과 족보에 기록했다. 그러다 보니 조상이 고려 말에 조금이라도 은둔했던 사실이 있으면 두문동에 연결시키거나, 심지어는 확인되지 않은 일조차 사실인 양 기록하는 일까지 생겼다. 신흥 가문이 조상의 세계世系를 조작한다든지 거짓 족보를 만드는 풍조도 등장했다.

사실 72명이라는 숫자도 실제 두문동 은거자 숫자와 일치하지 않는다. 72명은 공자의 문묘에 배향된 제자 72현을 본떠 설정한 것으로, 두문동 충신들을 공자 제자들에 비유하여 현인으로 받들자는 의미가 담겨 있다. 두문동이든 혹은 다른 곳에서든 고려에 절의를 지켜 은거한 이들이 어찌 꼭 72명이었겠는가. 두문동 72현은 그들을 대표하여 상징화된 것일 뿐이다.

자료마다 다른 72현의 명단

'두문동 72현'이란 용어가 등장한 것은 영조가 처음 두문동을 세상에 공인시킨 지 10년도 더 지난 영조 27년(1751)이었다. 그리고 72명의 면모가 갖추어진 명단이 세상에 등장한 것은 그로부터 무려 100년이 더 지난 뒤인 19세기 후반이었다.

72명의 면면도 자료에 따라 다르다. 이를테면 '두문동72현록'에는 정몽주가 들어 있으나, '고려두문동72현인'에는 정몽주가 없다. 양쪽에 공통적으로 들어가 있는 인물은 30명, 나머지 42명은 서로 다르다. 이렇게 자료마다 다른 이유는 72현을 선정하는 기준이 달랐기 때문이다.

두문동 비. 개성에 있다.

'두문동72현록'은 1872년 여주 이씨 집안에서 발간한 이행李行의 문집《기우집騎牛集》에 수록되어 있고, '고려두문동72현인'은 일제시대인 1924년에 발간된《전고대방典故大方》에 수록되어 있다.《전고대방》에 수록된 '고려두문동72현인'은 1860년 평산 신씨 신현申賢 집안에서 발간한 문집《화해사전華海師全》의 '언지록言志錄'을 바탕으로 한 것이다.

그러므로《기우집》은 남인인 여주 이씨 집안의 입장이 반영된 것으로 공민왕 이후 고려에 절의를 지킨 인물을 포괄적으로 포함한 반면,《화해사전》은 그 대척점에 있는 입장을 반영한 것으로 고려가 멸망한 1392년 7월 이후 절의를 지킨 인물들을 선정했고 그래서 그전에 죽은 정몽주를 72현에 포함시키지 않았다고 풀이할 수 있다.《기우집》은 정몽주를 대표 인물로 꼽는데《화해사전》은 우현보를 대표 인물로 꼽고 있는 것도 마찬가지 이유에서다.

개성의 선죽교. 원래 이름은 선지교였는데 정몽주가 피살된 날 밤, 다리 옆에 대나무가 솟아났다 하여 선죽교로 고쳤다고 한다.

이렇게 18세기 조선 후기에 모습을 드러낸 두문동 충신들은 나라를 잃은 일제시대에 들어 한층 강조되고 부각되었다. 1934년 개성에 두문동 서원이 세워진 것이 단적인 예다.

오늘날 두문동 72현으로 이름이 알려진 이들은 대부분 그 후손이 조선 왕조에 출사하여 벼슬한 경우다. 비록 시기는 저마다 다르지만 말이다. 목은 이색의 아들은 태조 때, 야은 길재의 아들은 세종 때, 우현보의 아들은 태종 때 관직에 나아갔다. 만약 그렇지 않았다면 집안이 완전히 몰락하여 조상의 충절 사실은커녕 이름 석 자 제대로 전하기 어려웠을 것이다. 두문동 후손들이 조선 왕조에 출사할 때의 명분은 무엇이었을까? 조선 4대 왕 세종의 부름을 받고 벼슬길에 나가는 아들에게 그때까지 살아 있던 길재는 이렇게 당부했다.

"너는 마땅히 내가 고려를 향하는 마음을 본받아 네 조선의 임금을 섬기도록 하라."

■ 사료 속으로

조선시대의 명재상하면 으레 첫손 꼽히는 황희는 조선 건국에 반대하여 두문동에 은거했으나 세상에 나가 뜻을 펴라는 동지들의 권유에 어쩔 수 없이 두문동을 나왔다고 한다. 황희가 두문동 출신이란 이야기는 후손들이 펴낸 문집에 나온다. 황희가 죽은 지 430여 년 뒤인 고종 27년(1890)에 발간된 《방촌선생청무실사厖村先生請廡實事》를 보자.

선생은 이 태조의 개국할 즈음에 두문동의 여러 어진 이들이 모두 선생께서 세상을 잘 다스려 백성을 구제할 것을 추천하여 세상에 나아갈 것을 권유하고, 선생 역시 세상을 구제할 것을 스스로 책임지고 나아가셨으니 그 마음은 중국의 이윤伊尹이 탕湯을 취하여 나아감과 같고, 그 뜻은 곧 기자가 홍범구주의 대법을 무왕에게 진술함과 같다 하겠다.

– 《방촌선생청무실사》 서문(황영선, 《황희의 생애와 사상》)

이 책은 황희의 후손들이 황희를 문묘에 배향해달라고 청한 글들을 모은 것이다. 그 밖에 일제시대인 1934년에 발간된 《방촌선생 문집》, 그것을 1980년에 한글로 번역한 《방촌황희선생문집》에도 비슷한 내용이 실려 있다. 그런데 황희가 죽은 직후의 기록들, 이를테면 황희의 죽음을 기리는 《문종실록》의 〈황희 졸기〉나 신숙주가 쓴 황희의 신도비문에는 두문동 출신이란 얘기가 없다. 오히려 《실록》에는 황희가 건국 초부터 벼슬하고 있음을 알려주는 기사가 여러 군데 보인다. 그래서 학자들은 대체로 황희를 이성계의 동조세력, 혹은 개국공신 계열로 간주한다. 황희가 두문동 출신이 아니라 해서 그의 명성과 업적이 빛바래는 건 결코 아닐 것이다.

더 읽을거리
황영선, 《황희의 생애와 사상》, 국학자료원, 1998.
김정자, 두문동72현의 선정인물에 대한 검토 – 《화해사전》과 《기우집》을 중심으로, 《부대사학》 22, 1998.
문경현 외, 조선 초기 절의파의 연구, 《한국의 철학》 12, 1984.

어원에 관한 잘못된 상식 08

함흥차사는
모두 죽었다?

이복동생들을 죽이고 왕위에 오른 태종 이방원에게 노하여 함흥으로 가버린 태조 이성계. 그가 아들 태종이 보낸 사신들을 도착하는 족족 활로 쏴 죽이거나 잡아 가두고 돌려보내지 않았다는 데서, 한번 가면 깜깜소식인 사람이란 뜻의 함흥차사란 말이 나왔다고 한다.

함흥차사에 대해서는 얽힌 이야기들이 꽤 많다. 그중 가장 널리 알려진 것은 새끼 딸린 어미 말을 끌고 가 이성계를 설득하는 데 성공했지만 돌아오는 길에 강을 미처 건너지 못해 죽음을 당했다는 박순朴淳의 이야기, 그리고 이성계에게 거짓말을 하여 제 목숨은 건졌으나 대신에 후손의 눈이 멀었다는 성석린成石璘의 이야기일 것이다.

그런데 박순이 함흥에 갔다가 목숨을 잃은 것은 사실이지만 그때 이성계는 아직 함흥에 도착하기도 전이었으며, 성석린의 아들과 손자가 눈멀었던 것은 사실이지만 함흥차사와는 아무 상관이 없다. 성석린은 함흥차사로 간 적이 없기 때문이다.

함흥차사로 간 사람들 가운데 죽은 사람은 박순과 송유宋琉 둘뿐이었다. 둘 다 이성계가 아니라 조사의趙思義가 이끄는 반란군에게 죽었다.

떠도는 아비 이성계, 뒤쫓는 아들 이방원

함흥차사의 전말을 알아보자. 1400년, 이복동생 방석과 방번을 죽이고 친형인 방간과의 왕위다툼에서 승리한 이방원이 마침내 즉위하니, 그가 바로 태종이다. 그러자 태조 이성계는 개경(지금의 개성) 궁궐을 떠나 강원도 안변으로, 소요산으로, 양주 회암사로 떠돌기 시작했다.

태종은 아버지가 가는 곳마다 사람을 보내 문안을 여쭙고 근황을 살폈다. 때로는 술과 음식을 장만하여 직접 찾아가기도 했다. 아비 이성계와 아들 이방원의 팽팽한 신경전이었다. 이방원으로서는 이성계로부터 자신의 즉위를 인정받는 일이 무엇보다 중요했다. 그래야 자신의 정통성과 왕위계승의 정당성이 확보되기 때문이다. 여전히 위력을 발휘하고 있는 이성계의 권위와 그 지지 세력을 견제하는 일도 만만치 않았다. 하지만 그런 아들의 애타는 심정을 아는지 모르는지 이성계는 툭하면 거처를 옮기곤 했으며, 그때마다 이방원은 차사를 보내 아비의 뒤를 쫓았다.

태종 2년(1402) 10월 27일, 당시 태상왕이라 불리던 이성계는 한동안 머물던 양주 회암사를 별안간 떠났다. 소식을 들은 태종은 서둘러 지신사知申事(나중의 도승지) 박석명, 환관 김완을 잇달아 보냈으나 이성계를 막을 수 없었다. 아니, 이성계의 목적지가 어디인지조차 가늠할 수 없었다. 안달이 난 태종은 연일 차사를 보내 동태를 살폈다. 이때의 상황을 《실록》은 이렇게 전하고 있다.

"태상왕이 향하는 곳을 알지 못하여 사람을 시켜 살피었으므로 사람의 행렬이 길에 잇닿았다."

얼마나 많은 차사들을 보냈는지 그 행렬이 길을 메울 정도였다는 것이다. 태종의 타들어가는 심정을 알려주는 대목이다.

이성계는 동북면으로 가고 있었다. 동북면은 이성계의 고향이요 입신양명을 이룬 터전으로서 그 스스로 "동북면 사람들은 모두 내 형제다"라고 말할 정도로 이성계의 지지 기반이 탄탄한 곳이었다. 함흥, 안변, 영흥, 덕원 등은 동북면의 중심지였다.

그런데 이성계가 동북면으로 떠난 지 1주일 남짓 된 11월 5일, 안변부사 조사의의 반란이 일어났다. 조사의는 이성계의 두 번째 왕비, 그러니까 방원에게 살해당한 방번과 방석의 생모인 신덕왕후 강씨의 일족이었다. 《실록》에 따르면 그의 반란은 '강씨를 위해 원수를 갚고자' 한 것이었다 한다.

반란 소식을 들은 태종 이방원은 상호군上護軍 박순을 함흥으로 급파했다. 상호군은 정3품 무관으로 최고지휘관 벼슬이다. 박순은 함흥의 각 고을 수령들에게 "조사의를 따르지 말라"고 종용하다가 그만 조사의 군에게 목숨을 잃고 만다. 그런데 그때 이성계는 아직 함흥에 도착하지 못하고 있었다. 박순이 죽던 날, 이성계 일행이 "철령을 지났다"는 급보가 태종에게 날아들었다. 철령은 회양과 안변의 경계에 자리한 고개다. 급보를 받은 태종이 뛸 듯이 기뻐하며 소식을 알려준 회양부사 김정준金廷雋에게 말 한 필을 상으로 주었을 만큼 당시 이성계의 행보는 오리무

태조 이성계가 자주 찾았던 경기도 양주 회암사 터. 한때 매우 번창한 절이었으나 지금은 터만 남아 있으며 발굴 조사가 진행 중이다.

중이었다.

태종은 부리나케 호군護軍 송유를 함흥에 보냈으나 그 또한 조사의의 반란군에게 피살되었다. 이성계는 이즈음에야 함흥에 도착했다. 이에 태종은 이성계가 가장 믿고 아끼는 무학대사, 안평부원군 이서, 승려 익륜과 설오, 환관 노희봉을 잇달아 함흥에 보냈다. 그중 설오와 이서 일행은 철령에서 반란군에게 막혀 발길을 돌렸고, 다른 차사들은 이성계를 만난 다음 무사히 돌아왔다.

얼마 후 반란이 평정되고 조사의는 사로잡혔다. 이성계도 수도로 돌아왔다. 회암사에서 동북면으로 향한 지 한 달 만이었다. 이성계가 귀경한 지 열흘 뒤, 조사의는 형장의 이슬로 사라졌다.

반란군과 이성계는 어떤 관계였을까? 반란군의 세력이 뻗치는 곳마다 이성계가 있었던 것으로 보아 둘 사이의 결탁이나 암묵적 동의가 있었음을 충분히 상정할 수 있으나 확실한 증거는 없다. 이방원이 속을 태운 것도, 뻔질나게 함흥에 차사를 보낸 이유도 바로 거기, 반란군과 이성계의 결탁 여부에 있었을 것이다. 그러고 보면 함흥차사란 말에는 동생들을 죽이고 왕위를 빼앗은 아들 이방원에 대한 이성계의 분노가 담겨 있는 것이 아니라, 이성계와 반란군의 결탁을 막고 이성계로부터 왕위계승의 정통성을 확인받아야 했던 이방원의 속 타는 심정이 담겨 있다 할 것이다.

함흥차사에 대한 뿌리 깊은 오해

앞에서도 말했듯이, 함흥차사로 죽은 사람은 박순과 송유, 두 사람이다. 그것도 이성계에 의해서가 아니라 조사의 반란군에게 피살당했다. 조사의의 반란이 이성계의 암묵적 동의 아래 이루어졌음을 십분 감안하더라도 이들을 이성계가 직접 죽였다고는 할 수 없으며, 차사를 죽이는 것이 이성계의 뜻이 아니었음은 송유 다음의 차사들이 모두 무사했다는 것으로도 입증된다. 또한 성석린은 이성계가 안변과 소요산에 머물고 있을 때 차사로 갔을 뿐, 함흥에는 간 적이 없다.

그런데도 함흥차사에 대한 오해는 매우 뿌리 깊다. 성석린의 이야기는 작자와 연대를 알 수 없는 〈축수편逐睡篇〉에 나오고, 박순과 어미 말 이야기는 박순이 죽은 지 약 300년 뒤에 쓰인 민정중閔鼎重의 문집 《노봉집老峯集》에 실려 있다. 민정중은 숙종 때의 인물로 노론의 핵심이었다. 당시 숙종은 박순에게 시호를 내려 달라는 후손들의 청을 받아들여 '충민忠愍'이란 시호를 내려주었는데, 시호를 청하면서 올린 박순의 행장이 《노봉집》에 실려 있는 것이다. 그 내용은 이러하다.

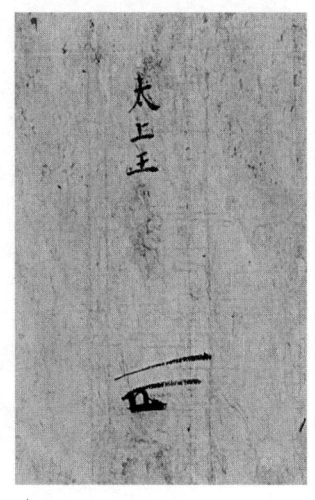

태조 이성계의 착압着押. 착압은 오늘날의 친필 사인과 같다. 위쪽에 '태상왕'이라 쓰여 있다.

> 당시에 문안사 중에 한 사람도 돌아온 이가 없었다. 태종이 여러 신하들에게 묻기를, "누가 갈 수 있는가?" 하니 응하는 사람이 없었으나, 판승추부사 박순이 자청하여 간다고 하였다. 가는데 하인도 딸리지 않고 스스로 새끼 딸린 어미 말을 타고 함흥에 들어가서, 태조 있는 곳을 바라보고 일부러 새끼 말을 나무에 매어놓고 어미 말을 타고 나아가니, 어미 말이 머뭇거리면서 뒤를 돌아보고 서로 부르며 울고 앞으로 나아가려 하지 않았다. 태조를 뵙자, 태조는 말이 하는 짓을 보고 괴이하게 여겨 물었다. 그가 아뢰기를,
> "새끼 말이 길 가는 데 방해가 되어 매어놓았더니, 어미 말과 새끼 말이 서로 떨어지는 것을 참지 못합니다. 비록 미물이라 하더라도 지친의 정은 있는 모양입니다."
> 하고, 풍자하여 비유하니, 태조가 척연히 슬퍼하고 잠저에 있을 때 사귄 옛 친구로서 머물러 있게 하고 보내지 않았다. ……박순이 서울로 돌아가겠다는 태조의 허락을 듣고 곧 그 자리를 하직하고 떠나니, 태조를 따라와

어원에 관한 잘못된 상식

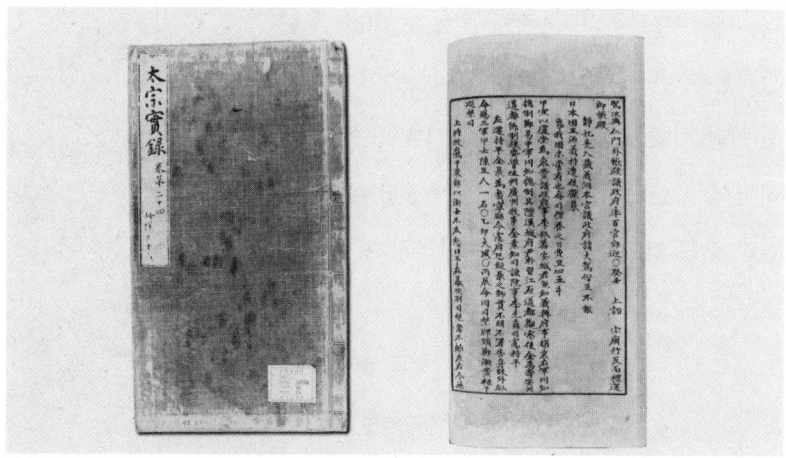

《태종실록》. 오른쪽은 방충과 방습을 위해 밀랍을 입힌 밀랍본이다. 태종 11년 2월 22일 일본 국왕이 코끼리를 선물로 보냈다는 기사가 실려 있다.

모시고 있던 여러 신하들이 극력 그를 죽일 것을 청하였다. 태조는 그가 용흥강을 이미 건너갔으리라고 짐작한 뒤에야 허락하여 사자에게 칼을 주면서 이르기를,

"만약 이미 강을 건넜거든 쫓지 마라."

하였다. 박순은 병이 나 중도에서 체류하였다가 이때에 겨우 강에 도달하여 배에 오르고 아직 강을 건너지 못했으므로, 드디어 그의 허리를 베었다. 그때에 "반은 강 속에 있고 반은 배 속에 있다 半在江中半在船" 하는 시가 있었다. 태조가 크게 놀라 애석하게 여겨 이르기를,

"박순은 좋은 친구다. 내가 마침내 전에 그에게 한 말을 저버리지 않으리라."

하고, 드디어 남쪽에 있는 한양에 돌아가기로 결정하였다.

함흥차사 중에 돌아온 이가 한 사람도 없었다든지, 박순이 자청하여 이성계를 찾아가 설득하는 데 성공했으나 안타깝게도 간발의 차이로 죽

함흥차사와 관련된 전설이 내려오는 살곶이다리. 다리 놓는 공사를 처음 시작한 것은 세종 때였으나 중단되었다가 성종 13년(1482) 완공되었다. 현존하는 조선시대 돌다리 중 가장 길다.

음을 당했다든지 하는 이야기의 출처가 다름 아닌 박순의 후손들이 시호를 청하며 올린 시장諡狀이었음을 알 수 있다.

민정중의 스승 우암 송시열도 함흥차사에 대한 오해를 사실로 받아들이고 있다. 윤체원尹體元이란 사람에게 보낸 편지에서 "자식이 떠난 뒤 소식이 없어 걱정이 심하니 이것이 이른바 함흥차사 아니겠는가?" 하고 쓰고 있다. 노론의 종장宗匠 송시열이 그랬으니 다른 이들이야 말해 무엇하랴.

■ 사료 속으로

청계천과 중랑천이 만나 한강으로 흘러 들어가는 서울 성동구 행당동 살곶이다리에는 함흥차사와 관련된 전설이 내려온다. 귀경길에 오른 태조 이성계가 먼 발치에서 아들 태종 이방원을 보고 힘껏 활을 당겼지만 기둥에 맞는 바람에 이방원이 가까스로 화를 면했다는 얘기다.

하륜河崙 등이 아뢰기를, "상왕의 노여움이 아직 다 풀어지지 않았으니, 모든 일을 염려하지 않을 수 없습니다. 차일에 받치는 높은 기둥은 의당 큰 나무를 써야 할 것입니다" 하니, 태종이 허락하여 열 아름이나 되는 큰 나무로 기둥을 만들었다. ……태조가 바라보고 노한 얼굴빛으로 가졌던 동궁彤弓과 백우전白羽箭을 힘껏 당겨서 쏘았다. 태종이 급해서 차일 기둥에 의지하여 몸을 가렸으므로 화살이 그 기둥에 맞았다. 태조가 웃으면서 노기를 풀고 이르기를, "하늘이 시키는 것이다" 하고, 이에 나라의 옥새를 주면서 이르기를, "네가 갖고 싶어하는 것이 바로 이것이니, 이제 가지고 가라" 하였다.

— 축수편, 《연려실기술》 제1권 태조조 고사 본말

이 이야기가 실려 있는 〈축수편〉은 민간 설화나 일화를 모아놓은 책으로 작자와 연대는 알려져 있지 않다. '축수편'이란 '잠을 쫓는 책'이란 뜻이다. 그런데 함흥차사 사건 당시 조선의 수도는 한양이 아니라 개경이었다. 2대 왕 정종 때 다시 개경으로 수도를 옮겼기 때문이다. 그러므로 이성계가 귀경한 곳도 개경이지 한양이 아니다.

더 읽을거리
이상태, 《조선역사 바로잡기》, 가람기획, 2000.

어원에 관한 잘못된 상식 09

'현모양처'는
조선시대의 이상적 여성상이다?

국어사전에서 '현모양처'를 찾으면 이렇게 나와 있다. "자식에게는 어진 어머니, 남편에게는 착한 아내." 영어로는 'a good wife and wise mother', 한자로는 '賢母良妻'라 쓴다.

사람들은 현모양처하면 으레 신사임당을 떠올리며 조선시대의 이상적 여성상이라고 고개를 주억거리지만, 실은 현모양처는 지금으로부터 약 100년 전 개화기에 외국에서 들어온 새로운 여성상이다.

조선시대에는 현모양처라는 말 자체가 없었다. 조선시대를 대표하는 관찬사서 《조선왕조실록》에는 현모양처란 말이 단 한 번도 나오지 않는다. 뿐더러, 현모양처의 표상으로 신사임당을 지목하는 대목 역시 없다. 《조선왕조실록》에 '양처良妻'라는 말은 종종 나온다. 그러나 그것은 '착한 아내'라는 뜻과는 아무 상관없는, 신분을 나타내는 말이다. 즉 노비 같은 천인 출신 아내가 아닌 양인 출신 아내를 가리키는 말이 '양처'인

서홍 김씨 삼대의 열녀 정문. 현판에 '삼강정려三綱旌閭'라 쓰여 있다. 경기도 안성군 고삼면 월향리.

것이다.

조선시대 이상형은 현모양처가 아니라 열녀효부

조선시대의 이상적 여성상은 현모양처가 아니라 '열녀'와 '효부'였다. "충신은 두 임금을 섬기지 않고 열녀는 두 남편을 섬기지 않는다"는 말이나, "신하에 있어서는 충이요 자식에 있어서는 효이며 부인에 있어서는 열"이라는 정조의 말처럼 조선시대 여성들에게 요구된 최고의 가치요 덕목이며 이상은 효도하는 며느리, 절개를 목숨보다 귀히 여기는 열녀였다. 시대가 요구한 이 이상을 목숨 바쳐 실천한 여성에게 국가가 내려준 표창을 '현모양처문'이 아닌 '열녀문'이라 부른 것이 단적인 증거다.

공자에 버금가는 성현이란 뜻에서 제자들 사이에 송자朱子라 일컬어

'현모양처'는 조선시대의 이상적 여성상이다?

진 조선시대 유학자 우암 송시열이 시집가는 딸에게 이런저런 점을 명심하라고 써준 〈계녀서戒女書〉나, 성종의 어머니 소혜왕후가 궁중 여인들을 위한 수신서로 쓴 《내훈內訓》, 그리고 조선의 역대 왕들이 백성들에게 힘써 보급한 《삼강행실도》, 실학자 이덕무가 쓴 《사소절士小節》을 보아도 조선시대 여성이 지켜야 할 법도는 시부모에 대한 '효도'와 남편에 대한 '순종', 그리고 '정절'이었지 '현모양처'가 아니었다.

고려와 조선시대를 통틀어 여성을 위해 쓰인 묘지명이나 행장에서도 여성을 현모양처라는 이름 아래 기리고 칭송한 예는 없다. 현모양처의 대명사로 불리는 신사임당이 죽은 뒤 아들 율곡 이이가 어머니의 죽음을 애도하며 쓴 '선비先妣 행장'을 보아도 그렇다.

《삼강행실도》 열녀편의 '임씨 단족'. 왜란 때 전라도 지방 관리의 부인 임씨는 왜구가 그녀를 욕보이려 하자 팔 하나 다리 하나를 잘리면서도 끝내 절개를 지키다 죽었다. 조선의 치자들은 이 이야기를 백성들이 알기 쉽도록 그림으로 그려 널리 보급했다.

천성이 온화하고 얌전하였으며 지조가 정결하고 거동이 조용하였으며 일을 처리하는 데 안존하고 자상했으며 말이 적고 행실을 삼가고 또 겸손하였으므로 신공申公이 사랑하고 아꼈다. 성품이 또 효성스러워 부모가 병환이 있으면 안색이 반드시 슬픔에 잠겼다가 병이 나은 뒤에야 다시 처음으로 돌아갔다.

행동거지가 조신하고 성품이 효성스러웠다고 칭송하고 있을 뿐, 현모양처란 찬사는 없다. 죽은 이에게 최고의 찬사와 영예를 바치게 마련인 묘지명이나 행장에 현모양처라는 찬사가 나오지 않는 것은 당시에 그런 개념이 존재하지 않았기 때문이라고밖엔 생각하기 어렵다.

근대가 필요로 한 새로운 여성상, 현모양처

현모양처는 근대의 산물이다. 현모양처는 자본주의와 함께 탄생한 새로운 여성상이라는 말이다. 농업을 기반으로 하는 전통사회에서는 생산영역인 일터와 재생산 영역인 가정이 뚜렷이 구분되지 않았다. 그렇지만 자본주의가 발달하면서 생산 영역, 이를테면 공장이나 회사와, 재생산 영역인 가정이 확연히 분리되었다. 그에 따라 남편은 바깥일, 아내는 집안일, 직장은 일터, 가정은 휴식처라는 뚜렷한 역할 구분 아래 자식교육 담당자요 남편의 내조자에 걸맞은 새로운 여성상이 필요하게 되었으니, 그것이 곧 현모양처다.

1932년 1월 발행된 잡지 《신여성》 6권 1호에 실린 '신시대의 어머니를 차저서'. 아이의 보육과 교육에 힘써야 하는 '신시대' 어머니를 강조하고 있다.

'현모양처'는 조선시대의 이상적 여성상이다?

서양의 근대와 함께 탄생한 현모양처는 메이지유신 이후 근대화에 박차를 가한 일본에 도입되었으며, 비슷한 시기에 일본을 통해 우리나라에도 들어왔다. 현모양처라는 새로운 여성상이 도입되는 데 앞장선 이들은 문명개화를 부르짖은 개화파 인사들이었다. 일본에서는 양처현모, 현모양처란 말이 섞여 쓰였지만 우리나라에 들어와서는 현모양처로 굳어졌다.

일제시대 여학교의 자수 시간. 자수는 현모양처의 자질과 부덕 함양을 위한 교육으로 강조되었다.

근대의 현모양처가 전근대 여성상과 가장 다른 점은 여성을 자녀교육 담당자로 설정하고 여성도 배워야 한다고 강조하는 데 있다. 조선시대 자녀교육은 아들 중심이었으며 그 담당자는 아버지였다. 어머니는 아들을 '낳는' 존재였지 '가르치는' 존재가 아니었다. 그리고 여성에게 학문이란 무용지물이나 다름없었다. 왜냐하면 여성은 시부모 잘 모시고 아들 낳아 대를 잇고 봉제사 접빈객, 즉 제사 모시고 손님 접대 잘하는 것이 최고의 부덕이요, 남자처럼 공부를 하거나 글을 짓거나 하는 것은 점잖은 집 여자가 할 일이 아니라고 믿었기 때문이다.

글을 읽고 의리를 강론하는 것은 남자가 할 일이요, 부녀자는 질서에 따라

일제 말기, 전시체제가 가속화되면서 등장한 포스터. 아기를 안은 어머니 옆에 '낳자, 인적 자원'이라고 쓰여 있다. 아이를 낳아 나라에 바치고, 전쟁터에 나간 남자를 대신하여 일하는 것이 여성의 할 일이라고 선전하고 있다.

조석으로 의복, 음식 공양하는 일과 제사와 빈객을 받드는 절차가 있으니…… 부녀자로서 고금의 역사를 통달하고 예의를 논설하는 자가 있으나 반드시 몸소 실천하지 못하니 그 폐해가 끝이 없다.

실학자 성호 이익이 《성호사설》에서 한 말이다. 여자가 공부하는 것에 반대하기로는 실학자라 해서 다르지 않았다.

그러나 근대의 현모양처는 자식 잘 가르치고 남편 내조하려면 여자도 배워야 한다고 역설한다. 남편이 집 밖에 나가 경제활동에 종사할 때 아내는 자식교육과 집안 살림을 맡아 해야 하니 무지해서는 안 된다는 것이다. 《서유견문》을 쓴 개화파 유길준은 이렇게 말한다.

어린아이들의 교육은 어머니 된 자가 도맡아서 해야 하는데 만약 지식이 없으면 교육하는 방법을 알지 못한 나머지 아이들의 성장을 손상시킬지 모르기 때문이다.

근대 국가의 여성 국민 만들기

지금까지 확인된 바에 따르면, 우리 문헌에 현모양처라는 말이 처음 등장하는 것은 1906년 양규의숙養閨義塾이란 여학교의 설립 취지문에서다. "유신維新의 학문과 여공女工의 정예와 부덕순철婦德順哲을 교육하여 현모양처의 자질을 양성 완비"하는 것이 양규의숙의 설립 취지요 목적이라고 취지문은 선언하고 있다. 양규의숙은 계몽운동 단체인 여자교육회에서 설립한 학교였다. 여자교육회 말고도 찬양회, 한일부인회, 진명부인회, 양정여자교육회 등 계몽단체들이 앞 다퉈 여학교 설립과 여성 교육에 목소리를 높였다.

계몽운동가들은 문명개화와 부국강병을 위해서는 그동안 교육의 대상에서 제외되어온 여성들에게 눈을 돌려 인구의 절반인 여성들을 가르쳐야 한다고 입을 모았다. 그리고 1905년 을사조약으로 국권을 잃은 뒤에는 현모양처 교육을 강조했다. 현모양처를 양성하는 것이야말로 미래의 국민인 아이들을 바르게 키워 국권회복과 국가발전에 이르는 길이라는 생각에서였다. 1909년 발간된 당시 여학교의 교과서 《녀자소학수신서》를 보자.

"여자는 나라의 어머니 될 자니, 어머니 될 자가 무식하고 학문이 없으면, 그 나라 백성이 어떠한 백성이 되리오. 실상으로 생각하면 여자의 직책이 남자의 책임보다 몇 배가 더하니 청년여자 학생들아, 마음을 깨끗이 하고, 몸을 단정히 가져 후일에 국민을 낳고 기르고 가르치는 좋은 어머니가 되소서. 그리하면 집에 복이 있고, 집에 복이 있으면 나라에 큰 행복이 되리라."

현모양처는 근대화와 근대 국가에 걸맞은 국민 양성이란 목표 아래 모범적인 여성 국민의 이상형으로 학교 교육을 통해 보급되었다.

근대화 과정에서 근대 국가의 국민 만들기의 일환으로 여성에게 현모양처 교육을 강조한 것은 한국뿐만 아니라 일본, 중국도 마찬가지였다. 1872년 일본 문부성이 발표한 여성교육의 목표는 다음과 같았다.

"일반 여자에게도 남자와 같은 교육을 받게 할 것이다. 인간의 도에는 남녀의 차가 없다. 남자에게 학문이 있는데 여자에게 없는 것은 안 된다. 자녀교육에 모母의 힘이 크게 작용하여 자녀의 재才, 부재不才는 모의 현賢, 불현不賢에 달려 있다. 금일의 여자는 내일의 모다. 여자가 배워야 할 이유는 크다."

장제스가 이끄는 중국 국민당 정부가 발행한 교과서도 가정관리와 육아, 자녀교육에 과학적이고 전문적인 지식을 지니고 남편이 국민의 역할을 다하도록 내조하고 미래의 국민인 자녀를 교육하는 현모양처를 이상적인 여성상으로 가르쳤다. 중국은 우리나라와 마찬가지로 전통시대에는 현모양처라는 말이 없다가 일본의 양처현모가 들어와 현모양처, 현처양모, 양모현처 등으로 섞여 쓰였다.

이 무렵 가정학이란 새로운 학문이 서양에서 도입되어 여학교에 가사과, 즉 가정학과가 생겼다. 이 또한 현모양처 교육의 일환이었다. 일본에는 1897년 여자고등사범학교(나중의 동경여자고등사범학교)에 가사전수과가 처음 생겼으며, 뒤이어 1901년 일본여자대학교에 가정학부가 생겼다. 중국에는 1923년 북중국유니온대학(나중의 연경대학)에 가정학과가 생겼고, 한국에는 1929년 이화여자전문학교에 생긴 가사과가 처음이다.

식민지 이데올로기가 된 현모양처

　현모양처는 분명 전근대 사회의 여성상에 비해 한걸음 나아간 것이었으며, 사회 변화에 따른 새로운 여성상이었다. 그런데 문제는 조선이 일본의 식민지가 되면서 현모양처가 일본 제국주의의 통치 이데올로기로 활용되었다는 데 있다. 일본은 식민지 조선을 통치하는 한 방편으로 현모양처를 선전하고 교육했다. 식민지 조선의 여성들을 일본 제국주의의 황민으로 만들기 위해서였다. 여성을 동화시키면 아이들을 비롯하여 가정 전체를 동화시킬 수 있다는 게 이들의 생각이었다.

> 조선인 여자교육은 남자교육에 비해 뒤지지 않는 중요한 의미가 있다. 경제적 융합과 사회적 융합은 식민정책의 근본 토대가 되지만 그 가운데에도 뒤의 것, 곧 사회감정의 융합이 한층 더 곤란하다. 그러나 일단 성공하면 경제적 융합보다도 더 힘 있는, 사회의 근본 토대를 굳게 하는 시멘트가 된다. 이것은 어떻게 해서든지 부녀자를 감화시키는 데서부터 들어가는 것이 지름길이다. ……주아심主我心, 자각심이 부족한 감정적인 부녀자가 남자보다 훨씬 감화시키기가 쉬운 것은 말할 것도 없다. 일단 감화된 이상 다시 그것을 고치기 어려운 것도 사실이다. 그런데 여자가 감화하면 남자는 저절로 감화되게 마련이다. ……조선인의 가정을 풍화風化하는 것은 곧 전 사회를 풍화하는 것이니 이와 같이 하여야 비로소 우리와 저들과의 감정적 융합이 영구히 이루어질 수 있다.

　초대 조선총독인 데라우치寺内正毅 총독 때 법제국 참사관을 지낸 하라

原象一郎라는 인물이 경성여자고등보통학교를 시찰하고 쓴 글이다. 일본이 조선 여성을 교육시키는 목적은 조선인의 일본 국민화에 있다고 서슴없이 말하고 있다. 이때 여성교육의 내용은 다름 아닌 현모양처였다. 현모양처는 일본의 식민지 가족정책 이데올로기가 된 것이다.

식민지 조선의 각급 여학교에서는 의도적으로 현모양처 교육을 했다. 교육 목표는 '부덕婦德의 함양', '현모양처의 자질을 갖춘 충량忠良한 황국여성 양성'이었다. 조선총독부 학무국이 1938년 발표한 〈고등여학교 규정 개정취지〉를 보자.

"제1조 고등여학교는 여자에게 마땅히 요구되는 고등보통교육을 시행하고 특히 국민도덕의 함양, 부덕의 함양에 뜻을 써, 양처현모로서의 자질을 얻음으로써 충량지순한 황국여성을 양성하는 데 노력한다."

현모양처 교육의 목표는 충량지순한 황국여성이라고 못박고 있다. 그런데 교묘하게도 일본은 조선인들을 설득하는 논리를 조선의 전통사회에서 찾았다. 남편과 아들의 입신출세를 가문의 영광이요 자신의 기쁨으로 여겼던 조선시대 여성들을 닮으라고 하면서, 현모양처를 조선시대 여성상과 일치시켰다. 현모양처가 근대의 산물임에도 전근대의 산물로 오인받게 된 근본적인 이유가 바로 여기에 있다.

일본이 현모양처 이데올로기화에 조선의 전통을 갖다 붙인 이유는 한편으로는 조선인들의 민족적 저항을 막고, 다른 한편으로는 현모양처에 대한 비판과 일본식 교육이라는 거부감을 잠재우기 위해서였다. 사실 현모양처는 얼핏 보면 조선의 전통적 여성상과 비슷했다. 정숙한 몸가짐, 자식에 대한 헌신, 근검절약, 단정한 용모, 공손함과 겸손함 등 전통적 여성상이 강조하는 미덕과 현모양처가 강조하는 미덕은 일치하는 것이 많았다. 따라서 현모양처는 일본식 교육이 아니라 마치 조선의 전통을 이어받은 교육처럼 보였다. 그리하여 현모양처는 남녀평등, 자유연애를 부르짖는 이른바 신여성들의 '경박함' 보다 도덕적으로 우월한 여성상으로, 인간해방과 여성해방을 외치는 사회주의에 맞서 전통의 '미풍양속'을 지키는 여성상으로 비치기도 했다.

한국의 여인상이 된 현모양처, 그리고 신사임당

해방 후에도 현모양처는 여전히 유효했다. 아니, 더욱 강조되었다. 사회주의에 대항하는 이념으로, 또 국가와 사회에 헌신할 것을 촉구하는 방편으로 강조되었다. 더욱이 1950년에 일어난 한국전쟁은 수많은 미망인과 고아, 가난을 남겨놓았고, 전쟁의 상처로부터 가정을 지키고 아이를 키우는 책임과 의무가 오롯이 여성의 몫이 되면서 현모양처 여성상은 한층 강조되었다. 달라진 점이 있다면, 집안일은 물론이요 생계까지 책임지는 현모양처가 되어야 했다는 것이다.

현모양처는 1960년대와 1970년대를 지나면서 전형적인 한국의 여인상으로 자리 잡았다. 본격적인 산업화 과정을 걷고 있던 당시 한

신사임당 초상. 이당 김은호 그림. 강릉 오죽헌 소장.

국 사회에서 현모양처는 꼭 필요한 존재였다. 남편이 치열한 산업현장에서 땀 흘려 뛰는 동안 집안일을 도맡아 처리하고 자녀교육을 책임지는 아내야말로 없어서는 안 될 존재였기 때문이다.

이번에도 국민을 설득하는 논리로 이용된 것은 전통이었다. 신사임당이 현모양처의 대명사로 집중조명을 받으며 부각된 것이 바로 이즈음이다. 신사임당의 전기가 출간된 것은 1960년대 초였고, 대한주부클럽연합회(회장 김활란) 주최로 5월 17일을 신사임당의 날로 제정하여 '현명한 아내 어진 어머니' 신사임당을 '주부의 이상상'으로 선포한 것은 1969년이었다.

1970년대 들어 '한국적 민족주의'를 외치며 유신체제를 선포한 박정희 대통령은 국민통합의 상징 모델로 충무공 이순신과 신사임당을 내세웠다. 충무 교육원, 화랑 교육원과 함께 신사임당 교육원이 설립되고 유적지 정화사업이 추진되었다. 오늘날 우리에게 익숙한 신사임당 초상화가 그려진 것도 이즈음의 일이다. 초상을 그린 사람은 이당 김은호. 그는 이순신의 초상화와 춘향, 논개의 초상화도 그렸다.

어느덧 현모양처는 한국의 여인상으로 사람들에게 각인되었으며 신사임당으로 대표되는 조선시대 여성상과 동일시되면서 민족 전통의 옷을 입고 한껏 추앙되었다. 여학교에는 신사임당 초상화와 함께 '바른생활', '정숙' 같은 교훈이나 급훈이 내걸리곤 했다.

21세기에 들어선 오늘날, 현모양처는 두 얼굴을 지니고 있다. 여전히 지켜야 할 이상형인가 하면 극복해야 할 과거형이기도 하다. 게다가 요즘의 '신' 현모양처는 자식교육과 집안살림은 물론 돈벌이에 자아실현까지 할 줄 알아야 한다니 과거의 현모양처보다 훨씬 되기 어렵다.

■ 사료 속으로

남자의 행복이 밖에 있다면 여인의 행복은 안에 있다. 남자의 행복이 사회에 있다면 여인의 행복은 가정에 있다. ……어질고 착실한 남편, 예쁘고 총명한 자녀, 아담하고 깨끗한 주택, 철따라 갈아입고 그리고 여유 있는 치마저고리, 양복, 의류, 구두, 그리고 쌀가마와 연탄과 한 가랏트의 다이야와 약간의 한국은행권 따위, 이런 것이 여인의 행복이 아닐까.

— 손소희, 여인의 행복, 〈동아일보〉 1959년 3월 12일

1959년, 당대의 유명한 여성 소설가가 쓴 이 글은 현모양처의 이상적인 삶을 잘 표현하고 있다. 한국전쟁이 끝난 뒤 피폐해질 대로 피폐해진 삶을 살고 있던 대다수 여성들에게 이 같은 삶은 이룰 수 없는, 그러나 이루고 싶은 소망이 아니었을까.

더 읽을거리

이임하, 《계집은 어떻게 여성이 되었나》, 서해문집, 2004.
가와모토 아야川本綾, 양처현모 사상과 '부인개방론', 《역사비평》, 2000년 가을호.
홍양희, 현모양처론과 식민지 '국민' 만들기, 《역사비평》, 2000년 가을호.

2

인물에 관한
잘못된 상식

인물에 관한 잘못된 상식 10

바보 온달은 평강공주와 결혼한 덕분에 출세했다?

바보 온달은 공주와 결혼한 덕분에 출세한 것이 아니라, 뛰어난 무공을 세워 왕의 눈에 띈 덕분에 공주와 결혼할 수 있었던 것이다. 신분제가 사라진 요즘에도 재벌 집안의 딸과 평사원이 결혼하면 보기 드문 일이라 하여 뉴스거리가 되는데 하물며 천 년도 더 전인 6세기, 엄격한 신분제가 존재하는 고구려 사회에서 미천한 신분의 바보가 공주와 결혼할 수 있을 리는 만무하다.

설화와 사실 사이

《삼국사기》 열전에 실려 있는 온달 이야기를 들여다보자.

온달은 고구려 평강왕 때의 사람이다. 얼굴이 못생겨 남의 웃음거리가 되었지만 마음씨는 밝았다. 집이 매우 가난하여 항상 밥을 빌어다 어머니를 봉양하였는데, 떨어진 옷을 입고 해어진 신을 신고 저잣거리를 왕래하니, 그때 사람들이 그를 가리켜 바보 온달이라 불렀다. 평강왕의 어린 딸이 울기를 잘하므로 왕이 희롱하기를 "네가 항상 울어서 내 귀를 시끄럽게 하니 커서는 대장부의 아내가 될 수 없으니 바보 온달에게나 시집보내야 하겠다" 하였다. 왕은 매양 그렇게 말하였는데 딸의 나이 16세가 되어 상부上部 고씨高氏에게 시집보내려 하니 공주가 대답하였다.

"대왕께서 항상 말씀하시기를 '너는 반드시 온달의 아내가 된다' 고 하셨는데 지금 무슨 까닭으로 전의 말씀을 고치시나이까?……소녀는 감히 받들지 못하겠습니다."

……고구려에서는 항상 봄철 3월 3일이면 낙랑의 언덕에 모여 사냥을 하고, 그날 잡은 산돼지, 사슴으로 하늘과 산천의 신에게 제사를 지내는데…… 온달도 기른 말을 타고 따라갔는데, 그 달리는 품이 언제나 앞에 서고 포획하는 짐승도 많아서, 그를 따를 만한 사람이 없었다. 왕이 불러 그 성명을 물어보고 놀라며 또 이상히 여겼다. 이때 후주後周의 무제가 군사를 보내 요동을 치니, 왕이 군사를 거느리고 나가 이산肄山의 들에서 맞아 싸울 때, 온달이 선봉장이 되어 날쌔게 싸워 수십여 명을 베자, 여러 군사가 승세를 타고 분발하여 쳐서 크게 이겼다. 왕이 가상히 여기고 칭찬하여 말하기를 "이 사람은 나의 사위다" 하고, 예를 갖추어 맞이하며 작위를 주어 대형大兄을 삼았다.

《삼국사기》 열전의 이 기록은 사실과 허구가 뒤섞여 있는 설화다. 설화는 글자 그대로가 아니라 그 속에 담겨 있는 의미를 캐내었을 때 비로

고구려 무용총 벽화에 그려진 사슴 사냥에 열중하고 있는 고구려 무사들. 온달도 이런 모습이 아니었을까.

소 역사적 사실이 된다. 그래서 《삼국사기》의 온달 이야기는 크게 두 부분으로 나누어 봐야 한다. 하나는 성인이 된 평강공주가 상부 고씨와 결혼하라는 아버지 평원왕(평강왕이라고도 한다)의 말을 거역하다가 궁궐에서 쫓겨나 온달을 찾아가서 결혼하는 부분이고, 또 하나는 온달이 매년 봄 3월 3일에 열리는 사냥대회에 나가 출중한 솜씨로 왕의 눈길을 끌었으며, 외적이 쳐들어오자 선봉에 서서 맹활약하여 평원왕이 "이 사람은 나의 사위다"라면서 대형 벼슬을 내리는 부분이다.

설화에서는 온달이 공주와 결혼한 뒤 공주의 도움을 받아 무예를 단련하고 무공을 세워 비로소 평원왕에게 인정받은 것으로 되어 있다. 하지만 역사적 사실은 설화와는 반대로, 뛰어난 무예를 지니고 외적과의 전투에서 빛나는 공을 세운 온달을 평원왕이 사윗감으로 점찍은 것으로 봐야 한다. "이 사람은 나의 사위다"라고 한 평원왕의 말은 "나의 사위로 삼겠다"는 말과 다름없다. 온달은 외적과의 전투에서 빛나는 공을 세운 다음 공주와 결혼했을 것이다.

온달은 어떤 인물?

좀더 따져보자. 온달이 진짜 바보가 아니라는 것은 전장에서 그가 세운 무공만으로도 충분히 입증이 된다. 흔히 설화에서 바보라든지 외모가 괴이하다든지 못생겼다든지 하는 표현은 특정 집단의 입장에서 볼 때 이방인 혹은 이단자를 묘사하는 표현 방식이다. 처용이나 탈해의 외모가 괴이하게 표현된 것도 그런 경우다. 그럼 온달은 누구의 눈에 이방인 혹은 이단자로 비쳤을까? 여기서 온달은 과연 어떤 신분이었을까 하는 질문을 던지게 된다.

온달이 정말 가난하고 미천한 신분이었다면 제아무리 출중한 무공을 세웠어도 대형이란 벼슬에 오르진 못한다. 대형은 고구려 관직체계에서 7위에 해당하는 벼슬이요, 고구려에서 관직에 오르기란 귀족 신분이 아니면 불가능했기 때문이다.

그렇지만 온달이 명문 귀족이 아니었던 건 분명하다. 만약 명문 귀족이었다면 두 사람의 결혼은 화젯거리가 되지 않았을 것이며 설화로 남지도 않았을 것이다. 온달은 분명 뜻밖의 인물이었을 것이다. 왕의 사위가 되는 것이 사람들에게 충격으로 받아들여질 만큼의 뜻밖의 인물 말이다.

명문 귀족은 아니고 그렇다고 아주 미천한 신분도 아니라면 무엇이었을까? 귀족은 귀족이되 하급 귀족이었을 가능성이 있다. 혹은 어떤 사연으로 몰락한 귀족 집안의 후예일 수도 있다. 아무튼 온달은 공주와 결혼

서울 아차산에 있던 〈고구려군 요새 복원도〉. 아차산 일대는 고구려 장수왕 때 고구려 영토가 되었으나, 그 뒤 신라 진흥왕 때 신라의 차지가 되었다.

할 수 있는 통혼권에서 한참 벗어난, 명문 귀족의 입장에서 보면 자기들과 엄연히 구별되어야 할 이방인이요 이단자였다.

그런 온달과 공주의 결혼이 성사되기란 쉽지 않았을 것이다. 당연히 명문 귀족들의 반대가 빗발치지 않았을까. 평원왕이 공주를 명문 귀족인 상부 고씨와 결혼시키겠다고 한 것은 귀족들의 뜻을 따르고자 한 것이었다고 생각된다.

그러나 온달은 마침내 공주와의 결혼에 성공했다. 이 대목에서 공주가 적극적인 역할을 했을 가능성이 있다. 비록 신분은 낮지만 용감한 온달에게 마음이 끌린 공주가 아버지를 설득한 건 아닐까? 또 다른 이유도 있다. 당시 평원왕으로서는 구세력인 명문 귀족이 아닌 새로운 신진 세력을 등용할 필요가 있었다.

평원왕은 즉위 초, 왕권이 상당히 불안한 상태였다. 귀족 세력들의 틈바구니에서 허약해진 왕권을 강화하기 위해 평원왕은 많은 노력을 기울였다. 그중 하나가 자신을 지지해줄 신진 세력을 확보하는 일이었다. 이 때 새롭게 등장한 인물이 훗날 살수대첩의 명장이 된 을지문덕, 연개소문의 증조부와 조부, 그리고 온달이었다.

새롭게 등장한 인물들의 공통점은 첫째 명문 귀족이 아니라는 점, 둘째 무장이라는 점이다. 을지문덕은 온달처럼 집안 내력이 전혀 알려져 있지 않다. 웬만한 벼슬을 지낸 집안이라면 당연히 조상의 내력이 알려졌을 텐데 그렇지 않은 것으로 보아 을지문덕 역시 새롭게 등장한 신진 세력일 것이다. 온달 또한 조상의 내력이 알려져 있지 않다. 눈에 띌 만한 관력을 지닌 조상이 없다는 뜻이다.

평원왕 때 등용된 을지문덕과 온달은 평원왕의 아들 영양왕 때에도 왕의 강력한 지지 세력으로 활약했다. 온달이 신라에게 빼앗긴 한강 북쪽 땅을 찾아오겠다면서 출전했다가 아단성에서 전사한 것은 영양왕 1년(590)년의 일이요, 을지문덕이 수나라와 싸운 살수대첩에서 승리를 거둔 건 영양왕 23년(612)의 일이다. 한편 평원왕 때부터 두각을 나타내기 시작한 연개소문 집안은 영양왕의 뒤를 이은 영류왕 때 일급 귀족이 되었으며, 연개소문은 영류왕을 죽이고 태대막리지가 되어 왕이나 다름없는 최고 권력자 자리에 올랐다.

'바보'와 '울보'로 격하된 두 사람의 결혼

이렇게 볼 때, 온달은 평원왕이 왕권강화를 위해 등용한 새로운 신진 세력이었으며, 무장으로서 공을 세워 평강공주와 결혼하고 처남인 영양왕 대에 이르기까지 왕의 강력한 지지자로 활약했던 인물이라고 할 수

충북 단양의 온달산성. 온달이 신라에게 빼앗긴 영토를 되찾기 위해 싸우다 죽었다는 아단성이 이곳이라고도 한다.

있다. 그런 온달이 구세력인 명문 귀족들 눈에 곱게 보일 리 없다. 온달과 공주의 결혼을 두고 명문 귀족들은 '바보'와 '울보'의 결혼이라고 질투 섞어 비아냥거렸을 것이다.

두 사람의 파격적인 결혼은 세간의 화제가 되었고 사람들의 입에서 입으로 전해지면서 흥미진진한 요소가 덧붙여졌다. 온달은 우스꽝스러운 외모에 남루한 옷차림을 한 거렁뱅이로 한껏 격하되고, 공주의 헌신적인 뒷바라지 덕분에 출세한 것으로 각색되었다.

그렇게 입에서 입으로 전해지던 온달 이야기는 어느 땐가 문자로 기록되었으며, 600여 년이 지난 12세기 고려 때 김부식에 의해 《삼국사기》 열전에까지 실리게 된 것이다. 《삼국사기》에서 온달은 을파소, 밀우, 유유, 박제상 등 충신들의 열전에 함께 묶여 있다. 김부식에게 온달은 나라를 위해 싸우다 죽은 충신으로 인식되었던 것이다.

2001년 충북 단양에서 무덤으로 여겨지는 돌무더기가 발굴되었다. 마을 사람들은 이 돌무더기를 온달 무덤, 또는 장군총이라고 부르고 있다. 무덤에서 얼마 떨어지지 않은 곳에는 온달산성도 있다. 온달이 싸우다 죽은 아단성이 바로 온달산성이며, 죽은 온달의 관이 땅에서 떨어지지 않자 이곳에 묻었다는 것이다. 온달산성 바로 밑에는 온달이 수도했다는 동굴도 있다.

그런가 하면 온달이 죽은 아단성은 충북 단양이 아니라 서울 광진구와 경기도 구리시에 걸쳐 있는 아차산성이라는 주장도 있다. 또한 전북 김제에는 봉성鳳城 온溫씨들이 모여 사는 마을이 있다. 봉성 온씨는 온달을 시조로 모시고 있으며, 문중에서는 사당을 세우고 해마다 추모제를 연다. 온달의 육신은 죽었으되 그를 둘러싼 이야기는 지금도 살아 있다.

■ 사료 속으로

고려 때 유학자 김부식은 《삼국사기》에서 별다른 부정적 논평 없이 담담하게 온달과 평강공주 이야기를 전하고 있다. 그런데 조선시대 유학자이자 역사학자인 안정복은 좀 다르다. 주희의 《자치통감강목》을 본받아 주자학의 대의명분과 정통론에 입각하여 《동사강목》을 쓴 안정복에게, 온달과 평강공주의 결혼은 해괴하기 짝이 없는 오랑캐의 풍속일 뿐이었다.

고구려 왕의 말이 일시적인 희롱에서 나온 것이요, 처음에 온달과 약혼한 일은 없었으니, 공주가 비록 신의를 지키고자 하였으나 그것은 이른바 껍질이 없으면 털 날 곳도 없다는 말과 같다. 하물며 스스로 온달에게 갔으니, 이는 외도(음분淫奔)의 일이다. 혼례를 갖추지 않으면 정숙한 여인으로서는 행하지 못할 일인데, 존귀한 공주가 '밤중에 이슬을 맞아가며 찾는 것'을 꺼리지 않고 홀로 산과 들을 헤매어 알지 못하는 사람에게 시집갔으니 어찌 정숙하다 하겠는가? 고구려 왕이 딸 하나를 제대로 가르치지 못하고 방종케 하였으니 국가를 욕되게 하고 풍기를 문란시키고, 윤리를 어지럽혔으며 도의를 그르친 바가 크다. 괴벽하고 비루한 오랑캐 풍속의 소치이니 말할 가치도 없다.

— 안정복, 《동사강목》 제3 상 정유년 11월

더 읽을거리

임기환 기획 · 이기담 지음, 《온달, 바보가 된 고구려 귀족》, 푸른역사, 2004.
김용만, 《새로 쓰는 연개소문》, 바다출판사, 2003.
이기백, 온달전의 검토 – 고구려 귀족사회의 신분질서에 대한 별견, 《백산학보》 3, 1967, 《한국고대정치사회사연구》, 일조각, 1996.

인물에 관한 잘못된 상식 11

원효대사는 해골 물을 마시고 깨달음을 얻었다?

여덟 살 아래의 의상과 함께 당나라 유학길에 올랐다가 한밤중에 폭풍우를 만나 어느 굴 속에서 묵게 된 원효. 심한 갈증에 잠에서 깨어나 어둠 속을 더듬다가 고인 물을 찾아 달게 마시고는 다시 잠이 들었다. 다음 날 깨어보니, 간밤에 마신 물은 해골에 담긴 썩은 물이었다. 구역질을 하던 원효는 문득 깨달았다. '모든 것이 마음에 달렸구나.' 깨달음을 얻은 원효는 유학 따윈 필요 없다면서 발길을 되돌렸고, 의상 홀로 당나라로 건너갔다. 이것이 유명한 원효의 '오도悟道', 즉 깨달음 장면이다.

원효를 다룬 위인전은 물론이요 춘원 이광수의 소설 《원효대사》를 비롯하여 원효를 주인공으로 하는 소설, 영화, 드라마에 빠짐없이 등장하는 원효의 '오도' 장면은 그러나 사실 여부를 확인할 수 없는 설화다.

해골 물인가 귀신인가

원효와 의상이 무덤 속에서 귀신을 만나는 장면을 그린 그림. 일본 승려 조벤이 그린 〈화엄연기회권〉에 실려 있다.

원효의 '오도' 장면은 우리 역사 기록에는 나오지 않는다. 일연의 《삼국유사》 '원효불기元曉不羈조'에도 그런 장면은 없다. 지금은 전하지 않는, 그러나 일연이 《삼국유사》를 쓸 때만 해도 분명히 있었다는 《원효행장》이나 최치원의 《의상전》에 혹시 실려 있었는지는 모르나, 오늘날 확인할 길이 없다.

그럼 원효의 오도 장면은 어디에 기록되어 있을까? 중국 문헌에 기록되어 있다. 961년 연수延壽라는 사람이 쓴 《종경록宗鏡錄》, 988년 송나라 때 찬녕贊寧이 쓴 《송 고승전》, 1107년에 덕홍德洪이 쓴 《임간록林間錄》, 이렇게 세 문헌에 기록되어 있다. 그런데 문제는 내용이 조금씩 다르다는 것이다. 《송 고승전》에는 해골에 담긴 물을 마신 게 아니라, 무덤 속에서 귀신을 만난 것으로 기록되어 있다. 그 대목을 읽어보자.

105

중도에서 심한 폭우를 만났다. 이에 길 옆의 토감土龕에 몸을 숨겨 회오리 바람의 습기를 피했다. 다음 날 날이 밝아 바라보니 그곳은 해골이 있는 옛 무덤이었다. 하늘에서는 궂은 비가 계속 내리고 땅은 질퍽해서 한 발자국도 앞으로 나아갈 수가 없었다. 또 무덤 속에서 머물렀다. 밤이 깊기 전에 갑자기 귀신이 나타나 놀라게 했다. 원효법사는 탄식하며 말했다. "전날 밤에는 토굴에서 잤음에도 편안하더니 오늘 밤은 귀신 굴에 의탁하매 근심이 많구나. 알겠구나. 마음이 생기매 갖가지 것들이 생겨나고, 마음이 사라지면 토감과 고분이 둘이 아닌 것을. 또한 삼계는 오직 마음이요, 만법은 오직 인식임을. 마음 밖에 법이 없으니 어찌 따로 구하랴. 나는 당나라에 들어가지 않겠다."

이것이 《송 고승전》의 기록이다. 그럼 우리가 알고 있는 해골 물 이야기는 어디에 실려 있는 것일까? 바로 《임간록》이다. 우리가 알고 있는 이야기가 그대로 실려 있다. 《종경록》의 내용도 비슷하긴 하나, 해골 물을 뜻하는 '촉루수髑髏水'가 아니라 시체 썩은 물이란 뜻의 '사시지즙死屍之汁'을 마셨다고 쓰여 있다.

오도 장소도 다르다. 《송 고승전》은 신라 땅이라 했고, 《종경록》과 《임간록》은 당나라 땅이라 했다. 뿐만 아니라 《임간록》은 원효와 의상이 함께 간 것이 아니라 원효 혼자 당나라에 간 것으로 되어 있다.

그렇지만 원효가 득도한 장소는 신라의 직산樴山이며, 입당구법入唐救法의 길은 원효 혼자가 아니라 의상과 함께였음은 이미 밝혀진 사실이다. 때문에 학계에서는 《송 고승전》의 이야기를 신뢰하고 《임간록》의 이야기는 믿을 게 못 되는 것으로 치부한다.

《송고승전》의〈원효전〉. '신라국 황룡사 사문 원효전'이라는 제목이 달려 있다.

《송 고승전》은 찬녕이 송 태종의 명을 받아 당·송대의 저명한 고승들의 행적을 모아놓은 30권의 불서佛書다. 533명의 전기와 130명의 부전附傳을 10과로 분류해놓았는데 그중 11명이 의상, 원측, 진표, 원효 등 신라 고승들이다. 그리고 11명의 신라 승려들 중에서 당나라 유학을 하지 않은 사람은 오직 원효 하나뿐이다. 그리고《임간록》과《종경록》은 둘 다 불서라기보다는 선가仙家의 책으로 분류된다.

《송 고승전》의 오도 장면이 건조하고 사실적이라면《임간록》과《종경록》의 오도 장면은 훨씬 드라마틱하다. 그리고 보면《송 고승전》보다《임간록》이나《종경록》의 오도 장면이 사람들 뇌리에 오래 기억된 건 당연한 일인지 모른다. 오늘날《송 고승전》의 이야기는 슬그머니 묻히고 해골 물이 등장하는《임간록》의 이야기가 위력을 발휘하는 이유가 바로 거기 있지 않을까. 그러나 원효에게 깨우침을 준 계기가 귀신이든 썩은 물이든, 설화가 말하려는 주제는 오직 하나, '삼계유심三界唯心 만법유식

萬法唯識', 모든 것은 마음에 달렸다는 것이다.

격변기에 살았던 사람, 원효

원효의 생애는 그 명성에 비해 알려진 바가 거의 없다. 오도 설화 말고는 요석공주와의 사이에 아들 설총을 낳았으며 삿갓을 쓰고 저잣거리를 돌아다니며 평민 교화에 힘썼다는 얘기 정도다.

원효가 살았던 시기는 신라가 당나라와 손잡고 백제와 고구려를 무너뜨리고 한반도 남부를 통일하는 변화무쌍한 격변기였다. 최초의 여왕 선덕여왕과 그 아버지 진평왕, 태종무열왕이 된 김춘추, 통일의 주역 김유신, 동해를 지키는 용왕이 되었다는 문무왕, 하늘로부터 만파식적을 받은 신문왕 등이 모두 원효와 동시대의 인물들이다.

원효의 속성은 설씨薛氏, 아버지 담날談捺은 신라 17관등 중 11번째인 나마奈麻 벼슬을 지낸 사람이고, 할아버지는 잉피공仍皮公이다. 원효의 고향은 《송 고승전》에 따르면 경상도 상주요, 《삼국유사》에 따르면 압량군, 지금의 경상북도 경산이다. 원효의 어릴 적 이름은 서당誓幢이었다. 신당新幢이라고도 한다.

서당이란 이름은 《삼국유사》에 '당은 속언에 털幢者俗云毛也'이라고 한 것으로 보아, 신라 토속어 '새털'을 한자로 표기한 것인 듯하다. 원효 어머니가 밤나무 밑을 지나다가 갑자기 산기가 있어 남편의 털옷을 나무에 걸고 원효를 낳았다고 해서 '털옷 속에서 태어난 새 아기'라는 뜻으로 새털이라 한 게 아닐까 추측한다. 원효란 이름은 '첫 새벽'이란 뜻의 한자어다.

요석공주가 살았던 경주 교동의 요석궁 터. 원효와 요석공주 사이에서 태어난 설총은 뛰어난 학자가 되었으며 이두를 체계화했다.

원효의 신분은 6두품이라고 알려져 있지만, 5두품이라는 주장이 새로이 제기되고 있다. 어느 쪽이든 간에, 진골 출신인 의상과 달리 원효는 골품제의 중간층에 속하는 신분이었다. 그러나 요석공주와 인연을 맺음으로써 원효는 신라 왕실과 밀접한 관계를 갖게 된다.

원효는 무애행無碍行, 즉 대중교화로 이름났지만 어느 학승보다도 깊고 방대한 저술을 남긴 학자이며, 문장 또한 매우 뛰어났다. 그의 《십문화쟁론十門和諍論》은 인도에까지 전해졌으며, 그가 남긴 저술은 《금강삼매경론》을 비롯해 80여 부 150여 권에 이른다. 그러나 아쉽게도 그의 저술 중 오늘날 전해지는 것은 극히 일부인 20여 부뿐이다. 그나마 대개는 일본에 전래되어오다가 우리나라에 되들어온 것이다. 우리나라에서는 고려 후기 이후 원효의 학문이 제대로 계승되지 못했고, 조선시대를 지나면서 그의 저술 또한 흩어져버렸기 때문이다.

인물에 관한 잘못된 상식

9세기 초에 세워진 서당화상비는 원효의 행적을 알려주는 가장 오래된 금석문이다. 현재는 몇 조각으로 깨어져 국립중앙박물관과 동국대 박물관에 나뉘어 보관되어 있다.

그럼에도 원효의 무애행만큼은 꾸준히 사람들 입에서 입으로 전해졌고, 원효의 행적은 갈수록 설화적 윤색이 가미되었다.

원효가 세웠다는 절이 전국에 70여 군데나 되는 것도 그런 이유라고 볼 수 있다. 원효는 저잣거리에서 대중교화를 하는 방편으로 춤과 노래를 활용했다. 그 노래를 무애가, 춤을 무애무라 했는데 조선시대까지도 전해졌다 한다.

617년 신라 진평왕 39년에 태어난 원효는 686년 신문왕 6년에 70세의 나이로 혈사(穴寺)에서 입적했다. 혈사가 정확히 어디인지는 아직 밝혀지지 않았다.

■ 사료 속으로

원효의 손자요 설총의 아들인 설중업薛仲業은 혜공왕 15년(779) 일본에 사신으로 갔다가 일본의 진인眞人으로부터 원효를 칭송하는 시를 받아왔다. 진인은 당시 일본 황족을 가리킨다.

세상에 전하기를, 일본국 진인이 신라 사신 설 판관判官에게 주는 시의 서문에 "일찍이 원효거사가 지은《금강삼매론》을 읽고 그 사람을 보지 못한 것을 깊이 한탄하였는데, 신라국 사신 설씨가 거사의 손자라는 것을 듣고, 비록 그 할아버지를 보지는 못하였어도 그 손자를 만나니 기뻐서 이에 시를 지어드린다"고 하였다.

— 김부식,《삼국사기》권46 열전6 설총

설중업이 돌아온 뒤 일본에서 떨치고 있는 원효의 명성에 자극받은 신라 왕실은 경주 고선사에 원효를 기리는 비석을 세웠다. 이것이 오늘날 남아 있는 서당화상비誓幢和尙碑다. 이로써 거사라 자칭하며 반승반속半僧半俗의 삶을 사느라 불교 교단과 멀어졌던 원효는 다시금 교단의 고승으로 추앙받게 되었다. 김부식이《삼국사기》열전을 쓸 때만 해도 설중업이 일본에서 받아온 시가 남아 있었다는데, 지금은 전하지 않는다.

더 읽을거리
남동신, 원효,《63인의 역사학자가 쓴 한국사인물열전》1, 돌베개, 2003.
김상현, 원효,《한국사시민강좌》30, 일조각, 2002.
김상현,《원효연구》, 민족사, 2000.
고영섭,《원효》, 한길사, 1997.

인물에 관한 잘못된 상식 12

최영 장군은 '황금 보기를 돌같이 하라'고 말했다?

한때 여럿이 간 노래방에서 마지막 피날레를 장식하던 노래가 있었다. 〈한국을 빛낸 100명의 위인들〉(박인호 작사 작곡)이 그것이다.

아름다운 이 땅에 금수강산에
단군 할아버지가 터 잡으시고
홍익인간 뜻으로 나라 세우니
대대손손 훌륭한 인물도 많아
고구려 세운 동명왕 백제 온조왕
알에서 나온 혁거세
만주벌판 달려라 광개토대왕
신라 장군 이사부

> 백결선생 떡방아 삼천궁녀 의자왕
>
> 황산벌에 계백 맞서 싸운 관창
>
> 역사는 흐른다
>
> ……
>
> 황금 보기를 돌같이 하라
>
> 최영 장군의 말씀 받들자
>
> ……

1989년 무렵 등장하여 요즘도 어린이들 사이에 인기 있는 이 노래에 따르면 '황금 보기를 돌같이 하라'는 말은 영락없이 최영 장군이 한 것이다. 그런데 이보다 약 40년 전에 나온 동요 〈최영 장군〉(최태호 작사, 나운영 작곡)을 들어보면 좀 다르다.

> 황금을 보기를 돌같이 하라
>
> 이르신 어버이 뜻을 받들어
>
> ……

분명 최영 장군의 어버이가 이르신 말씀이라고 노래하고 있다. 초등학교 시절부터 청렴결백의 대명사로 귀에 못이 박히도록 들어온 '황금 보기를 돌같이 하라'는 과연 최영 장군의 말인가 아니면 그 어버이의 말인가?

경기도 고양의 최영 장군 묘.

아버지의 유언

정답은《고려사》〈최영 열전〉에 나와 있다.

"최영의 나이 16세 때 아버지가 죽을 무렵에 훈계하기를, '너는 황금 보기를 돌같이 하라汝當見金如石'고 하였다. 최영은 이 말을 마음에 깊이 간직하고 재물에 관심 두지 않았으며 거처하는 집이 초라하였으나 만족하고 살았고, 의복과 음식을 검소하게 하여 간혹 식량이 모자랄 때도 있었다."

《조선왕조실록》이 조선시대를 대표하는 관찬사서이듯이,《고려사》는 고려시대를 아우르는 관찬사서다. 그《고려사》에 "황금 보기를 돌같이 하라"는 말은 최영 장군이 아니라 장군의 아버지가 남긴 유언이라고 분명히 쓰여 있는 것이다. 최영 장군의 아버지 최원직은 청요직으로 일컬어지는 사헌부 규정糾正 벼슬을 지낸 인물이다.

조선 정조 때 이조판서와 대제학을 지낸 홍량호가 쓴《해동명장전》, 개화기의 독립운동가이자 역사학자 신채호가 쓴 위인전《동국거걸 최도통전東國巨傑崔都統傳》에도 같은 내용이 실려 있다. 다음은 신채호의《동국거걸 최도통전》의 해당 대목이다.

"최도통이 어릴 때에, 원직이 무릎 위에 안고 그 이름을 불러 빌기를 '영아, 너는 나라를 집과 같이 사랑하라. 나라의 형편이 날로 글러짐은 모든 세상 사람이 집만 아는 까닭이다. 영아, 너는 황금을 돌과 같이 보아라. 나랏일이 날마다 글러짐은 모든 세상 사람이 황금만 사랑하는 까닭이다……'."

아버지의 유언대로 최영 장군은 평생을 청렴하게 살았다. 그렇다고 그의 집안이 가난했던 건 결코 아니다. 식량이 모자랄 때도 있었다고《고려사》에는 쓰여 있지만 이는 고위관리의 검소한 생활을 묘사할 때 흔히 구사되는 표현방식일 뿐이다. 최영은 왜구를 물리치고 또 공을 세운 대가로 나라로부터 받은 토지와 노비만 해도 상당했으니, 최영 개인은 청렴했을지언정 그의 집안이 가난했던 것은 아니다.

게다가 최영의 철원 최씨 집안은 손꼽히는 명문 거족으로 왕실과 혼인할 수 있는 15대 가문의 하나였으며, 실제로 최영의 딸은 우왕의 왕비가 되었다. 이성계가 위화도 회군으로 정권을 장악하고 우왕을 궁궐에서 내쫓을 때 함께 내쫓긴 영비寧妃가 바로 최영의 딸이다.

최영은 무신정권 때 정2품 중서시랑평장사를 지낸 최유청의 5대손이다. 고려 말 정치세력 간의 대립 구도를 신진사류 대 권문세족으로 설정할 때, 최영은 권문세족에 속한다. 청렴결백의 대명사 최영과 권문세족의 수장으로서 최영이 같은 인물이라는 게 믿기지 않을지 모르나, 권력

오늘날 최영은 영험 있는 신령으로서 무속신앙의 대상이기도 하다. 서울 인왕산의 국사당에 있는 최영 장군신.

을 이용하여 남의 재물을 빼앗고 뇌물로 치부를 일삼던 당시의 여느 권문세족들과는 확실히 남달랐던 인물이다. 때문에 최영을 반역죄로 몰아 처형시킨 그의 정적들조차 최영의 청렴함과 강직함에 대해서는 칭찬을 아끼지 않았다. 최영을 처형시키고 고려를 무너뜨린 뒤 조선을 세운 신진사류들이 편찬한 《고려사》에 "황금 보기를 돌같이 하라"는 최영 아버지의 유언이 실릴 수 있었던 건 아마 그래서일 것이다.

잘못된 역사 상식의 보급

오늘날 최영은 청렴결백의 대명사일뿐 아니라 영험 있는 신령으로서 무속신앙의 대상이기도 하다. 쇠락하는 나라 고려와 함께 거꾸러진 한스러운 죽음이기에 영험한 신령으로 모셔지나 보다.

그런데 어쩌다가 장군 아버지의 유언이 장군이 직접 한 말로 와전되었을까? 확실한 것은 알 수 없지만 〈최영 장군〉 노래가 나온 40여 년 전, 그리고 〈한국을 빛낸 100명의 위인들〉이 나온 10여 년 전, 그 사이 어디쯤엔가 해답이 숨어 있을 것이다. 최영의 청렴결백을 강조하다 보니 생긴, 의도하지 않은 왜곡이랄까? 아무튼 어른들의 잘못으로 자라나는 아이들이 잘못된 역사 상식을 갖게 된 대표적인 예다.

틀렸거나 정확하지 않은 노랫말로 인해 잘못된 역사 상식이 널리 보급되는 경우는 적지 않다. "기미년 삼월 일일 정오, 터지자 밀물 같은 대한 독립 만세" 하는 〈삼일절 노래〉도 그렇고, 《세종실록지리지》 50페이지 셋째 줄" 하는 〈독도는 우리 땅〉도 그렇다. 3·1운동은 기미년 3월 1일 정오가 아니라 오후 2시에 시작되었으며, 《세종실록지리지》 50페이지 셋째 줄에는 독도라는 단어가 한 번도 나오지 않는다.

인물에 관한 잘못된 상식

■ 사료 속으로

지위는 비록 재상과 장군을 겸하고 오랫동안 병권을 장악하였으나 뇌물과 청탁을 받지 않았으므로 세상에서 그 청백함을 탄복하였다. 항상 대체를 견지하기에 노력하였으며 조그마한 문제에 구애되지 않았다. 종신토록 장군으로서 군대를 통솔하였으나 그중에서 얼굴을 아는 자는 수십 인에 불과하였다. ······그는 성질이 우직하였으며 또 무식하여 일을 모두 자기 뜻대로 처리하였으며, 사람을 죽이고 위엄을 세우기를 좋아하여 죄가 죽이기까지 할 것이 아닌데도 많은 경우에 사형을 면치 못하였다. 간대부諫大夫 윤소종尹紹宗이 최영을 비평하기를 "공은 이 나라를 덮었고 죄는 천하에 가득하다"라고 하였는데 세상에서 이를 명언이라고 하였다.

– 《고려사》 권 제113 열전 제26 최영

이것이 최영을 대역죄인으로 처형하고 새 왕조 조선을 개창한 신진사류들이 최영에 대해 내린 최종 평가다. 최영의 청렴강직함은 칭찬하되 허물을 지적하기를 잊지 않았다.

더 읽을거리

이정란, 최영의 선택과 위화도 회군, 《주제로 보는 한국사 2 – 고려 편》, 고즈원, 2005.
홍량호, 《해동명장전》, 한국문화사, 1996.
김갑동, 고려의 멸망과 최영·이성계, 《한국 역사상의 라이벌》, 신서원, 1995.

인물에 관한 잘못된 상식 13

강감찬은 귀주대첩에서
강물을 막아 대승을 거두었다?

귀주대첩은 고려의 명장 강감찬이 쇠가죽으로 강물을 막아 10만 거란군을 수장시킨 전투라고 알고 있는 사람이 매우 많다. 그러나 귀주대첩은 강이 아니라 들판에서 벌어진 전투였다. 쇠가죽으로 강물을 막아 대승을 거둔 전투는 흥화진(지금의 의주) 전투다. 귀주대첩보다 약 두 달 먼저 일어났다.

귀주대첩과 흥화진 전투는 모두 거란의 3차 침입 때 벌어졌다. 흥화진 전투는 침입 초기에, 귀주대첩은 거란군이 수도 개경 근처까지 내려왔다가 철수할 때 각각 벌어졌다. 거리상으로도 흥화진과 귀주는 상당히 떨어져 있다.

흔히 귀주대첩을 지휘한 강감찬은 중후한 장년의 장군일 것이며, 고려군은 거란군과 비교가 안 될 만큼 적은 병력이었을 거라고 생각한다. 그러나 그때 강감찬은 71세의 노장이었으며, 고려군은 10만 거란군의

인물에 관한 잘못된 상식

귀주대첩을 그린 민족기록화. 귀주대첩은 강이 아니라 들판에서 벌어진 전투다.

두 배가 넘는 20만 8천여 명이었다.

고려군을 도운 신풍

거란은 993년, 1010년, 1018년, 3차에 걸쳐 침입해왔다. 1차 침입은 그 유명한 서희의 담판으로 끝이 났고, 거란 왕 성종이 직접 40만 대군을 이끌고 온 1010년의 2차 침입은 고려 왕 현종이 전라도 나주까지 피난 가는 위기에 몰린 끝에, 직접 거란을 찾아가 인사를 올리는 친조親朝를 조건으로 강화를 맺음으로써 막을 내렸다.

8년 뒤인 1018년 12월, 거란은 친조 약속을 지키지 않았다면서 3차 침입을 해왔다. 고려는 서북면행영도통사 강감찬을 상원수로, 대장군 강민첨을 부원수로 삼아 거란군을 맞아 싸우게 했다. 강감찬이 지휘하는 고려군은 흥화진에서 거란군을 맞을 준비를 했다. 흥화진은 압록강을 건너 한반도로 들어선 거란군이 최초로 만나는 요새였다.

강감찬은 흥화진 성 동쪽을 흐르는 강의 상류를 쇠가죽을 연결하여 막은 다음, 정예 기병 1만 2천 명을 매복시켰다. 거란군이 거침없이 강으로 뛰어들 때를 기다려 강감찬은 막아놓은 강물을 텄고, 때맞춰 거란군을 공격하여 대승을 거두었다. 이것이 흥화진 전투다.

상상하기로는 거란군이 갑자기 쏟아져 내려오는 물에 빠져 허우적거리다 몰살당했을 것 같지만 실상은 좀 다르다. 음력 12월이면 한겨울이니 아마도 강은 얼어붙었거나, 얼지 않았다 해도 수량이 퍽 적었을 것이다. 그러므로 쇠가죽으로 강물을 막았다 터뜨리는 전술은 거란군을 수장시키는 데 목적이 있다기보다는 교란시켜 혼란에 빠뜨리는 효과를 노린 것이라고 봐야 할 것이다. 사실《고려사》에 거란군이 익사했다는 내용은 없다.《고려사》〈강감찬 열전〉을 보자.

> 그때 강감찬이 서북면행영도통사로 있었는데 왕이 그를 상원수 대장군으로 임명하고 강민첨을 부원수로, 내사사인 박종검朴從儉과 병부낭중 유참柳參을 판관으로 임명한 후 군사 20만 8,300명을 주어 적을 방어하게 했다. 영주寧州에 주력을 주둔하여 흥화진에까지 이르게 하고 기병 1만 2천 명을 선발하여 산중에 매복시키고 굵은 밧줄로 쇠가죽을 꿰어 성의 동편 대천大川 물을 막고 대기하고 있다가 적들이 왔을 때 일시에 물을 터놓고 한편으로 복병이 돌격하여 대승리를 거두었다.

거란군은 비록 흥화진 전투에서 패했으나 물러가지 않고 속전속결 작전을 구사하며 수도 개경을 향해 밀고 내려와 개경 근처 신은현(지금의 황해도 신계)에 이르렀다. 현종은 개경 근처에 사는 백성들을 성 안으로

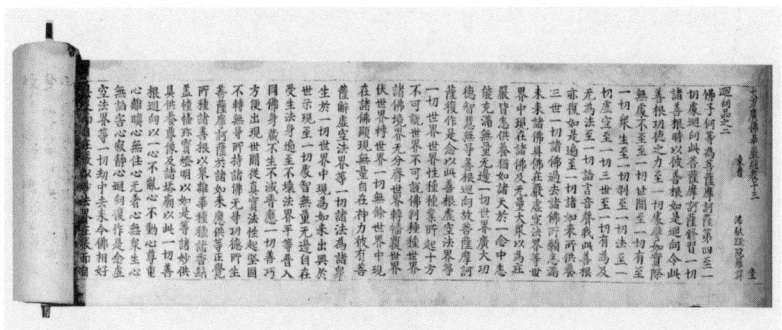

거란의 침입을 이겨내기 위해 만든 화엄경. 11세기 작품.

피신시킨 다음 곡식 한 톨, 우물 하나 남지 않게 했다. 이른바 청야淸野 전술, 식량이 될 만한 것을 완전히 없애버림으로써 적군을 굶주림과 피로에 지치게 하는 전술을 구사한 것이다.

고려군의 청야전술과 게릴라식 공격으로 더는 진군할 수 없다고 판단한 거란의 장수 소손녕은 철수를 결정했다. 철수하던 거란군이 1019년 2월, 귀주(지금의 귀성)에 도착했다. 귀주는 25년 전 1차 침입 때, 서희의 담판으로 얻어낸 강동 6주 중의 하나다. 귀주 동쪽 벌판에서 전투가 시작되었다.

"2월에 거란군이 귀주를 통과할 때 강감찬 등이 동쪽 교외에서 적들을 맞받아 나가서 싸웠는데 승부를 보지 못한 채 양군이 서로 대치하고 있었다. 이때 김종현의 부대가 도착했는데 때마침 갑자기 비바람이 남쪽에서 휘몰아쳐와 깃발이 북쪽으로 나부끼어 아군이 이 기세를 타고 맹렬히 공격하니 용기가 스스로 배나 더해졌으며 거란군은 북쪽으로 도망치기 시작했다."

승부를 가늠하기 어려울 만큼 팽팽한 대치상태가 계속되고 있을 때,

강감찬이 태어난 낙성대. 그가 태어날 때 별이 떨어졌다 하여 낙성대라 이름 붙였다. 사진은 낙성대에 있는 사당 안국사.

북풍이 불어 마땅한 한겨울인데도 웬일인지 남풍, 그것도 세찬 비바람이 거란군 쪽으로 몰아쳐 고려군은 바람을 타고 적진에 화살을 퍼부었으니, 결과는 고려군의 대승리였다는 것이다. 《고려사》에 기록된 이 장면은 여몽 연합군의 일본 원정 때 일본을 도운 천우신조라 해서 일본이 자랑해 마지않는 가미가제神風보다 훨씬 드라마틱하다. 거란의 10만 군사 가운데 살아 돌아간 자는 수천 명에 지나지 않았으니, 이 전투가 바로 귀주대첩이다.

거란이 침입한 이유

거란이 무려 25년 동안 3차에 걸쳐 끈질기게 고려를 공격한 이유는 고려, 송, 거란, 3국이 팽팽히 맞서고 있던 당시의 동아시아 국제관계 속에 숨어 있다. 당시 중국에서는 5대 10국 시대 약 70년에 걸친 분열기를 거쳐 960년 송이 건국되고, 만주에서는 유목민인 거란이 예리아포치의 지도 아래 요遼나라를 세우고 발해를 멸망시킨 다음 송을 노리고 있었다.

고려는 송과 친선관계를 유지했지만 거란은 적대시했다. 그러자 거란은 송을 공격하기에 앞서, 배후의 불안을 없애기 위해 고려를 공격한 것이다. 3차에 걸친 침입은 모두 고려와 송의 관계를 차단시켜 송을 고립시키기 위한 거란의 전략이었다.

그러나 3차 침입 후 거란은 다시는 고려를 침략하지 않았다. 그리고 1125년 거란이 여진족의 금나라에 의해 멸망할 때까지 약 100년 동안 고려와 거란은 평화를 유지했다.

■ 사료 속으로

을지문덕의 살수대첩도 강 상류에 둑을 쌓아 물을 막아놓았다가 일시에 터뜨려 승리를 거두었다고 알고 있는 이들이 상당히 많다. 살수대첩은 강에서 벌어지긴 했지만 둑을 쌓아 강물을 막는 전술을 구사했다는 기록은 어디에도 없다. 다만 그와 엇비슷한 내용의 설화가 칠불사七佛寺라는 절의 창건 설화로 전해 내려오는데 이 또한 강물을 막았다는 얘기와는 꽤 거리가 있다. 부처의 가호로 수나라 군을 물리칠 수 있었으므로 그 공덕을 기려 칠불사를 세웠다는 창건 설화가 살수대첩에서도 강물을 막는 전술이 구사되었다는 오해를 낳은 게 아닐까 싶다.

칠불사는 북성 밖에 있는데, 세상에 전하기를, "수나라 병사가 강가에 늘어서서 강을 건너려고 하였으나 배가 없었다. 그런데 문득 일곱 중이 강가에 와서 여섯 중이 옷을 걷어올리고 건너거늘 수나라 병사가 보고 물이 얕은 줄 알고 군사를 지휘하여 다투어 건너다 물에 빠져 죽은 시체가 내에 가득하여 흐르지 않아 절을 짓고 칠불사라 하였으며 일곱 중처럼 일곱 돌을 세워놓았다" 한다.

― 《신증동국여지승람》 제52권 평안도 안주목

더 읽을거리
임용한, 《전쟁과 역사 2 ― 거란 · 여진과의 전쟁》, 혜안, 2004.
강진철, 강감찬, 《한국의 인간상 2》, 신구문화사, 1980.

인물에 관한 잘못된 상식 14

문익점은 붓두껍에 목화씨를 몰래 감춰 왔다?

문익점은 원나라에 사신으로 갔다가 중국의 강남 지방에서 3년 동안 귀양살이를 한 뒤, 귀국길에 목화씨를 몰래 붓두껍에 넣어 가지고 왔다 한다. 목화씨는 국외반출이 금지되어 있어 들키지 않고 갖고 나올 방법을 궁리한 끝에 붓두껍에 넣어 왔다는 것이다. 그러나 목화씨는 몰래 붓두껍에 숨겨 들여온 것도, 국외반출 금지 품목도 아니었다. 더욱이 문익점은 강남 지방에서 귀양살이한 적이 없다. 《고려사》〈열전 문익점전〉을 보자.

> 문익점이 본국으로 돌아오면서 목화씨를 얻어 갖고 와 장인 정천익에게 부탁하여 심었다. 처음에는 재배 방법을 몰라 거의 다 말라버리고 한 그루만 남았는데 세 해 만에 크게 불었다.

《태조실록》에는 좀더 자세히 쓰여 있다.

> 계품사計稟使 좌시중 이공수李公遂의 서장관이 되어 원나라 조정에 갔다가, 장차 돌아오려고 할 때에 길가의 목면 나무를 보고 그 씨 10여 개를 따서 주머니에 넣어 가져왔다.

《고려사》에도《태조실록》에도 붓두껍에 목화씨를 숨겨 왔다는 이야기는 전혀 없다. '얻어 갖고' 왔다거나 '주머니에 넣어 가져왔다'고 되어 있다. 《세종실록지리지》나《세조실록》, 《신증동국여지승람》에도 마찬가지다. 문익점이 살았던 고려 말부터 조선 초에 이르는 기록들에서는 붓두껍에 몰래 숨겨 왔다는 이야기를 찾아볼 수 없는 것이다.

그럼 강남에 귀양 갔다가 붓두껍에 숨겨 왔다는 이야기는 어디서 나온 걸까? 문익점의 목화가 널리 퍼지면서 나중에 덧붙여진 이야기다. 이를테면 성공 신화인 셈이다. 자세한 전말을 알아보자.

문익점의 원나라 사행 전말

문익점은 고려 말 강성현(지금의 경남 산청군 단성면)에서 태어났다. 강성현은 당시 진주에 속해 있는 속현이었다. 문익점은 서른 살에 과거에 급제하여 공민왕 12년(1363) 원나라로 가는 사신 일행에 서장관으로 뽑혔다. 공민왕은 반원자주화 개혁정치를 폈던 왕이다.

원나라는 공민왕을 매우 못마땅하게 여기고 있었다. 특히 원 순제의 제2황후인 기황후는 공민왕을 몰아내려고 안간힘을 쓰고 있었다. 기황

| 인물에 관한 잘못된 상식

문익점과 장인 정천익이 처음으로 목화를 재배한 시배지. 경남 산청군 단성면.

후의 오빠 기철이 공민왕에 의해 권좌에서 쫓겨났기 때문이다. 기철은 공녀로 간 누이가 원나라 황제의 눈에 들어 황후가 되자 그 힘을 믿고 권력을 휘둘렀던 인물이다.

기황후는 부원배 최유崔濡, 고려 출신 환관 박불화 등과 손잡고 원 순제를 부추겨 공민왕을 폐위시키고 원나라에 있던 충선왕의 셋째 아들 덕흥군德興君을 왕위에 앉히려 했다. 당시 고려는 원의 사위나라가 되어 있었으므로 원은 고려 왕을 마음대로 정하고 또 폐위시킬 수 있었다.

문익점 일행이 원나라에 도착한 직후, 덕흥군은 원나라가 준 군사 1만 명을 데리고 고려로 향했다. 그리고 순제는 원나라에 와 있는 고려인들에게 관직을 주면서 덕흥군을 왕으로 받들게 했다. 사정이 이렇게 되자 원나라에 있던 고려인들은 공민왕과 덕흥군 둘 중 하나를 선택해야 했다. 대부분 원나라가 미는 덕흥군을 선택했다. 공민왕을 선택한 사람은 이공수를 비롯하여 몇 명에 지나지 않았다. 문익점 역시 덕흥군을 선택했다. 이 대목을《고려사절요》는 이렇게 전하고 있다.

> 처음에 황제가 원나라에 있는 고려 사람에게 모두 덕흥군을 따라 본국으로 가게 하니, 김첨수金添壽, 유인우柳仁雨, 강지연康之衍, 황순黃順, 안복종安福從, 문익점, 기숙륜奇叔倫 등이 모두 이에 붙어 따랐다. 홍순洪淳, 이자송李子松, 김유金庾, 황대두黃大豆는 피하여 따르지 않고 절개를 지켜 변하지 않았다.

한편 덕흥군의 군사 1만은 최영과 이성계가 지휘하는 고려군과 압록강 이남의 수주隨州(지금의 평북 정주)에서 치열한 싸움을 벌인 결과, 고려군이 승리를 거두었다. 그러자 원은 덕흥군 옹립 계획을 단념했다. 문익점을 비롯하여 덕흥군 편에 섰던 사람들의 입장이 매우 난처해졌을 것임은 자명한 노릇이다. 공민왕의 눈으로 볼 때 이들은 자신에게 반기를 든 역적이기 때문이다.

그런데 이듬해인 공민왕 13년(1364), 문익점은 고려로 돌아오게 되었다. 아마도 사신 일행이 귀국하게 되자 서장관 문익점도 돌아오게 된 듯한데, 이 대목을《고려사》〈열전 문익점전〉은 이렇게 기록하고 있다.

"덕흥군에게 의부依附하였으나 덕흥이 패함에 미쳐 돌아왔다."

문익점의 귀국 일자는《고려사》를 비롯해 여러 관련 기록을 종합하여 확인할 수가 있다. 그에 따르면 문익점은 원의 강남 지방에서 3년 동안 귀양살이를 한 게 아니라 바로 이듬해에 귀국했음이 틀림없다.

아마도 문익점은 돌아가면 처벌을 면치 못하리라는 각오를 했을 것이다. 하지만 그런 와중에도 목화씨를 따서 주머니에 넣는 것을 잊지 않았다. 목화씨는 백성들에게 큰 도움이 될 소중한 것이라고 믿었기 때문이다.

돌아온 문익점은 다행히 목숨을 잃지 않고 고향으로 내려갔다. 아마도 덕흥군에 의부한 죄를 물어 파직당한 게 아닌가 싶다. 그는 고향에서 장인 정천익과 함께 목화씨를 심어 길렀다. 정천익은 문익점과 재혼한 처 정씨의 아버지로서 진주에 살고 있었다. 그뒤 우리가 알고 있다시피 목화는 전국적으로 퍼져나갔다.

신화의 탄생

그런데 문익점의 목화가 성공을 거두면서 그를 미화하는 이야기들이 하나둘씩 덧붙여지기 시작했다. 문익점이 덕흥군을 지지했던 사실은 어느새 덕흥군을 거부하고 공민왕을 지지한 것으로, 혹은 본의 아니게 덕흥군 편으로 오해를 받은 것으로 슬그머니 뒤바뀌었다. 그리고 공민왕에게 끝까지 충성하다 머나먼 강남으로 '귀양살이'를 갔다는 얘기가 덧붙여졌다. 나아가 목화씨는 반출 금지 품목이라 '몰래' 들여왔다는 이야기가, 또 '붓두껍에 숨겨 왔다'는 이야기가 덧붙여졌다.

문익점이 강남에 갔다는 강남설은 왕조가 바뀐 조선시대 들어 처음 나온다. 조선 태종 1년(1401) 3월 권근이 상소를 올려 문익점의 업적을 칭송하면서 그 아들 문중용에게 벼슬을 주자고 건의할 때다. 권근은 이렇게 말했다.

"고故 간의대부 문익점이 처음 강남에 들어가서 목면 종자 두어 개를 얻어 싸 가지고 와서 진양촌 집에 보내어, 비로소 목면을 짜서 진상하였

문익점은 붓두껍에 목화씨를 몰래 감춰 왔다?

으니, 이 때문에 목면의 일어남이 진양에서 시작되었습니다. 이로 말미암아 온 나라에 널리 퍼지게 되어, 모든 백성들이 상하가 모두 이를 입게 되었으니, 이것은 모두 익점이 준 것입니다."

목화는 우리 의생활에 혁명적인 변화를 안겨주었다. 겨울에도 베옷으로 추위를 견뎌야 했던 백성들은 따뜻한 면옷을 입을 수 있게 되었다. 사진은 씨아질, 물레질, 베틀로 면포 짜는 모습을 그린 풍속화. 김준근의《기산풍속도첩》.

권근이 왜 문익점을 가리켜 강남에 갔다고 했는지는 의문이다. 권근은 문익점이 덕흥군에 의부했었으며 귀양 간 적이 없다는 사실을 잘 알고 있었다. 왜냐하면 권근은 문익점보다 20년 연하였지만 둘 다 이색의 문하생이었고, 고려 말의 정계에 함께 몸담고 있었기 때문이다. 그러나 강남에 갔다고만 했을 뿐 귀양 갔다고는 하지 않은 것으로 보아, 권근은 목면이 필경 강남에서 나는 것이라는 선입견에서 문익점이 어떤 연유에서인가 강남에 갔다가 가져온 것으로 생각한 듯하다. 그러나 그 역시 붓두껍에 몰래 감춰 왔다고는 하지 않았다.

그런데 문익점이 갖고 온 목화씨는 중국 강남에서 나는 다년생 목면이 아니라 화북 지방에서 나는 1년생 초면草綿임을 알아두자. 또한 당시 원나라의 국외반출 금지 품목은 화약, 지도 등이었지 목화는 아니었다.

아무튼 당대의 석학 권근의 '강남 발언'은 강남 귀양설을 낳는 데 중요한 근거가 되었다. 문익점은 태종 1년(1401년) 공신으로 책봉되었다. 만약 덕흥군에 의부한 사실을 그대로 둔다면 공신 이름에 누가 될지 몰라 고심하던 차에, 마침 권근의 입에서 문익점이 '강남에서' 목화씨를 가져왔다는 말이 나오자 이를 근거 삼아 덕흥군 의부가 덕흥군 반대로 뒤바뀌어 강남 귀양설을 낳은 게 아닐까. 비슷한 이야기가 조선 세조 때의 문신 남효온이 지었다는《목면화기木綿花記》에 실렸고, 남효온과 함께 김종직의 문인이었던 김굉필은 7언시로 그 내용을 읊어 감동을 더해주었다. 다음은 김굉필이 쓴 시의 한 대목이다.

문공 익점은 진양사람으로	益公與漸晋陽人
천성이 어질고 바르며 학문을 좋아했네	天性慈詳志好學
고려 공민왕 때 과거에 급제하니	登第高麗恭愍朝
때는 바로 지정 20년이었네	正是至正午二十
간원에 좌정언 벼슬 받자	拜至諫院左正言
사신 따라 원에 가 구속되었다	奉使入元遭局束
귀양가 3년 만에 돌아오게 되었을 때	屯如三歲乃得還
가을 밭에 핀 눈같이 흰 꽃을 보았네	路見秋田花雪白
꺾어보고 갑절이나 좋아한 님은	摘取詡視倍歡賞
남몰래 낭탁에 넣어 가져왔다네	潛藏囊橐來我國

여기서도 붓두껍이 아니라 낭탁, 즉 주머니에 넣어 왔다고 읊고 있으니 붓두껍설은 아직 널리 퍼지지 않았던 듯하다.

그런데 김굉필의 시보다 300여 년 뒤인 1819년 남평 문씨 문중에서 간행한 《삼우당실기三憂堂實記》에는 우리가 알고 있는 문익점 이야기가 그대로 실려 있다. 요지는 다음과 같다.

"덕흥군을 따라 귀국하라는 원순제의 명령을 거역했기 때문에 강남 지방에 유배되었다가 3년 뒤에 풀려나 연경으로 돌아오는 길에 목면 밭을 보고 종자從者 김룡金龍으로 하여금 목화씨를 따게 하여 몰래 필관筆管(붓두껍)에 넣어 가지고 왔다."

1927판 《삼우당실기》에 실려 있는 김굉필이 쓴 문익점에 대한 시.

우리가 문익점을 기리는 까닭

문익점에 대한 전설과 신화는 시간이 흐르면서 기정사실화되었다. 퇴계 이황이 쓴 문익점의 '효자비각기'를 보면 "남쪽 변경에 귀양 갔다가 석방되어 돌아올 적에 길에서 목화 종자를 얻어 오직 백성을 이롭게 하는 것만이 급하므로 금법을 무릅쓰면서 가지고 왔는데……"라 했으며,

도천서원. 경남 산청에 있다.

1785년 정조 때 유생 김상추金相樞가 문익점을 제사 지내는 전라도 장흥의 강성사江城祠에 사액賜額(왕이 친히 현판을 내림)해달라고 올린 상소를 보면, 문익점이 강남에 유배 갔다가 목화씨를 몰래 들여왔다는 이야기가 명백한 사실로 받아들여지고 있다. 다음은 김상추의 상소 내용이다.

"문익점은 사명을 받들고 원나라에 들어갔는데 공민왕이 어둡고 포악스럽다고 원에서 폐위시키고 새로 다른 왕을 세우려 하자 조칙을 받들 수 없다고 다투다가 드디어 검남黔南(강남의 다른 이름)으로 유배되었습니다. 3년 만에 비로소 돌아오게 되자 목화씨를 몰래 붓두껍에 넣어 가져와 사람들에게 직조를 가르쳤으니 백성을 이롭게 한 사실이 이와 같았습니다."

정조 때 실학자 이덕무가 쓴 〈한죽당섭필〉은 한층 더 구체적이다.

"그는 돌아오는 길에, 길가 밭에 있는 풀의 흰 꽃이 솜털 같은 것을 보고 종자 김룡을 시켜 그것을 따서 간수하게 하였는데, 밭 주인인 늙은 노파가, '이 풀은 면화인데 외국 사람이 종자 받아 가는 것을 엄하게 금지하고 있으니 조심하여 따지 말라' 하였으나, 문익점이 드디어 몰래 세 송이 꽃을 붓두껍에 감추어 가지고 왔다."

이 글은 이덕무가 경상도 함양에서 찰방으로 근무할 때 보고 들은 경상도의 풍속과 인물에 대해 기록한 것이니, 아마도 경상도 지방에서 널리 떠돌던 이야기일 것이다.

그런데 흥미로운 사실이 있다. 이덕무는 〈앙엽기盎葉記〉라는 다른 글에서는 "세상에 전하기로는 문익점이 초면의 종자를 얻어 상투 속에 감추어 가지고 왔다"고 말하고 있는 것이다. 그러고 보면 당시 세간에서 목화씨를 숨겨온 장소로 거론된 것이 딱히 붓두껍만은 아니었던 모양이다.

붓두껍이든 상투 속이든 문익점이 목화씨를 몰래 숨겨온 것이 아니라 주머니에 넣어 왔으며, 강남에 유배 간 일이 없었다고 해서 그의 업적이 빛을 잃는 것은 전혀 아니다. 그가 가져온 목화씨는 우리 의생활에 혁명적인 변화를 안겨주었다. 문익점 이전에 원나라에 사신 갔던 수많은 사람들 중 어느 누구도 문익점처럼 목화씨를 가져와 백성들에게 따뜻한 면옷을 입힐 생각을 하지 못했다. 우리가 문익점에게서 높이 살 점은 바로 그것이다. 귀국하면 목숨을 잃을지도 모르는 절박한 상황에서도 잊지 않고 목화씨를 주머니에 넣어 온 마음, 칭송의 대상은 그것이지 그의 정치적 행보가 아니다.

인물에 관한 잘못된 상식

■ 사료 속으로

문익점이 죽은 지 400여 년 뒤인 18세기에는 문익점의 아들 문래가 실 뽑는 기구를 만들었으며 그의 이름 문래에서 물레라는 말이 나왔고, 손자 문영이 베틀을 만들어 면포를 짰으므로 그 이름 문영에서 무명이란 말이 나왔다는 얘기가 널리 퍼져 있었던 것 같다. 그러나 문익점이 죽은 직후인 조선 초에 편찬된 《태조실록》에는 문익점의 장인 정천익이 원나라 승려 홍원에게 실 뽑고 베 짜는 법을 배웠다고 기록되어 있다. 어느 쪽이 맞을까? 또한 문래는 문익점의 아들이 아니라 손자로, 문영과 형제다.

세상에 전하기로는, 문익점이 초면의 종자를 얻어 상투 속에 감추어 가지고 왔는데 그 아들 내琜가 비로소 방차를 만들었다. 그러므로 우리나라 풍속에 방차를 물레라 한다. 그리고 그 아들 영瑛이 비로소 베틀을 만들어서 베를 짰다. 그러므로 면포를 문영이라고도 한다고 하였다.

- 이덕무, 《청장관전서》 제56권 〈앙엽기〉

중국의 중 홍원이 정천익의 집에 이르러 목면을 보고는 너무 기뻐 울면서 말하였다.
"오늘날 다시 본토의 물건을 볼 줄은 생각하지 못했습니다."
천익은 그를 머물게 하여 며칠 동안 대접한 후에 실 뽑고 베 짜는 기술을 물으니, 홍원이 그 상세한 것을 말하여주고 또 기구까지 만들어주었다. 천익이 그 집 여종에게 가르쳐서 베를 짜서 1필을 만드니, 이웃 마을에서 전하여 서로 배워 알아서 한 고을에 보급되고, 10년이 되지 않아서 또 한 나라에 보급되었다.

- 《태조실록》 7년(1398) 6월 13일

더 읽을거리

김해영 외, 《문익점과 목면업의 역사적 조명》, 아세아문화사, 2003.
윤영인, 언제부터 무명옷을 입었나?, 《고려시대 사람들 이야기》 3, 신서원, 2003.
김성준, 문익점과 목면 전래의 역사적 배경, 《동방학지》 77-79, 1993.

인물에 관한 잘못된 상식 15

신숙주 부인은 남편의 변절이 부끄러워 자살했다?

신숙주의 변절을 꼬집을 때면 으레 입에 오르내리는 두 가지 이야기가 있다. 하나는 맛이 쉬 변하는 녹두나물을 숙주나물이라 부른다는 것이요, 또 하나는 부인 윤씨가 자살한 이야기다. 성삼문을 비롯해 박팽년, 이개, 하위지, 유응부 등 세칭 사육신이 세조에게 쫓겨난 어린 왕 단종의 복위를 도모하다 발각되어 사지가 찢기는 거열형을 당하던 날, 날이 저물어 집에 돌아온 신숙주를 본 부인 윤씨가 어찌 살아왔느냐면서 절의를 버린 남편을 부끄럽게 여겨 스스로 목을 맸다는 것이다.

그러나 이는 전혀 사실이 아니다. 신숙주의 부인 윤씨는 사육신 옥사가 일어나기 약 5개월 전에 병으로 세상을 떠났다. 이미 세상 떠난 사람이 목을 맬 순 없는 노릇. 윤씨 부인의 사망 기록은 《세조실록》에 남아 있다.

신숙주는 오늘날 변절자로 낙인찍혀 있지만 뛰어난 외교가요 언어학자였으며 20년간 재상직을 지낸 노련한 정치가였다. 신숙주 상. 구봉영당.

임금이 대제학 신숙주의 처 윤씨의 병이 위독하다는 말을 듣고, 명하여 그 오빠 동부승지 윤자운尹子雲에게 약을 가지고 가서 구료하게 하였더니, 갑자기 부음을 듣고 임금이 놀라고 애도하여 급히 식사를 거두시고 어찰로 승정원에 교시하기를, "신 대제학은 다른 공신의 예와 다르고, 만리 외방에 있으며, 또 여러 아들이 다 어리니, 나의 슬픔과 측은함을 다 진술할 수가 없다."

《세조실록》 2년(1456) 1월 23일자 기록이다. 사육신 옥사는 같은 해 6월 2일에 일어났으니, 윤씨 부인은 이미 5개월 전에 죽고 없었던 것이다. 윤씨 부인이 세상을 뜰 당시 신숙주의 나이는 40세였다. 그때 신숙주는 명나라에 사행 중이었다. 때문에 세조는 '만리 외방'에 나가 있는 신숙주에게 직접 위로의 편지를 써 보내는 한편, 차질 없이 장례가 치러지도록 관리를 파견하는 등 세심하게 보살펴주었다.

그런데 엎친 데 덮친 격으로 신숙주와 함께 사행길에 올랐던 22세의 맏아들 주澍가 어머니의 부음을 듣고 너무 슬퍼한 나머지 병을 얻어 그만 세상을 떠나고 말았다. 신숙주에게 남은 것은 한 살 난 딸을 비롯해 올망졸망한 자식들과 청상과부가 된 며느리, 그리고 아비 잃은 어린 손자 셋이었다.

왜곡의 진원지는 소설

그럼 윤씨 부인이 신숙주의 변절을 부끄러이 여겨 스스로 목을 맸다는 얘기의 진원지는 어디일까? 소설이다. 1923년에 잡지 《백조》에 발표된 박종화의 《목 매이는 여자》, 1928년 11월부터 1929년 12월까지 1년 남짓 〈동아일보〉에 연재된 이광수의 《단종애사》, 그리고 그보다 먼저 나온 작자와 연대 미상의 소설 《만고의 열신 신숙주 부인전》 등이 그것이다.

이중 가장 대중적 파급력이 컸던 것은 이광수의 《단종애사》다. 이광수의 《단종애사》는 연극과 영화로도 만들어졌는데 1936년 7월, 당시 첫손 꼽히는 연극무대였던 동양극장에서 공연된 연극 〈단종애사〉와, 1956년과 1963년 각각 영화로 만들어진 〈단종애사〉는 모두 이광수의 소설을 원작으로 한 것이다. 특히 이규웅 감독의 1963년작 영화 〈단종애사〉는 당시 10만 관객을 끌어모았다 하니 그 폭발

윤씨 부인이 남편 신숙주의 변절을 부끄러이 여겨 스스로 목을 맸다는 잘못된 얘기를 널리 퍼뜨린 것은 소설과 영화였다. 사진은 1956년 영화 〈단종애사〉. 이광수 원작, 유치진 각색, 전창근 감독, 엄앵란·황해남 주연. 단종 비 송씨로 출연한 엄앵란은 이 작품으로 데뷔했다.

적 인기를 짐작할 만하다. 그럼 이광수의 소설 《단종애사》를 보자.

> 부인은 눈물에 젖은 눈으로 남편을 바라보며,
> "나는 대감이 살아 돌아오실 줄은 몰랐구려. 평일에 성 승지와 대감과 얼마나 친하시었소? 어디 형제가 그런 형제가 있을 수가 있소. 그랬는데 들으니 성 학사, 박 학사 여러 분의 옥사가 생기었으니 필시 대감도 함께 돌아가실 줄만 알고 돌아가시었다는 기별만 오면 나도 따라 죽을 양으로 이렇게 기다리고 있는데 대감이 살아 돌아오실 줄을 뉘 알았겠소?"
> 하고 소리를 내어 통곡한다.
> 부인의 이 말에 숙주는 부끄러워 머리를 숙이고 어찌할 바를 모르다가 겨우 고개를 들며,
> "그러니 저것들을 어찌하오?"
> 하고 방에 늘어선 아이들을 가리킨다. 이때에 숙주와 부인 사이에는 아들 팔형제가 있었다. 나중에 옥새를 위조하여 벼슬을 팔다가 죽임을 당한 정澍이 그 맏아들이었다.

마치 눈앞에 보듯 생생한 묘사다. 하지만 사실과는 거리가 멀다. 맏아들 이름을 정이라 한 것도 사실과 다르다. 정은 신숙주의 맏아들이 아니라 넷째 아들로서, 훗날 평안도 관찰사 재직 중 인신印信(도장)을 위조한 죄로 사약을 받은 인물이다.

그렇다면 이광수가 그린 윤씨 부인의 죽음은 아무런 역사적 근거 없는, 순전히 소설가의 상상인가? 이광수는 《단종애사》를 쓰면서, 단종에 대한 역사 기록은 정사보다는 야사에 정확한 내용이 많다면서 "작자의

상상을 빼고 역사상에 나오는 사건 그대로, 실재 인물 그대로" 재현했다고 말했다.

이광수가 말한 야사는 대체 무엇일까? 18세기의 실학자 이긍익이 쓴 역사책《연려실기술》을 보면 윤씨 부인의 죽음이《단종애사》와 아주 비슷하게 기록되어 있다. 이 기록은《송와잡설松窩雜說》을 인용한 것이라고《연려실기술》은 밝혀놓았는데,《송와잡설》은 선조 때 인물 이기李墍가 기자조선부터 조선 선조 때까지의 역사, 풍속, 제도 등에 대해 쓴 시화만록집詩話漫錄集이다. 이기는 사육신 옥사 때 처형당한 이개의 후손이니만큼 신숙주를 좋게 여길 리 없는 인물이다.

그런데《연려실기술》과《송와잡설》의 저자들은 끄트머리에 한 줄, 저자 주를 이렇게 달아놓았다. "이 기록은 잘못 전해 듣고서 쓴 것이다. 부인은 병자년 정월에 죽었다." 아마도 이광수는 이 끄트머리 한 줄을 눈여겨보지 않았던 모양이다. 아니면 소설의 극적 재미를 위해 보고도 외면했거나.

재평가되어야 할 인물, 신숙주

부인 윤씨의 죽음 말고도 신숙주에 관해서는 왜곡되거나 폄하된 것들이 많다. 사육신 옥사 때 절의를 지키지 못했다는 이유로 그의 모든 것은 부정당해왔다. 그러나 신숙주는 뛰어난 외교가이자 언어학자였으며, 다섯 임금을 모시고 무려 20년간 재상 노릇을 한 노련한 정치가였다. 그는 일본, 중국과의 외교에서 탁월한 업적을 남겼으며 북방 여진족을 평정했다. 일본에 사행 다녀와서는《해동제국기》를, 여진족 평정 후에는《북

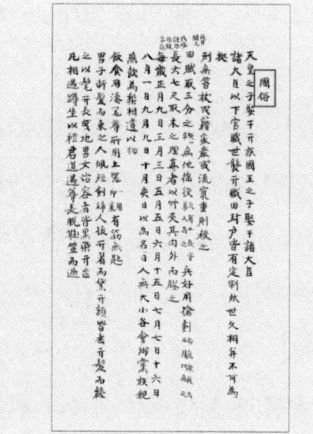
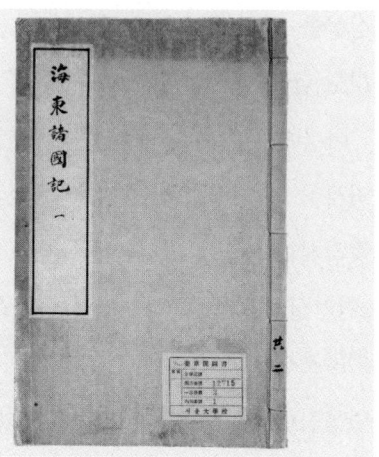

신숙주가 일본에 다녀온 뒤 쓴 《해동제국기》의 '국속國俗' 부분. "천황의 아들은 그 친족과 혼인하고 국왕의 아들은 여러 대신과 혼인한다. ……무기는 창과 칼 쓰기를 좋아한다. ……남자는 머리털을 짧게 자르고 묶었으며 사람마다 단검을 차고 다닌다. 부인은 눈썹을 뽑고 이마에 눈썹을 그렸으며 ……남녀가 얼굴을 꾸미는 자는 모두 그 이를 검게 물들였다……." 그 밖에 일본의 자연환경, 정세, 풍속 등을 자세히 기록하고 있다.

정록北征錄》을 썼으며, 주요 외교문서들은 죄다 그의 손을 거쳐 나갔다.

언어학에 밝았던 그는 세종의 한글 창제 및 보급에 핵심적인 역할을 했다. 《훈민정음 해례본》 편찬에 참여했으며, 한글로 중국의 운서를 번역하고 《동국정운》을 편찬했다. 비록 실현되지는 않았지만 세조 7년 (1461)에는 태안반도에 운하 건설을 추진하기도 했다.

그가 사육신들과 정치적 행보를 달리 한 것에 대해서도 강력한 왕 중심의 정치를 추구했기 때문에 재상 중심 정치를 추구한 사육신과 갈라선 것이라고 해석하기도 한다. 사실 세간에 알려져 있는 것과는 달리, 수양대군이 김종서와 황보인 등 의정부 대신들을 죽이고 실권을 장악한 계유정난 때, 집현전 학사들은 크게 반대하지 않았다. 어린 왕을 보필한다는 명분 아래 김종서를 비롯한 몇몇 인물들에게 권력이 집중되어 있는 상황을 집현전 학사들뿐 아니라 대부분의 신하들이 못마땅하게 여기고 있었기 때문이다. 수양대군이 단종을 폐위시키고 세조로 즉위했을 때에도 그런 생각이 대세를 이루고 있었다.

하지만 시간이 흐르면서 세조의 강력한 왕권강화 정책에 비판과 반발이 일게 되고, 신숙주와 성삼문의 입장 차이가 생겨난 듯하다. 두 사람의 행보가 확연히 갈린 사육신 옥사가 계유정난 3년 뒤, 단종 폐위 1년 뒤에 일어났다는 사실을 감안할 때 그러하다. 계유정난 때 성삼문은 신숙주와 함께 정난공신에 올랐으며, 단종 폐위 때도 두 사람은 세조 즉위를 도운 공로로 '좌익佐翼공신'에 올랐다.

신숙주에 대한 부정적 평가가 공공연하게 이루어진 것은 17세기 후반, 그러니까 병자호란이 끝난 뒤의 일이다. 청나라를 배척하고 청에게 멸망당한 명나라에게 절의를 지키는 것을 국시로 삼은 당시 집권층은 성삼문을 절의의 상징으로 재평가하기 시작했고 관직과 시호를 추증했다. 성삼문은 명나라 충신 방효유方孝孺에 비길 만한 인물로 받들어졌다. 방효유는 명나라 영락제가 건문제를 쫓아내고 황제가 되자 그에 반대하다 처형당한 인물이다.

조선시대 네 번의 사화 중 최초의 사화인 무오사화가 일어난 것이 세조의 왕위찬탈을 비판했다는 '조의제문弔義帝文' 때문이었으며, 임진왜란 전인 선조 9년(1576)만 해도 성삼문을 충신이라 했다가 왕의 노여움을 사 목이 달아날 뻔한 박계현朴啓賢 같은 이가 있었다는 것을 떠올리면, 호란 후의 변화는 놀랍기 이를 데 없다.

성삼문이 받들어지면서 자연히 신숙주는 변절의 대명사로 격하되었다. 그럼 녹두나물을 숙주나물이라 부르게 된 것은 언제부터일까? 18세

인물에 관한 잘못된 상식

태안반도에 운하를 건설하자는 논의는 조선 초부터 꾸준히 제기되어왔다. 남부지방에서 거둬들인 세곡을 싣고 연안 항로를 따라 올라오는 세곡선이 태안 앞바다에서 침몰하는 일이 자주 일어나자 이에 대한 대책으로 태안과 서산을 잇는 운하를 만들고자 한 것이다. 신숙주도 운하 건설을 추진했으나 실현시키지는 못했다. 사진은 1872년 흥선대원군 때 제작된 태안 지도. 굴포와 흥인교를 잇는 점선이 운하 공사 예정지다.

기 초 홍만선洪萬選이 편찬한 《산림경제山林經濟》에 녹두나물을 '두아채豆芽菜'라 했고, 19세기 초 편찬된 《만기요람萬機要覽》에는 '녹두장음菉豆長音' 또는 '장음녹두長音菉豆'라 했으니 숙주나물이란 이름이 널리 퍼진 것은 적어도 19세기 이후가 아닌가 싶다.

덧붙여 얘기 하나. 세조에게는 후궁이 셋 있었으니 근빈 박씨, 소용 박씨, 숙원 신씨가 그들이다. 그중 숙원 신씨가 바로 신숙주의 딸이다. 〈고령 신씨 세보〉에 따르면, 신숙주는 정실인 윤씨 부인과의 사이에 8남 1녀를 두었고 측실에게서 1남 1녀를 얻었는데 그중 측실에게서 얻은 딸이 숙원 신씨라 한다. 숙원 신씨는 슬하에 자녀를 두지 못했다.

인물에 관한 잘못된 상식

■ 사료 속으로

효종 8년(1657) 노론의 핵심 인물 송준길은 성삼문, 박팽년 등 사육신을 사당에 모시고 제사 지내게 해달라고 왕에게 청했으나 '논할 바가 아니다'라는 이유로 거절당했다. 사육신은 이때만 해도 공인받을 수 없는 존재였다. 그로부터 35년 뒤인 숙종 17년(1691)에 이르러서야 사육신 사당의 제사가 허락되었다. 사육신이 공공연하게 존경받게 된 것은 그들이 죽은 뒤 무려 230여 년이 지난 17세기 말부터였다.

"(송준길이 아뢰기를) 우리 조정의 성삼문, 박팽년 등이 실로 방효유 같은 무리들입니다. 삼문은 일찍이 연산連山에 살았고, 팽년은 일찍이 회덕懷德에 살았습니다. 연산과 회덕은 모두 앞 시대 훌륭했던 유학자들의 사당이 있는 곳입니다. 학자와 자손들이 두 사람을 그곳에 함께 배향해달라고 원하고 있는데, 이는 사당을 별도로 세워 신위를 모시는 것과는 비교도 되지 않는 일입니다. 그런데도 감히 할 수 없다는 결정이 내려져 한 지방의 여론이 매우 우울해하고 있습니다. 바라건대 성명聖明께서 명나라 조정의 관대한 법전에 따라 특별히 윤허를 내리시어 한 지방의 소원에 부응해주시면 풍화風化에 보탬이 적지 않을 것입니다."

― 《효종실록》 8년(1657)

더 읽을거리

안병희, 신숙주의 생애와 학문, 《10월의 문화인물》, 국립국어연구원, 2002.
최영성 역주, 《역주 매죽헌 문집》, 심산문화, 2002.
박덕규, 《신숙주 평전: 사람의 길, 큰 사람의 길》, 동지, 1995.

인물에 관한 잘못된 상식 16

홍길동은
실존 인물이 아니다?

대한민국 사람이면 누구나 다 아는 이름 홍길동. 은행이나 관공서에 가서 필요한 서식을 써내야 할 때 고객을 위해 만들어놓은 모범 서식에 등장하는 인물은 으레 홍길동이다. 하고많은 인물 중에 이순신도 세종대왕도 아닌 홍길동이 등장하는 이유는 그만큼 홍길동이 사람들에게 친숙하고 잘 알려져 있기 때문일 것이다. 그렇지만 홍길동이 실존 인물이냐는 물음에는 열에 아홉이 고개를 갸우뚱한다. 전설 혹은 소설 속 인물이 아니냐는 대답과 함께.

홍길동은 분명 소설 속 인물이다. 조선시대에 허균이 썼다는 소설《홍길동전》의 주인공이다. 독자들은 학창시절 '최초의 한글 소설이며 조선사회의 적서 차별을 예리하게 꼬집은 사회비판 소설'이라는 교과서나 참고서의 설명에 밑줄 쫙 그어가며 외웠던 기억을 갖고 있을 것이다.

그러나 홍길동은 실존 인물이기도 하다.《조선왕조실록》을 보면 홍길

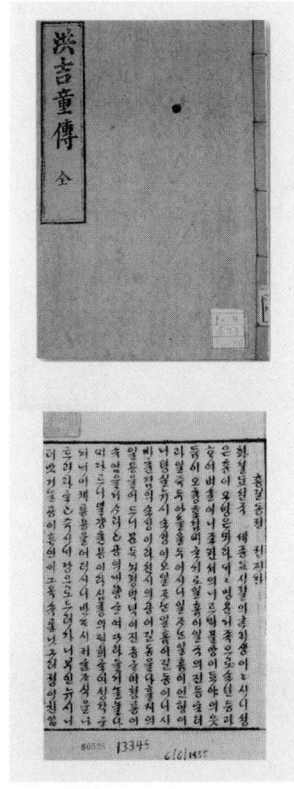

《홍길동전》. 경판본.

동의 이름이 무려 열 번 넘게 등장한다. 최초로 등장하는 것은 연산군 때인 1500년 10월 22일이다. 영의정 한치형韓致亨을 비롯해 삼정승이 연산군에게 이렇게 아뢰고 있다.

"듣건대, 강도 홍길동을 잡았다 하니 기쁨을 견딜 수 없습니다. 백성을 위하여 해독을 제거하는 일이 이보다 큰 것이 없으니, 청컨대 이 시기에 그 무리들을 다 잡도록 하소서."

홍길동은 연산군 때 조정 벼슬아치들의 근심거리였던 도적이었던 것이다. 왕 이하 지배층의 통치행위를 기록해놓은 관찬사서 《조선왕조실록》에 일개 도적의 이름이 열 번 넘게 등장한다는 것은 그의 행적이 좋은 쪽이든 나쁜 쪽이든 지배층의 주목거리가 될 만큼 매우 중요했다는 뜻이다.

당상관 차림의 도적 홍길동

《실록》에 흩어져 있는 홍길동에 대한 기사를 모아보면 실제 인물 홍길동의 윤곽이 어렴풋이 드러난다. 조정의 근심거리였던 도적 홍길동은 연산군 6년(1500) 10월에 체포되었다. 그는 평소 정3품 당상관 첨지중추부사가 입는 관복을 입고 관리를 자처하면서 대낮에 거침없이 고을 관아를 드나들고 관리들과 결탁하여 고을 수령도 어쩌지 못할 만큼 세력을 떨쳤다. 당상관이란 조정에서 정사를 논할 때 당堂(대청) 위에 올라갈 자격이 있는 관리라는 뜻으로 영의정을 비롯한 삼정승, 판서, 대사헌, 관찰사, 병마절도사 등 정3품 이상을 가리킨다고 보면 된다. 홍길동은 붙잡힌 뒤에는 일반 잡범을 다스리는 포도청이 아니라 양반들의 범죄나 대역죄를 다스리는 의금부에서 추국을 받았다. 홍길동이 체포된 지 두 달 후인 12월, 추국을 맡은 의금부 위관 한치형은 이렇게 말했다.

"강도 홍길동이 옥정자와 홍대 차림으로 첨지라 자칭하며 대낮에 떼를 지어 무기를 가지고 관부에 드나들면서 기탄없는 행동을 자행하였는데, 그 권농이나 이정들과 유향소의 품관들이 어찌 이를 몰랐겠습니까. 그런데 체포하여 고발하지 아니하였으니 징계하지 않을 수 없습니다. 이들을 모두 변방으로 옮기는 것이 어떠하리까."

홍길동이 당상관 옷차림을 하고 관아를 드나들며 도적질을 했는데도 수수방관한 아전이나 고을 유지들을 모두 귀양 보내자는 것이다. 실제로 종2품 무관으로서 당상관인 평안도 우후 벼슬에 있던 엄귀손嚴貴孫이란 자는 홍길동의 와주(도둑 소굴의 주인) 노릇을 하다가 체포되어 유배형을 받았는데, 미처 유배지로 떠나기 전 감옥에서 죽었다.

홍길동에 대한 추국은 해를 넘겨가며 계속되었다. 그러나 그의 최후는 기록에 없다. 살았는지 죽었는지, 어떤 형벌을 받았는지, 언제 형이 집행되었는지 전혀 기록되어 있지 않다. 다만 약 90년 뒤인 선조 때 '강상綱常의 변'을 일으켰던 자로 이연수란 인물과 함께 홍길동이 거론된 것으로 보아, 홍길동에게는 강상죄가 적용되었던 것 같다.

조선시대의 형정刑政을 그린 구한말의 풍속화가 김윤보의 《형정도첩》중에서 〈죄 지은 여인 매질楚檟罪女〉.

강상죄란 노비가 주인을 해치거나 자식이 부모를 해치는 것 같은 유교 윤리와 유교적 사회질서에 어긋나는 행위를 한 자에게 적용하는 죄목으로, 죄질에 따라 사형까지 처할 수 있는 중죄다. 홍길동과 나란히 이름이 거론된 이연수는 부모를 죽인 죄로 사형당한 인물이다.

홍길동에게 도적질 죄가 아닌 강상죄를 물은 것은 다소 의외가 아닐 수 없다. 함부로 관복을 입고 관리를 자처하여 엄중해야 할 위계질서를 어지럽힌 것이야 강상죄에 해당한다 해도, 도적질 죄는 어디로 간 걸까? 아무튼《실록》에서 알아낼 수 있는 역사 속 실제 인물 홍길동은 여기까지다.

소설 속 홍길동 대 실존 인물 홍길동

이쯤 되면 역사 속의 실제 인물 홍길동과 소설 속 주인공 홍길동이 어떤 관련이 있을까 하는 의문이 떠오른다. 그 둘은 같은 인물일까, 아닐까? 둘 사이의 간극은 얼마만큼일까?

《실록》의 홍길동과 소설의 홍길동은 이름의 끄트머리 한자가 다르다. 《실록》에는 洪吉同이지만 소설에서는 洪吉童으로 나온다. 그러나 학자들은 소설《홍길동전》이《실록》에 나오는 실제 인물 홍길동을 모델로 삼았다는 데 대체로 동의하고 있다. 소설 속 홍길동의 활약상이 실제 인물 홍길동의 그것과 매우 비슷하기 때문이다. 도적이면서 당상관 차림을 하고 관아를 마음대로 드나들었으며 수령들도 어쩌지 못했다는 대목에선 소설과 완전히 일치한다.

명종 때의 실존 인물인 도적 임꺽정과 숙종 때의 광대 출신 도적 장길산이 홍명희의 소설《임꺽정》, 황석영의 소설《장길산》으로 각각 다시 태어났으니, 소설《홍길동전》이 실제 인물 홍길동을 모델로 삼았다 해서 이상한 것은 전혀 없다. 그러나 실존 인물 홍길동이 과연 누구인가에 대해서는 의견이 분분하다. 그 대담무쌍한 행동으로 보아 평민은 아닐 거라는 막연한 추측부터, 소설처럼 어느 고관의 천첩 소생 얼자일 거라는 짐작, 더 나아가서는 세종 때 정3품 절제사 벼슬을 지낸 홍상직이란 사람의 얼자로서 전남 장성 아치실에서 태어났으며 체포되어 처형당한 것이 아니라 유구琉球로 건너가 왕이 되었다는 주장까지, 홍길동에 대한 상상도는 매우 다양하다.

인물에 관한 잘못된 상식

■ 사료 속으로

다음은 18세기의 실학자 성호 이익이 《성호사설》에 기록해놓은 조선 3대 도적 홍길동, 임꺽정, 장길산의 이야기다. 이들은 백성들 눈에는 의적이었을지 몰라도 양반인 이익의 눈에는 붙잡아 처단해야 할 도적에 불과했다.

옛날부터 서도西道에는 큰 도둑이 많았다. 그중에 홍길동洪吉童이란 자가 있었는데, 세대가 멀어서 어떻게 되었는지는 알 수 없으나 지금까지 장사꾼들이 맹세하는 구호에까지 들어 있다. 명종 때 임거정林居正이 가장 큰 괴수였다. 그는 원래 양주 백성인데, 경기부터 해서에 이르기까지 연로의 아전들이 모두 그와 밀통되어 있어, 관가에서 잡으려 하면 그 기밀이 먼저 누설되었다. ……그 후 숙종 때에 교활한 도둑 장길산張吉山이 해서海西를 횡행했는데 길산은 원래 광대 출신으로 곤두박질을 잘하고 용맹이 뛰어났으므로 드디어 괴수가 되었던 것이다. ……병자년에 이르러 한 적도의 초사招辭에 그의 이름이 또 나왔으나 끝내 잡지 못했다. 이 좁은 국토 안에서 몸을 숨기고 도둑질하는 것이 마치 새장 속에 든 새와 물동이 안에 든 물고기에 지나지 않는데, 온 나라가 온갖 힘을 기울였으나 끝내 잡지 못했으니, 우리나라 사람들의 꾀가 없음이 예부터 이러하다. 어찌 외군의 침략을 막고 이웃 나라에 위력을 과시하기를 논하겠는가? 슬프다.

— 이익, 《성호사설》 제14권 인사문人事門 '임거정'

더 읽을거리

설성경, 《홍길동전의 비밀》, 서울대 출판부, 2004.
신병주·노대환, 《고전소설 속 역사여행》, 돌베개, 2002.
임형택, 역사 속의 홍길동과 소설 속의 홍길동, 《역사비평》 17, 1992년 여름호.

인물에 관한 잘못된 상식 17

율곡 이이는
십만양병론을 주장했다?

율곡 이이의 사상과 철학은 잘 몰라도 그의 십만양병론은 안다는 사람이 많다. 임진왜란이 일어나기 꼭 10년 전, 10만 군대를 길러 외침에 대비하자는 율곡 이이의 주장을 당쟁에 눈먼 어리석은 신하들이 반대하여 결국 왜군이 쳐들어왔을 때 속수무책으로 당할 수밖에 없었다는 것이 십만양병론의 요지다. 율곡 이이의 탁월한 선견지명, 그리고 유비무환의 중요성을 역설하는 실례로 인구에 회자되는 십만양병론. 그러나 학계에서는 그 진위 여부가 논란이 되어온 지 오래다.

《선조실록》엔 없고 《선조수정실록》엔 있다

흔히들 십만양병론은 병조판서, 그러니까 지금의 국방장관 자리에 있던 이이가 왕에게 '시무 6조'를 올리면서 주장한 것이라고 한다. 《선조수

율곡 이이를 비롯한 9명이 독서당에서 사가독서賜暇讀書한 것을 기념하는 〈독서당계회도〉. 1570년 무렵의 작품으로 작자는 알 수 없다. 사가독서란 젊고 유능한 관리에게 휴가를 주어 독서에 전념케 하는 제도. 9명의 명단에는 이이와 더불어 유성룡, 정철이 들어 있어 눈길을 끈다. 독서당의 위치는 한강이 내려다보이는 응봉 자락, 지금의 서울 성동구 옥수동 일대로 추정된다.

정실록》 16년(1583) 2월 1일자에 실려 있는 '시무 6조'를 보자.

"병조판서 이이가 입대하여 시무 6조를 진달했는데, 현능을 임용할 것(任賢能), 군민을 양성할 것(養軍民), 재용을 충족시킬 것(足財用), 번병을 굳건히 할 것(固藩屛), 전마를 준비할 것(備戰馬), 교화를 밝힐 것(明敎化)이었다."

단지 이뿐이다. 십만양병론도, 반대했다는 신하들의 반론도 보이지 않는다. 그런데 날짜는 다르지만 《선조실록》 같은 해 2월 15일자에 동일한 상소가 좀더 자세하게 실려 있다.

"신은 원래 부유腐儒로서 외람되이 병관兵官의 자리에 있으면서 밤낮으로 애태우며 생각한 나머지 감히 한 가지 계책을 올립니다. …… 그 조목을 말씀드리면, 첫째 현능을 임용할 것, 둘째 군민을 양성할 것, 셋째 재용을 풍족하게 만들 것, 넷째 번병을 튼튼하게 할 것, 다섯째 전마를 갖출 것, 여섯째 교화를 율곡 이이는 십만양병론을 주장했다?

이이의 묘. 자운서원 뒤편의 산에 아버지 이원수와 어머니 신사임당의 묘를 비롯하여 누이와 매부의 묘까지 모여 있다. 경기도 파주시 법원읍 동문리 소재.

밝힐 것 등입니다. ……군민을 기른다는 것에 대하여 말씀드리겠습니다. 양병養兵은 양민養民이 밑바탕이 되어야 합니다. 양민을 하지 않고서 양병을 하였다는 것은 예부터 지금까지 들어본 적이 없습니다. 오나라 부차夫差의 군대가 천하에 무적이었지만 결국 나라가 망한 것은 양민을 하지 않았기 때문입니다."

이이는 이렇게 역설하면서, 양민을 하기 위해서는 군적軍籍을 바로잡아 군역을 균등히 하고, 도망한 자의 몫을 일족이 책임지게 돼 있는 현행 제도를 고쳐야 한다고 주장했다. 그러고는 다시 한 번 힘주어 강조한다.

"우선 양민부터 하고 나서 논의할 일입니다."

'시무 6조'는 이이가 병조판서로 임명된 지 한 달여 만에 국방 부문에서 개선해야 할 점을 왕에게 개진한 브리핑이었다. 이때 이이의 주장은 '양병은 양민부터'였지 '십만양병'이 아니었다.

얼마 후, 이이는 "교만하고 일처리를 멋대로 한다"는 이유로 삼사의 탄핵을 받아 낙향했다. 선조는 이조판서를 제수하며 이이를 달랬지만 이듬해 1584년 이이는 49세로 세상을 떠나고 만다.

십만양병론은 '시무 6조'에 없을 뿐 아니라 이이의 문집에도 없다. 문집은 그 사람이 생전에 남긴 중요한 시문詩文을 망라하여 제자나 친지들이 간행하는 것인데, 이이의 문집에 실려 있는 온갖 상소문과 글들 가운데 십만양병론은 찾아볼 수가 없는 것이다. 오늘날 '이이' 하면 십만양병론을 떠올릴 만큼 중요하고 또 유명한 십만양병론이 그가 쓴 수많은 상소문과 글에 전혀 나오지 않는다는 건 무척 의아한 일이다.

그럼 십만양병론은 도대체 어디에 기록되어 있는가? '시무 6조'를 올리기 5개월 전인 선조 15년(1582) 9월, 이이는 또 다른 상소를 올려 네 가지 폐단을 지적했다. 당시 이이의 벼슬은 종1품 우찬성이었다. 이 상소는 《선조수정실록》 9월 1일자에 실려 있다. 이 상소에서도 이이는 십만양병론을 거론하지 않았다. 그런데 《선조수정실록》은 상소문을 길게 전재한 다음, 의미심장한 기사를 실어놓았다. 이이의 상소를 유성룡이 "시의에 적합하지 않다"는 이유로 반대하는 바람에 논의가 중단되었다는 기사다. 그런 다음, 마치 부연 설명처럼 덧붙여진 기사가 있으니, 바로 문제의 십만양병론이다.

> 부제학 유성룡이 이 말을 듣고 이튿날 차자를 올려 이이의 논의가 시의에 적합하지 않다고 극론하자, 그 의논이 끝내 중지되었다. 홍가신洪可臣이 유성룡에게 가니 성룡이 그가 이이의 논의에 부회하였다고 힐책하였다.
> 가신이 말하기를,

"공은 과연 경장更張하는 것을 그르다고 여기는가?"

하니, 성룡이 말하기를,

"경장하는 것은 진실로 옳다. 하지만 그의 재주로 그 일을 해내지 못할까 염려될 뿐이다."

하였다.

이이가 일찍이 경연에서 "미리 10만의 군사를 양성하여 앞으로 뜻하지 않은 변란에 대비해야 한다"고 말하자, 유성룡은 "군사를 양성하는 것은 화를 키우는 것이다"라고 하며 강력히 변론하였다. 이이는 늘 탄식하기를 "유성룡은 재주와 기개가 참으로 특출하지만 우리와 더불어 일을 함께 하려고 하지 않으니 우리들이 죽은 뒤에야 반드시 그의 재주를 펼 수 있을 것이다"하였다. 임진년 변란이 일어나자 유성룡이 국사를 담당하여 군무軍務를 요리하게 되었는데, 그는 늘 "이이는 선견지명이 있고 충근忠勤스러운 절의가 있었으니 그가 죽지 않았다면 반드시 오늘날에 도움이 있었을 것이다"라고 하였다 한다.

이것이 십만양병론의 전모다. 정리하면, 십만양병론은 《선조수정실록》에 나오고 그보다 먼저 편찬된 《선조실록》에는 나오지 않는다. 그런데 《선조수정실록》은 광해군과 북인 세력을 무너뜨리고 집권한 서인 세력이 다시 편찬한 것이다. 이유는 광해군 때 편찬된 《선조실록》이 완성도가 떨어지고 특정 당파에 유리하게 쓰였기 때문이라 했다. 바로 그런 사정 때문에, 십만양병론이 《선조수정실록》에만 있고 《선조실록》엔 없는 건 의미심장한 일이 아닐 수 없다.

십만양병론의 탄생

〈율곡행장〉을 쓴 김장생은 조선 후기 예학을 세운 인물로서 그의 학통은 서인의 영수 송시열로 이어진다. 사진은 작자 미상의 〈전 김장생 초상〉.

그런데 《선조수정실록》보다 먼저 십만양병론을 거론한 글이 있다. 이것이 현재까지 확인된 가장 오래된 십만양병론의 출처인데, 이이의 제자 사계 김장생金長生이 스승의 일생을 추모하며 쓴 〈율곡행장〉이다. 김장생이 〈율곡행장〉을 쓴 때는 이이가 죽은 지 13년 뒤, 일본의 두 번째 침입인 정유재란이 일어난 1597년이다. 《선조수정실록》에 실린 기사는 바로 이 〈율곡행장〉을 토대로 한 것이다.

김장생의 〈율곡행장〉 이후 월사 이정구李廷龜의 〈율곡시장諡狀〉, 백사 이항복이 쓴 〈율곡신도비명〉, 그리고 우암 송시열이 편찬한 《율곡연보》 등에 십만양병론이 속속 등장한다. 흥미로운 사실은 김장생의 〈율곡행장〉을 토대로 삼았으면서도 후대로 갈수록 내용이 조금씩 첨가되고 구체화된다는 점이다. 그래서 김장생의 〈율곡행장〉에 없는 내용이 송시열의 《율곡연보》에는 등장한다.

> 일찍이 경연에서 청하기를, "10만의 군병을 미리 길러 위급한 사태에 대비해야 할 것입니다. 그렇지 않으면 10년이 지나지 않아 장차 토붕와해土崩瓦解의 화가 있을 것입니다"라고 했다.
>
> — 김장생, 〈율곡행장〉

일찍이 경연에서 아뢰기를 "국세가 부진한 것이 극도에 달했으니 10년이 지나지 않아서 마땅히 토붕와해의 화가 있을 것입니다. 원컨대 10만의 군병을 미리 길러 도성에 2만 명을, 각도에 1만 명씩을 비치하고, 세금을 덜어주고 재주 있는 자를 훈련시켜 6개월로 나누어 교대로 도성을 지키게 했다가, 변란이 있으면 10만 명을 합하여 도성을 파수把守하도록 하여 위급한 사태에 대비하게 하소서."

— 송시열, 《율곡연보》

《율곡연보》는 〈율곡행장〉보다 약 65년 뒤에 송시열이 중심이 되어 편찬, 간행한 율곡에 관한 최초의 공식적인 전기다. 그런데 《율곡연보》는 훨씬 자세하게 '도성에 2만, 각도에 1만……'이라고 구체적인 방법까지 제시하고 있다. 《율곡연보》에 첨가된 이 내용은 왜란 때 의병장을 지낸 은봉 안방준安邦俊의 《임진기사壬辰記事》를 참조한 것이라 했다. 그럼 안방준은 무엇에 근거했을까? 확실히 알 수 없다. 다만 이이가 세상을 떠났을 때 안방준의 나이 겨우 12세였으니, 직접 보고 들은 것은 아니고 누군가로부터 전해들은 얘기일 것이다.

시간이 갈수록 구체화되기로는 십만양병론의 내용뿐 아니라 말한 시기도 마찬가지다. 〈율곡행장〉은 그저 "일찍이 경연에서"라 했을 뿐 구체적인 날짜를 밝히지 않았다. 그러나 《선조수정실록》은 1582년 9월 1일자에, 《율곡연보》는 1583년 4월조에 각각 십만양병론을 실어놓았다. 임진왜란은 1592년 4월에 일어났으니, 《율곡연보》는 '10년 전'이라는 날짜를 의식한 것인가.

그리고 보면 십만양병론은 시간이 흐르면서 내용이 구체화되고 날짜

경북 안동 하회마을에 있는 유성룡의 고택 충효당. 보물 414호.

도 명확해진 셈이다. 김장생이 지은 〈율곡행장〉에 처음 등장하여 약 15년 뒤 〈율곡시장〉과 〈율곡신도비명〉에 이르러 다소 손질되었으며, 약 65년 뒤 《율곡연보》에 이르러서 우리가 알고 있는 십만양병론이 완성된 것이다. 이렇게 완성된 십만양병론은 《율곡전서》의 '부록'에 실려 오늘날 전해지고 있다.

당쟁과 십만양병론

십만양병론에는 흥미로운 사실이 또 하나 있다. 십만양병론에 앞장서 반대하는 인물로 서애 유성룡이 거론되고 있는 점이다. 김장생의 〈율곡행장〉을 좀더 읽어보자.

일찍이 경연에서 청하기를, "10만의 군병을 미리 길러 위급한 사태에 대비해야 할 것입니다. 그렇지 않으면 10년이 지나지 않아 장차 토붕와해의 화가 있을 것입니다" 하니 유정승 성룡이 말하기를 "사변이 없는데도 군병을 기르는 것은 화근을 기르는 것입니다" 했다. ……선생이 밖에 나와 성룡에게 이르기를 "나라의 형세가 몹시 위급한데도 속유俗儒들은 시무에 통달하지 못하니 다른 사람은 진실로 기대할 수 없지만 그대 또한 그런 말을 하는가" 하였다. 임진왜란이 닥쳐온 후에 유정승이 조정에서 다른 사람에게 말하기를 "이제 와서 보니 이문성文星(율곡의 시호)은 참 성인이다" 하였다.

이이는 유성룡보다 여섯 살 위로, 1582년 당시 이이는 종1품 우찬성, 유성룡은 정3품 부제학이었다. 당파로 보면 유성룡은 남인이요, 이이는 서인이다. 십만양병론을 처음 기록한 김장생은 이이의 제자요,《율곡연보》를 편찬한 송시열은 김장생의 제자. 십만양병론의 진위를 둘러싼 논란이 당쟁으로부터 자유롭지 못한 이유가 여기에 있다. 즉 십만양병론은 서인들이 반대파를 깎아내리기 위해 의도적으로 유성룡을 이이와 대비시켜, 이이의 탁월한 선견지명과 우국충정을 몰라본 채 "양병은 곧 양화養禍"라고 반대한 유성룡의 어리석음과 옹졸함을 강조한 것이며, 사실이 아닌 허구라는 것이다. 유성룡이 임진왜란 때 영의정으로서 국난을 헤쳐나가기 위해 보인 역량과 이순신을 등용한 안목 등을 따져볼 때 그런 주장은 힘을 얻는다. 혹자는 이순신을 등용한 것도 율곡 이이라 하나 이순신을 등용한 건 유성룡이다.

오류는 또 있다. "이문성은 참 성인이다李文星眞聖人也"라는 구절은 "이

문정은 참 성인이다李文靖眞聖人也"로 바로잡아야 옳다. 문정文靖은 중국 송나라 때 재상을 지낸 이항李沆의 호인데, 송나라 황제 진종眞宗이 무리한 토목공사를 일으킬 것을 미리 예견함으로써 "문정공은 참 성인이다"라는 칭송을 들은 사람이다. 그 후 "문정공은 참 성인이다"라는 말은 뛰어난 선견지명을 칭찬하는 관용어로 쓰였다. 김장생도 송시열도 〈율곡행장〉과《율곡연보》에서 그렇게 썼음은 물론이다. 그런데 어찌 된 영문인지 순조 14년(1814),《율곡전서》를 재간행할 때 '문정공'이 '문성공'으로 바뀌고 말았다. 중국의 고사에서 나온 관용어임을 알지 못한 무지의 소치였든 율곡에 대한 지나친 숭배의 소치였든, 어쨌든 이때 생긴 오류가 오늘날까지 그대로 통용되고 있다.

이이는 무엇을 말했나

율곡 이이는 선조에게 정치, 경제, 사회, 교육, 국방 등 전 분야에 걸친 개혁안을 여러 차례 올렸다. '동호문답', '만언봉사', '진시사소', '시무 6조' 등 이이가 올린 여러 개혁안을 두루 살펴보면 그가 일관된 주장을 펴고 있음을 알 수 있다. 고른 인재등용과 구폐의 개혁이 그것이다. 구폐의 개혁으로는 공납제와 군정의 개혁을 역설하고 있다.

조선시대의 세금제도를 보통 조용조租庸調라 한다. 조는 토지세요, 용은 노동력 징발이니, 성 쌓기나 궁궐 짓기 같은 토목공사에 동원되는 요역과 군대에 차출되는 군역이 그에 속하며, 조는 특산물을 바치는 공납을 말한다. 그중에서 군역과 공납은 부정부패가 끼어들 여지가 많아 조선 500년 내내 늘 시빗거리요 개혁의 대상이었다. 율곡 이이의 시대도

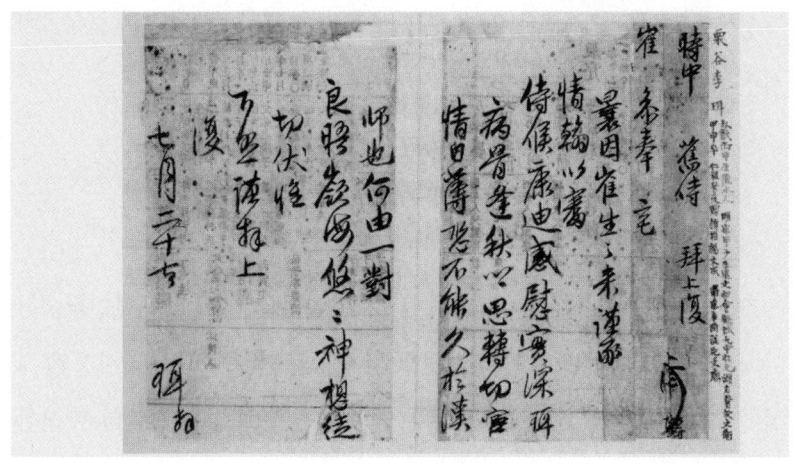

이이가 지인 최참봉 댁에 보낸 안부 편지.

예외가 아니었다. 때문에 이이는 백성들의 과중한 공납을 덜어주고 군역제도를 고쳐야 한다고 역설했던 것이다.

이이가 역설한 군정 개혁은 군대를 운용하는 전략적 문제에 대한 것이 아니라 군정을 둘러싼 부패의 근절이었으며, 그 요점은 '양군민 족재용'이었다.

양병은 양민을 근본으로 해야 한다는 것이 이이의 지론이다. 민을 기르는 것이 곧 양병의 길인데, 군정의 부패로 백성이 흩어져 병졸은 없어지고 창고는 텅 비었으니 무엇으로 나라를 지키겠느냐는 것이다.

이이가 십만양병론을 주장했다 해도 구체적인 계획이 있었던 것은 아니라고 여겨진다. 10년 뒤 왜란이 일어날 것을 미리 알고 한 주장은 더더욱 아니었을 것이다. 그보다는 국방을 포함하여 국정 전반에 걸친 개혁을 여러 차례 상소한 이이가, 어느 경연 자리에서 군정 개혁을 주장하는 가운데 군사력 강화를 강조하는 차원에서 두루뭉술하게 거론했을 가능성이 있다. 그것이 후대의 기록에 반복 인용되고 또 입에 오르내리면서 구체성을 띠어가며 기정사실화된 게 아닐까.

'율곡사업'이 부각시킨 십만양병론

조선 왕조가 막 내린 지 100년이 다 되어가는 오늘의 대한민국에서 이이의 십만양병론이 여전히 인구에 회자되는 건 아무래도 군사정권 시절에 그 연원이 있지 않을까 싶다. 박정희 정권이 1974년부터 추진한 군 방위력 증강계획은 '유비무환'이란 슬로건을 앞세우고 역사에서 율곡 이이를 끌어다댔다. 이름도 '율곡사업'이라 붙였다. '율곡사업'과 400여 년 전 사람인 율곡 이이의 국방사상을 관련시키는 논문들이 잇달아 발표되고, 집권 여당의 당원 교재에 이이의 십만양병론이 등장한 게 모두 그 무렵의 일이다.

하지만 얼마 안 가 율곡사업은 사상 최악의 비리를 낳은 부정부패의 온상으로 밝혀졌으며, 그에 연루된 고위인사들이 줄지어 쇠고랑을 차는 꼴을 온 국민이 지켜봐야 했다. 얄궂게도 존경받아 마땅한 율곡이 비리와 부패의 간판이 되어 연일 매스컴에 오르내리자, 참다못한 덕수 이씨 문중에서 왜 하필 '율곡사업'이라 이름 붙여 조상의 이름을 더럽히느냐고 엄중 항의하는 웃지 못할 일이 벌어지기도 했다. 아무튼 덕분에 십만양병론은 유치원생들도 다 아는 역사가 되었고 동요의 노랫말에 올랐으며, 중학교 《도덕》 교과서에도 실렸다.

율곡 이이의 훌륭함은 십만양병론 말고도 많다. 설사 그가 십만양병론을 주장하지 않았다 해서 그의 역사적 위치와 무게가 흔들리는 건 전혀 아니다. 서애 유성룡도 마찬가지다. 십만양병론에 반대했다 해서 당쟁에 눈먼 속유라고 비난하기엔 그가 우리 역사에 남긴 족적이 매우 크다.

인물에 관한 잘못된 상식

■ 사료 속으로

《선조실록》은 광해군 때 집권 세력인 대북 정권이, 《선조수정실록》은 인조반정으로 광해군을 몰아내고 들어선 서인 정권이 편찬한 것이다. 때문에 같은 사건, 같은 인물을 바라보는 시각이 퍽 다른데, 극명한 예가 정인홍이다. 정인홍은 대북파의 영수로 영의정까지 지냈으나 인조반정 때 처형당한 인물이다. 같은 날짜에 실린 같은 인물에 대한 평가가 이리도 다를 수 있을까.

정인홍은 남명 조식의 고제다. 어려서부터 임하林下에서 독서하여 기절氣節이 있다고 자부해왔는데 영남의 선비들이 많이들 추존하여 내암來庵 선생이라고 불렀다. 그가 세상에서 흔하지 않은 소명을 받고 초야에서 몸을 일으켜 나오자 임금은 자리를 비우고 기다렸고 조야朝野는 눈을 닦고 바라보았다.

— 《선조실록》 선조 35년(1602) 9월 25일

인홍은 산림에다 자취를 가탁하여 멀리서 조정의 권한을 쥐고 사림을 해치는 것으로 일을 삼았다. …… 이이와 성혼 등을 원수보다 심하게 비방하여 팔을 걷고 날뛰면서 이이첨 등 3, 4인과 결탁하여 조정을 어지럽혀 못 하는 짓이 없었다.

— 《선조수정실록》 선조 35년(1602) 9월 25일

더 읽을거리

한홍구, 《대한민국사》 1, 한겨레출판, 2003.
이기남, 이이의 십만양병론에 대한 재검토, 《율곡사상연구》 5, 2002.
이재호, 선조수정실록 기사의 의점疑點에 대한 변석辨析 – 특히 이율곡의 '십만양병론'과 유서애의 '양병불가론'에 대하여, 《대동문화연구》 19, 1985, 《한국사의 비정批正》, 집문당, 1985.

인물에 관한 잘못된 상식 18

김정호는《대동여지도》때문에 국가기밀 누설죄로 옥사했다?

김정호의《대동여지도》를 아는 사람이라면 한번쯤 들어봤을 것이다. 김정호는《대동여지도》를 만들기 위해 전국을 세 바퀴, 백두산을 일곱 번 혹은 여덟 번 답사했으며, 그렇게 심혈을 기울여 만든 필생의 역작《대동여지도》를 흥선대원군에게 바쳤더니, 완고한 흥선대원군이 허락 없이 함부로 지도를 만들어 국가기밀을 누설한다 하여《대동여지도》를 몰수해 불태워버렸으며, 김정호는 그만 옥사했다는 이야기 말이다. 그러나 이 이야기는 사실이 아니다.

몰수당해 불태워졌다는《대동여지도》는 비록 전부는 아니지만 일부가 오늘날까지 남아 있다.《대동여지도》는 목판에 새긴 지도로, 총 60여 매의 목판으로 이루어져 있다. 그중 1매가 숭실대학교 기독교박물관에, 11매가 국립중앙박물관에 보관되어 있다. 총 60여 매 중 12매가 남아 있으니 전체의 5분의 1이 현존하는 셈이다. 남아 있는 12매의 목판에서

| 인물에 관한 잘못된 상식 |

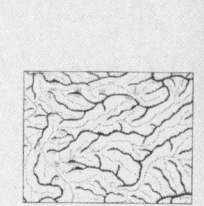

《대동여지도》 목판(함경도 갑산 지역). 총 60여 매의 목판 중 국립중앙박물관에 11매, 숭실대학교 기독교박물관에 1매가 보관되어 있다. 《대동여지도》는 총 22첩으로 이루어져 있는데 접으면 가로 20센티미터 세로 30센티미터의 책 한 권 크기에 불과하지만 모두 연결하면 가로 약 3.3미터, 세로 약 6.7미터로 웬만한 건물 3층 높이에 해당하는 초대형 지도다. 우리가 《대동여지도》의 전모를 보기 어려운 것은 그 크기 때문이기도 하다.

불탄 흔적이나 그을린 흔적 따위는 찾아볼 수 없다.

뿐만 아니라 1931년, 서울대학교의 전신인 경성제국대학에서 고古도서 전시회가 열렸는데 전시회 당시 발행된 《고도서전람목록》을 보면 《대동여지도》 목판 2매가 전시 목록에 들어 있다. 그리고 5년 뒤인 1936년, 경성제국대학은 3분의 2로 축소한 《대동여지도》 영인본을 발간했다. 만약 흥선대원군이 《대동여지도》를 몰수하여 불태웠다면 60여 년 뒤에 열린 전시회에 《대동여지도》가 출품되고 또 영인본으로 간행될 수는 없는 노릇이다.

국가기밀 누설죄, 맞나?

실은 김정호가 국가기밀 누설죄로 투옥되었다는 것부터가 의심쩍은 일이다. 지도를 만든 것이 과연 국가기밀 누설죄에 해당하는 행위였을까? 당시의 지도 제작 현황을 살펴보자. 삼국시대부터 시작된 지도 만들기는 조선시대 들어 전국 지도, 군과 현 단위의 군현 지도 등 다양한 지도를 탄생시켰다. 조선 초기만 해도 국가 주관으로 지도를 만들었지만, 시간이 흐르면서 민간에서 개인이 지도를 만들고 또 소장하는 일이 빈번해졌다. 지도의 수요가 늘었다는 뜻이다.

특히 18세기부터는 국가뿐 아니라 민간에서도 지도 만들기가 활발히 이루어졌다. 정상기鄭尙驥의《동국지도》, 윤두서尹斗緖의《동국여지도》등이 이 무렵 민간에서 개인이 만든 대표적인 지도다. 그러므로 김정호가 살았던 19세기에 지도 제작을 국가기밀로 간주하여 통제했다는 것은 근거 없는 낭설이다. 김정호가 개인 자격으로 지도를 만든 것은 당시 상황에 비추어볼 때 이례적인 행위도, 범법행위도 아니었다.

김정호는《대동여지도》를 직접 목판에 새기고 간행까지 손수 했다. 최초로 간행한 것은 1861년, 그리고 수정 보완을 거쳐 3년 뒤인 1864년 두 번째로 간행했다. 만약 사사로운 지도 제작이 국가기밀 누설죄에 해당한다면 초간 때는 왜 아무 일도 없었던 걸까? 그리고 김정호가 만든 또 다른 지도인《청구도》나 지리지인《동여도지》,《대동지지》등이 불태워지기는커녕 오늘날까지 그대로 남아 있는 것은 어떻게 설명할 수 있을까?

흔히 김정호는 누구의 도움도 받지 않고 홀로《대동여지도》를 만들었다고 한다. 그러나 이 역시 사실과 다르다. 김정호에게는 후원자들이 있었다. 중인 출신으로 무관이었던 최성환崔瑆煥, 병조판서를 지낸 신헌申櫶, 실학자 최한기崔漢綺가 그들이다. 이들은 재정 지원을 비롯하여 자료와 정보 제공에 상당한 역할을 했다.

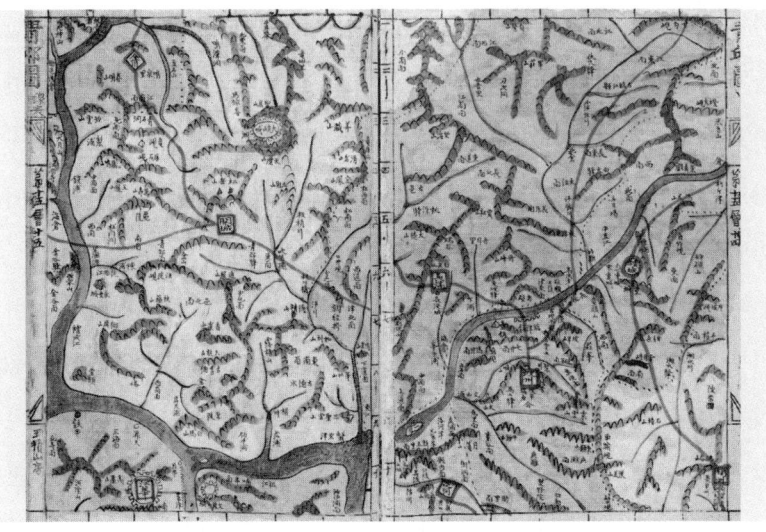

김정호가 1834년에 만든 전국 지도 《청구도》 중 개성 일대.

최성환은 《여도비지輿圖備志》라는 지리지를 편찬, 간행한 인물로서 재력가였다. 《여도비지》에 실려 있는 한성부 지도와 팔도 지도는 김정호가 그린 것이다. 최성환은 무관 벼슬에서 은퇴한 뒤 책 편찬과 간행에 힘을 쏟았는데 그의 손을 거쳐 간행된 책으로는 중국의 역대시를 모은 방대한 시집 《성령집性靈集》, 이덕무의 《사소절》, 《효경대의》, 《고문비략》 등이 있다. 그가 책 편찬 및 간행 활동을 활발히 할 수 있었던 것은 그의 살림이 꽤 넉넉했음을 말해준다. 아마도 그는 김정호에게 재정지원을 해주었을 것이다.

최한기는 실학자로서 어릴 적부터 김정호와 친구였으며 김정호가 만든 《청구도》에 〈청구도 제題〉라는 서문을 써준 사람이다. 지도와 지리에 관심이 많았으며 특히 세계지리에 관심을 기울여 《지구전요》라는 세계지리책을 쓰고 김정호와 함께 《지구전후도》라는 세계지도를 만들기도 했다. 김정호는 《지구전후도》에서 각수刻手, 즉 지도를 목판에 새기는 역할을 맡아 했다.

신헌은 판서 벼슬을 지낸 고위관리다. 그는 완벽한 지도를 만들고자 하여 김정호에게 지도 제작을 의뢰했다고 《대동방여도》 서문에 써놓았다. 이 서문은 신헌의 문집 《금당초고》에 실려 있다. 아마도 김정호는 고위관리인 신헌의 도움을 받아 병조나 규장각에 소장되어 있던 역대 지도와 지지 등 귀중한 자료들을 열람했을 것이다.

최성환, 최한기, 신헌은 김정호를 도와준 사람들이다. 만약 김정호가 국가기밀 누설죄로 체포되었다면 그를 도와준 신헌, 최한기, 최성환도 연루되어 처벌받아야 마땅할 터인데 그런 기록은 어디에도 없다. 오히려 신헌은 흥선대원군 치세에 병조판서, 공조판서를 역임했으며 일본과 강화도조약을 맺을 때는 조선 대표로 참석할 정도로 요직을 지켰다. 또한 김정호가 죄인으로 옥사했다면 이들의 문집에 김정호와의 관계를 노출시키는 내용은 실리지 않았을 것이다. 요컨대, 김정호가 국가기밀 누설죄로 옥사했다는 흔적은 어디서도 발견할 수 없다.

《대동여지도》는 역대 지도의 집대성

《대동여지도》는 김정호 혼자 전국을 직접 돌아다니며 측량하여 만든 지도가 아니라, 이전에 만들어진 여러 지도를 두루 참조하여 종합, 집대성한 지도다. 이를테면 편집 지도인 것이다. 김정호보다 먼저 지도 제작에 헌신했던 정상기 역시 전국을 답사하여 지도를 만든 것이 아니라, 집안에 대대로 전해오는 지도들과 다른 지도를 참고하여 당시로선 가장

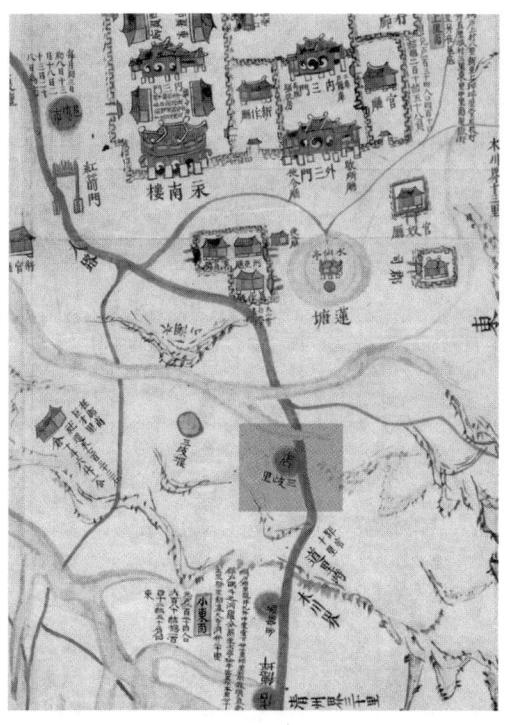

1872년 흥선대원군의 명으로 만들어진 459장의 지방 지도 중 천안 지도. 가운데쯤에 보이는 '삼기리'라는 지명이 오늘날의 천안 삼거리다. 흥선대원군 때 만들어진 지방 지도들은 흥선대원군이 김정호의 지도 제작을 국가기밀죄로 다스렸다는 것이 근거 없는 이야기임을 반증한다.

정밀한 《동국지도》를 만들었다. 프랑스의 유명한 지도학자 당빌D' Anville 또한 프랑스 밖으로 한 발자국도 나가본 적 없지만 당시로서는 가장 정확한 세계지도를 만들었다.

김정호가 여러 지도를 비교 검토하는 가운데 내용이 서로 다르거나 미심쩍은 부분을 확인하기 위해 부분적으로 답사했을 가능성은 충분히 있다. 그러나 전국을 세 바퀴 돌고 백두산에 일고여덟 번 올랐다는 것은 사실이 아니라 나중에 덧붙여진 얘기라고 봐야 한다. 당시의 교통사정이나 김정호의 어려운 생활형편을 감안할 때, 그리고 김정호가 남긴 지도와 지리지의 양과 질을 고려할 때 그만한 시간 여유는 도저히 없었다고 생각된다.

반론도 있다. 《대동여지도》에 표기된 내용 중에는 직접 답사하지 않고서는 알 수 없는 것들이 많이 있으며, 당시 풍습이 여행자에게 음식과

최한기와 김정호가 만든 세계지도 《지구전후도》. 김정호는 지도를 목판에 새기는 각수 역할을 했다.

잠자리를 제공하는 데 인색하지 않았기 때문에 돈 없이도 전국을 돌아다닐 수 있었다는 것이 반론의 요점이다.

　김정호의 생애가 자세히 알려져 있다면 이런 논란은 일어나지 않을 것이다. 그런데 유감스럽게도 김정호의 생애에 대해 알 수 있는 자료들이 거의 없다. 언제 태어나 언제 죽었는지, 어떤 신분이었는지 정확히 알지 못한다. 추측으로는 1804년에 태어나 1866년 사망했으며, 신분은 평민이라는 주장과 중인 혹은 몰락한 양반 출신이라는 주장으로 갈린다. 김정호라는 이름의 한자도 正浩와 正皞, 두 가지로 쓰인다. 호는 고산자古山子.

　현재까지 발견된 김정호에 대한 기록은 최한기의 〈청구도 제〉, 신헌의 〈대동방여도 서〉, 18~19세기 중인들의 이야기를 담은 유재건의 《이향견문록里鄕見聞錄》, 세 가지다. 그러나 셋 중 어디에도 김정호가 전국을 두루 답사했다거나 백두산에 일고여덟 번 올랐다는 말은 없다. 최한기는 김정호가 "오랜 세월 동안 자료를 찾고 수집 열람"했다 했으며, 신헌은 "광범위하게 수집하여 증거로 삼고 여러 지도를 서로 대조하고 여러 지리지 등을 참고"하여 지도를 만들었다고 했고, 유재건은 "깊이 고찰하고 널리 수집"했다고 기록해놓았다. 하나같이 《대동여지도》가 종전의 지도들을 집대성한 결정판임을 입증하는 이야기들이다.

《조선어독본》보다 먼저 옥사설을 말한 최남선

그럼 김정호가 전국 답사를 세 번, 백두산 오르기를 여덟 번 했으며, 《대동여지도》를 흥선대원군에게 바쳤다가 옥사했다는 이야기는 도대체 어디서 나온 것일까? 지금까지는 일제시대에 일본이 조작한 이야기라는 게 중론이었다. 1934년 조선총독부가 간행한 보통학교 《조선어독본》에 그러한 이야기가 실려 있기 때문이다. 《조선어독본》은 지금으로 치면 초등학교 《읽기》 교과서다. 《조선어독본》 권5의 제4과 '김정호'를 읽어보자.

> 그 후 몇 해가 지나서, 친한 벗으로부터 읍도邑圖 한 장을 얻었는데…… 몸소 이것을 가지고 동내洞內마다 돌아다니며 일일히 맞추어 보앗드니, 생각하든 바와는 아조 딴판으로, 틀리고 빠진 것이 만코, 부합되는 것은 극히 드믈엇다. ……탄식한 그는, 이에, 자기 손으로 정확한 지도를 만들기 외에는 다른 도리가 업는 것을 깨달앗다. ……그리하야 춘풍추우 십여 성상, 그의 천신만고의 긴 여행은 시작되엿든 것이다. ……그동안, 팔도를 돌아다닌 것이 세 번, 백두산에 오른 것이 여덟 차례라 한다. 이리하야, 22첩의 《대동여지도》의 원고는 되엿스나…… 이것을 대원군께 바첫섯다.

그러나, 대원군은 다 아는 바와 같치, 배외심이 강한 어른이시라, 이것을 보시고 크게 노하사, "함부로 이런 것을 만들어서, 나라의 비밀이 다른 나라에 루설되면, 큰일이 아니냐" 하시고, 그 지도판을 압수하시는 동시에, 곳 정호 부녀를 잡아 옥에 가두섯드니, 부녀는 그 후 얼마 아니 가서, 옥중의 고생을 견듸지 못하얏는지, 통한을 품은 채, 전후하야, 사라지고 말앗다. 아아, 비통한지고, 때를 맛나지 못한 정호⋯⋯ 명치 삼십칠팔년, 일로 전쟁이 시작되자, 《대동여지도》는, 우리(일본) 군사에게 지대한 공헌이 되엿슬 뿐 아니라, 그 후 총독부에서, 토지조사사업에 착수할 때에도, 무이無二의 호자료好資料로, 그 상세하고도 정확함은, 보는 사람으로 하야금 경탄케 하얏다 한다. 아, 정호의 간고艱苦는, 비로소 이에, 혁혁한 빛을 나타내엿다 하리로다.

조선의 엉터리 지도에 실망한 김정호가 정확한 지도를 만들겠다는 일념으로 팔도를 돌아다니기를 세 번, 백두산에 오르기를 여덟 번 하여 《대동여지도》를 완성했지만 흥선대원군이 지도판을 압수하고 김정호와 딸을 옥사시켰다면서 김정호와 《대동여지도》의 위대함을 알아보지 못한 조선, 특히 흥선대원군의 편벽됨을 비난하고, 진흙에 묻힌 옥을 발견하듯 《대동여지도》의 가치를 알아본 것은 다름 아닌 일본이었다고 말하고 있다. 《조선어독본》에 실려 있는 이 이야기는 조선은 지도 하나 제대로 만들지 못할 정도로 낙후되고 고루한 나라였음을 강조하기 위해 일제가 만들어낸 것이라고 해석되어왔다.

그런데 실은 《조선어독본》보다 먼저 옥사설과 전국답사설을 말한 사람이 있다. 바로 육당 최남선이다. 최남선은 1925년 〈동아일보〉에 기고

1914년 10월 간행된 잡지 《청춘》 제1호에 실린 '오백년간 대표 일백인'이란 글에서 최남선은 김정호(김백온)을 지리 분야의 대표 인물로 꼽았다. 백온은 김정호의 자. 최남선은 잊혀져 있던 김정호와 《대동여지도》를 세상에 끌어내 다시금 빛을 보게 한 동시에 오해의 단초를 제시한 장본인이다.

한 '고산자를 회懷함'이라는 글에서, "필역八域의 산천을 샅샅이 답사함을 사양치 아니하였으며 ……백두산만을 닐곱 번 올나갓스며 이를 위하야 수십 년 과객질을 하얏다"고 했다. 그리고 1928년 잡지 《별건곤》 5월호에서는 "전하는 말에는 이 작자作者가 반생을 바쳐서 팔도 산하 방방곡곡을 편답遍踏 정사精査하고 산맥의 간지를 알기 위하야 백두산만을 세 번인지 네 번인지 올라갓섯드라"고 말했다. 그리고 김정호의 최후를 이렇게 전했다.

"저 재주가 암만해도 양인洋人에게서 나왓겠다는 혐의는 필경 국가의 험요를 외인에게 알릴 장본이 되겠다는 죄안罪案으로 구을러서 반생의 심혈과 일가의 희생으로써 고심축조하얏든 조선 특절의 영적 보탑인 《대동여지도》는 그만 몰이해한 관헌에게 판목을 몰수당하고 회벽懷璧이 시비是非인 그 작자는 인간 최참最慘의 운명으로써 그 뜨거운 마음의 불을 끄지 아니치 못하게 되엇다. 도처에 있는 '골고다'는 그 독한 어금니로 또 한 번 이 의인을 씹어버렸다."

최남선은 평소 지리학에 큰 관심을 갖고 '봉길이 지리공부'라는 글을 잡지 《소년》에 연재하기도 했다. 한반도가 토끼처럼 생겼다는 일본 지리학자의 주장에 맞서 토끼가 아니라 호랑이처럼 생겼다고 반론한 것도 '봉길이 지리공부'에서였다. 그런 최남선인 만큼 김정호와 《대동여지도》에 관심을 기울인 건 자연스러운 일일 것이다. 1914년 10월 발행된 잡지 《청춘》 제1호에서 최남선이 '오백년간 대표 일백인'이란 제목으로 조선시대를 대표하는 인물 100명을 선정하면서 지리 분야의 대표 인물로 고산자 김정호를 꼽은 것을 보면, 이미 당시에 최남선은 김정호에 대해 알고 있었던 것 같다. 그로부터 10여 년 뒤에 쓴 최남선의 〈동아일보〉 기고문은 오랫동안 잊혀져 있던 김정호와 《대동여지도》를 세상으로 끌어내 다시금 빛을 보게 한 최초의 근대적 손길이었다.

그러나 최남선이 무엇을 근거로 김정호 옥사설과 전국 답사설을 말했는지는 스스로 밝혀놓지 않았으므로 알 수 없다. 다만 김정호를 일본 막부시대의 지리학자 이노 타다다카伊能忠敬에 견주고 있는 것을 보면, 이노가 일본 해안을 직접 답사했듯이 김정호도 조선 팔도를 직접 답사했을 거라고 최남선은 굳게 믿었는지도 모르겠다. 이노는 일본 해안 전역을 직접 답사하며 측량하여 지도를 만들어 일본을 놀라게 한 인물이다.

어쨌든 최남선이 발굴해낸 김정호와 《대동여지도》는 《어린이》, 《학생》 등에 소개되면서 조금씩 알려지기 시작했다. 《어린이》, 《학생》은 어린이날을 제창한 소파 방정환이 만든 잡지로 《별건곤》, 《개벽》과 함께 천도교가 지원하는 개벽사가 발행하는 잡지다.

그리고 세상에 알려지는 것과 동시에, 오늘날 사실 여부를 확인할 수 없는 이야기들이 덧붙여지고 윤색이 가미되었다. 최남선은 김정호 부녀를 잡아들인 것은 '몰이해한 관헌'이라고 했으며《대동여지도》는 분명 '남아 있다'고 했는데, 1929년 1월에 간행된《학생》창간호에 '《대동여지도》와 김정호 선생의 일생'을 쓴 최진순崔瑨淳은 김정호 부녀를 잡아들인 사람은 '대원군'이라고 못박았으며,《대동여지도》는 무지한 이들의 "모깃불 나무로 사라져 없어졌다"고 했다.

또 같은 해 발행된《어린이》7권 3호에 '고산자 김정호 선생 이약이 1'을 쓴 신영철도 김정호 부녀는 흥선대원군에게 원통하게 죽었으며《대동여지도》는 무참히도 "부엌 아궁이 모깃불감"으로 타버렸다고 말하고 있다. 최진순은 일본어 신문〈조선사상통신朝鮮思想通信〉에도 1929년 4월 11일부터 4회에 걸쳐《대동여지도》와 김정호 선생大東輿地圖と金正皥先生'이란 제목 아래《학생》창간호와 거의 같은 내용의 글을 기고했다. 최진순과 신영철이 무엇을 근거로 그런 이야기를 했는지는 밝혀져 있지 않다.

이렇게 김정호와《대동여지도》이야기는 최남선에서 최진순, 신영철을 거치며 훨씬 생생하고 구체적인 드라마로 재탄생했다. 그리고 1934년 조선총독부 발행 교과서《조선어독본》에 실림으로써 학교 교육을 통해 널리 보급되기에 이르렀다.

식민지 교육에 이용당한 김정호

최남선, 최진순, 신영철 등이 김정호 이야기를 쓴 것은 잊혀져가는 김정호와《대동여지도》의 존재를 널리 알리고 그 가치를 깨닫게 하기 위해서였다고 생각된다. 그럼《조선어독본》이 김정호 이야기를 실은 의도는 무엇이었을까?

1934년 발행된《조선어독본》의 편찬 목적은 "복종, 근면 등 근로정신의 앙양"이었다. 조선의 초등학생들을 일제의 지배에 순종하며 부지런히 일하는 식민지인으로 길러내기 위한 식민지 교육이었던 것이다.《조선어독본》은 김정호를 일제의 식민지 교육 목적에 알맞은 근로정신의 표상으로 내세웠다. 그의 피땀 어린 노력을 높이 평가하고, 나아가 김정호와《대동여지도》의 위대함을 알아보지 못한 조선 정치가들의 무지함과 편벽된 태도를 힐난하면서 그 가치를 알아본 것은 바로 일본인이었다고 강조했다. 김정호를 식민지 교육에 교묘하게 이용한 것이다. 혹시 김정호 이야기가《조선어독본》에 실리는 데 최남선이 어떤 영향을 미치진 않았을까? 그가 1928년 총독부 산하 조선사편수회에 들어간 뒤 친일의 길을 걸은 것을 생각하면 그럴 가능성이 있으나 확실하지는 않다.

《조선어독본》에 실린 김정호 이야기는 일제시대를 거쳐 해방 후 그대로 답습되어, 현재까지 이어지고 있다. 심지어 1993년도 초등학교 5학년 2학기《읽기》교과서 '김정호' 단원에는《조선어독본》의 내용이 거의 그대로 실렸다. 뿐만 아니라 지금도 유수한 출판사에서 발행되는 어린이용 위인전이나 참고서에서 같은 오류가 반복되고 있다. 일제의 식민지 교육이 남긴 잔재인 줄도 모르고 말이다.

김정호가 옥사하지 않았다면 그의 최후는 어떠했을까? 안타깝게도 그에 관한 기록은 전혀 없다. 언제 어디서 어떻게 죽었는지, 무덤이 있는지 없는지조차 알지 못한다.

■ 사료 속으로

다음은 1929년 간행된 잡지 《어린이》와 《학생》에 실린 김정호에 대한 기사다. 조선총독부 발행 교과서 《조선어독본》에 실려 있는 김정호 이야기의 원형이라 할 수 있다.

"이런 지도를 함부로 만드러 외국 사람으로 우리나라의 온갖 비밀을 다 알게 하엿스니 그런 죽일 놈이 어데 잇나" 하며 당장에 잡어죽이라는 명령이 나렷습니다. ……즉시 고산자 선생의 부녀는 꿈결갓치 잡어가두엇스며 그 지도판은 압수를 당하엿습니다. 드듸여 고산자의 부녀는 불상히도 대원군의 손에 원통한 혼이 되고 마럿습니다. ……압수된 지도판은 경성 종친부 어느 광 속에 두엇다가 무지한 사람들 손에 모깃불나무로 사라저 업서젓습니다.

— 최진순, 《대동여지도》와 김정호 선생의 일생, 《학생》 창간호, 1929. 1

이리 궁리 저리 궁리 하다가 엇더케 해서 그 고을 읍도라는 것이 선생의 손에 드러 왓습니다. 날뛸드시 깃버서 그것을 가지고 자긔 고을에 도라다니며 실지와 대여보앗지만 하나도 맛는 것이 업는 헛지도엿습니다. 서울에는 반드시 정확한 지도가 잇스려니 하고…… 대궐 안―규장각奎章閣은 그때 모든 서적을 맛흔 관청입니다―에 잇는 조선팔도 지도를 한 벌 어더가지고 위선 자긔 시골로 내려가서 또다시 맛추어보앗스나 역시 하나도 맛는 곳이 업는지라 선생은 여긔서 단연히 모든 것을 집어치우고 자긔 일생을 조선 지도 만들기에 밧치기로 결심하엿습니다.

— 신영철, 고산자 김정호 선생 이약이 1, 《어린이》 7권 3호, 1929

더 읽을거리

이차원, 《《대동여지도》―126 목판에 새긴 우리 땅 이야기》, 웅진주니어, 2006.
이상태, 김정호는 옥사하지 않았다, 《조선역사 바로잡기》, 가람기획, 2000.
양보경, 《대동여지도》를 만들기까지, 《한국사 시민강좌》 16, 일조각, 1995.
조선총독부, 《보통학교 조선어독본 5》, 1934.

인물에 관한 잘못된 상식 19

명성황후는 한미한 집안의 고아 소녀여서 왕비로 간택되었다?

고종의 아버지 흥선대원군은 외척의 발호를 꺼려한 나머지 한미한 집안의 외로운 고아 소녀였던 명성황후를 며느리로 낙점했다고 한다. 그러나 명성황후는 한미한 집안 출신이 아니었으며, 사고무친 외로운 고아는 더더욱 아니었다.

명성황후가 고종의 배필로 간택될 때 그 아버지 민치록閔致祿은 죽고 없었지만 어머니는 버젓이 살아 있었다. 어머니가 세상을 떠난 것은 명성황후가 왕비로 간택된 지 무려 10년이나 지난 1874년의 일이다.

뿐만 아니라 명성황후의 집안인 여흥 민씨는 조선 3대 태종의 왕비 원경왕후와 19대 숙종의 왕비 인현왕후를 배출한 명문으로, 당파로 치면 노론이었다. 노론의 핵심 인물이었던 인현왕후의 아버지 민유중閔維重은 명성황후의 6대조가 되고, 명성황후의 할아버지 민기현閔耆顯은 이조참판과 도승지, 개성유수를 역임했으며 아버지 민치록은 고을 수령을

181

인물에 관한 잘못된 상식

조선시대에는 왕비감이 결정되면 왕비로 책봉한다는 교명과 함께 기러기를 신부집에 보냈다. 사진은 고종의 왕비를 책봉하는 교명. 1866년.

지냈으니 그 살림살이는 당대의 세도가에 비길 순 없을지라도 끼니 걱정을 할 만큼 빈한한 건 결코 아니었다.

간택된 진짜 이유

명성황후는 1851년 경기도 여주에서 태어나 여덟 살 때 아버지를 여의고 어머니와 한양으로 올라와 살았다. 어머니 한산 이씨는 민치록의 두 번째 부인으로 모두 1남 3녀를 낳았는데 다들 어려서 죽고 막내딸인 명성황후만 살아남았다. 민치록의 첫 번째 부인 해주 오씨는 자식을 남기지 않고 일찍 세상을 떴다.

명성황후 모녀가 한양에서 살았던 집은 지금의 안국동 덕성여고 자리에 있던 감고당感古堂이다. 일찍이 이곳은 희빈 장씨에게 밀려나 폐서인 된 인현왕후가 살았던 집으로 대대로 민씨 집안의 소유였다. 감고당이

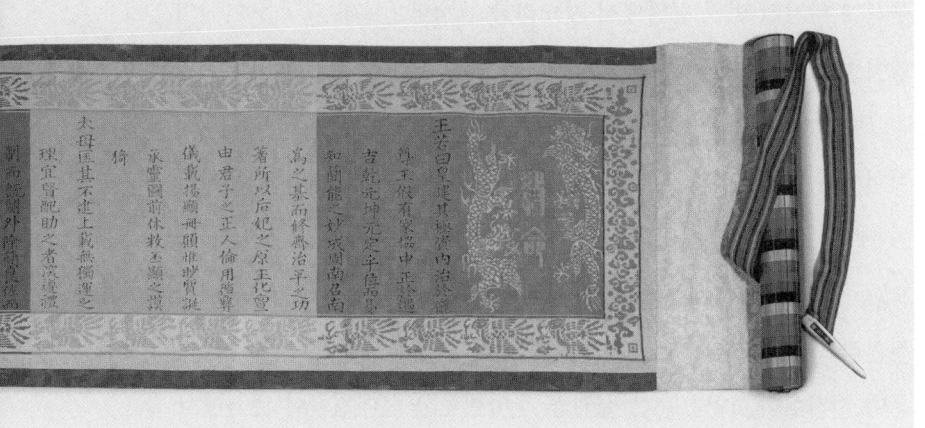

란 이름은 명성황후가 왕비가 된 뒤에 남편 고종이 직접 짓고 편액을 써 준 것이라고들 하나, 이 또한 잘못 알려진 것이다. 《영조실록》을 보면 영조가 인현왕후가 살던 집에 거둥하여 둘러본 다음 감고당이란 이름을 짓고 어필로 쓴 편액을 내리는 장면이 기록되어 있다. 감고당과 흥선대원군의 사저 운현궁은 길 하나 건너 정도로 가까운 거리에 있다.

한양 감고당에서 함께 산 것은 어머니뿐이 아니었다. 양오라버니 민승호閔升鎬도 있었다. 일찍이 아들을 잃고 딸만 남은 민치록은 친척인 민승호를 양자로 들였는데, 민승호가 누구인가 하면 바로 흥선대원군 부인의 친동생이다. 그러니 흥선대원군으로선 처남이 양자로 간 집의 딸, 즉 처제뻘을 며느리로 맞은 것이다. 뿐만 아니라 흥선대원군의 외가도 여흥 민씨였다. 흥선대원군의 어머니는 민경혁閔景爀의 딸로, 명성황후의 6대조인 민유중의 형 민정중의 후손이다.

그러고 보면 흥선대원군은 외척의 발호를 혐오한 나머지 한미한 집안의 외로운 고아 소녀를 며느리로 선택한 것이 아니라, 자신의 처가이자 동시에 외가인 민씨 집안에서 며느리를 선택함으로써 외척을 자신의 영향력 아래 두려 했다는 게 옳을 듯싶다.

그런데 명성황후가 입궁한 지 10년 뒤인 1874년 11월 말, 명성황후의 어머니와 양오라버니 민승호가 한자리에서 목숨을 잃었다. 선물이라 하여 배달된 상자를 여는 순간, 폭발물이 터져 즉사하고 만 것이다. 요즘으로 치면 폭발물 테러를 당한 것인데, 당시 세간에서는 흥선대원군의 짓이라느니 민승호와 은근히 세력다툼을 하던 민규호의 짓이라느니 소문이 자자했다. 10년 동안 실권을 장악했던 흥선대원군이 권좌에서 물러나고 고종이 친정親政을 시작한 직후에 터진 일이니만큼 흥선대원군에게 화살을 돌리는 이가 많았다. 당시 일을 황현의 《매천야록》은 이렇게 기록하고 있다.

명성황후의 양조카 민영익. 수구파의 우두머리로서 김옥균이 이끄는 개화파의 정적이 되었다.

"함을 보니 구멍이 있었는데, 자물쇠로 잠겨 있었다. 곁에 열쇠가 달려 있어 열어보니 요란한 소리와 함께 불이 일어났다. 열 살인 그의 아들은 할머니와 함께 그 자리에서 죽었고, 민승호는 높이 떴다가 떨어졌는데 온몸이 시커멓게 탄 채로 말 한마디 하지 못하다가 하루 만에 죽었다."

아버지처럼 의지하던 스물한 살 연상의 양오라버니를 잃은 명성황후는 죽은 민승호 앞으로 대를 이을 양자를 들여주었다. 양자가 된 인물은 친척인 민태호의 아들 영익이었다. 훗날 수구파의 우두머리로서 명성황후의 지극한 총애를 받으며 김옥균이 이끄는 개화파의 정적이 된 바로 그 인물이다. 명성황후보다 아홉 살 아래인 민영익이 명성황후의 양조카가 된 데는 그런 사연이 있었다.

식민사학이 부각시킨 며느리와 시아버지의 갈등

그렇다면 의지할 데 없는 혈혈단신 고아 소녀였기에 왕비로 간택된 것이라는 얘기는 어디서 나온 것일까? 일본의 역사학자 기쿠치 겐죠菊池謙讓가 1910년에 출간한 《조선최근외교사 대원군전 부 왕비의 일생朝鮮最近外交史 大院君傳 附 王妃の一生》을 보면, "어려서 부모를 잃고 친척 집에 얹혀살았으며", 궁중에 들어와서는 외로움을 달래기 위해 《춘추좌씨전》을 읽으며 긴 밤을 보냈다"고 쓰여 있다.

한일합방 때 자결순국한 황현의 《매천야록》에도 "민치록의 고녀孤女"라 쓰여 있는데, '고녀'를 고아 소녀로 풀이할 수는 있겠으나 《매천야록》에는 명성황후가 어려서 부모를 잃었다든지 친척집에 얹혀 살았다든지 하는 얘기는 나오지 않는다.

그런데 기쿠치 겐죠는 명성황후가 시해당한 을미사변 때 일본의 〈국민신문〉 특파원으로 시해에 직접 가담했던 인물이다. 그는 나중에 《근대조선사》를 비롯해 여러 권의 역사책을 쓰고 《고종실록》과 《순종실록》의 편찬에도 참여했다.

기쿠치 겐죠는 흥선대원군과 명성황후의 관계를 대립적으로 설정하고 두 사람의 갈등을 부각시켰다. 그의 책을 읽다 보면 조선은 마치 흥선대원군과 명성황후 두 사람의 권력다툼 때문에 망한 것 같은 생각이 절로 든다. 뿐만 아니라 "이씨 왕조의 멸망을 불러온 것은 명성황후요 그의 정치요 성격"이라면서, 명성황후 시해 사건은 며느리와 대립하던 시아버지 대원군이 주모한 일이라고 사실을 왜곡시켰다. 기쿠치 겐죠가 《대원군전 부 왕비의 일생》에서 묘사한 명성황후의 최후를 읽어보자.

> 비운의 날은 10월 8일로, 그(명성황후)는 전날 밤 정적들이 궐기한 것을 알고 곧바로 일본 공사관에 사람을 보내 왕궁의 호위를 요구했다. 공덕리의 수함囚檻을 부순 맹수는 무리를 이루어 서대문으로 향하고, 그는 거듭 일본 공사의 내원來援을 이용하고자 재차 사람을 보냈으니, 시시각각 다가오는 격랑은 이미 왕궁을 제압할 듯이 왕궁 정면으로 몰려들어…… 그의 근신인 정병하鄭秉夏는 설령 왕궁은 대원군에게 점령되더라도 왕비의 생명은 안전해야 함을 보증했지만, 그 스스로 역시 최대의 위험이 다가온다고 생각하고, 대원군 군대의 내습을 기다리기도 해서 마침내 운명의 역행이 이루어져, 그는 자신의 침실에서 최후의 준비를 하려는 사이에 흉도凶刀가 그 흉부를 찌르고 말았으니, 선혈은 건청궁 전우殿宇에 떨어져, 그는 마침내 일대의 교만을 안고 조용히 영면했다.

당시 서대문 밖 공덕리에 거처하고 있었던 흥선대원군을 가리켜 '공덕리의 맹수'라 하면서 '대원군 군대의 내습'으로 명성황후가 죽었다고 서술하고 있는 것이다. 그러나 흥선대원군은 명성황후 시해 현장에 있긴 했으나 일본인들에 의해 마지못해 끌려가다시피 한 것이었으며, 시해를 주모한 것은 더더구나 아니었다는 사실이 이미 밝혀져 있다.

고종 시대의 정치를 시아버지 대원군과 며느리 명성황후 간의 대립 구도로 보는 것은 당시의 변화무쌍하고 복잡다기한, 그래서 역동적이라고도 할 수 있는 정치상황을 지나치게 단순화시켜버리는 동시에, 조선 사회가 무엇보다 중시하는 효를 앞세워 두 사람의 관계를 선입견을 갖고 바라보게 만드는 부정적 효과를 낳는다.

그러고 보면 기쿠치 겐죠가 명성황후를 한미한 집안의 외로운 고아 소녀라 한 것도 두 사람의 대립 구도를 선명하게 하

흥선대원군 이하응 영정. 회갑을 맞아 그린 것이라고 오른쪽의 발문에 쓰여 있다.

기 위함이 아니었을까 싶다. 기쿠치 겐죠에 따르면 명성황후는 왕비감이 못 되는 한미한 집안의 고아를 왕비로 만들어주었더니 고마운 줄 모르고 유약한 남편을 좌지우지하며 시아버지에게 도전장을 내밀었다가 파멸을 자초한 교만한 여인일 뿐이다.

학계가 답습한 왜곡, 소설이 전파한 오류

기쿠치 겐죠의 사실 왜곡은 안타깝게도 해방 후 한국 사학자들이 쓴 역사책에 그대로 답습되었다. "내외가 이작고인己作故人이요(민비 8세 때)

후사라고는 적실 소생의 딸(민비) 하나뿐이므로…… 고아나 다름없었음이 사실이었다"(이선근,《한국사 최근세편》, 을유문화사, 1959), "대원군은 고종의 비를 한미한 민씨의 집에서 맞이하였었다"(이기백,《한국사신론》, 일조각, 1967), "8세에 양친을 잃고 고향 여주를 떠나 서울에 올라와 일가에 기탁하고 있는 몸이었다. 따라서 외로운 처지에 있었다."(이광린, 민비와 대원군,《명성황후 시해사건》, 민음사, 1992) 심지어는 정신문화연구원이 펴낸《한국민족문화대백과사전》에서도 "여덟 살의 어린 나이에 부모를 여의고 혈혈단신으로 자랐다"고 설명하고 있다.

나아가 명성황후를 주인공으로 한 문학작품들은 같은 오류를 일반인들에게 널리 퍼뜨렸다. 1933년부터 약 1년간 〈조선일보〉에 연재되었던 김동인의 역사소설《운현궁의 봄》을 비롯해 정비석의《명성황후》, 강신재의《명성황후》 등을 보면 어려서 부모를 여의고 계모 밑에서 자랐다느니, 병든 아버지를 홀로 돌봤다느니 하며 명성황후의 어린 시절에 대해 이런저런 오류를 확대 재생산하고 있음을 발견할 수 있다.

명성황후의 이름 '민자영'도 실은 소설에 등장하는 것이다. 진짜 이름은 알 수 없다. 민승호와 같은 '호'자 돌림을 써서 정호貞鎬가 진짜 이름이라는 주장이 있으나 그를 뒷받침해줄 사료는 아직 발견되지 않았다.

■ 사료 속으로

명성황후에 대한 역사적 평가는 분분하다. 개화의 선각자요 조선을 지키려다 스러진 애국자인가, 아니면 권력욕에 물든 수구본당인가. 어느 쪽이든, 명성황후가 일개 왕비를 넘어 고종의 정치적 파트너였음은 분명하다. 아래글은 명성황후의 장례를 치르면서 고종이 발표한 〈어제행록御製行錄〉이다. 아내를 지키지 못한 지아비의 심경이 배어 있다.

아! 짐이 황후를 저버렸다. 황후는 짐을 간절한 일념으로 받들었다. 비록 문안하는 것과 같은 절차에 대해서도 오직 빠짐이 있을까 봐 근심하여 성실하게 하였으나 짐은 황후의 몸을 궁금宮禁에서 잘 보존하지 못하였다. 아! 내가 황후를 저버린 것이다. 지금 슬퍼하고 추모한들 후회와 여한이 어찌 그칠 수 있겠는가?
황후는 경복궁의 곤녕합에서 8월 20일 무자일戊子日 묘시에 세상을 떠났다. 나이는 45세다. 이날 새벽에 짐과 황후가 곤녕합 북쪽의 소헌小軒에 있을 때 흉악한 역적들이 대궐 안에 난입하여 소란을 피우니 황후가 개연히 짐에게 권하기를, "원컨대 종묘사직의 중대함을 잊지 말 것입니다"라고 하였는데 위급한 중에도 종묘사직을 돌보는 마음이 이와 같았다. 조금 후에 황후를 다시 볼 수 없었으니 오직 이 한 마디 말을 남기고 드디어 천고에 영원히 이별하게 되었다. 아! 슬프다.

– 〈고종실록〉 34년(1897, 대한 광무 1) 11월 22일 〈어제행록〉

더 읽을거리

오영섭·장영숙 외, 《다시 보는 명성황후》, 역사만들기, 2007.
한영우, 《명성황후와 대한제국》, 효형출판, 2001.
서영희, 명성왕후 재평가, 《역사비평》, 2002년 가을호.
서영희, 명성왕후 연구, 《역사비평》, 2001년 겨울호.

인물에 관한 잘못된 상식 20

최익현은 대마도에서
단식 끝에 굶어죽었다?

을사조약에 반대하여 의병을 일으켰다가 3년 감금형을 선고받고 대마도로 끌려간 최익현. 그는 "일본의 부당한 처우에 항의하여 음식을 거부하던 끝에 굶어죽었다"고 한다. TV에서 방영된 어떤 최익현 추모 특집 드라마는 단식 끝에 앉은 채로 숨을 거두는 최익현의 장렬한 최후를 묘사하기도 했다. 드라마뿐 아니라 《두산동아 백과사전》에도 최익현은 '굶어죽었다'고 서술되어 있으며, 독립기념관 한국독립운동사연구소에서 간행한 《한말 의병장 열전》역시 "최익현은 일제 측의 갖은 협박과 회유를 뿌리치고 단식, 마침내 옥중에서 순국하였다"고 하여 최익현이 단식으로 사망했음을 강력히 시사하고 있다.

그런데 최익현이 대마도에 도착한 것은 1906년 음력 7월 9일, 단식은 바로 그날 시작되었으며, 최익현이 세상을 떠난 것은 4개월 뒤인 음력 11월 17일이었다. 기왕의 통설대로 단식 끝에 죽었다면 74세의 최익현은 무려 4개월 동안 단식을 한 셈인데, 이는 상식적으로 납득하기 어려운 일이다.

단식에서 죽음까지, 그 진상

최익현의 단식과 죽음의 전말을 가장 생생하게 기록한 사료는 임병찬의 《대마도 일기》다. 최익현의 제자로서 함께 의병을 일으켰고 대마도 유배도 같이 간 임병찬은 유배생활 내내 일기를 썼으니, 그것이 바로 《대마도 일기》다. 이 일기에는 당시의 상황이 구체적으로 기록되어 있다.

한말의 화가 채용신이 그린 〈최익현 초상〉. 최익현은 74세의 나이로 의병을 일으켰다가 대마도로 끌려갔다.

《대마도 일기》는 최익현의 병을 '풍증風症'이라고 말하고 있다. 뿐만 아니라 최익현의 죽음을 직접 목도하지는 않았으나 유해 반송 절차를 맡아 했던 제자 최제학崔濟學이 쓴 《반구일기返柩日記》에도 최익현의 사인은 '풍증'이라고 기록되어 있다. 자세한 내용을 《대마도 일기》를 따라가며 알아보자. 다음은 최익현 일행이 대마도에 도착한 7월 9일의 일기다.

> 오후에 대대장, 중대장이 병정 4, 5인을 데리고 와서 사검查檢을 하고 나서 11인이 상머리에 벌여 서더니 통역이 말하기를 "장관에게 경례를 하라" 하고 관을 벗으라고 한다. 그러나 선생이 노해서 꾸짖고 벗지 않으니 장관이 다시 말한다.

"너희들은 일본이 주는 밥을 먹었으니 일본의 명령을 좇아야 할 것이다. 관을 벗으라면 벗고, 머리를 깎으라면 깎아 명령대로 시행할 것이지 어찌 감히 거역한단 말이냐." ……선생이 말하기를,
"내가 일본 밥 두어 숟가락을 먹은 것이 이미 잘못된 일이로구나. 머리를 깎으라는 명령은 내가 조정 칙령을 받고서도 오히려 소疏를 올려 간했는데 하물며 일본 사람의 말을 들을까 보냐. 저들이 주는 밥을 먹고 저들의 말을 듣지 않는다는 것도 역시 의리가 아니라, 내 어찌 살기를 탐내어 입에 풀칠을 해서 선왕의 제도를 변해서 성인에게 죄를 얻을까 보냐. 이제부터는 단연코 일본 밥을 먹지 않으리라."

이렇게 해서 그날 저녁부터 최익현은 음식을 거부했다. 함께 있던 임병찬, 이식, 유준근 등도 먹지 않았다. 그러자 이틀 후인 7월 11일 오후, 일본군 대장이 와서 통역의 잘못으로 오해가 생겼다면서 머리를 깎으라는 뜻은 아니었다고 정중히 사과했다. 그날 저녁 비로소 최익현은 죽을 먹었다. 꼬박 여섯 끼를 굶은 뒤였다.
"저녁밥이 나왔기로 선생님께 드시기를 권했더니 죽을 조금 드신다. 이것을 보고 모두 밥을 먹었다."
7월 11일자 《대마도 일기》는 이렇게 적고 있다.
단식 사건 후 일본은 비교적 예의를 갖춰 최익현을 대했다. 그리고 최익현은 평소와 다름없는 모습으로 제자들과 시를 주고받고, 심지어 죽기 한 달 전인 10월 15일에는 제자의 세상 떠난 친척 부인을 위해 직접 〈열부 이씨전〉을 지어주기도 했다. 그런데 10월 19일, 최익현은 갑자기 병이 났다.

최익현을 제향하는 모덕사. 충남 청양.

"선생님께서 외감外感으로 편치 않으시다. 불환금산 두 첩과 부자산 한 봉을 잡수시도록 했다."

《대마도 일기》는 이렇게 적고 있다. 외감이란 한의학에서 '기후 때문에 생기는 감기 따위의 병을 통틀어 이르는 말'이다. 일본인 의사의 치료를 받았으나 상태는 좋아지지 않았다. 조선에 있는 큰아들 영조永祚에게 전보를 쳐서 한의를 데려오게 하여 진맥하게 했다.

"이것은 풍증인데 소속명탕을 써야 할 터이나 약재가 없는 것이 많아 구할 길이 없으니 민망한 일이라."

한의의 진단에 따라 급히 부산에서 약재를 갖고 오게 하여 한약을 달여 먹였지만 차도가 없었다. 《대마도 일기》에 묘사된 최익현의 병세는 "얼굴이 붓고 배가 붓고 수족이 붓고 혀가 말려 말이 서투르고 대변을 잘 보지 못하며", "물을 마시면 입에 옥물기만 하고 삼키지 못하며 기침을 해서 담이 생기면 토하지 못하고 도로 삼켜 담 끓는 소리가 점점 커지고 정신이 흐려지는" 것이었다.

결국 최익현은 발병한 지 한 달 만인 11월 17일 인시(새벽 3시~5시)에 큰아들 영조, 둘째 아들 영환永煥, 그리고 제자들이 지켜보는 가운데 눈을 감았다.

단식사설의 진원지

최익현이 단식사했다는 이야기는 어디서 나왔을까? 1926년 일본의 재야 역사가 아오야기 난메이靑柳南冥는 저서 《조선 사화史話와 사적史蹟》에서 최익현이 일본에 항의하는 뜻으로 음식을 먹지 않다가 죽었다고 했다. 그러면서 그 근거로 최익현이 임병찬에게 자기가 죽거든 왕에게 올려달라고 부탁한 상소문을 들었다. 또한 황현의 《매천야록》에는 최익현이 "곱사병이 겹쳐" 죽었다면서 죽기 직전 상소문을 썼다고 했다. 그런가 하면 한 인터넷 포털 사이트의 백과사전은 "단식을 계속하다가 유소遺疏를 구술, 임병찬에게 초하여 올리게 한 뒤 굶어죽었다"고 설명하고 있다. 단식사의 근거로 상소문을 들고 있는 것이다. 문제의 상소문을 보자.

"신이 이 땅에 들어온 이후로 한 수저 밥, 한 모금 물이 모두 적의 손으로부터 나오게 된 형세라, 설사 적이 신을 죽이지 않더라도 신은 차마 입과 배를 위해 더럽게 굴 수 없사옵기로 마침내 단식하기로 결심하여, 옛 사람의 스스로 몸을 깨끗이 하여 선왕에게 바치는 의를 따르기로 했사옵니다. 신의 나이 지금 74세이오니 죽어도 무엇이 애석하겠습니까. 다만 역적을 토벌하지 못하고, 원수를 섬멸하지 못하고, 국권을 회복하지 못하고, 강토를 환수하지 못해서, 4천 년 문명의 정맥이 분토糞土에 빠져도 붙잡을 수 없게 되고, 삼천리 선왕의 백성이 어육이 되어도 구출할 길이 없게 되었사오니 신이 비록 죽어도 눈을 감지 못하는 것이옵니다."

《대마도 일기》와 《반구일기》, 최익현의 문집인 《면암집》에도 실려 있는 이 비장감 넘치는 유언 같은 상소문은 읽는 이의 가슴을 울린다. 차라리 단식하다 죽겠다는 이 상소문만 보면 최익현의 죽음을 단식사라고 단정할 법도 하다. 그러나 이 상소문은 죽기 직전이 아니라 7월 10일 새벽, 그러니까 9일 저녁부터 단식을 시작한 직후에 최익현이 임병찬에게 구술한 것이다. 《대마도 일기》를 보자.

스승 최익현과 함께 의병을 일으켰으며 대마도 유배도 함께 했던 임병찬. 그는 1907년 귀국했다.

(7월) 초 10일. 새벽에 선생님께서 말씀하시기를…… 선생님은 또 말씀하신다.

"내 이제 죽을 것이다. 한마디 소疎를 올릴 말이 있으니 그대는 모름지기 비밀히 감추어두었다가 본국으로 돌아가는 날을 기다려 갖고 있다가 올리는 것이 옳다."

이에 행리行李(여행자가 휴대하는 행장을 뜻한다) 중에 종이와 붓을 찾아서 받들어 썼다.

상소문을 쓴 다음 날 저녁, 최익현은 단식을 끝내고 죽을 먹었다. 그리고 그로부터 3개월 뒤 발병하여 한 달간 앓다가 세상을 떠났다.

물론 비록 이틀간이지만 74세라는 고령의 최익현에게 단식이 아무런 영향을 미치지 않았으리라고는 생각되지 않는다. 그러므로 최익현의 사인은 감기 증상으로 시작된 풍증이되 74세라는 나이, 단식으로 쇠약해진 몸, 조선과는 전혀 다른 대마도의 환경과 기후, 유배지에서의 정신적 고통 등이 종합적으로 빚어낸 것이라 하겠다. 최익현이 세상을 떠나기 사흘 전, 대마도에 도착한 일본인 통역에게 임병찬이 한 말은 최익현의 죽음의 원인을 좀더 명확히 알게 해준다.

"우리나라 사람은 귀국 사람과 나고 자란 것이 이미 같지 않으니 창자도 역시 같지 않을 것이오. 더구나 수토水土가 같지 않으니 병이나 약도 또한 같지 않을 것이오. 우리 노사老師께서는 나신 지 74년 동안 온돌에서 거처하셨고, 병이 있으면 탕약을 잡수셨소. ……지금의 소원으로는 비록 하루 낮 하루 밤이라도 고국에 돌아가 약을 쓰고 온돌에서 쉬는 일이오."

최익현은 무너져가는 조선을 지키기 위해 일심을 다한 기개 높은 유학자였다. 그가 낯선 섬 대마도에서 단식사가 아니라 병사했다고 해서 그의 드높은 기개와 애국심이 손상되는 것은 전혀 아니다. 그의 기개를 손상시키는 것은 오히려 진실을 가리는 일이다.

더 읽을거리
임병찬, 대마도 일기, 《독립운동사자료집 2-의병항쟁사자료집》, 독립운동사편찬위원회, 1970.
이현희, 의병장 면암 최익현 연구, 성신여자대학교 《연구논문집》 37, 2001.

■ 사료 속으로

다음은 임병찬의 《대마도 일기》에 기록된 최익현의 마지막 14일간의 모습이다. 당시 함께 있던 제자들은 최익현의 죽음을 단식과 관련짓지 않았다. 만약 그랬다면 반드시 그에 대해 언급했을 터인데, 《대마도 일기》 어디에도 단식과 죽음을 관련시킨 대목은 없다.

11월 4일 정유. 갬
병환은 인정寅正부터 또 잠이 드신다. 묘정卯正에 이르러 인삼 한 냥중과 쌀 한 홉을 함께 달여 짜서 드렸더니 사시부터 조금씩 삼키신다.

11월 5일 무술. 흐리고 비
인삼으로 쑨 미음과 우유를 한 시간에 두 차례 잡수시고 정신이 조금 회복되시는 기미가 있는 듯하다.

11월 10일 계묘. 바람 불고 흐림
병환은 비록 더하신 빌미는 없으나 정신이 점점 흐리더니 날이 밝자 미음과 약을 드려도 능히 삼키지 못하시고 도로 흘러나온다.

11월 11일 갑진. 갬
병환은 여전하시다. 축정丑正에 비로소 우유 두 숟가락을 드렸고, 묘정에 우유 반 홉을 드렸다.

11월 12일 을사. 맑고 추움
맥후가 점점 흐려진다. 미음과 약을 드려도 도로 토하신다.

11월 13일 병오. 흐리고 추움
인시에 대변을 한 번 보셨다. 소속명탕은 어젯밤부터 오늘 낮까지 드렸고, 해어탕解語湯은 오후에 이르러 몇 번 드렸다.

11월 14일 정미. 흐리고 추움
해어탕과 소속명탕, 우유, 미음을 서로 섞음섞음 드렸다. 오후부터 밤중에 이르기까지 병찬 등이 옆에 모시고 앉아 웃음의 말을 했더니, 선생님께서는 혹 빙그레 웃으시기도 하고, 혹 눈썹을 찡그리기도 하신다.

11월 16일 기유. 갬
병환은 딴 증세까지 더하여 침중하시다.

11월 17일 경술. 갬
인시에 선생님께서 돌아가셨다.

― 임병찬, 대마도 일기, 《독립운동사자료집 2-의병항쟁자료집》, 1970

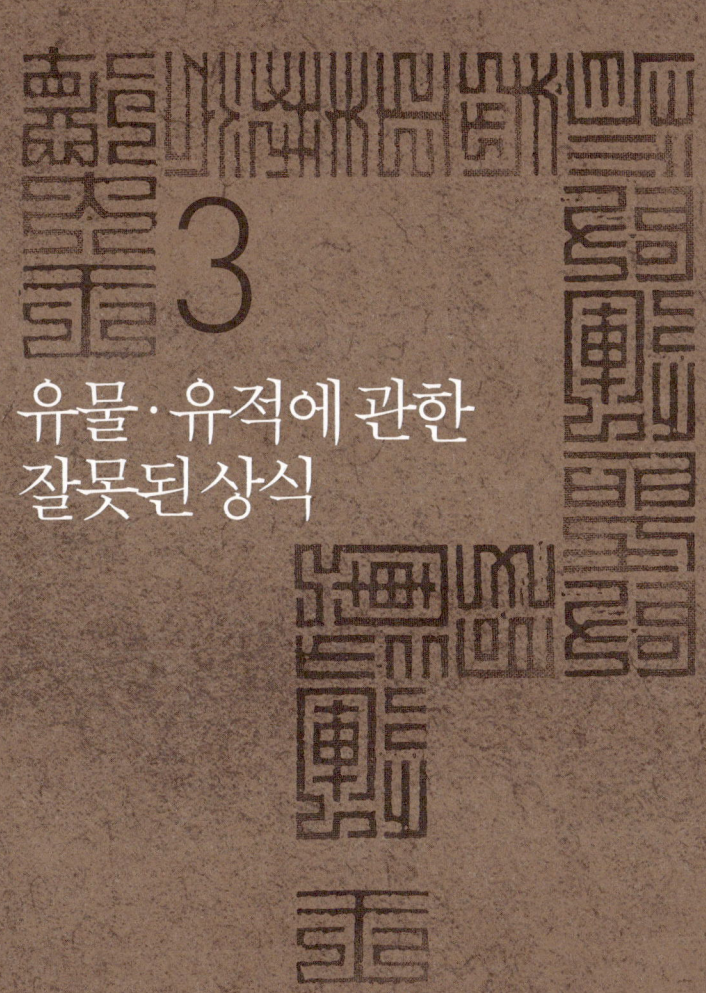

3

유물·유적에 관한
잘못된 상식

유물·유적에 관한 잘못된 상식 21

고인돌은 남방식, 북방식으로 분류된다?

흔히 고인돌을 남방식, 북방식으로 분류한다. 거대한 탁자 모양의 고인돌은 북방식, 바둑판 모양의 고인돌은 남방식, 한강을 중심으로 하여 북쪽에는 북방식이, 남쪽에는 남방식이 분포되어 있다는 것이다.

하지만 남방식, 북방식이라는 분류법은 그 의미를 상실한 지 오래다. 왜냐하면 고인돌 연구가 진전됨에 따라 북방식이라 했던 탁자 모양의 고인돌이 한강 남쪽 전라도에서 발견되고, 반대로 남방식이라 했던 바둑판 모양의 고인돌이 한강 북쪽 북한에서 발견되는가 하면, 남방식과 북방식이 같은 지역에서 발견되기도 하여 더 이상 설득력이 없어졌기 때문이다.

고인돌은 우리나라뿐 아니라 전 세계에 퍼져 있다. 유럽, 인도, 인도네시아, 중국, 일본 등에 생김새는 조금씩 다르지만 고인돌의 공통점을

강화 부근리 고인돌(탁자식 고인돌).

전북 도산리 고인돌(탁자식 고인돌).

지닌 거석문화가 존재한다. 세계의 고인돌 분포를 보면 남방식, 북방식이라는 분류는 세계사적 보편성을 얻기도 어렵다. 남방식이어야 할 대만의 고인돌은 탁자 모양이고, 말레이 반도의 고인돌은 탁자 모양과 바둑판 모양의 절충형이다.

그래서 최근에는 지역과 관계없이 고인돌의 모양에 따라 탁자식, 바둑판식, 개석식 등으로 분류한다. 탁자식은 말 그대로 탁자 모양, 바둑판식은 탁자식에 비해 받침돌이 짧은 것, 개석식은 받침돌 없이 무덤방에 덮개돌을 올려놓은 것을 가리킨다. 한반도 전역에서 가장 많이 발견되는 고인돌은 개석식이다.

물론 종래의 분류법을 고수하자는 견해도 있다. 상대적으로 한강 북쪽에 북방식이 많고 한강 남쪽에 남방식이 많으니 그대로 사용해도 좋지 않겠냐는 것이다. 그러나 거기엔 분명 오해의 소지가 있다. 전문가가 아닌 일반인들은 말 그대로 북방식은 북쪽에, 남방식은 남쪽에 있으려니 여기기 십상이기 때문이다.

남방식, 북방식은 식민사학이 낳은 분류법

남방식, 북방식이라는 분류에는 더 심각한 문제가 숨어 있다. 이 분류법은 일제시대인 1926년, 일본인 학자 도리이 류조鳥居龍藏가 처음 정립한 이후로 정설화된 것이다. 그런데 도리이 류조는 단순히 고인돌의 분포에 따라 남방식, 북방식으로 나눈 게 아니었다. 그것을 만든 민족이 서로 다르다는 논리를 바탕에 깔고 있었다. 즉 한반도를 남부와 북부로 나누어 남부는 순수한 한민족의 영역이지만 북부는 대륙에서 들어온 다

유물·유적에 관한 잘못된 상식

전북 고창 죽림리 고인돌(바둑판식 고인돌).

전남 함평 신곡 고인돌(덮개식 고인돌).

른 민족의 영역이며 한민족은 예부터 스스로 발전하지 못하고 언제나 외부에서 들어온 세력에 의해 발전했다는 논리인데, 이는 다름 아닌 식민사학이 주장하는 타율성론, 만선사관滿鮮史觀이다. 한국사를 대륙, 특히 만주에 부속된 존재로 설정함으로써 한국사의 주체성을 부정하고 타율성을 강조하는 것이다. 바로 그 같은 맥락에서 도리이는 고인돌을 남방식과 북방식으로 나누었다. 그에게 북방식 고인돌과 남방식 고인돌은 식민사학의 논리를 입증해주는 중요한 증거였던 셈이다.

 도리이 류조는 일본에서는 인류학의 비조라 불리는 인물이다. 그러나 우리에겐 시라토리 구라키치白鳥庫吉, 이나바 이와키치稻葉岩吉와 더불어 대표적인 식민사학자로 손꼽힌다. 그는 1911년부터 1918년까지 조선총독부의 위촉을 받아 인종학 연구를 위해 2,980명에 이르는 조선인들의 인체측정 사진을 찍기도 했다. 그가 찍은 사진들이 일선동조론을 비롯한 일본 제국주의 이데올로기의 근거 자료가 되었음은 두말할 나위 없다.

 해방 직후, 도리이의 분류에 대해 이미 역사민속학자 손진태가 "도리이 씨의 설처럼 남방의 돌멘(고인돌의 다른 이름)은 전부가 이러한 저형低型은 아니요 북방의 그것과 같이 궤탁(탁자)형의 것도 있다"고 문제제기를 한 바 있으며, 오늘날 학계에서도 남방식, 북방식이란 분류를 거의 쓰지 않고 있는데도 어찌 된 일인지 일반인들에게는 이 같은 사실이 전혀 알려져 있지 않다. 뿐더러, 고등학교《국사》교과서는 최근까지도 남방식, 북방식으로 구분하다가 2006년판에서야 비로소 탁자식, 바둑판식으로 고쳤다.

 현재 북한에서는 발견된 지역의 이름을 따서 오덕형, 침촌형, 묵방형

등으로 구분하고 있다. 오덕형은 탁자식에, 침촌형과 묵방형은 개석식에 가깝다.

고인돌은 지배자의 무덤?

고인돌에 대한 또 하나의 오해는 고인돌은 지배자의 무덤이라는 것이다. 그러나 모든 고인돌이 지배자의 무덤은 아니다. 답사를 다녀보면 고인돌은 대개 한 지역에 몇 십 기씩 떼를 지어 군群을 이루고 있는 것을 발견할 수 있다. 그 고인돌들이 모두 지배자의 무덤일 리는 없다. 그래서 고인돌군은 지배자와 그 가족의 공동묘지, 또는 한 집단의 공동묘지로 본다.

고인돌은 지배자의 무덤이 아니라 전사자의 무덤이라는 주장도 있다. 고인돌의 무덤방에서 출토된 간돌검이나 돌화살촉 끝부분이 시체의 머리쪽이 아니라 배쪽에 놓여 있는 경우가 적지 않기 때문이다. 고인돌에 묻혔으니 죄를 지어 처

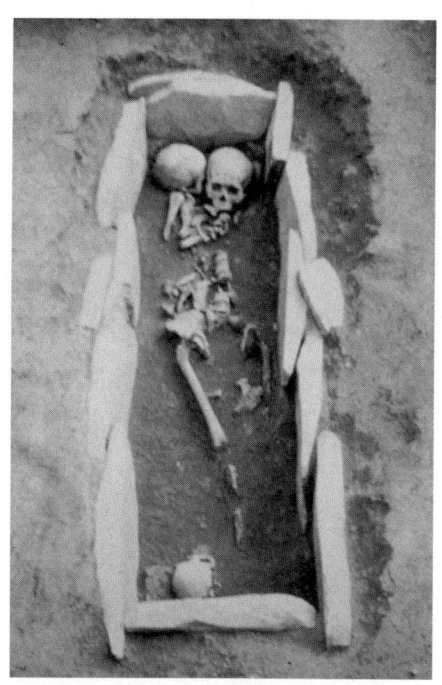

고인돌의 무덤방. 합장한 것을 알 수 있다. 그러나 고인돌 중에는 무덤이 아닌 것도 있다.

형당한 사람은 아닐 테고, 전쟁에서 죽은 전사자일 가능성이 높다. 고인돌을 만들어 전사자의 장례를 후하게 치르는 것은 집단의 사기를 높이고 힘을 결집하는 효과가 있었을 것이다.

그런가 하면 고인돌 중에는 무덤이 아닌 것도 있다. 무덤 아닌 고인돌은 제단이거나, 또는 묘역을 표시하는 묘표석 역할을 하는 것이다. 제단으로서의 고인돌은 나름의 특징을 갖고 있다. 다른 고인돌들과 떨어진 곳에 홀로 우뚝 서 있는 것, 생김이 크고 웅장하여 눈에 확 띄는 것, 주변을 잘 둘러볼 수 있도록 시야가 탁 트인 곳에 서 있는 것, 이런 고인돌은 대체로 무덤이 아니라 제단으로 보면 맞다. 아마도 사람들은 그 앞에 모여 집회를 열고 결속을 다졌을 것이다.

묘표석으로서의 고인돌은 다른 고인돌과 더불어 무리지어 있긴 한데 무덤방이 없다. 이런 고인돌은 아마도 묘역을 상징하는 기념물, 아니면 묘역의 영역을 표시하기 위한 것으로 보인다. 고인돌 군의 중앙이나 한쪽에 다른 고인돌에 비해 유독 크고 웅장한 모습으로 서 있는 것, 다른 고인돌과 크기는 비슷한데 무덤방이 없는 것이 그런 고인돌이다.

무덤으로서의 고인돌은 당연히 1인 1무덤일 거라고 생각하기 쉽지만 그렇지 않다. 하나의 덮개돌 밑에 무덤방이 둘, 셋 있는 것도 있고 여러 번에 걸쳐 여러 사람을 묻은 경우도 있다. 묻는 방법도 다양하다. 시체를 그대로 묻기도 하지만, 두벌 묻기를 하기도 한다. 두벌 묻기란 시체를 일단 가매장하여 살이 썩어 없어지고 뼈만 남기를 기다렸다가 뼈만 추려 묻는 방법이다. 이를 세골장洗骨葬이라고도 한다. 무덤방이 한 사람 눕히기에도 좁은 고인돌은 두벌 묻기를 했다고 생각하면 틀림없을 것이다. 시체를 화장한 다음 남은 뼈만 묻는 경우도 있다.

고인돌의 수수께끼

한반도는 고인돌 천국이다. 세계 고인돌의 40퍼센트에 달하는 약 4만 기가 한반도에 모여 있고, 그중 약 절반이 전라도에 집중되어 있다. 특히 전라남도에는 약 2만 기의 고인돌이 밀집되어 있다. 이 많은 고인돌들은 대체 언제 만들어진 걸까? 청동기시대부터, 혹은 신석기시대부터라는 주장이 있는데, 대체로 기원전 12세기 무렵으로 보면 무난하다. 고인돌이 사라진 시기 또한 정확히 알 수는 없지만 대략 기원전 2~3세기로 추정한다.

그러고 보면 고인돌은 기원전 12세기 무렵부터 기원전 2~3세기까지 무려 천 년에 걸쳐 꾸준히 만들어진 것이다. 그 기나긴 시간 동안 고인돌의 생김새, 쓰임새가 한결같았으리란 법은 없다. 탁자식이니 바둑판식이니 하는 모양의 차이도, 무덤이니 제단이니 하는 쓰임새의 차이도 시간이 낳은 변화 중의 하나일 것이다.

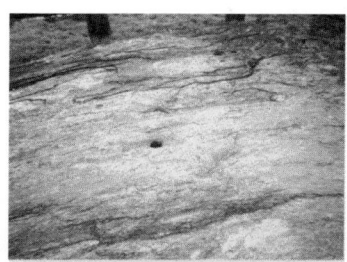
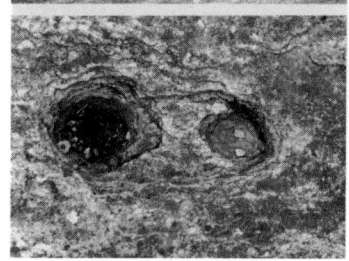

고인돌의 덮개돌에 새겨진 작은 구멍들을 본 적이 있을 것이다. 성혈性血, 알구멍, 알바위, 알터, 바위구멍이라고도 하는 이 구멍에 쌀이나 달걀을 놓고 정성껏 빌면 아들을 낳는다고 한다. 혹은 별자리를 새긴 것이라고도 한다. 사진은 평양 동남쪽 약 36킬미터로 지점의 용곡리에 있는 고인돌의 성혈.

고인돌에 대한 사람들의 생각도 시간에 따라 변해왔다. 고려 무신정권 때 재상을 지낸 관리이자 서사시 〈동명왕편〉을 쓴 이규보가 1199년 겨울, 지금의 전북 익산인 금마를 여행하면서 쓴 글을 보면, 고려 사람들은 고인돌을 성인聖人의 화신으로 여겼다.

고인돌은 소원을 비는 곳이기도 했다. 고인돌의 별명으로 가장 흔한 것이 '칠성바위'다. 칠성바위에 정성껏 기도했더니 아들을 낳았다는 얘기를 들어보았을 것이다. 고인돌은 민간신앙의 대상이었다.

고인돌은 살림살이에 긴요한 필수품이기도 했다. 어린 시절, 시골 집 뒤에서 장독대, 아니면 고추 말리는 멍석 대용으로 사용되던 넓적한 바위를 기억하는 독자는 그것이 고인돌 아니었을까 한번 의심해보기 바란다. 지금도 시골에 가면 더러 그런 풍경을 볼 수 있다.

그럼 청동기시대 무덤은 오직 고인돌뿐이었을까? 그렇지 않다. 돌무지무덤, 돌널무덤, 돌곽무덤, 나무널무덤, 움무덤, 독무덤 등등 여러 종류가 있었다. 청동기시대가 끝나고 철기시대에 들어서면서 고인돌이나 돌널무덤, 돌무지무덤은 사라지고 독무덤, 널무덤, 덧널무덤이 주류를 이루게 된다.

천 년 넘게 꾸준히 만들어오던 고인돌을 더 이상 만들지 않게 된 이유는 무엇일까? 예나 지금이나 장례 풍습은 쉽게 바뀌지 않는다. 가장 더디게 바뀌는 것이 바로 장례 풍습이요 무덤 쓰는 법일 것이다. 그럼에도 고인돌이 사라진 까닭은 당시의 사회변화와 밀접한 관련이 있다. 철기문화의 발달로 철제 농기구가 보급되면서 농경이 비약적으로 발달하고, 고인돌을 만드는 데 투입되던 노동력과 시간을 농업생산에 쏟게 되면서 더 이상 고인돌을 만들지 않게 된 게 아닐까?

천 년이란 오랜 시간 동안 한반도 전역에 존재했던 고인돌, 누구나 잘 안다고 여기는 고인돌은 그러나 알지 못할 수수께끼를 아주 많이 간직하고 있다.

유물·유적에 관한 잘못된 상식

■ 사료 속으로

고려 무신정권 때 서사시 〈동명왕편〉을 쓴 이규보는 전주에서 지방관으로 근무하던 시절, 틈틈이 전라도 지방을 여행하고 〈남행월일기南行月日記〉를 썼다. 다음은 그가 1199년 11월 지석支石, 즉 고인돌을 보고 쓴 것으로, 현재 남아 있는 우리 문헌 중에서 가장 오래된 고인돌 기록이다. '지석'은 고인돌의 한자 표기다.

11월 기사근巳일에 비로소 속군들을 두루 다녀보았더니 마령, 진안은 산곡간의 옛 고을이라 그 백성들이 질박하고 미개하여 얼굴은 원숭이와 같고, 배반杯盤이나 음식에는 오랑캐의 풍속이 있으며, 꾸짖거나 나무라면 형상이 마치 놀란 사슴과 같아서 달아날 것만 같았다. ……금마군으로 향하려 할 때 이른바 '지석'이란 것을 구경하였다. 지석이란 것은 세속에서 전하기를, 옛날 성인이 고여놓은 것이라 하는데, 과연 기적奇迹으로서 이상한 것이 있었다.

— 이규보, 남행월일기, 《동국이상국집》 23

더 읽을거리

송호정, 《단군, 만들어진 신화》, 산처럼, 2004.
이건무·조현종, 《선사 유물과 유적》, 솔, 2003.
석광준, 《조선의 고인돌 무덤 연구》, 중심, 2002.
이영문, 《고인돌 이야기》, 다지리, 2001.

유물·유적에 관한 잘못된 상식 22

금관은 왕이 평소 머리에 썼던 것이다?

당연히 그렇게 생각할지 모르나, 실은 일상생활에서 쓰는 것이 아니라 죽은 뒤 묻어준 부장품, 그것도 머리에 쓴 것이 아니라 시신의 얼굴을 덮는 마스크였을 가능성이 높다.

1973년 경주 천마총을 발굴할 때, 현장에서 발견된 금관은 시신의 머리에 씌워져 있는 게 아니라 얼굴을 완전히 덮고 어깨까지 내려와 있었다. 그리고 산山자 혹은 출出자 모양을 한 입식, 즉 세움장식은 바깥으로 벌어지지 않고 안쪽으로 모아져서, 금관의 전체 모양은 마치 고깔 같았다.

천마총뿐 아니라 황남대총 금관, 서봉총 금관, 금령총 금관 역시 시신의 얼굴을 완전히 덮고 턱밑까지 내려온 채로 발굴되었다. 발굴 현장에서 발견된 금관을 보면 금관은 분명 죽은 자를 위한 마스크라고밖에 생각할 수 없다.

죽은 자를 위한 마스크, 금관

황남대총 북분의 발굴 모습. 금관이 시신의 턱밑까지 내려와 있으며 세움장식은 안쪽으로 모아져 고깔 모양을 이루고 있다. 금관의 발굴 현장을 보면 금관은 죽은 자를 위한 마스크였다고 생각할 수밖에 없다.

금관의 관테를 살펴보면 양끝에 구멍이 나 있다. 대개 위아래 2개씩 나 있는데, 고정시키기 위한 별도의 장식물이 출토된 적이 없는 것으로 보아 가죽 또는 천으로 만든 끈을 구멍에 꿰어 묶어서 금관을 고정시켰으리라고 추정된다. 즉 죽은 이의 얼굴 위에 금관을 펼쳐 올려놓은 다음 머리 전체를 감싸 뒤쪽에서 끈으로 관테를 묶고 세움장식을 가지런히 오므려 고깔 모양으로 묶는 식으로 시신을 염했으리라는 추측이다.

혹시 평소에는 머리에 쓰다가 죽은 뒤에 얼굴을 덮는 마스크로 쓰인 건 아닐까? 그러나 그 같은 추론은 금관의 구조를 자세히 들여다보면 여지없이 무너지고 만다. 금관은 머리에 쓰고 다닐 수 없는 구조로 되어 있다. 두께가 1밀리미터도 안 되는 얇은 금판으로 된 관테에 높다란 세움장식을 세우고 수십 개의 곡옥을 달아놓아, 조금만 움직여도 세움장식과 관테의 연결 부분이 무게를 못 이겨 꺾일 듯 흔들린다. 이런 금관을 쓰고 일상생활을 하기란 거의 불가능한 일이다.

우리가 알고 있는 금관은 모두 무덤에서 발굴된 것이다. 구리에 금 도금을 한 금동관은 다른 지역의 무덤에서도 발굴되었지만, 순금으로 된 금관은 오직 신라의 수도 경주의 무덤들에서만 발굴되었다. 1921년 금관총을 시작으로 서봉총, 금령총, 천마총, 황남대총 북쪽 무덤 등 금관이 발굴된 무덤은 모두 경주에 있다.

백제의 무령왕릉이나 고구려 왕릉에서는 금관이 나오지 않았고, 고구려 고분 벽화에도 금관은 등장하지 않는다. 그래서 백제나 고구려 왕은 신라 왕처럼 금관을 사용하지 않았다는 것이 학계의 중론이다.

그렇다면 금관은 신라인들만이 만든, 그것도 죽은 자를 위해 만든 특별한 것이라는 얘기다. 신라인들이 죽은 자를 위해 그토록 화려한 금관을 만든 이유는 무얼까?

금관에는 의미가 깃들어 있다. 금관의 세움장식은 사슴뿔 또는 나뭇가지를 상징하고, 매달려 있는 곡옥은 나무 열매, 즉 생명체를 상징한다. 몽골을 비롯하여 고대 동북아시아 사람들은 하늘을 향해 솟아오른 나무를 인간과 하늘을 연결해주는 통로, 즉 생명 나무라고 생각했다. 서봉총 금관

지금까지 순금으로 된 금관은 신라의 수도 경주의 무덤에서만 발굴되었다. 사진은 1926년 경주에서 발굴된 서봉총 금관. 금관에 봉황 같은 새 장식이 있고, 발굴 당시 스웨덴 황태자 구스타프가 참관한 것을 기념하여 스웨덴의 한자 표기 '서전瑞典'의 '서'와 봉황의 '봉'을 따서 서봉총 금관이라 이름 붙였다.

에는 새가 세 마리 앉아 있다. 새나 사슴 역시 하늘과 인간을 이어주는 신령스러운 매개체로 여겨졌다. 신라인들은 금관의 주인공이 생전에 누렸던 부귀영화가 내세에까지 이어지기를 바라면서 죽은 자를 위해 금관을 만들었을 것이다.

마립간의 상징물, 금관과 거대한 무덤

그런데 금관은 신라시대 내내 계속 만들어진 게 아니었다. 특정 시기에 집중적으로 만들어졌다. 그 시기는 왕을 마립간이라고 부르던 시기, 그러니까 눌지 마립간부터 지증 마립간에 이르는 5세기 초부터 6세기 초의 약 100년간이다. 신라 왕들의 호칭이 시대에 따라 거서간-차차웅-이사금-마립간-왕으로 바뀐 것은 널리 알려진 사실이다. 마립간은 '우뚝 솟은 간干', '최고 우두머리' 라는 뜻으로 풀이한다.

같은 때, 신라에서는 예전과 다른 특별한 무덤이 만들어졌다. 오늘날 경주에 남아 있는 거대한 무덤들이 바로 그것이다. 이 거대한 무덤들을 적석목곽분積石木槨墳, 우리말로 돌무지덧널무덤이라고 부른다. 시신을 넣은 관 외부에 다시 덧널을 설치하고 그 위에 돌을 잔뜩 쌓아올린 다음 흙으로 덮어 완성하는 무덤인데, 큰 것은 지름 80미터, 높이 20미터에 이른다. 무덤이 아니라 동산이라 할 만하다.

거대한 돌무지덧널무덤을 만드는 데 동원되었을 노동력과 재물을 생각하면 무덤 주인이 얼마만한 권력과 재력을 가졌을지 쉽게 상상할 수 있다. 일례로, 황남대총 북분은 매일 200여 명의 장정을 동원하여 6개월 이상의 시간을 들인 결과라고 한다.

역대 신라 왕은 모두 56명이다. 그러나 그들이 모두 돌무지덧널무덤을 만든 것은 아니다. 이 거대한 왕릉을 만든 것은 신라 왕들 중에서도 마립간이라 불린 왕들이었다. 마립간이라 불린 왕들이 거대한 무덤을 만든 이유는, 전과 달라진 왕의 위상을 세상에 드러내기 위해서였다. 거대한 무덤은 왕권강화와 밀접한 관련이 있는 것이다. 마립간들은 이전의 이사금들과는 비교할 수 없을 만큼 강력하고 월등한 지위를 누렸다.

그럼 금관과 거대한 돌무지덧널무덤은 어떤 관계가 있을까? 금관이 출토된 무덤이 모두 마립간 시대에 만든 거대한 돌무지덧널무덤이라는 것은 그저 우연일까? 그렇지 않다. 마립간들은 죽은 뒤에도 강력한 위세를 드러내기 위해 거대한 무덤을 쌓았으며 금관을 비롯해 금귀걸이, 금목걸이, 팔찌, 허리띠 등 각종 금제 장식품을 부장품으로 묻었다. 금관은 거대한 돌무지덧널무덤과 함께 강력한 마립간의 권위를 드러내는 정치적 상징물이었던 것이다.

마립간 시대가 지나면 왕릉의 규모는 눈에 띄게 작아지고 위치도 평지에서 산기슭으로 바뀐다. 부장품의 규모나 화려함도 크게 줄어든다.

금관의 주인은 왕?

흥미로운 사실이 하나 더 있다. 금관은 왕만 사용한 게 아니었다. 현재 경주에서 출토된 금관은 모두 6개다. 만약 경주의 무덤들을 모두 발굴하면 더 많은 금관이 나올 거라고 학자들은 입을 모아 말한다. 그런데 금관이 만들어진 마립간 시대의 왕은 모두 합해야 4명이다. 눌지 마립간, 자비 마립간, 소지 마립간, 지증 마립간뿐이다.

유물·유적에 관한 잘못된 상식

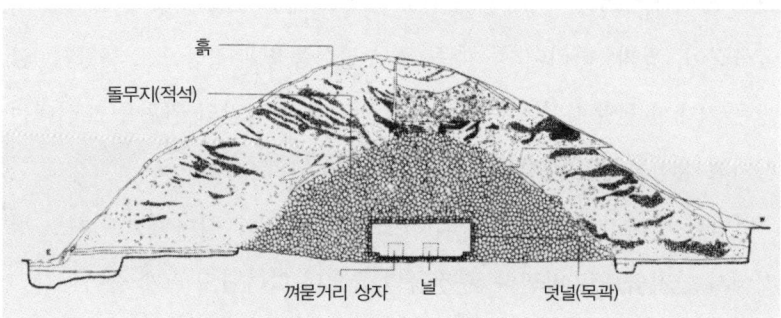

금관이 출토된 무덤은 모두 마립간 시대에 만든 거대한 돌무지덧널무덤이다. 오늘날 경주에서 볼 수 있는 거대한 무덤들이 바로 그것이다. 상단 사진은 경주 대릉원 전경. 하단 그림은 돌무지덧널무덤의 구조. 시신을 넣은 널 외에 덧널을 설치하고 돌을 잔뜩 쌓아 올린 다음 흙으로 덮는다.

지금까지 발굴된 금관만 해도 왕의 숫자보다 금관 숫자가 더 많다. 결국 왕 이외의 사람, 즉 왕비를 비롯해 왕의 가족도 금관을 사용했다고 풀이할 수밖에 없다. 실제로 황남대총 북분은 '부인대夫人帶'라고 새겨진 허리띠가 출토된, 틀림없는 여성의 무덤인데 화려하기 이를 데 없는 금관이 출토되었다. 그러나 알다시피 5~6세기 신라에는 여왕이 없다. 신라 최초의 여왕인 선덕여왕은 7세기 인물이다. 그러니 여기 묻힌 여성은 왕이 아니라 왕비 혹은 왕족의 한 사람일 것이다. 혹시 《삼국사기》에 나오는 남해 차차웅의 누이 아로처럼 제사장이었을지도 모른다. 고대 사회에서 제사장은 여자였을 가능성이 높기 때문이다.

한편 금령총은 열다섯 살가량의 소년 무덤으로 추정되는데, 여기서도 금관이 출토되었다. 금령총에 묻힌 이는 아마도 요절한 왕자가 아니었을까.

현재까지 전 세계에서 발굴된 고대 금관은 10여 점뿐이다. 그중 신라 금관이 6점이니, 신라는 금관의 나라라고 부를 만하다. 그 금관을 만든 신라의 황금은 어디서 온 것일까? 외부에서 수입한 걸까, 아니면 자체 생산한 걸까? 자체 생산했다면 금광은 어디에 있었을까? 경주 주변에는 금광이 없지만 경상북도 내륙 지방, 특히 상주에는 일제시대만 해도 유명한 금광이 있었다. 상주 일대의 옛 이름이 사벌주沙伐州이고, 사벌주가 일찍부터 신라의 영역에 속했던 것은 단순한 우연이 아닐 것이다.

유물·유적에 관한 잘못된 상식

■ 사료 속으로

옥을 귀하게 여겨 옷에 꿰매어 장식하기도 하고 목이나 귀에 달기도 하지만, 금은과 비단은 보배로 여기지 않았다.

— 《삼국지》 위서 동이전 한조韓條

3세기 중엽에 쓰였다고 추정되는 중국 역사책 《삼국지》에 실린 신라에 대한 설명이다. 3세기 중엽만 해도 신라인들이 보배로 여긴 것은 금은이 아니라 옥이었다는 것이다. 반면 같은 책 고구려 조와 부여 조에서는 '금은으로 장식한다'고 쓰여 있다. 그럼 신라에서 황금을 귀하게 여긴 것은 언제부터일까? 신라에서 황금 문화가 만개한 것은 5세기에서 6세기에 걸친 약 100년간이라고 추정한다. 금관과 돌무지덧널무덤이 만들어진 시기와 일치하는 것이다.

더 읽을거리

이광표, 《국보 이야기》, 작은박물관, 2005.
이한상, 《황금의 나라 신라》, 김영사, 2004.
김기흥, 《천년의 왕국 신라》, 창작과비평사, 2000.
김병모, 《금관의 비밀》, 푸른역사, 1998.

유물·유적에 관한 잘못된 상식 23

포석정은
왕의 놀이터였다?

"**신**라는 포석정에서 패하고 백제는 낙화암에서 멸망했다"고 조선 세종이 말했을 정도로 포석정은 망국을 앞둔 천년 왕국 신라의 나태와 해이를 상징하는 향락의 놀이터로 각인되어 있다. 그에 따르면 포석정은 역대 신라 왕들이 흐르는 물에 술잔을 띄우며 놀았던 풍류의 장소이자 치욕의 현장이다. 견훤이 이끄는 후백제군이 들이닥쳤을 때 이곳에서 잔치를 벌이고 있던 신라 경애왕이 견훤에게 사로잡혀 스스로 목숨을 끊고 왕비와 궁녀들은 능욕을 당했기 때문이다.

놀이터가 아니라 제사터?

그러나 포석정은 놀이터가 아니라 제사를 지내는 성스러운 장소였을 가능성이 높다. 사실 경애왕이 포석정에서 '놀다가' 죽었다는 데는 적

유물 · 유적에 관한 잘못된 상식

흐르는 물에 술잔을 띄워놓고 둘러앉아 놀았다는 유상곡수는 본래 제사의례의 일부였다.

잖은 의혹이 있다. 첫째, 견훤이 쳐들어온 것은 927년 음력 11월이었다. 한겨울 추위 속에서 과연 흐르는 물에 술잔을 띄워놓고 놀이를 했을까?

둘째, 경애왕은 사태의 급박함을 깨닫고 왕건에게 구원군을 요청한 상태였다. 구원군을 청할 만큼 상황의 심각성을 충분히 알고 있던 경애왕이 견훤의 군대가 경주에서 불과 25킬로미터 떨어진 고울부(지금의 경북 영천)까지 육박한 상황에서 잔치를 벌였다는 건 앞뒤가 맞지 않는다.

셋째, 포석정의 위치다. 포석정은 경주 남산 자락에 자리 잡고 있다. 경주 남산은 절이 130여 개, 불상과 탑이 400여 기 들어서 있는 일종의 불교 성지다. 더구나 포석정 주변에는 신라의 시조 박혁거세의 탄생 설화가 내려오는 우물인 나정, 박혁거세의 부인 알영이 태어났다는 우물 알영정, 박혁거세를 비롯하여 신라 초기 왕들의 무덤인 오릉 등 중요한 유적들이 즐비하다. 따라서 포석정은 그 위치로 보아 단순한 놀이터가 아니라 적어도 주변의 유적들과 걸맞은 장소였을 거라고 추측할 수 있다.

이와 같은 의혹을 뒷받침하듯《삼국유사》는 포석정이 단순한 놀이터가 아니라는 사실을 은연중 시사하고 있다.《삼국유사》〈기이편〉'처용랑 망해사조'를 보자.

"왕이 또 포석정에 행차했더니, 남산의 신이 임금 앞에 나타나서 춤을 추었다. 좌우 사람들은 보지 못했으나 왕만은 홀로 이것을 보았다."

남산의 신이 나타나 왕 앞에서 춤을 추었다는 것은 신과 인간인 왕의 교감이 이루어졌다는 뜻이다. 고대 사회에서 신과 인간의 교감이 이루어지는 현장은 바로 제사였다. 좌우 사람들은 보지 못하고 오직 왕만이 신을 보았다는 것은 신과 소통할 수 있는 인간은 오직 왕뿐이라는 뜻이다. 고대 사회에서는 왕들이 직접 제사를 주관했다. 그 이유는 왕만이 신과 직접 통하는 존재라는 것을 만방에 알리기 위해서였다. 포석정이 신과 왕의 교감이 이루어진 곳이라면, 포석정은 필경 제사를 드리는 장소이거나 제사와 관련된 장소였을 것이다.

필사본《화랑세기》에는 포석정이 포석사鮑石祠, 또는 포사鮑祠로 기록되어 있다. 이때의 '사祠'는 사당, 곧 제사 드리는 곳을 뜻한다. 또 포석사에는 화랑 문노의 화상이 모셔져 있었으며 훗날의 태종무열왕 부부, 즉 김유신의 누이 문희와 김춘추가 결혼식을 올린 곳도 포석사라고《화랑세기》는 말한다. 그에 따르면, 포석사는 국가 영웅을 모시는 사당이며 귀족들이 혼례를 치르는 곳이다.

필사본《화랑세기》는 그 진위 논쟁이 아직 끝나지 않았으니만큼 그 내용을 전적으로 신뢰할 수 없다 하더라도, 1999년 포석정 동남쪽 약 70미터 지점에서 발굴된 건물 터와 토기, 기와들은 포석정이 단순한 놀이터

'포석砲石'이라는 한자가 쓰인 명문 기와와 그 탁본.

가 아니라는 심증을 굳혀준다. 발굴된 유물 중에는 '포석砲石'이라고 한자로 쓰인 명문 기와가 여러 점 있다. 우리가 알고 있는 포석정의 전복 '포鮑' 자와는 한자가 다른데, 이는 기와 제작자들이 복잡한 한자를 간략하게 표현한 것이라는 게 학자들의 설명이다. 포석정 근처에 명문 기와를 쓸 만큼 중요한 건물이 있었다면 제사와 관련된 것이 아니었을까.

유상곡수는 제사의례의 일부

흐르는 물에 술잔을 띄워놓고 둘러앉아서 물 따라 흐르던 술잔이 문득 멈추면 그 앞에 앉은 사람이 즉석에서 시를 한 수 읊는데, 만약 제때 읊지 못하면 벌로 술 석 잔을 단숨에 마신다. 포석정에서 했다는 놀이다. 이를 유상곡수流觴曲水라 하는데, 유상곡수는 본래 제사의례의 일부였다. 음력 3월 상사일上巳日, 그러니까 첫 번째 뱀의 날에 흐르는 물에 몸을 씻고 악을 털어버리는 계욕禊浴이란 의례로서, 그렇게 목욕하고 제사 지낸 다음 제물을 음복하며 시와 노래를 즐기는 것이 유상곡수다. 요즘으로 치면 뒷풀이인 셈이다. 계욕을 굳이 뱀의 날에 하는 이유는 뱀이 허물을 벗듯 한 해의 액厄을 벗고 다시 태어나라는 뜻이 담겨 있다.

물의 도시로 이름난 중국 저장 성 소흥에 가면 지금도 명필 왕희지가 유상곡수를 했던 난정蘭亭이란 정자와 유상곡수 터가 남아 있다. 중국의 유상곡수는 일본에도 전래되어 가고시마鹿兒島의 선암원仙巖園에는 세계에서 가장 크다는 유상곡수 터가 있다.

　포석정에서 행한 것은 유상곡수가 아니라 팔관회였다는 주장도 있다. 신라의 팔관회는 진흥왕 때 처음 열렸는데, 토속신앙과 불교의식이 결합된 호국 제사로서 고려 때까지 이어졌다. 팔관회는 보통 음력 11월에 열리곤 했으니 날짜로 보아 경애왕도 팔관회를 하러 포석정에 갔을 거라는 주장이다.

　그러고 보면 팔관회든 유상곡수든, 포석정은 놀이터가 아니라 제사와 관련된 곳이었음이 분명해진다. 경애왕은 포석정에 놀러 간 것이 아니라 제사를 드리러 간 것이다. 국가의 흥망이 달린 위급 상황을 잘 헤쳐 나가게 해달라고 기원하기 위해서 말이다. 그런 포석정을 술잔치 질펀하게 벌인 놀이터로 묘사한 것은 신라 멸망 뒤, 고려와 조선의 식자들이 경애왕에게 망국의 책임을 지우고 폄하하려는 의도였다. 원래 이름 또한 제사를 지내는 포석사였으나, 신라가 망한 뒤 정자를 지어 포석정이라 불렀을 거라고 추정하기도 한다. 포석정의 정당한 자리매김과 경애왕의 복권, 조만간 이루어져야 하지 않을까 싶다.

■ 사료 속으로

석호 궁전 안에 가시가 나고	石虎宮中荊棘生
동타 언덕 위에는 다니는 사람이 없었다	銅馳陌上無人行
우뚝히 선 보석정이 반이나 허물어졌는데	危亭寶石半零落
희미한 남은 달이 묵은 성에 걸려 있다	殘月依依照古城
그 당시에 풍악들은 모두 슬피 목메는데	當時絲管盡悽咽
떠우는 금 술잔은 곡수 따라 흘렀거니	泛泛金觴隨曲折
중류에는 속절없이 위나라의 산하가 아까운데	中流空惜魏山河
술에 취한 천지에는 진나라 일월이 관계없었다	醉鄕不管陳日月

– 이인로, 보석정寶石亭, 《동문선》

고려 말의 문인 이인로李仁老가 쓴 이 시는 포석정을 가리켜 유상곡수 하던 곳이라고 언급한 최초의 기록이다. 보석정은 포석정을 뜻한다. 포석정이 유상곡수 터라는 견해는 그 후 조선시대 들어 널리 퍼졌으며, 1530년 중종 때 완성된 《신증동국여지승람》에 "돌을 다듬어 포어鮑魚 모양으로 만들었기 때문에 그렇게 이름 지은 것이다. 유상곡수의 유적이 완연히 남아 있다"고 못박기에 이르렀다. 포어는 전복이라는 것이 통설이지만, 소금에 절인 고기라는 뜻도 있다.

더 읽을거리

최광식, 《우리 고대사의 성문을 열다》, 한길사, 2004.
김태식, 《화랑세기, 또 하나의 신라》, 김영사, 2002.
원작 KBS 역사스페셜, 글 정종목, 《역사스페셜 3》, 효형출판, 2001.
이종욱, 《화랑세기로 본 신라인 이야기》, 김영사, 2000.

유물·유적에 관한 잘못된 상식 24

경주 첨성대는
천문대다?

'**현**존하는 동양 최고最古의 천문대이자 세계 최고의 천문대.' 2007년판 고등학교 《국사》 교과서에도 '가장 오래된 천문대'라고 쓰여 있는 첨성대. 그러나 전문가들 사이에서 첨성대는 끝나지 않은 논쟁거리다. 논쟁의 핵심은 첨성대의 정체성, 즉 첨성대가 무엇을 위한 건축물인가라는 점이다.

제기된 주장은 매우 다양하다. 천문관측을 위한 천문대가 아니라 제사를 지내는 제단이라는 주장, 해시계이거나 혹은 24절기를 재는 규표 圭表라는 주장, 불교의 수미산을 상징하는 상징물이라는 주장, 수학적 상징물이라는 주장 등등.

첨성대에 대해 이렇게 여러 가지 주장이 나오는 이유는, 천문대라고 하기엔 석연찮은 구석이 많기 때문이다. 경주에 가서 첨성대를 직접 본 사람은 누구나 느꼈을 것이다. 첨성대는 그 명성이 불러일으키는 상상

첨성대의 정체성에 의문을 제기하는 이들에게 첨성대는 생김 그 자체가 충분한 반론의 근거다. 경주 첨성대. 국보 제31호.

과는 딴판으로 너무 소박한 모습이지 않은가. 별을 관측하는 천문대라면서 높은 산에 있는 것도 아니고 평지에 있는 데다 키도 나지막하다. 게다가 그 꼭대기는 한두 사람 올라서기도 불편해 보인다. 저런 곳에서 어떻게 천문관측을 했을까, 과연 천문대가 맞나 싶다. 칭송의 대상이 되곤 하는 우아한 곡선미는 천문대로서의 실용성에선 불편하기 짝이 없어 보인다.

제단 혹은 상징물?

첨성대의 정체성에 의문을 제기하는 사람들은 그 구조와 모양이 천문관측을 하기에 불편하게 되어 있다는 점에 입론의 근거를 두고 있다. 첨성대는 몸체가 총 27단으로 되어 있고 밑에서 13단째부터 15단에 걸쳐 네모난 문이 나 있는데 문 한 변의 길이가 1미터쯤 된다. 이 문에 사다리를 걸치고 올라가 안으로 들어가면 12단까지는 흙과 자갈이 차 있다. 이 흙이 원래부터 차 있었던 것인지 아니면 천 년이란 시간이 흐르는 동안 저절로 차오른 것인지는 확실치 않다. 문 안으로 들어간 사람은 다시 사다리를 타고 꼭대기로 올라갔을 것으로 추정된다.

첨성대의 외부는 매끈하게 다듬어져 있지만 내부는 다듬지 않은 돌 그대로다. 사람이 그 안으로 드나들었다면 어째서 다듬지 않은 채로 두었을까? 그리고 첨성대 꼭대기는 우물 정#자 모양을 하고 있다. 천문관측 기구를 설치하고 별을 관찰하기에는 옹색한 공간이다. 거기서 할 수 있는 천문관측이란 간단한 기구로 하는 소박한 수준의 것이라고밖엔 생각할 수 없다. 천문대설에 반대하는 반론자들에게 첨성대는 생김 그 자

첨성대에는 어떻게 올라갔을까? 경주 신라역사과학관에 재현된 모형에서 유추할 수 있다.

체가 충분히 반론의 근거가 되는 셈이다.

천문대가 아니라면 첨성대는 무엇이었을까? 다양한 반론 중 주목받는 것은 제단설과 상징물설이다. 불교의 우주관인 수미산의 모양을 본떠 만든 제단, 아니면 농업신인 영성靈星에게 풍요를 기원하는 제천의례를 지내는 제단이었을 거라는 주장, 혹은 중국의 수학 및 천문학 책인《주비산경周髀算經》에 담겨 있는 원리를 반영한 상징적인 탑이라는 주장이 있다.

그런가 하면 첨성대의 위치와 건립 연대, 당시의 정치적 상황을 고려하여 첨성대는 선덕여왕의 세계관을 반영한 것이라고도 한다. 그에 따르면, 첨성대는 수미산 꼭대기에 있는 도리천을 형상화한 것으로 이승과 도리천을 연결하는 통로, 즉 우주 우물이다. 즉위 초부터 여왕이라는 점 때문에 왕권에 도전을 받았던 선덕여왕은 왕으로서의 권위를 탄탄히

하기 위해 분황사와 영묘사, 황룡사 9층 목탑을 세웠고, 뒤이어 첨성대를 세워 하늘 세계, 즉 도리천과 자신을 연결시켰다는 것이다.

'천문을 묻는다'는 것

과연 첨성대는 무엇 하던 곳일까? 첨성대의 정체성을 알려줄 단서는 없을까? 옛 기록들을 살펴보자. 첨성대에 관한 가장 오래된 기록은 《삼국유사》다. 《삼국유사》〈기이편〉 '선덕왕 지기삼사조'를 보자.

"별기別記에 말하기를, 선덕여왕 때 돌을 다듬어 첨성대를 쌓았다."

《삼국유사》는 이렇게 단 한 줄 언급했을 뿐, 더는 아무 말도 하지 않았다. 좀더 구체적으로 첨성대의 정체성을 드러내주는 것은 조선시대에 편찬된 《신증동국여지승람》이다.

"선덕여왕 때에 돌을 다듬어 대를 쌓았는데, 위는 모나고 아래는 둥글다. 높이는 19척이며 그 속은 비어서, 사람이 속으로부터 오르내리면서 천문을 관측한다."

《증보문헌비고》, 《서운관지》에도 같은 내용이 기록되어 있다. 《세종실록지리지》역시 같은 내용이 기록되어 있는데, 다만 '천문을 관측한다'는 대목은 없다. 그런데 《신증동국여지승람》보다 250여 년 뒤인 18세기에 안정복이 편찬한 역사책 《동사강목》에는 훨씬 자세한 설명이 달려 있다.

"신라에서 첨성대를 만들었다. 돌을 다듬어 첨성대를 축조하였는데, 위는 방형이고 밑은 원형이며 그 속은 비게 하여 사람이 그 속으로 통해서 올라가게 되었는데 높이가 19척으로 천문을 관찰하고 분침氛祲(요망스러운 기운)을 살펴보는 곳이다."

　요망스러운 기운을 살피다니, 무슨 뜻일까? 전근대 사회에서 천문관측은 정치의 일부였다. 계절과 날씨의 변화는 농사의 풍흉과 직결되는 중요한 문제였으며 농사의 풍흉은 곧 정치의 잘잘못, 위정자인 왕의 잘잘못으로 직결되었다. 전근대 사회의 왕들이 천문관측에 깊은 관심을 갖고 일식과 월식을 관찰하거나, 가뭄이 들면 몸소 기우제를 지내고 반찬 가짓수를 줄이면서 근신하는 태도를 보이는 것은 그런 이유에서였다.

　조선시대에 승정원에서 매일 발행했던 신문인 〈조보朝報〉에 단골로 실린 기사는 특이한 자연현상이나 천재지변에 관한 것이었다. "혜성이 나타났다", "달에 점이 생겼다", "네 발과 네 날개를 가진 병아리가 태어났다", "달걀만 한 우박이 내려 나는 새가 모두 죽고 사람도 놀라 죽었다"…… 이런 기사의 말미에는 어김없이 천재지변의 원인은 인륜을 어그러뜨리고 정치를 잘못한 탓이라는 논평이 달리곤 했다.

　이렇듯 천문관측은 정치의 일부였기 때문에 천문관측소는 왕궁 가까이 있게 마련이었다. 고려시대의 천문대나 조선시대의 관천대도 왕궁 가까이 혹은 왕궁 안에 있었다. 그러므로 신라의 첨성대가 높은 산꼭대기가 아니라 왕궁인 월성 근처에 있는 건 당연한 일이다.

　첨성대는 이름 그대로 '별을 보는 곳'이다. 그런데 당시 '별을 본다'는 것, '천문을 묻는다'는 것은 현대 천문학에서 '천문을 관측하는' 것과는 전혀 다르다. 현대 천문학에서 천문을 관측하는 것은 말 그대로 객관적인 대상으로서의 별의 운행과 변화상을 관측하는 것이다. 하지만 고대 사회에서 '천문을 묻는' 것은 하늘의 뜻을 물어 땅 위에서 이루어

개성의 고려 왕궁 터에 있는 고려시대 첨성대. 높이 2.4미터. 대 위에 관측기구를 올려놓고 천문관측을 했을 것이다.

지는 정치의 잘잘못을 가리는 정치행위인 동시에, 땅 위에 살고 있는 사람들의 일상적인 삶의 환경을 조성하는 일이었다.

따라서 별을 보고 천문을 묻는 행위는 풍년을 기원하고 평온무사한 삶을 기원하는 제사와 떼려야 뗄 수 없는 일이었다. 안정복이 말한 "요사한 기운을 살폈다"란 바로 그런 뜻으로 해석된다. 그런 점에서 '천문대설과 제단설은 서로 상반되는 것이 아니라 보완해주는 것으로, 고대 사회에서 천문대는 제단이었고 천문관측 활동은 제례의 과정'이라 볼 수 있다.

첨성대를 세운 뜻은

《삼국유사》보다 먼저 편찬된《삼국사기》에는 첨성대에 대한 얘기가

유물·유적에 관한 잘못된 상식

단 한마디도 나오지 않는다.《삼국사기》에는 일식과 월식을 비롯하여 천문관측 기록이 매우 풍부하게 실려 있으며 그 정확성이 이미 입증된 바 있는데, 그런《삼국사기》가 첨성대에 대해 일언반구 말이 없다니 이상한 일이 아닐 수 없다. 이를 두고 첨성대는 제사를 드리는 제단이었기 때문에 유학자인 김부식이 이를 음사淫事로 간주하여 한마디도 언급하지 않은 것이라고 해석하기도 한다.

고대 사회에서 별을 관측하는 일은 점성술과 구분되지 않았다. 하늘의 변화는 정치와 일상생활의 변화로 곧바로 이어진다고 여겨졌다. 실제로《삼국유사》〈왕력편〉'내물마립간조'에서는 첨성대를 '점성대占星臺'라 하고 있다. 내물 마립간이 묻힌 릉의 위치를 설명하면서 "점성대 서남쪽에 있다"고 한 것이다. 천문관측과 점성술의 밀접한 관계를 단적으로 보여주는 예가 아닐까?

첨성대가 만들어진 선덕여왕 대는 한마

천상열차분야지도. 조선 태조 4년 (1395) 돌에 새긴 석각본으로 만든 천문도. 사진은 이것을 1678년 다시 복각한 다음, 1770년 목판본으로 제작한 것이다.

디로 국가적 위기상황이었다. 신라는 고구려와 백제 양국으로부터 끊임없이 공격당하고 있었으며, 여왕의 지도력은 대내외적으로 불신당하고 있었다. 당 태종은 군사지원을 청하는 신라에게, 신라의 위기는 여자가 왕 노릇하기 때문이라면서 사람을 보내줄 테니 신라 왕으로 삼는 게 어떠냐고 제안했으며, 상대등 비담은 여왕이 통치를 잘못한다면서 반란을 일으켰다. 이 반란의 와중에 선덕여왕은 세상을 떠나고 만다.

선덕여왕은 안으로는 왕권을 세우고 지도력을 강화하며 밖으로는 고구려와 백제의 공격을 막아내야 했다. 선덕여왕 때 황룡사 9층탑을 세운 건 안팎으로 조여드는 위기를 타개하기 위한 방책의 일환이었다. 마치 고려 때 몽골의 침입을 맞아 팔만대장경을 만들었던 것처럼. 첨성대 또한 천문관측소 이상의 의미를 지녔던 것임에 틀림없다.

유물·유적에 관한 잘못된 상식

■ 사료 속으로

반월성 가에 뿌연 안개 활짝 걷히니	牛月城邊嵐霧開
우뚝 솟은 석탑이 사람을 맞는 듯하네	亭亭石塔迎人來
신라의 옛 물건은 산만이 남아 있는데	新羅舊物山獨在
뜻밖에 다시 첨성대가 있네그려	不意更有瞻星臺
기형으로 칠정 다스리는 건 순우의 일이니	璣衡齊政舜禹事
황당무계한 그 제작을 어디에 쓰겠는가	制作無稽安用哉
임금의 자리를 감히 여인에게 부여했으니	敢將神器付晨牝
천고에 진평왕이 화의 조짐이 되었도다	千古眞平爲禍胎

- 김종직, 첨성대, 《점필재집佔畢齋集》 시집 제2권

조선시대 영남 사림파의 종조宗祖로 일컬어지는 점필재 김종직이 경주 첨성대를 보고 지은 시다. 유학자인 김종직의 눈에 여왕의 즉위는 화의 조짐이요, 첨성대 건립은 황당무계한 일일 뿐이었다.

더 읽을거리

문중양, 《우리 역사 과학기행》, 동아시아, 2006.
신동원, 《우리 과학의 수수께끼》, 한겨레출판, 2006.
김기흥, 《천년의 왕국 신라》, 창작과비평사, 2000.
박성래, 《한국사에도 과학이 있는가》, 교보문고, 1998.

유물·유적에 관한 잘못된 상식 25

거북선은
세계 최초의 철갑선이다?

한때 거북선이 세계 최초의 잠수함이라는 주장이 풍미했었다. 물속으로 잠수하여 몰래 적선에 다가가 치명타를 입히는 거북선의 맹활약을 그린 만화가 큰 인기를 끌기도 했다. 그런데 거북선 잠수함 설이 오류로 판명된 지금도 많은 사람들이 철갑선 설을 믿고 있다.

몇 년 전, 한국 최고를 자부하는 재벌 그룹의 계열사는 신제품 개발 담당 연구소를 '거북선 센터'라 이름 붙이고 다음과 같은 슬로건을 내걸었다. "이순신 장군이 세계 최초의 철갑선인 거북선으로 나라를 구한 것처럼 누구도 흉내 낼 수 없는 혁신적인 제품을 만들어 경쟁사들을 물리치자.' '최초의 철갑선' 거북선에 대한 세간의 믿음은 이토록 두텁고 확고하다.

세간의 믿음뿐 아니라 해군에서 복원하여 한강 거북선 나루터에 있다가 2005년 11월 경남 통영으로 옮겨간 거북선이나, 시중에서 선물용으

복원된 거북선. 등에 철갑을 씌운 철갑선이다.

로 판매되는 크고 작은 거북선 모형도 한결같이 등에 철갑을 씌운 철갑선이다. 정말 거북선은 철갑을 씌운 철갑선, 그것도 세계 최초일까?

어디에도 철갑선이란 말은 없다

철갑선에 대한 반론은 이미 1950년대 말부터 꾸준히 제기되어왔다. 반론자들은 거북선은 철갑을 씌운 철갑선이 아니라, 나무판에 뾰족한 칼송곳을 빼곡히 꽂은 장갑선이라고 주장한다. 일찍이 단재 신채호도 "거북선은 철갑선이 아니고 장갑선"이라고 설파했다.

거북선 철갑선 설에 대한 반론의 핵심은 이순신 관련 국내 문헌에 철갑선이란 내용이 전혀 없다는 점이다. 특히 이순신이 직접 썼거나 주변 인물들이 쓴 기록에는 철갑선임을 단언하거나 암시하는 내용이 한 줄도 없다. 이순신이 거북선을 어떻게 설명하고 있는지 직접 들어보자. 1592년 6월 초, 남해 바다 당포에서 왜군을 섬멸한 다음 이순신이 왕에게 올린 장계다.

> 신이 일찍이 왜적의 난리가 있을 것을 걱정하고 특별히 거북선을 만들었사온데 앞에는 용머리를 달아 입으로 대포를 쏘고 등에는 철첨鐵尖(쇠송곳)을 꽂았으며, 안에서는 밖을 내다볼 수 있어도 밖에서는 안을 들여다볼 수 없습니다. 적선이 비록 수백 척이라도 뚫고 들어가 대포를 쏠 수 있습니다.

이순신의 조카 이분李芬이 이순신 전사 후에 쓴 《행록》에는 좀더 자세하게 설명되어 있다.

> 크기는 판옥선과 같고 위는 판판板으로 덮었다. 판상에는 십자형 세로細路가 있어 사람이 통행할 수 있고 그 외는 모두 도추刀錐(칼과 송곳)를 꽂아 사방에 발붙일 곳이 없도록 하였다. 앞에는 용머리를 만들어 그 입이 총구멍이 되게 하고 뒤에는 거북의 꼬리를 만들어 그 꼬리 아래 총구멍을 내었다. 좌우에 각각 6문의 총구멍을 내었는데, 그 전체 모양이 거북과 같으므로 거북선이라 했다. 적을 만나 싸울 때는 거적으로 송곳과 칼 위를 덮고 선봉이 되어 나아갔다. 적이 배에 올라 덤비려 들다가는 칼날과 송곳 끝에 찔려서 거꾸러지고, 또 에워싸고 엄습하려 하면 좌우 전후에서 일시에 총을 쏘니, 적선이 바다를 덮어 모여들어도 이 거북선은 마음대로 드나들며 가는 곳마다 쓰러뜨리지 않는 놈이 없었기 때문에 전후 크고 작은 해전에 이것으로써 항상 승리하였다.

이순신은 등에 철첨을 꽂았다 했고, 이분은 배 윗부분을 '판' 으로 덮고 '도추' 를 꽂았다 했다.

이순신의 옛집과 가묘. 1940년대에 찍은 사진.

또 다른 자료를 보자. 임진왜란이 끝난 지 약 200년 뒤인 1795년, 정조는 이순신에 관한 기록과 자료를 집대성하여 《전서全書》를 만들라고 명했다. 윤행임, 유득공 등이 왕명을 받들어 이순신에 관한 기록과 자료들을 총망라하여 정리했으니 그 책이 곧 《이충무공전서》다. 유명한 '난중일기'도 여기에 실려 있다. 난중일기란 제목은 바로 이때, 《이충무공전서》 편찬자들이 붙인 것이다. 원래의 일기에는 제목이 없었다.

《이충무공전서》에는 두 장의 거북선 그림이 실려 있다. 통제영 거북선과 전라좌수영 거북선의 그림이다. 그러나 그림에 묘사된 거북선들은 임진왜란 때 활약한 거북선 그대로의 모습이 아니라 《이충무공전서》가 편찬된 정조 때의 거북선이라고 봐야 옳다. 왜냐하면 임진왜란이 끝난 뒤 만들어진 거북선은 규모가 자꾸 커지고 모양도 조금씩 변했기 때문이다.

정조의 할아버지인 영조 때 거북선을 개조했다는 기록이 《영조실록》

에 남아 있다. 영조 11년(1735) 1월 20일, 형조판서 장붕익張鵬翼은 영조에게 이렇게 아뢴다.

"지난겨울에 별군직 윤필은尹弼殷이 상소하여 전선의 제도를 바친 것으로 인하여 신이 왕명을 받들고 이삼李森과 더불어 전선과 거북선을 개조하였는데……"

그로부터 16년 뒤인 영조 27년, 암행어사로 이름을 떨친 박문수朴文秀는 영남 균세사均稅使라는 직책을 맡아 영남 지방에 가서 거북선을 둘러보고 왕에게 보고하기를 "충무공 이순신이 기록한 바를 보았더니, 거북선의 좌우에 각각 여섯 개의 총 쏘는 구멍을 내었는데 지금은 각각 여덟 개의 구멍을 내었으니, 거북선이 종전에 비해 지나치게 커진 것"이라 했다. 2004년 미국 뉴욕에서 공개된 거북선 그림 역시 정조 때 그려진, 개조된 거북선의 모습이다. 하지만 어느 거북선도 철갑선이란 말은 없다.

철갑선설의 연원은?

그럼 철갑선설은 어디서 나온 것일까? 철갑선을 주장하는 기록은 하나같이 일본 아니면 서양의 것이다. 일본의 《정한위략征韓偉略》, 《지마군기志摩軍記》, 그리고 구한말 한국에 왔던 미국인 선교사 헐버트의 《대한제국멸망사 The Passing

정조의 명으로 편찬된 《이충무공전서》. 유명한 '난중일기'도 여기에 실려 있는데, 원래 일기에는 제목이 없던 것을 편찬자들이 난중일기라 이름 붙였다. 《이충무공전서》에는 거북선 그림이 두 장 실려 있다.

of Korea》 등이 그것이다.

1831년에 편찬된 《정한위략》에는 임진왜란 당시 전투에 참가했던 일본군의 참전기 또는 견문기가 실려 있다. 그중 "적의 배중에 온통 철장갑을 씌운 것이 있어 우리 화포가 깨뜨릴 수 없었다"는 구절이 바로 철갑선 설의 근거로 제시되어왔다. 그런데 문제의 구절은 일본 수군이 패전 경위를 설명하면서 편찬자가 인용한 《고려선전기高麗船戰記》의 한 대목이다. 그런가 하면 또 다른 일본군 참전기 《지마군기》는 거북선을 "철鐵로써 요해要害했다"고 묘사하고 있다.

한편 헐버트는 1906년에 쓴 《대한제국멸망사》에서 "이순신이 거북 모양의 철갑선을 발명했다"고 썼다. 원문을 그대로 옮기면 이러하다.

"He had invented a curious ironclad in a shape of a tortoise. The back was covered with iron plates, and was impervious to the fire of the enemy."

헐버트보다 약 30년 뒤인 1934년, 선교사 언더우드는 《한국의 배 *Korean boats and ships*》라는 책을 쓰면서 거북선을 실제로 만들어보는 실험을 했다. 그는 거북선이 철갑선일지는 모르나 확실한 근거는 못 찾았다고 조심스레 실토했다. 언더우드는 우리나라에 온 최초의 장로교 선교사로 연세대학교의 전신인 연희전문을 세운 인물이다.

어쨌든 거북선 철갑선설은 해방 후에도 계속 퍼져나갔다. 1957년 미국에서 발행된 잡지 《*United States Naval Institute Proceedings*》는 표지에 거북선을 싣고 "세계 최초의 철갑선"이라고 소개했으며, 진단학회가 펴낸 《한국사》에서 역사학자 이상백은 "거북선은 철갑선으로 세계의 선구가 되는 것"이라고 서술했다.

이렇게 구한말에 등장하여 일제시대를 거쳐 해방 후까지 널리 퍼진 거북선 철갑선설은 어느덧 정설로 굳어졌다. 그러던 1950년대 말, 철갑선에 대한 반론이 조심스레 제기되었다. 최초의 반론자는 1957년 김재근이었다. 뒤이어 최영희의 논문 〈귀선고龜船考〉가 거북선 철갑선설에 정면으로 도전장을 냈다.

그럼에도 거북선 철갑선설이 오늘날까지 위력을 발휘하게 된 데는 아무래도 1960년대 초부터 20년간 계속된 군사정권이 끼친 영향이 크다. 박정희 군사정권 시절, 무인이요 난세의 영웅이었던 이순신을 군사정권의 정통성 확보라는 차원에서 우상화하면서 거북선 철갑선설은 요지부동의 자리를 굳힌 것이다. 광화문 세종로 한복판에 이순신 장군의 동상이 우뚝 선 것은 그 즈음의 일이었다.

거북선은 어떤 배였나

여기서 임진왜란 당시로 돌아가 거북선이 어떤 배였을까 생각해보자. 거북선은 임진왜란 당시 조선 수군의 주력 전선이었던 판옥

2004년 뉴욕에서 처음 공개된 화려한 채색의 거북선 그림. 하단에 적힌 설명에 따르면 정조 때인 1790년대에 그려진 것이다.

유물 · 유적에 관한 잘못된 상식

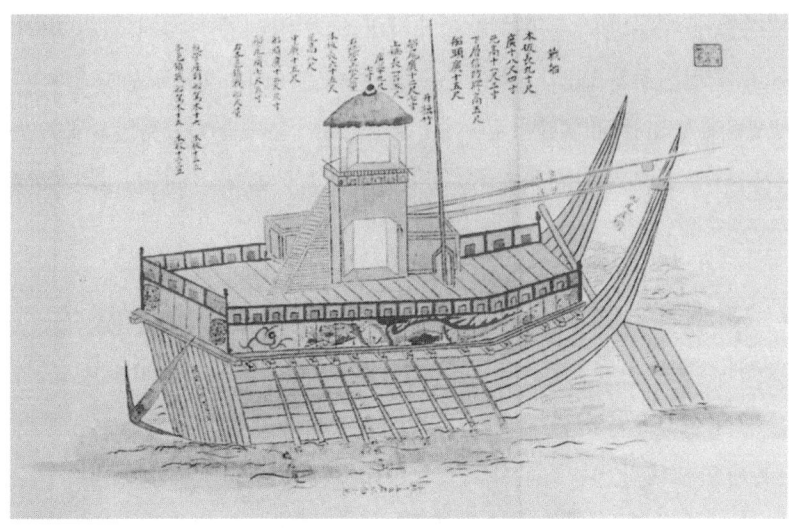

임진왜란 때 조선 수군의 주력 전선인 판옥선. 거북선은 기본적으로 판옥선과 같은 구조를 갖고 있다.

선과 같은 구조를 갖고 있었다. 탑승 인원도 비슷하고 배의 속력도 비슷했다. 차이점이 있다면 판옥선은 갑판이 여느 배처럼 드러나 있는 데 비해 거북선은 판옥선에 거북등 같은 둥그스름한 덮개를 씌웠다는 것이다. 거북선도 판옥선처럼 돛과 노로 움직였다. 때로는 돛을 달고 바람을 타고 달리기도 하고 때로는 노의 힘만으로 움직이기도 한 것이다.

당시의 전투는 조선 수군은 판옥선에 지자총통, 현자총통 같은 대형 총통을 싣고 대포를 쏘아대며 어느 정도 떨어진 거리에서 공격하는 전술을 구사한 반면, 대형 화약무기가 취약하고 배도 판옥선에 비해 작은 일본 수군은 상대편 배에 바싹 접근하여 안으로 뛰어들어 백병전을 벌이는 게 보통이었다. 그런데 배 위가 두꺼운 판으로 덮여 있어서 화살이나 웬만한 총탄에도 끄떡없으며, 상대편 군사들이 보이지도 않고 안으로 뛰어들 수도 없는 희한한 배 앞에서 일본 수군들은 크게 당황하고

임진왜란 때 일본 수군의 전선인 안택선. 호화로운 누각이 특징이다.

두려움을 느꼈을 것이다. 그런 거북선과 싸워야 했던 일본 수군들에게 거북선이 철갑을 씌운 난공불락의 배로 보인 건 당연한 일 아닐까. 패전의 변명을 위해서도 거북선은 철갑선이어야 했는지 모른다.

거북선의 생명은 기동력이었다. 선봉에 서서 빠른 움직임으로 적진을 교란시켜야 하는 거북선에 몸무게를 늘려주는 철판 덮개를 씌워야 할 이유가 과연 있을까? 거북선의 덮개는 철판이 아니라 '두터운 나무판'이고, 그 위에 칼송곳을 빼곡히 꽂은 것임을 방증하는 기록이 《영조실록》에 있다. 앞서 말한 영남 균세사 박문수가 거북선을 자세히 살펴보고 영조에게 상주하는 대목이다. 거북선은 "두터운 판(후판 厚板)으로 덮여 있어 화살과 돌을 피할 수 있다"고 박문수는 말하고 있다.

유물 · 유적에 관한 잘못된 상식

그 많던 거북선은 다 어디로 갔을까

그런데 어째서 거북선은 오늘날 한 척도 남아 있지 않은 걸까? 임진왜란 후 효용가치가 떨어져 만들지 않았다는데, 정말일까? 그렇지 않다. 거북선은 임진왜란 후에도 꾸준히 만들어졌으며 오히려 그 숫자가 늘어났다. 영조 때는 14척, 정조 때는 40척, 순조 때는 30척의 거북선이 있었다.

거북선은 19세기 말 고종 때에도 만들어졌다. 고종 5년(1868) 윤4월 7일 《승정원일기》에는 "사천 현감 박신영朴愼永은 전함과 거북선을 새로 만든 것이 견고하고 완전하며 친병親兵과 노군을 정예병으로 소집하였으며 자신의 녹봉을 출연하여 각별히 군사들을 배불리 먹였습니다"라고 쓰여 있다. 고종 때 사천에서 거북선을 새로 만들었다는 얘기다.

심지어 일본과 강화도조약을 체결하기 불과 2년 전인 1874년까지도 거북선은 존재했다. 《승정원일기》 고종 11년(1874) 7월 30일, 지삼군부사 이경하李景夏는 통영을 둘러본 뒤 이렇게 보고했다.

"전함 가운데 좌선座船에는 수천 명을 태울 수 있습니다. 또한 거북선이 있는데, 이는 바로 이충무공의 유제遺制입니다. 그 밖에도 칠전선七戰船이 있는데, 항상 항구에 매두고 군대의 각종 기계와 군량을 쌓아두고 있습니다. 바닷가에 사는 포수들과 노질을 잘하는 군사들은 선창을 떠나지 않고 있어 즉시 전투에 나갈 것처럼 대기하고 있습니다."

이렇게 19세기 말까지 존재했던 거북선이 오늘날 그 온전한 모습조차 알 길 없이 자취를 감춘 이유는 나라가 일본의 식민지로 전락하면서 아무도 돌보지 않은 채 방치했기 때문이라고밖엔 달리 생각할 수 없다. 때문에 지금 우리는 거북선의 구조, 크기, 속력, 노의 위치 등 숱한 수수께끼를 떠안게 된 것이다.

헐버트의 《대한제국 멸망사》에 따르면, 1884년 갑신정변 때 남해안을 항해하던 미국 함대 소속의 푸크 소위는 거북선처럼 보이는 배의 잔해를 목격했다 한다. 당시 한국 사람들로부터 거북선이 "남해안 모래사장에 묻혀 있다"는 말도 들었다.

지금으로부터 10여 년 전인 1996년 무렵, 남해 바닷속에서 현자총통이 인양되어 세간의 주목을 끌었다. 말로만 듣던 거북선에 실렸던 총통이라 하여 문화재위원회 심의를 거쳐 국보로까지 지정되었다. 그런데 얼마 안 가, 문제의 총통이 가짜임이 드러났다. 바다 밑에서 거북선을 찾기 위해 헤매던 이들이 뚜렷한 성과를 얻지 못하자 조급한 마음에 조작해낸 웃지 못할 해프닝이었던 것이다.

유물·유적에 관한 잘못된 상식

■ 사료 속으로

거북선은 임진왜란 훨씬 전인 조선 초에도 있었다. 《태종실록》을 보면 태종이 임진나루에서 거북선과 왜선의 모의전투를 참관하고, 그로부터 2년 뒤 거북선을 만들자는 좌대언 탁신卓愼의 건의를 받아들인 것을 알 수 있다. 그러나 태종 때의 거북선이 180여 년 뒤 이순신이 만든 거북선과 똑같지는 않았을 것이다.

사실 거북선의 원형은 고려 때도 이미 있었다. 뱃전에 칼과 창을 꽂아 적이 뛰어들지 못하게 한 과선戈船, 검선劍船이 그것이다. 과선과 검선은 여진족, 왜구와의 싸움에서 활약했던 배다. 거북선은 하루아침에 생긴 것이 아니라 삼국시대부터 고려, 조선에 걸쳐 꾸준히 이루어져온 선박 발달사를 토대로 탄생한 것이며, 이순신은 종래의 거북선을 적절히 변형하여 유용한 신무기로 재창조한 것이다.

임금이 임진 나루를 지나다가 거북선과 왜선이 서로 싸우는 상황을 구경하였다.

— 《태종실록》 13년(1413) 2월 5일

좌대언 탁신이 병비兵備에 대한 사의事宜를 올렸다.
"거북선의 법은 많은 적과 충돌하여도 적이 능히 해하지 못하니 결승決勝의 좋은 계책이라고 하겠습니다. 다시 견고하고 교묘하게 만들게 하여 전승의 도구를 갖추게 하소서."

— 《태종실록》 15년(1415) 7월 16일

더 읽을거리

문중양, 《우리 역사 과학기행》, 동아시아, 2006.
민승기, 《조선의 무기와 갑옷》, 가람기획, 2004.
남천우, 《유물의 재발견》, 학고재, 1997.
김재근, 《거북선》, 정우사, 1992.

유물·유적에 관한 잘못된 상식 26

광화문 앞 해태는
화기를 막기 위한 것이다?

　광화문 앞에 서 있는 해태는 관악산의 화기를 막기 위해 세운 것이라고들 한다. 풍수지리상 경복궁의 조산朝山에 해당하는 관악산이 화기 넘치는 화산인 까닭에 경복궁에 화재가 자주 일어난다면서, 관악산의 화기를 누르기 위해 관악산 꼭대기에 못을 파고 구리로 만든 용을 집어넣고, 또 경복궁의 정문인 광화문 앞에 해태를 세웠다는 것이다. 광화문 양쪽에 버티고 앉아 고개를 외로 꼰 채 관악산을 노려보고 있는 해태를 보면 필경 그 말이 맞을 성싶다.

　그런데 해태는 원래 광화문 앞에 있지 않았다. 해태의 원래 자리는 지금처럼 광화문 코앞이 아니라 문에서 4, 50미터쯤 떨어진, 육조거리의 사헌부 앞이었다.

　조선시대에는 광화문 앞 쭉 뻗은 대로를 육조거리라 불렀다. 육조거리에는 이조, 호조, 예조 등 정부의 6개 주요 관청을 비롯해 지금의 서울시

| 유물·유적에 관한 잘못된 상식

해태의 원래 자리는 광화문 바로 앞이 아니라 문에서 4, 50미터쯤 떨어진 사헌부 앞이었다. 사진은 원래 자리에 서 있는 해태를 잘 보여준다.

청에 해당하는 한성부, 사헌부 등이 자리 잡고 있었다. 임금이 경복궁 근정전에 앉아 남면南面할 때를 기준으로 왼쪽, 즉 동편에 의정부·이조·한성부·호조·기로소가 있었고, 오른쪽 즉 서편에 예조·중추부·사헌부·병조·형조, 공조가 자리 잡았다. 그중 사헌부 앞, 지금의 정부종합청사 앞쯤에 길 양쪽으로 해태가 앉아 있었던 것이다.

해태는 사헌부의 상징

육조거리의 여러 관청 중 하필 사헌부 앞에 해태가 자리 잡은 건 그저 우연일까? 해태는 예부터 전해오는 상상 속의 동물로, 시비와 선악을 판단하는 영물이다. 해치獬豸라고도 한다. 중국의 《이물지異物志》라는 책에 따르면, 해태는 동북쪽 깊은 산 속에 사는 짐승인데 뿔이 하나 있고 성품이 충직하여 사람들이 서로 싸우면 뿔로 바르지 못한 사람을 들이받고, 사람들이 서로 따지는 것을 들으면 옳지 못한 자를 문다고 한다. 중국 순임금 때 법을 담당했던 고요皐陶라는 신하는 옥사를 다스릴 때, 해태로 하여금 죄 있는 사람을 들이받게 했다 한다. 해태는 그래서 법과 정의를 지키는 동물로 여겨져왔다.

한자의 법法이란 글자는 오늘날 삼 '수氵' 변에 갈 '거去' 로 쓰이고 있지만, 고대에는 삼 '수' 변에 해태 '치' 밑에 갈 '거' 로 쓰였으니 '법灋' 이었다. 풀이하면, "물처럼 잔잔한 마음으로 사람의 말을 가려내 죄인을 뿔로 받아버린다"는 뜻이다. 하지만 시간이 흐르면서 '치' 는 생략되고 갈 '거' 만 쓰게 되었다. 그러니 '법' 이란 한자를 '물 흐르듯 간다' 로 풀이하는 건 잘 모르고 하는 얘기다.

이런 해태와, 정치의 잘잘못을 가리고 관리들의 비리를 감찰, 탄핵하는

해태 흉배. 조선시대 사헌부 수장인 대사헌이 입는 관복의 흉배에는 해태가 그려져 있었다.

일이 주 업무인 사헌부를 관련지은 것은 당연한 일이었다. 해태는 사헌부의 상징이었다. 사헌부는 지금으로 치면 검찰과 같다. 사헌부의 수장, 그러니까 지금의 검찰총장 격인 종2품 대사헌이 입는 관복의 흉배에는 해태가 그려져 있었다. 다른 문반 관리들의 흉배가 공작, 기러기, 학 같은 우아하고 부드러운 이미지의 동물이었던 것과는 딴판이다.

또한 사헌부 관리들은 해태 문양이 장식된 모자를 썼다. 이 모자를 해치의 '치'를 따서 치관이라 했다. 사헌부 관리들이 치관을 쓰는 이유는 해태가 '부정한 기운을 물리치는 동물' 이기 때문이라고 《인조실록》은 밝히고 있다. 사헌부 정문 앞에 앉은 해태는 그 앞을 지나다니는 관리들에게 공직자로서의 바른 태도와 곧은 마음을 촉구하는 상징이었던 것이다.

해태의 기능은 하나 더 있었다. 1900년대 초 육조거리를 찍은 사진을 자세히 들여다보면 해태 옆에 조그만 노둣돌이 놓여 있는 것을 발견할 수가 있다. 노둣돌은 말이나 가마에서 내릴 때 발을 딛는 돌이다. 해태는 여기서부터 말이나 가마에서 내려 걸어가라는 하마下馬 표시이기도 했던 것이다. 《승정원일기》 고종 7년(1870) 2월 12일자를 보면 "해태 이내에서는 백관이 말을 타지 못하도록 함께 엄히 신칙하라"는 고종의 하교가 실려 있다.

그럼 해태가 관악산의 화기를 누르기 위한 것이라는 얘기는 전혀 터무니없는 것일까? 해태가 갖고 있는 여러 상징성 중의 하나가 '불을 다스리는 물의 신' 이니, 터무니없는 소리라고만은 할 수 없을 것 같다.

육조거리에 해태가 들어선 것은 경복궁을 처음 세운 조선 초가 아니라 조선 말, 흥선대원군이 경복궁을 중건할 때였다. 조선의 법궁 경복궁은 유난히 화재가 잦았다. 임진왜란 때 완전히 불타 잿더미가 되기 전에도 몇 차례 크고 작은 화마에 휩싸이곤 했다. 임진왜란이 끝난 뒤 경복궁은 무려 300여 년 동안이나 폐허 그대로 방치되었다. 《영조실록》에 따르면 "호랑이가 나타날 정도"였단다. 조선을 대표하는 법궁을 무려 300여 년 동안이나 폐허로 버려둔 건 경복궁이 풍수상 불길하다는 이유, 그리고 궁궐을 재건하려면 막대한 인력과 비용이 든다는 이유 때문이었다.

그렇게 버려졌던 경복궁을 재건하자고 나선 사람이 흥선대원군이었다. 나이 어린 고종을 왕위에 앉히고 섭정이 된 그가 제일 먼저 한 일이 다름 아닌 경복궁 중건이었던 것은 그 사업을 통해 흥선대원군 자신의 정치적 입지를 확고히 다지고, 나아가 왕실의 위엄을 곧추세우기 위해서였다.

경복궁 중건과 함께 육조거리도 새롭게 정비되었다. 임진왜란 뒤 그 흔적이 '밭 사이에 흩어져 있던' 의정부 건물을 복설하고, 없어졌던 삼군부를 예조 자리에 다시 세웠으며, 예조는 한성부 자리로, 한성부는 지금의 태평로로 옮겼다. 이로써 육조거리가 예전의 모습을 되찾았다. 해태가 들어선 건 바로 이때였다. 해태를 조각한 사람은 당대의 이름난 석공 이세욱이다.

역사와 함께 굴절된 해태의 의미

그런데 1900년대 초까지만 해도 사헌부 앞에서 위엄을 떨쳤던 해태는 일제시대에 접어들어 수난을 겪게 된다. 1923년에 철거되어 한창 공사

일제시대에 조선총독부 앞으로 옮겨졌던 해태는 한국전쟁 때 불타버린 광화문을 1968년 콘크리트로 복원하면서 광화문 바로 앞에 앉혀졌다. 2009년 새로 복원될 광화문. 해태는 어디에 앉게 될까? 사진은 한국전쟁 중인 1951년 3월 16일에 찍은 경복궁 일대.

중인 조선총독부 건물 서쪽 담장 밑에 거적때기 한 장 깐 채 방치되어 있다가, 조선총독부 건물이 완공되자 그 앞에 세워져 식민지 지배의 총본산인 조선총독부를 지켜주는 신세가 된 것이다. 그리고 한국전쟁 당시 불타버린 광화문이 1968년 현재의 자리에 복원될 때, 해태도 현재의 자리에 앉혀졌다. 해태의 운명은 굴곡 많은 우리 근현대사와 궤적을 같이한 셈이다.

사실 광화문이나 경복궁은 일제시대를 거쳐 오늘에 이르기까지 몇 번씩 위치가 바뀌고 수많은 변형과 왜곡을 겪었다. 육조거리도 완전히 헐려나갔다. 해태라고 온전히 제자리를 지켰을 리 만무하다. 시비 선악을 가리는 영험스러운 동물로서의 상징성도 보존되기 어려웠을 것임은 물론이다. 그리하여 해태가 지닌 본래의 상징성은 슬그머니 사라지고, 관악산의 화기를 누를 목적으로 세웠다는 이야기만 남아 전하게 된 것이 아닐까.

오늘날 해태는 광화문 앞에만 있는 것이 아니다. 여의도 국회의사당 앞과 서초동 대검찰청 앞, 그러니까 민주주의의 중심축인 입법부와 사법부 앞에도 해태가 있다. 뿐인가. 시와 시, 도와 도를 잇는 경계선에도 있다.

국회의사당 앞의 해태는 1975년 의사당 완공과 함께 세워졌다. 당시 국회 사무총장이었던 선우종원의 회고에 따르면, 의사당 앞 해태는 고증 자문위원이었던 소설가 월탄 박종화의 "화재를 예방하려면 조선시대처럼 해태를 세워 화기를 눌러야 한다"는 강력한 주장에 따라 세워졌다고 한다. 관악산 화기론이 다시 등장한 것이다. 조선시대 같은 목조 건물도 아닌 의사당 앞에 화기를 막기 위해 세운 해태는 그 본연의 의미 상실을 다시금 확인해주는 것 같아 씁쓸하기만 하다. 공직자의 바른 태도와 곧은 마음을 촉구하는 상징으로서의 해태는 영영 사라진 것인가?

의사당 앞 해태상 건립에 필요한 경비는 해태제과에서 댔다. 그래서 해태상 뒤쪽에는 '해태제과공업주식회사 대표이사 사장 박병규 기증'이라는 글이 새겨졌다. 기단 공사를 마칠 무렵, 사장 박병규는 당시 해태주조에서 출시한 순국산 포도주 '노블와인'을 잔뜩 가져와 기념으로 묻었다고 한다. 사실이라면, 포도주는 지금도 해태상 밑에 묻혀 있을 것이다.

유물·유적에 관한 잘못된 상식

■ 사료 속으로

의사당 정문 안에서 멀리 관악산을 노려보며 서 있는 해태상은 고증 자문위원인 월탄 박종화 씨의 강력한 제의로 세워졌다.

"의사당을 화재에서 예방하려면 해태상을 세워야 합니다. 전에 조선시대 경복궁이 큰 화재로 전소된 뒤 복원공사 때 해태상을 세워 이후 화재를 예방한 바 있습니다. 그러니 의사당에도 해태상을 세우는 게 좋을 듯합니다."

그러나 문제는 예산이었다. 무려 2천만 원이 소요되는 작업이라는 것이었다. 나는 방법을 강구키로 했다. 마침 해태는 해태제과의 상징이기도 해, 나는 박병규 사장을 만나 도움을 청하기로 했다.

"우리 회사의 상징물이 국회의사당 내에 세워지는 건 뜻있는 일입니다. 협조하겠습니다."

의외로 쉽게 해결되었다. 결국 서울대 미대의 이순석李順石 교수에게 부탁해 경복궁 해태상과 다르게 하기 위해 서 있는 해태상을 조각해 세웠다.

— 선우종원, 《격랑 80년》, 1998

국회의사당 앞에 해태가 서게 된 내력을 당시 국회 사무총장이던 선우종원은 회고록에서 이렇게 말하고 있다. 선우종원은 '동양 최대의 의사당'을 세우라는 박정희 대통령의 주문을 받고 공사를 총지휘했다.

더 읽을거리

허균, 《사료와 함께 새로 보는 경복궁》, 한림미디어, 2005.
이순우, 《테라우치 총독, 조선의 꽃이 되다 - 일그러진 근대 역사의 흔적을 뒤지다 1》, 하늘재, 2004.
홍순민, 《우리 궁궐 이야기》, 청년사, 1999.
선우종원, 《격랑 80년》, 인물연구소, 1998.

유물·유적에 관한 잘못된 상식 27

운현궁은 조선시대 궁궐이다?

'궁'자가 붙었다고 다 궁궐이 아니다. 왕이 살면서 일상생활을 하는 곳만이 궁궐이다. 운현궁은 고종의 아버지 흥선대원군의 사저였으므로, '궁'자가 붙었지만 궁궐은 아니다. 왕의 아버지보다 격이 낮은 왕족, 그러니까 왕자나 공주 이하의 왕족이 사는 집은 '방房'이라 했다. 궁방宮房 또는 궁방전宮房田이란 말을 들어보았을 것이다. 궁방은 궁과 방을 한데 묶어 부르는 말이고, 궁방전은 궁방에 속한 토지를 말한다. 또한 궁방전을 관리하는 기구를 궁방이라 부르기도 했다.

사당, 별궁, 행궁에도 '궁'자가 붙는다

'궁'자가 붙었으되 궁궐 아닌 것이 또 있다. 왕족을 모신 사당이 그것이다. 아버지 영조에 의해 뒤주에 갇혀 죽은 사도세자를 모신 경모궁景

유물·유적에 관한 잘못된 상식

고종의 아버지 흥선대원군의 집 운현궁. 고종이 태어나 어린 시절을 보낸 잠저이기도 하다.

慕宮, 왕을 낳은 일곱 명의 후궁을 모신 칠궁七宮이 대표적이다.

칠궁은 본디 육궁六宮이었다. 영조의 어머니 숙빈 최씨를 모신 육상궁毓祥宮, 세칭 장희빈이라 불리는, 경종의 어머니 희빈 장씨를 모신 대빈궁大嬪宮, 추존왕 원종(인조의 아버지)의 생모 인빈 김씨를 모신 저경궁儲慶宮, 추존왕 진종(영조의 맏아들 효장세자)의 생모 정빈 이씨를 모신 연호궁延祜宮, 사도세자의 어머니 영빈 이씨를 모신 선희궁宣禧宮, 순조의 생모 수빈 박씨를 모신 경우궁景祐宮, 이렇게 여섯 궁이다.

1908년 이 여섯 궁을 육상궁으로 몰아 한데 제사를 지내면서 육궁이라 불렀는데, 그 뒤 1929년 고종의 계비이자 영친왕의 생모인 순헌귀비 엄씨를 모신 덕안궁德安宮까지 합하여 칠궁이라 부르게 되었다. 현재 칠궁은 청와대 서쪽에 남아 있으나, 경모궁은 자취가 없다. 지금 서울대학교 병원이 있는 곳이 바로 경모궁 자리다.

별궁, 행궁도 궁궐이 아니다. 태종이나 철종처럼 궁궐 밖에서 태어나 살다가 왕이 된 경우에 궁궐 밖에서 살던 집을 잠저潛邸라고 하는데 이 잠저가 별궁에 해당한다. 강화도령 철종이 살던 강화도의 용흥궁, 반정으로 즉위한 인조가 왕자 시절 살았던 어의궁이 대표적이다. 운현궁은 흥선대원군의 사저인 동시에 고종의 잠저이기도 하다. 황현이 쓴 《매천야록》을 보면 운현궁에 대해 이렇게 말하고 있다.

"관상감을 일명 서운관書雲觀이라고도 하는데, 금상今上의 잠저가 바로 서운관 자리다. 그래서 이곳을 운현궁이라고 부른다. 철종 초에 장안에는 '관상감 터에서 성인이 나온다'는 동요가 떠돌았고 '운현궁에 왕기가 서려 있다'는 이야기가 있었는데, 얼마 안 되어 금상이 태어났다. 임금이 즉위한 뒤 대원군 이하응이 이곳을 넓히고 새롭게 했으며, 몇 리나 되는 담장에 네 개의 문을 만들고 궁궐처럼 장엄하게 꾸몄다."

조선시대 천문관측 기관인 관상감은 일명 서운관이라고도 하는데 서운관 자리에 들어선 고종의 잠저를 서운관의 '운' 자를 따서 운현궁이라 부른다는 얘기다.

한편 행궁은 왕이 먼 곳에 행차할 때 묵는 곳이다. 피부병을 앓았다는 세조가 자주 찾은 온양 온천의 행궁, 숙종 때 북한산에 지은 행궁, 정조가 아버지 사도세자의 무덤 현륭원에 능행 갈 때마다 머물렀던 화성 행궁 등이 대표적인 예다. 북한산 행궁과 화성 행궁은 오늘날 자취

숙종의 후궁으로 영조의 생모인 숙빈 최씨를 모신 사당 육상궁. 1908년 대빈궁, 저경궁, 연호궁, 선희궁, 경우궁을 육상궁에 합사하면서 육궁이라 불렀으며 그 뒤 덕안궁까지 합하여 칠궁이라 불렀다. 칠궁은 현재 청와대 서쪽에 있다.

가 남아 있지만, 온양 행궁은 자취조차 찾아볼 수 없고 온양관광호텔이 그 자리에 들어서 있다.

조선의 궁궐은 몇 개일까

그럼 왕이 살았던 궁궐은 도대체 어디일까? 조선시대의 궁궐로 오늘날 우리가 볼 수 있는 것은 다섯 개다. 조선 건국과 함께 가장 먼저 세워진 경복궁, 비원이란 이름으로 더 익숙한 창덕궁, 일제시대에 동물원과 식물원을 설치하고 창경원이라 격하시켜 불렀다가 최근에야 궁궐의 본디 모습을 되찾은 창경궁, 덕수궁으로 더 널리 알려져 있는 경운궁, 그리고 서울역사박물관이 들어선 경희궁이다.

그런데 문화재청에서 꼽는 이른바 '5대 고궁'에는 어찌 된 일인지 경희궁은 없고 대신 종묘가 들어가 있다. 종묘가 유네스코 지정 세계문화유산이고 또 경희궁이 워낙 심하게 훼손되어 본모습을 찾기 어려운 상태이기 때문인지는 모르겠으나, 종묘는 역대 왕과 왕비의 위패를 모신 사당이지 궁궐은 아니다.

오늘날 볼 수 없는 궁궐로는 광해군 때 사직단 뒤쪽의 인왕산 아랫자락에 지은 인경궁仁慶宮이 있다. 광해군은 왜란 때 폐허로 변한 궁궐들을 중건하는 한편, 새 궁궐로 인경궁과 경덕궁慶德宮(나중의 경희궁)을 짓기 시작했다. 그러나 새 궁궐의 완공을 보지 못한 채 그는 왕위에서 쫓겨났다. 인경궁의 운명도 오래가지 못했다. 광해군을 폐위시키고 즉위한 인조가 인경궁의 건물들을 헐어내어 창경궁과 창덕궁을 수리하는 데 자재로 썼기 때문이다.

그런데 조선시대 궁궐이 하나가 아니고 다섯 혹은 여섯 개나 되었던 이유는 무엇일까? 여러 궁궐 중에서도 으뜸가는 궁궐을 법궁이라 한다. 조선의 법궁은 다름 아닌 경복궁이다. 그런데 법궁 하나만으로는 곤란할 때가 있다. 어떤 이유로 거처를 옮겨야 할 때, 다른 궁궐이 필요하다. 이런 궁궐을 이궁離宮이라 한다. 이궁은 유사시를 대비한 여분의 궁궐인 셈이다. 경복궁 외의 다른 궁궐들이 이궁에 해당한다.

얼핏 생각하기에 왕은 즉위하여 사망할 때까지 한 궁궐에 계속 머물러 살았을 것 같지만, 실은 이 궁궐에서 저 궁궐로 시시때때로 이사를 다녔다. 일개 여염집에서도 이사는 자주 하기 꺼리는 큰일이거늘 한 나라의 왕이 수시로 이사를 다닌 까닭은 무엇이었을까?

조선의 역대 왕들이 이 궁궐에서 저 궁궐로 자주 이사 다닌 것은 화재나 전염병 같은 불가피한 사정도 있지만, 당시의 정치상황과 무관하지 않았다. 수도를 옮기는 천도와 비교해보자. 왕조 시대에 천도는 왕권강화를 위한 방책이었다. 조선을 세운 이성계가 500년 고려의 수도 개경

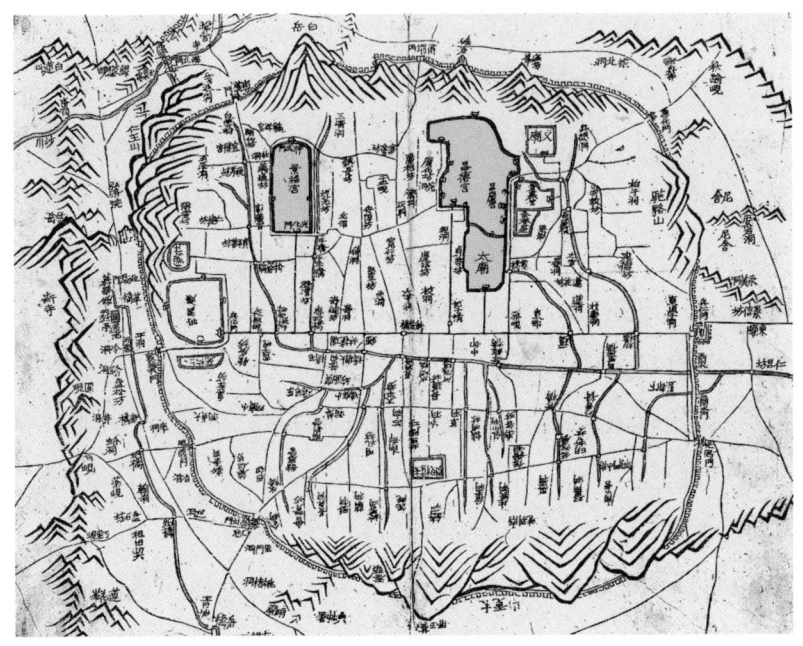

《대동여지도》 중 도성도. 경복궁, 창덕궁, 창경궁, 종묘 등이 보인다.

을 떠나 한양으로 천도한 것이나, 고려 인종이 묘청의 주장을 따라 서경으로 천도하려 했던 것이 그 같은 목적에서다. 수도를 옮기는 것은 기존의 권력구조에서 벗어나 새로운 권력구조를 짜는 일이고, 그 새로운 권력구조의 최고 정점에는 왕이 서게 돼 있다. 궁궐을 옮기는 것은 수도를 옮기는 천도보다는 영향이나 효과 면에서 충격이 덜하겠지만 비슷한 결과를 낳았을 것이다.

조선 왕들의 주 거처는 경복궁이 아니라 창덕궁

조선의 궁궐들 중에서 역대 왕들이 가장 즐겨 찾고 오래 머물렀던 궁궐은 어디일까? 뭐니뭐니해도 역시 법궁인 경복궁이겠거니 하면 오산이다. 경복궁은 임진왜란 때 불탄 뒤 무려 300여 년 동안 폐허로 방치되었다. 임진왜란 전에도 경복궁은 그리 사랑받지 못했던 궁궐이다. 왜란 전, 자신의 치세를 오롯이 경복궁에서 보내며 정사를 본 왕은 세종 하나뿐이라 해도 과언이 아닐 만큼 경복궁은 찬밥 대우를 받았다. 정치적인 이유, 풍수지리상 불길하다는 소문, 잦은 화재 등이 경복궁을 외면하게 만든 원인이었다.

조선 왕들의 주 거처는 경복궁이 아니라 창덕궁이었다. 창덕궁은 태종 5년(1405) 창건된 이후로 역대 조선 왕들이 가장 오래 살았던 궁궐이다. 경복궁이 폐허가 된 뒤, 경복궁을 대신하여 법궁 노릇을 한 것도 창덕궁이었다. 일례로 효종부터 철종까지 조선 후기의 아홉 왕들은 총 재위기간 약 215년 중 절반이 훨씬 넘는 약 133년 동안 창덕궁에서 살았으며 그 다음이 경희궁으로 약 44년, 창경궁이 약 38년이었다.

효종부터 철종까지 아홉 왕들 중 한 궁궐에 가장 오래 머물렀던 왕은 정조다. 정조는 한 궁궐에 평균 4.87년, 그러니까 약 5년 동안 머물러 살았다. 가장 자주 이사를 다닌 왕은 경종이다. 평균 1.04년, 즉 1년에 한 번씩 이사를 다녔다. 효종에서 철종까지 아홉 명의 왕을 자주 이사 다닌 순서대로 나열하면 경종, 현종, 숙종, 영조, 효종, 순조, 헌종, 철종, 정조 순이다.

조선의 역대 왕들은 창덕궁을 중심으로 머물며 경희궁, 창경궁으로 몇 년에 한 번씩 이사를 다녔던 것이다. 그런가 하면 고종은 초기의 몇 년을 제외하고는 경운궁에서 계속 거처했다.

유물·유적에 관한 잘못된 상식

■ **사료 속으로**

온천으로 이름난 온양에는 온양 행궁이 있었다. 조선의 역대 왕들은 병을 치료하거나 피로를 풀기 위해 온양 온천을 찾곤 했는데 이들이 묵었던 곳이 바로 온양 행궁이다. 온궁이라고도 불렀다. 소갈증과 안질로 고생한 세종, 습창과 안질에 시달린 현종, 그리고 세조, 숙종, 영조, 사도세자 등이 온궁을 즐겨 찾았으며, 한 번 행차하면 짧게는 열흘에서 길게는 한 달 정도 머무르곤 했다. 가장 자주 온궁을 찾은 왕은 현종이다. 재위 15년 동안 다섯 차례, 한 번 행차에 평균 한 달 가까이 머물렀다. 습창 때문에 온궁 행차를 하려는 현종이 신하들과 나눈 대화를 들어보자.

상上이 이르기를,
"내 몸의 습창이 날이 갈수록 더욱 심해지고 있으니 온정에 가서 목욕하는 일을 그만둘 수 없을 듯하다. 경들의 의견은 어떠한가?"
하니, 원두표가 아뢰기를,
"옛날과 지금의 시대가 달라서 중난重難할 듯합니다만, 습창이 이러한데 또한 어떻게 그만둘 수 있겠습니까. 공조판서 이완이 지난해 온양에서 목욕하였으니, 시험 삼아 물어보는 것이 좋겠습니다."
……
상이 이완을 불러 입시하게 하고, 이어 온정에 목욕하여 효험을 보았는지의 여부를 하문하였는데, 이완이 대답하기를,
"신의 두드러기에는 효험을 보지 못했습니다마는, 습창 같은 증세는 목욕을 하면 효과를 본다고 하였습니다."
하였다.
– 《현종실록》, 3년(1662) 8월 13일

더 읽을거리
양택규, 《경복궁에 대해 알아야 할 모든 것》, 책과함께, 2007.
홍순민, 《우리 궁궐 이야기》, 청년사, 1999.
홍순민, 〈조선 왕조 궁궐 경영과 양궐체제의 변천〉, 서울대학교 박사논문, 1996.

유물·유적에 관한 잘못된 상식 28

독립문은
반일의 상징이다?

독립문은 반일反日이 아니라 반청反淸의 상징이다. 조선은 청나라의 속국이 아니라 독립된 자주국이라는 것을 천명하기 위해 세운 문이 독립문이다. 독립문이 들어선 위치가 청나라 사신을 맞이하던 영은문迎恩門 자리라는 사실이 그를 웅변한다.

1896년 6월 20일자 〈독립신문〉에 실린 '독립문 건립 취지문'을 보아도 분명한 '반청' 선언을 읽을 수 있다. 〈독립신문〉은 미국에서 돌아온 서재필이 중심이 되어 창간한 신문으로, 서재필은 독립문 건립을 처음 제안한 장본인이기도 하다.

그런데 왜 독립문을 반청 아닌 반일의 상징으로 알고 있는 이들이 많을까? 그것은 일본의 식민지였던 경험에서 비롯된 것으로, 독립하면 으레 일본으로부터의 독립을 떠올리기 때문일 것이다. 그러나 독립문이 건립된 것은 일본의 식민지가 되기 전이며, 반일의식이 높은 지금으로서는 선뜻 이해되지 않을지 모르나 문명개화를 꿈꾸던 당시의 개화파들이 깊이 고뇌했던 문제는 일본과의 관계가 아니라 청나라와의 관계였다. 이유는 중국과의 오랜 사대관계, 그리고 임오군란과 갑신정변 후 한층 노골화된 청나라의 간섭 때문이었다.

영은문 자리에 들어선 독립문

영은문은 본래 명나라 사신을 맞이하는 문이었다. 조선 초인 1407년 태종 때, 명나라 사신을 접대하기 위해 서대문 밖 무악재 밑에 모화관慕華館을 세우고 세종 때 모화관 앞에 홍살문을 세웠는데, 1537년 중종 때 이 홍살문을 개축하여 영조문迎詔門이라 했으며 다시 영은문이라 이름을 고쳤다. 그러니까 원래는 명나라 사신을 영접하기 위해 세운 문이 중국의 주인이 명에서 청으로 바뀌면서 청나라 사신을 영접하는 문으로 바뀐 것이다.

비록 명에서 청으로 바뀌긴 했지만 이름부터 대국의 은혜를 영접한다는 뜻에서 '영은문'이요, 중화를 사모한다는 뜻에서 '모화관'이다. 독립문은 그런 영은문 자리에 세워졌다.

흔히들 영은문은 독립문을 세움과 동시에 헐렸거니 생각하는데, 실은 독립문이 착공되기 훨씬 전인 1895년 초에 이미 헐리고 돌로 된 초석 두 개만 동그마니 남아 있었다. 이 초석은 110년이 지난 지금도 독립문 앞에 서 있다.

영은문이 헐린 것은 1895년 2월 내각회의에서 박영효가 내놓은 제안에서 비롯되었다. 박영효는 청에 대한 종속을 상징하는 건축물을 모두 독립문은 반일의 상징이다?

독립문 앞에 헐려나간 영은문의 초석 두 개가 동그마니 서 있다. 청나라 사신을 영접하는 영은문을 헐고 세운 독립문은 반청의 상징이다.

헐어버리자고 했다. 송파 삼전나루의 삼전도비, 그러니까 병자호란 때 인조가 청 태종 앞에서 삼고구궤三顧九饋(세 번 무릎을 꿇고 아홉 번 이마를 조아리는 절)의 수모를 감수한 뒤 세워야 했던 청 태종 공덕비를 비롯하여 영은문, 모화관, 그리고 중국 사신들이 사대문 안에 들어오기 전에 머무는 숙소인 홍제원까지 헐자는 것이 박영효의 주장이었

가운데 솟아 있는 문이 영은문, 오른쪽 건물이 청나라 사신을 영접하는 모화관이다. 〈경기감영도〉 부분.

다. 논란 끝에 결국 모화관은 이름을 바꿔 사용하고 영은문은 헐어내게 되었다.

독립문에 대해 알아야 할 사실이 또 하나 있다. 독립문은 청으로부터의 독립을 상징하는 것이기 전에, 당대의 정치적 산물이었다는 점이다. 서재필이 독립문 건립을 처음 제안한 때는 아관파천, 그러니까 명성황후가 일본 낭인들에게 시해당한 뒤 불안에 떨던 고종이 러시아 공사관으로 피신해 있을 때였다.

갑신정변에 가담했다가 미국으로 망명한 지 10여 년 만에 귀국한 서재필과 세칭 정동구락부 또는 정동파라고 불리던 안경수, 이완용, 윤치호 등 친미파 관리들은 1896년 독립문 건립 추진위원회를 출범시켰다. 이것이 곧 독립협회의 전신이다. 훗날 친일파의 대명사가 된 이완용은 이때 친미파의 중심 인물이었다.

정동구락부의 산실 손탁 호텔. 주한 러시아 공사 베베르의 처남 마아크의 처형인 미스 손탁이 운영하는 호텔의 고급사교장을 드나들던 고위관료들을 정동구락부 또는 정동파라 불렀다. 손탁 호텔은 오늘날 남아 있지 않다.

정동구락부는 독일 국적의 여성 미스 손탁Sontag, 孫澤이 운영하는 손탁 호텔의 고급 사교장으로 여기에 드나드는 조선인 관료들을 정동파라 불렀다. 미스 손탁은 주한 러시아 공사 베베르의 처형으로 알려져 있지만 이는 잘못 알려진 것이고, 베베르 공사의 처남인 마아크Maack의 처형이다. 손탁 호텔은 러시아 공사관을 비롯해 미국, 영국, 프랑스, 독일의 공사관이 모여 있는 정동에 자리 잡고 있었으며, 고종이 손탁에게 특별히 하사한 집을 허물고 신축한 건물이었다. 오늘날 그 건물은 남아 있지 않은데, 현재 이화여고 동문 안 주차장 자리가 그곳이다.

서재필은 《자서전》에서 당시의 생각을 이렇게 털어놓고 있다.

"나는 신문만으로는 대중에게 자유주의, 민주주의적 개혁사상을 고취하기가 곤란할 듯하여 여러 가지로 생각하다가, 무슨 정치적 당파를 하나 조직하여 여러 사람의 힘으로 그 사상을 널리 전파시켜야겠다고 〈독립신문〉을 창간한 지 칠, 팔삭 후 우리 집에서 비로소 독립협회라는 것을 창설하였는데, 그때 처음 이 회에 참가한 분들이 위에 말한 일시 미국 공사관에 피신하였던 이상재, 이완용, 윤치호, 한성부윤인 이채연이었고 고문은 나, 회장은 이완용, 서기는 이상재로, 이들을 세상에서 정동파라 불렀던 것이다."

서재필의 이 말은 시간이 한참 흐른 뒤의 회고담인 탓에 정확하지 않은 부분이 있다. 당시 이상재와 윤치호는 미국 공사관에 피신하지 않았으며, 이완용은 회장이 아니라 위원장이었고 이채연은 농상공부협판이었다.

그러나 서재필의 말대로, 출범 당시의 독립협회는 개화를 지향하는 관료들이 모인 정치단체의 성격이 짙었다. 독립문 건립은 그런 독립협회의 첫 번째 사업이요 동시에 독립협회를 공고하게 인정받기 위한 사업이었다. 오늘날 만민공동회 또는 의회설립 운동으로 각인되어 있는 독립협회는 몇 년 뒤의 독립협회이며, 이미 그때는 이완용을 비롯한 관료들은 탈퇴한 뒤였고 협회의 성격도 상당히 변해 있었다.

독립문 건립 논의는 1896년 6월 무렵부터 본격화되었다. 독립협회는 러시아 공사관에 피신해 있는 고종에게 독립문 건설에 대한 재가를 얻어냈다. 고종의 재가는 독립협회와 고종 양측의 필요가 맞물려 낳은 산물이었다. 독립협회는 고종의 재가를 얻음으로써 독립협회의 존재를 합법적, 공개적으로 인정받으려 했고, 고종은 고종대로 땅에 떨어진 왕의 권위를 회복하기 위해 만천하에 조선이 독립국이라는 증표를 보여주는 독립문 건설을 지지할 필요가 있었다. 독립문을 당시 정치상황의 산물이라 하는 이유가 바로 여기에 있다.

파리 개선문을 본뜬 독립문

고종의 재가로 득의양양해진 독립협회는 1896년 7월 창립총회를 열고 독립문 건립 보조금 모금활동을 시작했다. 고종도 태자의 이름으로 1천 원을 기부했다. 그때껏 모인 총액보다도 많은 돈이었다. 태자가 보조금을 냈다는 소식이 전해지자 독립협회를 시큰둥하게 여기던 수구파 관리들도 줄이어 돈을 냈다. 심지어 관리들 봉급에서 반강제로 공제하기도 했다. 평범한 일반인, 하급 군인, 인천 사

독립협회의 기관지 《대조선 독립협회 회보》.

는 기생들의 헌금도 있었다. 1896년 12월 말까지 거둬들인 보조금 총액은 약 4,716원. 흥선대원군과 김병시, 조병세 같은 원로대신들, 최익현 등 유림 세력은 보조금을 내지 않았다.

독립협회는 회원, 정부 관리, 각국 외교사절단, 학생과 시민들이 참석한 가운데 1896년 11월 21일 정초식을 열고 독립관에서 축하연회를 베풀었으며, 그로부터 약 1년 뒤인 1897년 말 독립문이 완공되었다. 그리고 정초식이 열린 지 3개월 뒤, 고종은 꼬박 1년에 걸친 러시아 공사관 생활을 끝내고 경운궁(덕수궁)으로 돌아와 대한제국을 선포했다.

독립문의 모양은 프랑스 파리의 개선문을 본뜬 것이다. 설계자는 《서재필 자서전》에 따르면 독일 공사관의 스위스 기사라 하고, 일제시대의 관찬사서인 《경성부사京城府史》에 따르면 러시아인 사바틴Sabatin이라고 한다. 사바틴은 명성황후 시해사건 때 궁궐 시위대의 일원으로, 시해 당시 상황을 근거리에서 목격한 인물이다.

1897년 완성되어 80여 년간 한자리에 서 있던 독립문은 1979년 성산대로 건설 때문에 원래의 위치에서 서북쪽 70미터 지점으로 옮겨져 오늘에 이르고 있다.

■ 사료 속으로

1896년 4월 7일 창간된 〈독립신문〉은 서재필 혼자만의 업적이 아니라 그를 지원한 여러 사람들의 공동 노력의 산물이다. 특히 윤치호, 박정양, 이완용 등 이른바 정동파라 불린 이들의 역할이 컸다. 이들은 신문 창간비로 4,400원을 지원했을 뿐만 아니라 사옥까지 마련해주었다. 다음은 〈독립신문〉에 실린 '독립문 건립 취지문'이다.

조선 인민들이 독립이라 하는 것을 모르는 까닭에 외국 사람들이 조선을 업수이 여겨도 분한 줄을 모르고 조선 대군주 폐하께서 청국 임금에게 해마다 사신을 보내서 책력을 타오시며 공문에 청국 연호를 쓰고 조선 인민은 청국에 속한 사람들로 알면서도 몇 백 년을 원수 갚을 생각은 아니하고 속국인 체하고 있었으니 그 약한 마음을 생각하면 어찌 불쌍한 인생들이 아니리요. ……조선이 독립국이 되어 지금은 조선 대군주 폐하께서 세계 각국 제왕들과 동등이 되시고 그런 까닭에 조선 인민도 세계 각국 인민과 동등이 되었는지라. 이 일을 비교해볼진대 남의 종이 되었다가 종 문서를 풀은 셈이니 이것을 생각하면 개국한 지 오백 년에 제일되는 경사라…….

— 독립문 건립 취지문, 〈독립신문〉 1896년 6월 20일

더 읽을거리

장규식, 《서울, 공간으로 본 역사》, 혜안, 2004.
김원모, 《개화기 한미교섭관계사》, 단국대 출판부, 2003.
한철호, 《친미개화파연구》, 국학자료원, 1998.

태극기는 처음부터 지금과 같은 모양이었다?

태극기는 처음부터 지금과 같은 모양이 아니었다. 사괘의 위치가 다른 것, 태극 모양이 다른 것, 괘의 색깔이 검은색이 아니라 청색 또는 홍색인 것 등 여러 종류가 있었다. 상하이 훙커우 공원 의거의 주인공 윤봉길이 거사 직전 찍은 사진을 보자. 가슴에 선서문을 달고 양손에 수류탄을 든 윤봉길이 보일 듯 말 듯한 미소를 머금고 태극기 앞에 서 있는데, 눈썰미 있는 독자라면 뭔가 이상하다고 느낄 것이다. 배경의 태극기가 지금의 태극기와는 다르다. 윤봉길보다 먼저 도쿄 시내 한복판에서 일본 천황에게 폭탄을 던진 이봉창이 남긴 사진의 태극기 역시 지금의 태극기와 다르다. 뿐인가. 1920년대 만주에서 활동한 독립군들이 사용한 태극기는 윤봉길이나 이봉창의 그것과도 또 다르다. 어찌 된 일일까.

태극기 고안자는 박영효가 아니라 고종

태극기가 처음 만들어진 것은 1882년이라고 알려져 있다. 임오군란 후 한일 간에 맺어진 제물포조약에 따라 일본에 파견된 특명전권대신 겸 수신사 박영효 일행이 배 안에서 만들어 일본에 도착한 뒤 숙소에 내걸었다. 박영효 일행은 총 18명, 그중엔 훗날 갑신정변의 주역이 된 김옥균과 서광범도 있었다.

거사를 위해 떠나기 전, 가슴에 선서문을 달고 수류탄을 든 윤봉길이 태극기 앞에서 찍은 사진. 자세히 보면 지금의 태극기와 다른 것을 알 수 있다.

흔히 태극기는 박영효가 일본으로 가는 배 안에서 즉흥적으로 고안해낸 것이라고 알려져 있다. 그러나 태극기는 박영효 혼자 독단적으로, 또 즉흥적으로 만들어낸 것이 아니다. 박영효는 출발 전에 고종으로부터 나라를 상징하는 깃발을 만들라는 명령과 함께 대강의 모양까지 받아둔 상태였다. 그것은 중앙에 태극을, 주위에 팔괘를 배치하는 태극팔괘도였다.

한 나라를 대표하는 상징으로 국기가 필요하다는 것은 일본과 강화도조약을 맺을 즈음부터 깨달은 일이었다. 강화도조약을 맺는 빌미가 된 운요호 사건 때, 일본은 운요호가 일본 국기를 달고 있었는데 어찌하여 대포를 쏘았냐면서 트집을 잡았고, 우리 측은 그것이 일본 국기인 줄 몰랐으며 더구나 강화도를 지키는 일개 수비병이 국기라는 것의 의미를 어찌 알았겠느냐고 옹색한 변명을 했다. 그 후 국기의 필요성과 중요성을 깨닫고 나름대로 준비를 하고 있던 차에, 청나라가 국기 모양을 이렇게 또 저렇게 하라고 시시콜콜 간섭해왔다. 청나라 관리 황준헌黃遵憲은 저서 《조선책략朝鮮策略》에서 청나라의 용기龍旗를 본떠 만들라고 구체적으로 제안했으며, 조미수호통상조약 때 파견된 청나라 사신 마건충馬建忠 역시 처음엔 용기를, 나중엔 태극 팔괘도를 제안했다.

그런데 고종이 선택한 것은 용기가 아니라 태극 팔괘도였다. 그리고 그것이 정식으로 모습을 드러낸 것이 바로 1882년 박영효 일행에 의해서였다. 태극기 제작 과정을 박영효의 육성으로 들어보자. 다음은 1882년 음력 8월 1일부터 11월 28일까지 4개월에 걸친 일본 사행을 기록한 《사화기략使和記略》의 8월 14일자 일기다.

"새로 만든 국기를 묶고 있는 누각에 달았다. 기는 흰 바탕으로 네모졌는데 세로는 가로의 5분의 2에 미치지 못하였다. 중앙에는 태극을 그려 청색과 홍색으로 색칠을 하고 네 모서리에는 건곤감리의 사패를 그렸다. 일찍이 왕으로부터 명을 받은 것이다."

그리고 8월 22일 박영효는 고종에게 장계를 올리는 한편, 기무처에 국기 제정 경위를 알리는 보고서 '송기무처서送機務處書'를 보낸다.

국기의 표식은 메이지마루明治丸호 안에서 영국 영사 아수돈阿須敦, W. G. Aston과 의논하니, 그가 말하기를 "그 배의 선장인 영국 사람이 사해를 두루 다녔기 때문에 각국의 기호旗號를 잘 알고, 또 각 색의 분별과 원근의 이동도 환하게 안다" 하므로 그와 더불어 의논하니, "태극, 팔괘의 형식은 특별히 뛰어나 눈에 뜨이지만, 팔괘의 분포가 자못 조잡하여 명백하지 못한 것을 깨닫게 되며, 또 각국이 이를 모방하여 만드는 데 있어서도 매우 불편하니, 사괘만 사용하여 네 모서리에 긋는다면 더욱 아름다울 것이다" 하였습니다.

또 말하기를, "외국은 국기 외에 반드시 군주의 기표가 있게 마련이니, 대개 국기와 모양을 비슷하게 하고, 채색을 하고 무늬를 놓은 것인데, 매우 선명하여 아주 좋다" 하였습니다. 국기의 대·중·소 각각 1본씩을 그 선장에게 만들게 하여, 소기小旗 1본은 지금 장계를 만들어 주상께 올려 보냅니다.

여기서 분명히 알 수 있는 것은 태극기는 박영효의 즉흥적 작품이 아니라 고종의 명령에 따라 만들어진 것이며, 애초의 도안에서 팔괘가 사괘로 바뀌었고, 태극기를 직접 그린 사람은 박영효 일행이 탄 메이지마루호의 영국인 선장 제임스였다는 사실이다. 메이지마루호에는 영국 영사 애스턴(아수돈), 일본 공사 하나부사花房義質도 타고 있었다.

박영효는 대, 중, 소, 세 종류의 태극기 가운데 소형을 일본에 도착하자마자 장계와 함께 고종에게 보냈으며 고종은 이듬해 1883년 이를 국기로 정식 공포했다.

이때 공포된 태극기의 정확한 모양이 어떤 것이었는지 알 수 있으면 좋으련만, 유

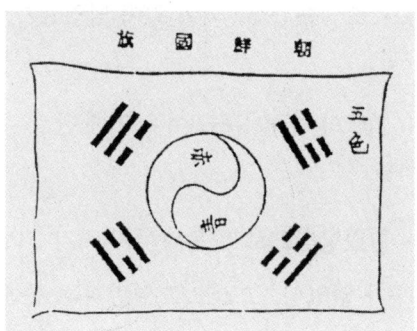

수신사 박영효 일행의 태극기에 대해 보도한 일본 신문 〈시사신보〉에 실린 태극기. 옥색 바탕에 적과 청의 태극을 그렸으며 사괘가 지금과는 다르다.

유물·유적에 관한 잘못된 상식

박영효가 만든 태극기가 정확히 어떤 것인지는 알려져 있지 않았다. 그런데 최근에 영국 국립문서보관소에서 박영효가 만들었다고 추정되는 태극기가 발견되었다. 지금의 태극기와는 다르다.

감스럽게도 당시 태극기의 규격이나 도식을 구체적으로 설명한 기록이 남아 있지 않다. 또한 박영효가 만든 태극기의 실물도 전해지지 않아서 알 수 없었다. 그런데 1997년 일본 도쿄의 시부야澁谷 구 히로오廣尾 도립 도서관에서 당시의 일본 신문 〈시사신보時事新報〉에 실린 기사와 태극기 그림이 발견되었다. 발견한 사람은 태극기 연구가이자 서울시청에서 근무하는 송명호다. 그런데 〈시사신보〉에 실린 태극기는 사괘가 건곤감리(☰, ☷, ☵, ☲)가 아닌 손진간리(☴, ☳, ☶, ☲)으로 되어 있어 박영효가 쓴 장계의 내용과는 좀 다르다.

지금의 태극기는 60여 년 전에 탄생

한일합방으로 일본의 식민지가 되면서 태극기는 공식석상에 등장할 수가 없었다. 그러므로 일반인들 중엔 태극기가 정확히 어떻게 생겼는지 알지 못하는 이가 태반이었을 것이다. 오랜 식민지 생활에서 해방되던 날, 사람들이 들고 나온 태극기는 그래서 제각각이었다. 재빨리 독립문으로 달려가 꼭대기에 새겨진 태극기를 보고 베낀 사람이 있는가 하면, 어느 신문 기자는 노인들을 찾아가 태극기 모양을 물었으며, 심지어는 일장기에 청색을 덧칠하고 팔괘를 그려 넣어 급조한 태극기를 들고 나온 사람도 있었다.

이렇게 제각각이던 태극기가 오늘날과 같은 모양으로 통일된 것은 대한민국 정부 수립 후인 1949년, 지금으로부터 약 60년 전이다.

해방 직후인 1945년 10월 20일에 열린 연합군 환영대회에서 미국, 중국, 소련, 영국의 국기와 나란히 걸려 있는 태극기. 지금의 태극기와 다르다.

초대 대통령 이승만은 국기시정위원회를 조직하여 대한민국 국기를 정하게 했다. 사학자 이병도, 이선근, 사학자 겸 한성일보 사장 안재홍, 미술협회장 고희동, 국어학자 최현배, 그 밖에 국회의원, 법조인, 언론인, 학자 등 총 42명의 시정위원을 뽑고 그중에서 12명의 특별심사위원을 구성하여 새 나라의 국기를 놓고 갑론을박을 벌이게 했다. 이참에 태극기를 버리고 완전히 새로운 국기를 만들자는 주장도 나왔지만 사상적으로 '불순한 발언'이라는 이유로 부결되고, 태극기가 당연히 국기가 되어야 한다는 쪽으로 의견이 모였다.

제각각인 태극기를 하나로 통일하기 위해 통일안 후보로 네 가지가 올라왔다. 그중 가장 유력한 후보는 우리국기보양회(지금의 사단법인 대한민국 국기선양회) 안이었다. 국기보양회 안으로 확정되려는 순간, 1949

년 2월에 열린 2차 전체회의에서 다섯 번째 새로운 후보가 등장했다. 독립문에 새겨진 태극기가 그것이다. 표결 결과, 출석인원 23명 중 12명이 독립문 안에 찬성하여 과반수로 가결되었다.

그러나 약 한 달 뒤, 3차 전체회의에서 독립문 안은 취소되고 국기보양회 안이 다시 표결에 부쳐졌다. 결국 국기보양회 안이 찬성 28, 반대 11, 기권 1, 불참 1로 가결되었으며, 1949년 10월 15일 문교부 고시 2호로 '국기제작법'이 공포되었다. 이것이 바로 지금의 태극기다.

태극기에 얽힌 의문

이보다 먼저 상해 임시정부가 통일된 태극기를 정한 적이 있었다. 1942년 6월의 일이었다. 이봉창이 찍은 사진의 배경에 세로로 걸려 있는 태극기가 바로 그것이다. 윤봉길의 사신에 있는 태극기는 같은 태극기이되 거꾸로 걸려 있다. 1948년 8월 15일 대한민국 정부수립 선포식 때 흰 두루마기를 입은 이승만 대통령 뒤에 내걸린 대형 태극기도 상해 임시정부의 태극기와 같은 것이었다.

그런데 왜 이 임시정부 태극기는 대한민국 국기로 채택되지 못했을까? 더욱이 국기 통일안 후보에 임시정부 태극기는 아예 올라오지도 않았다. 1948년 7월 17일 공포된 대한민국 헌법에는 분명히 "대한민국은 임시정부의 정신을 이어받아……"라고 명시되어 있는데 어째서 태극기는 임시정부 것을 이어받지 않았을까?

제1안으로 올라온 구왕궁 소장 안이 임시정부 태극기와 같은 모양을 하고 있긴 하지만, 임시정부 안이란 이름으로 올라온 후보 안이 없다는

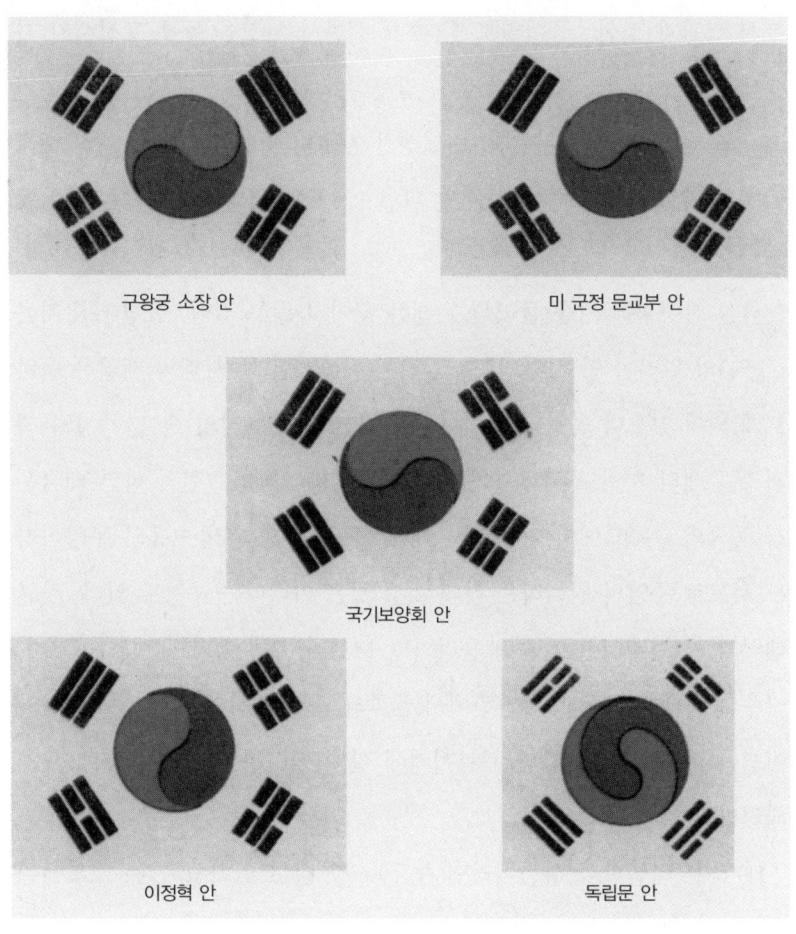

구왕궁 소장 안 / 미 군정 문교부 안 / 국기보양회 안 / 이정혁 안 / 독립문 안

1949년 대한민국 국기를 정하는 국기시정위원회에 제출된 다섯 가지 후보 안.

것은 아무래도 석연치 않은 일이다. 이를 당시 이승만과 김구의 정치적 갈등과 관련지어 해석하면 지나친 억측일까? 김구가 이승만이 지지하는 남한만의 단독정부 수립에 반대했으며 그 때문에 38선까지 넘었던 것은 세상이 다 아는 일이다. 그리고 국기보양회는 대통령 이승만을 명예총재로 하고 회장에 김일수, 고문에 부통령 이시영, 국회의장 신익희, 이하 각부처 장관과 조선·동아일보 등 주요 신문사 사장을 두루 포진시킨 가운데 1948년 4월 창립한 단체다. 김구의 이름은 고문진 명단 끄트머리에 올라 있다. 구색 맞추기라는 인상을 지우기 어렵다. 국기보양회 태극기가 국기로 결정된 지 꼭 3개월 뒤인 1949년 6월 26일, 김구는 피살당했다.

사실 현행 태극기를 둘러싼 논쟁은 끊이지 않고 있다. 현행 태극기는 《주역》의 원리를 딴 것인데, 그 원리에 비추어볼 때 사괘의 배열은 올바르게 되어 있으나 음양의 그림이 잘못되어 있고 음양의 색깔, 즉 붉은색과 푸른색의 자리도 뒤바뀌어 있다는 지적이 있다. 그런가 하면 태극은 꼭 중국의 《주역》에서 따온 것이라 할 수 없으며 우리 고유의 문양이기도 하므로 주역의 원리라는 잣대로 잴 것은 아니라는 주장도 있다. 한편 태극기는 그 뿌리를 거슬러 올라가면 18세기 조선 영조 때에 다다르며, 군주와 사대부 중심의 국가관에서 군주와 백성 중심의 국가관으로 정치이념이 바뀌는 사상적 변화를 기저에 깔고 있다는 주장도 최근에 제기되었다.

태극기. 대한민국 사람이라면 누구나 잘 알고 있다고 믿는 그것에는 모르는 이야기가 너무도 많다.

더 읽을거리

한홍구, 《한홍구의 현대사 다시 읽기》, 노마드북스, 2006.
김상섭, 《태극기의 정체 – 제정과정과 주역원리를 통해 본 태극기 논의》, 동아시아, 2001.
이태진, 고종의 국기 제정과 군민일체의 정치이념, 《고종시대의 재조명》, 태학사, 2000.
김일수, 《국기해설》, 우리국기보양회 출판부, 1957.

■ 사료 속으로

다음은 국기시정위원회의 태극기 통일안 최종 투표 결과다. 우리국기보양회 안이 28표를 얻어 가결되었다. 어찌 된 일인지 당시 문교부 편수과장이던 이봉수의 투표 결과가 빠져 있다.

1949년 3월 25일 제3회 시정위원 전체회의 -중앙청 제1회의실
기면旗面의 형성 심사
제3도안(우리국기보양회의 발표안)으로 시정통일하기로 함.

본건 가결의 찬동자
김홍관 안재홍 이병도 김도태 김영주 이정열 함석기 정인보 고희동 이병기 이중화 최범술 신석호 이규남 김일수 오세창 이선근 김효석 박종만 최창순 김형원 윤석오 이재학 이종모 고재욱 장발 이순석 양재하

불찬동자
이정혁 김찬영 김우열 서상환 옥선진(이상 5인은 제5도안 독립문 안을 주장 또는 찬동)
최현배 장지영 손진태 주기용(이상 4인은 제1도안을 시인 또는 찬동)
노응도 권혁채(이상 2인은 별개 도안을 주장)

기권
이병렬

부재
김훈(도미)

— 김일수, 《국기해설》, 1957

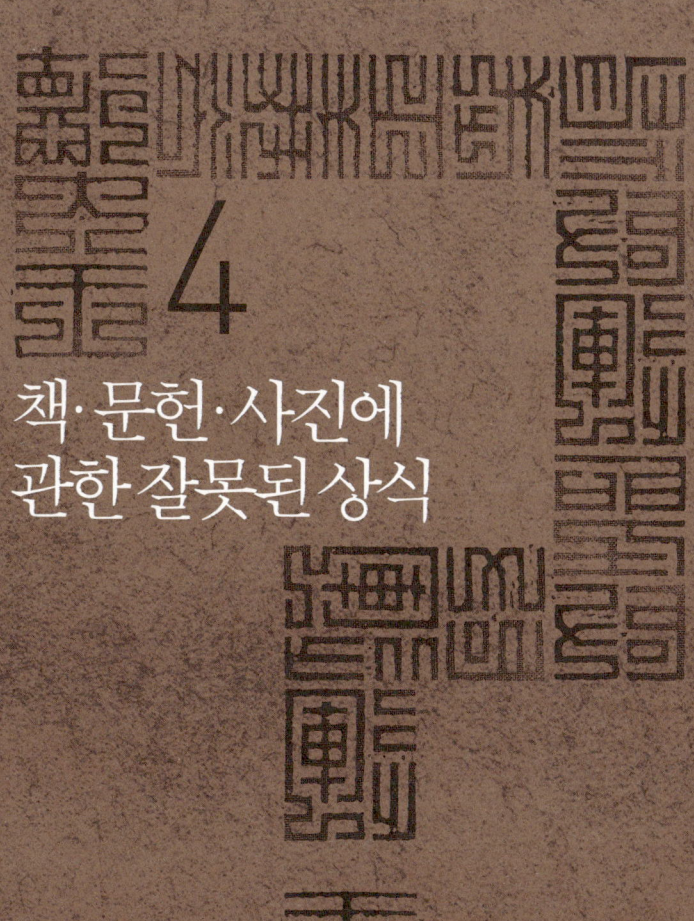

4

책·문헌·사진에
관한 잘못된 상식

책·문헌·사진에 관한 잘못된 상식 30

《삼국유사》에 따르면 고조선은 기원전 2333년에 건국되었다?

"**삼**국유사의 기록에 따르면 고조선은 단군왕검이 건국하였다고 한다(B.C. 2333)."

2005년판 고등학교 《국사》 교과서는 이렇게 서술하고 있다. 현직 중고등학교 교사들이 집필한 대안 교과서라 하여 화제가 된 《살아 있는 한국사 교과서 1》도 다음과 같이 설명하고 있다.

"기원전 2333년, 하늘에서 환인의 아들 환웅이 널리 세상을 이롭게 할 목적으로 이 땅에 내려왔다. ……단군 왕검은 자라서 아사달에 도읍하고 조선이라는 나라를 세웠다. ―《삼국유사》, 일연―"

이에 따르면 고조선의 건국 연대는 기원전 2333년이고 그 근거는 일연의 《삼국유사》다. 그런데 정작 일연의 《삼국유사》를 살펴보면 어디에도 고조선의 건국 연대를 기원전 2333년이라 한 대목이 없다. 《삼국유사》의 해당 부분을 보자.

285

고려 충렬왕 때 승려 일연이 쓴 《삼국유사》. 단군왕검에 대해 기록하고 있는 현전하는 가장 오래된 역사책이다.

"단군왕검은 요임금이 즉위한 지 50년인 경인년에 평양성에 도읍을 정하고 비로소 조선이라 불렀다."

그러면서 일연은 '경인년' 부분에 다음과 같이 주를 달아놓았다.

"요임금 즉위 원년은 무진년이니 즉위 50년은 정사년이지 경인년이 아니다."

그러니까 일연이 말한 고조선 건국 연대는 '요임금 즉위 50년 정사년'이다. 이를 서기로 환산하면 기원전 2284년이다. 《삼국유사》는 고조선 건국 연대를 기원전 2284년이라 하고 있는 것이다.

기원전 2333년의 근거는?

그럼 기원전 2333년은 어디서 나온 것일까? "반만년 유구한 우리 역사"라 할 때의 '반만년'은 기원전 2333년을 기점 삼아 하는 말이며 단기의 출발점도 기원전 2333년인데, 단군 이야기를 기록한 현전하는 최고最古의 역사책 《삼국유사》가 전혀 다른 주장을 하고 있다면 기원전 2333년은 도대체 어디에 근거한 얘기인가?

답부터 말하면, 기원전 2333년은 조선 성종 때의 유학자 서거정이 편찬한 역사책 《동국통감東國通鑑》에 근거한 것이다. 《동국통감》은 '요임금 무진년'에 고조선이 건국되었다고 했다. 이 무진년이 바로 기원전 2333

년이다. 《동국통감》을 보자.

"동방에는 최초에 군장이 없었는데, 신인이 단목 아래로 내려오자 국인이 세워서 임금으로 삼았다. 이가 단군이며 국호는 조선이었는데, 바로 당요_{唐堯} 무진년이었다."

여기서 '당요'의 '당'은 수나라의 뒤를 이은 당나라가 아니라 요임금이 다스리던 때를 말한다. 그런데 서거정은 이어서 이렇게 말하고 있다.

"신 등은 살펴보건대, 《고기_{古紀}》에 이르기를 '단군이 요와 더불어 무진년에 함께 즉위하여……' 라고 하였으니 이 말은 의심스럽습니다. 지금 살펴보건대 요임금이 즉위한 것은 상원 갑자인 갑진년이었는데 단군의 즉위가 그 후 25년 무진년에 있었다면 '요와 더불어 함께 즉위하였다'라고 한 것은 잘못입니다."

예리한 독자라면 뭔가 이상한 점을 발견했을 것이다. 《삼국유사》는 무진년을 요임금 '즉위 원년' 이라 하고 있는데, 《동국통감》은 무진년을 요임금 '25년' 이라 하고 있는 것이다. 도대체 무진년은 요임금 즉위 원년인가, 아니면 즉위 25년인가?

문제는 요임금 즉위년이 정확히 언제인지 분명하지 않다는 데 있다. 중국 역사에서 요임금이 언제 즉위했는가는 오랜 논란거리였다. 크게 보아 무진년설과 갑진년설로 나눌 수 있는데, 무진년설을 주장한 것은 1078년 유서_{劉恕}가 편찬한 《자치통감 외기》다. 유서는 사마광과 함께 《자치통감》을 편찬한 다음, 요·순을 비롯한 상고시대 일을 별도로 모아 《외기》를 썼다.

한편 《자치통감 외기》보다 약 800년 먼저 나온 황보밀_{皇甫謐}의 《제왕세기_{帝王世紀}》는 갑진년을 주장했다. 갑진년은 무진년보다 25년 올라간

경북 청도 운문사. 일연은 이곳의 주지로 있으면서 《삼국유사》를 썼다고 한다.

기원전 2357년이다. 일연은 무진년설을 택했고, 서거정은 갑진년설을 택했다. 그래서 서거정은 무진년을 요임금 즉위 25년이라 한 것이다.

여기서 잠깐, 일연과 동시대인 고려 말에 살았던 이승휴의 《제왕운기》를 보자. 이승휴는 《제왕운기》를 쓰면서 일연과 마찬가지로 무진년설을 택했다. 그런데 이승휴는 고조선 건국 연대를 일연과 달리 요임금 즉위 50년이 아니라 즉위년이라 했다. 조선시대에 편찬된 《세종실록지리지》, 권람이 지은 《응제시주》에도 《제왕운기》처럼 요임금 즉위년에 건국되었다고 쓰여 있다. 이쯤 되면 머릿속이 혼란스럽다. 요임금 50년, 25년, 즉위년…… 도대체 어느 것이 맞는 걸까?

요컨대, 여기서 알 수 있는 것은 고려시대나 조선시대에 고조선의 건국 연대는 한 가지로 확정된 것이 아니라 여러 가지 설이 공존했다는 사실이다. 그리고 오늘날 고조선 건국 연대로 통용되고 있는 것은 바로

《동국통감》의 '요임금 25년 무진년' 설이다.

고조선의 실제 건국 연대는?

사실 고조선의 정확한 건국 연대는 아직 밝혀지지 않았다. 기원전 2333년이든 2284년이든, 요임금 즉위년이든 25년이든, 한반도와 그 주변의 청동기시대 상한선에 대한 현재 한국 고고학 연구 성과와는 맞지 않다. 대개의 한국사 학자들은 고조선의 실제 건국 연대를 기원전 10세기 이후로 보고 있다.

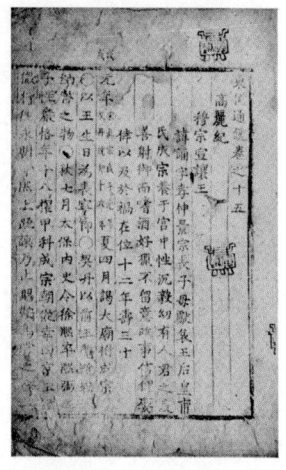

조선시대 유학자 서거정이 편찬한 《동국통감》. 고조선의 건국 연대로 통용되고 있는 기원전 2333년은 《동국통감》에 근거한 것이다.

또한 중국 역사에서 아직 그 실체가 정확하게 드러나 있지 않은 요임금을 기준 삼아 고조선 건국 연대를 가늠한다는 것도 오류 가능성을 충분히 내포하고 있다. 중국 고대사에서 요순시대라 일컬어지는 시대의 연대는 나중 사람들이 추리하여 대강의 윤곽을 잡아놓은 것이지 정확한 근거가 있는 것이 아니며 기록마다 조금씩 다르기 때문이다.

여하튼 현재 단기의 기준이 되고 있고 고조선의 건국 연대로 통용되고 있는 기원전 2333년은 고려 때 승려 일연의 《삼국유사》가 아니라 조선 초의 유학자 서거정의 《동국통감》에 근거한다. 그런데도 일반인들에게 일연의 《삼국유사》라고 알려져 있는 까닭은, 현재까지 전해오는 역사책 중에 《삼국유사》가 단군에 관한 기록을 싣고 있는 가장 오래된 책이기 때문일 것이다. 이와 같은 오류를 의식한 까닭인지 2006년에 발행된 고등학교 《국사》 교과서는 문제의 구절을 다음과 같이 수정해놓았다.

"삼국유사와 동국통감의 기록에 따르면, 고조선은 단군왕검이 건국하였다고 한다(기원전 2333)."

하지만 이 또한 오해의 소지가 남아 있다. 《삼국유사》와 《동국통감》 양쪽에 다 그렇게 기록되어 있다고 해석될 수 있기 때문이다.

사료 속으로

《동국통감》은 조선 세조의 명으로 편찬되기 시작하여 성종 때 서거정에 의해 완성된, 삼국부터 고려 말까지의 역사를 다룬 역사책이다. 삼국 이전, 즉 단군조선부터 삼한까지의 역사는 '외기'라 해서 별도로 다루고 있는데, 그 이유는 근거가 없으므로 헛말을 실을 수 없기 때문이라 했다. 《동국통감》은 성종, 광해군, 숙종, 영조 등 조선의 역대 왕들이 즐겨 읽은 역사책이다. 그러나 훗날 민족주의 사학자 신채호는 "사대주의에 물든 최악의 사서"라고 혹평을 했다.

생각하건대, 우리 조선은 예부터 문헌으로 일컬어온 나라입니다. 단군은 당요와 한때에 왕위에 올랐으니, 백성은 저절로 순후하고 풍속은 스스로 질박하였으며, 기자는 주나라 무왕의 봉함을 받음으로, 지나간 것에는 감화되고 남아 있는 것은 신비하였습니다. 그러나 옛 전적典籍으로 징험할 수 없으니, 어찌 헛말을 실을 수 있겠습니까?

— 서거정, 《동국통감》을 올리는 글[進東國通鑑箋], 성종 16년(1485)

더 읽을거리

이덕일, 《고구려 700년의 수수께끼》, 대산출판사, 2000.
이기백, 고조선의 국가형성, 《한국사 시민강좌 제2집》, 1988.
방선주, 한·중 고대 기년紀年의 제문제, 《아시아문화》 2, 1987.

책·문헌·사진에 관한 잘못된 상식 31

백제의 왕인 박사는
일본에《천자문》을 전해주었다?

'하늘 천天 따 지地 검을 현玄 누를 황黃……'으로 시작하는《천자문》은 중국 양梁나라 때 주흥사周興嗣라는 사람이 쓴 것이다. 세간에 도는《석봉 천자문》때문에《천자문》의 지은이를 한석봉으로 알고 있는 사람도 있는데, 이것은 주흥사가 지은《천자문》을 조선시대의 명필 한석봉이 글씨 쓴 것이다.

주흥사의《천자문》은 일명 백수문白首文이라고도 불린다. 양나라 왕 무제의 명을 받은 주흥사가 하룻밤을 꼴딱 새워 완성하고 나니 머리가 하얗게 세고 말았다고 해서 붙은 별명이다. 주흥사는 470년에 태어나 521년에 죽었다. 그런데 백제의 왕인 박사가 일본에《천자문》과《논어》를 전한 것은 4세기 말에서 5세기 초로 알려져 있다. 좀더 자세히 말하면 왕인은 백제 근초고왕(재위 346~375) 혹은 근구수왕(재위 375~384)부터 아신왕(재위 392~405) 사이의 어느 때, 즉 346년에서 405년 사이에 일본

일본 오사카에 있는 왕인 묘. 도쿄의 우에노 공원에는 왕인 비석도 있다.

에 건너갔다고 한다. 그렇다면 왕인이 일본에 갈 때 주흥사는 아직 세상에 태어나지도 않은 사람이다. 어찌 된 일일까?

다른 사람이 쓴 《천자문》도 있다?

이에 대해 일찍이 역사학자 이병도는 왕인이 전한 《천자문》은 주흥사의 《천자문》이 아니라 다른 사람이 쓴 《천자문》이라고 말했다. 《천자문》은 말 그대로 천 개의 한자를 운을 맞추어 이어 쓴 시로서, 주흥사 이전에도 여러 사람이 쓴 여러 종류의 《천자문》이 있었으며 왕인이 전한 것은 그중 하나라는 것이다. 그러면서 이병도는 왕인이 전한 《천자문》은 중국 위나라 사람 종요鍾繇가 쓴 《천자문》이라 했다. 종요는 당대의 명필로서, 그의 《천자문》은 '천지현황'으로 시작하는 주흥사의 《천자문》

과 달리 '이의일월二儀日月'로 시작한다.

이병도 이후 학계에서는 왕인이 전한 《천자문》은 주흥사 아닌 다른 사람이 쓴 《천자문》이라는 것이 정설이었다. 물론 일반 독자들에게는 그나마도 제대로 알려지지 않아서 지금 이 순간에도 왕인이 전한 천자문하면 으레 '하늘 천 따 지' 하는 주흥사의 《천자문》을 떠올리지만 말이다.

《천자문》은 그렇다 치고, 왕인에 대한 정설은 어떤 것일까? 왕인은 일본에 우수한 우리 문화를 전파하고, 무지 상태에 있던 일본인들에게 《논어》와 《천자문》을 소개하여 문물에 눈뜨게 한 인물로, 전라도 영암에서 태어났다는 것이 정설이다. 최근 영암에서는 왕인을 기념하는 각종 건축물과 행사, 축제가 해마다 수를 더하고 있다.

그런데 왕인에 대한 재조명이 다각도로 이루어지면서 이러한 정설에 의문이 제기되고 있다. 의문의 핵심은 이렇다. 과연 왕인의 생존 및 활동 연대는 4세기인가? 왕인의 탄생지는 정말 영암인가?

의문을 푸는 데 가장 큰 걸림돌은 현전하는 왕인에 대한 기록이 오로지 일본 것뿐이라는 사실이다. 《삼국유사》나 《삼국사기》 어디에도 왕인에 대한 기록은 없다. 지금까지 알려진 바에 따르면, 우리 기록에 왕인이 최초로 등장하는 것은 19세기 초에 간행된 한치윤의 《해동역사》다.

> 오진천황應神天皇 15년에 백제 구소왕이 아직기라는 사람을 보내왔는데, 그 당시 그는 경전을 잘 읽었으므로, 황자 토도치랑자菟道稚郎子의 스승이 되었다. 천황이 "너보다 더 나은 박사가 있느냐" 하고 묻자, 대답하기를 "왕인이라는 자가 있는데, 나보다 더 뛰어납니다" 하였다. 황제가 백제에 사신을 보

내어 왕인을 불렀다. 다음 해 2월에 (왕)인이 천자문을 가지고 내조來朝하여서 황자 토도치랑자에게 효경과 논어를 전수했다.

그러나 이보다 20여 년 전 이덕무가 쓴 《청령국지蜻蛉國志》에 똑같은 내용이 실려 있고, 또 150여 년 전인 17세기 중엽에 남용익南龍翼이 쓴 일본 사행기 《부상록扶桑錄》 문견별록에 간단하게나마 왕인의 활동상이 기록되어 있으니, 한치윤의 《해동역사》가 최초라는 기왕의 정설은 수정되어야 할 것 같다.

문제는, 이들 내용 또한 전적으로 일본 측 자료에 의거하고 있다는 점이다. 한치윤의 기록은 18세기 초 일본의 의사 시라시마 료오안寺島良安이 편찬한 《왜한삼재도회倭漢三才圖會》('화한삼재도회'라고도 한다)의 '이국인물항' '조선조'에 실린 내용을 옮겨놓은 것이다. 이는 한치윤 스스로 밝힌 일이다. 이덕무 또한 같은 책을 참고했다고 말하고 있다. 그런데 《왜한삼재도회》의 내용은 천여 년 전인 720년에 편찬된 일본 역사책 《일본서기》의 그것과 거의 같다. 《일본서기》 오진천황 15년 8월의 기사를 보자.

아직기는 또 경전을 잘 읽었으므로 태자인 토도치랑자의 스승으로 삼았다. 이때 천황이 아직기에게 "혹 너보다 뛰어난 박사가 또 있느냐"고 물으니, "왕인이라는 분이 있는데 훌륭합니다"라고 대답했다. 그러자 상모야군上毛野君의 조상인 황전별荒田別과 무별巫別을 백제에 보내 왕인을 불렀다.

책 · 문헌 · 사진에 관한 잘못된 상식

5세기 전반의 일본 고분에서 발굴된 토기들. 왕인이 일본에 건너간 것은 4세기 중엽에서 5세기 초로 추정된다.

우리 기록에는 없는 왕인

　우리에게 남아 전하는 왕인에 대한 정보는 오로지 입에서 입으로 전해온 구비전승뿐이다. 그에 비해 일본 역사책에는 왕인에 대한 기록이 일찍감치 등장한다. 《일본서기》보다 8년 앞선 712년에 편찬된 《고사기》에는 '와니和邇'란 인물이 오진천황 때 《논어》 10권과 《천자문》 1권을 갖고 왔다고 쓰여 있는데, 이가 곧 왕인이라고 추정된다.

　일본의 왕인에 대한 주목은 계속되었다. 특히 눈에 띄는 것은 18세기 에도시대에 불붙은 일본 국학國學, 그리고 일제시대에 벌어진 왕인 현창 사업이다. 18세기 일본 국학은 일본 고대사 연구에 주력했고, 그런 가운데 일본에 문풍을 일으킨 인물로 왕인을 지목했다. 왕인이 전한 《천자문》이 주흥사 작품이 아니라 종요의 작품이라는 이병도의 주장도 실은 일본의 국학자 다니가와 고토스가谷川士淸의 견해를 따른 것이다. 다니가와는《일본서기》주석서를 쓴 인물이기도 하다.

도쿄의 우에노 공원에 왕인 박사 비석이 세워지고 일본 학계에서 왕인에 대한 논문이 가장 활발하게 발표된 것은 만주사변에서 대동아전쟁에 이르는 1930년대부터 1940년대의 일이었다. 놀라운 사실은, 왕인의 탄생지가 영암이라고 구체적으로 거론된 게 바로 그 즈음이라는 것이다.

1932년 나주 영산포에 있던 본원사本願寺의 일본인 주지 아오키青木惠昇는 왕인의 탄생지를 영암군 구림리라고 지목하고, 기금을 모아 동상을 세우고 구림리를 유적지로 만들자면서 '왕인 박사 동상 건립 추진 취지문'을 썼다. 취지문의 주요 내용은 이러하다.

> 박사 왕인은 1,650년 전 사람인데, 16대 오진천황의 어지御旨를 받들고 백제 구소왕의 추장推獎으로서 내공하여 비로소 전적을 바치고 문교를 전하고 두 황자를 훈육하고 받든 이래 삼조에 역사하였다. ……세월이 흘러감에 따라 박사의 구지舊地 영암군 구림리의 유적은 문헌이 전혀 없고 구비로 전해져와 진실로 애통스럽다.

아오키와 같은 시기에 충남 공주의 유학자 이병연李秉延이《조선환여승람》이란 책을 편찬하면서 영암 지방에서 전하는 왕인 설화를 기록해 놓았는데, 문제는《조선환여승람》이전에는 우리 역사책이나 지리서 어디에도 이 설화가 실린 적이 없으며 왕인의 탄생지를 영암이라 한 적도 없다는 것이다.

이런 사정들 때문에 일본의 왕인 현창 사업은 '내선일체'를 외치던 당시 일본의 정치적 목적이 개입돼 있다는 비판으로부터 자유롭지 못하

전라남도 영암에 세워진 왕인 기념관. 영암에서는 해마다 왕인 기념 행사와 축제가 활발히 열리고 있다.

다. 바꿔 말하면, 일본이 '내선일체' 선전에 왕인을 이용했다는 것이다.

그 후 영암 출생설은 더는 거론되지 않고 침묵 속에 가라앉았다가 해방 이후인 1970년대에 다시 떠올랐다. 그리고 어느덧 '사실'로 굳어져 각종 추모사업과 유적지 정비사업이 전개되고 구림리 유적지는 지방기념물로 지정되기에 이르렀다.

왕인의 탄생지가 정말 영암인지 밝혀주는 사료는 아직 발견되지 않았다. 물론 문자로 남아 있는 사료가 없다 해서 무조건 부정할 건 아니다. 사료는 앞으로 새로 발견될 수도 있고, 또 문자 아닌 구비 전승이라 해서 무시되는 것은 아니기 때문이다. 그러나 왕인에 대한 영암 일대의 전승은 신라 말 풍수지리의 대가로 영암 출신이었던 도선대사의 전승과 뒤섞여 있기 때문에 조심스럽다. 주인공이 도선에서 왕인으로 어느 틈엔가 바뀐 전설이 적잖은 것이다.

풀어야 할 의혹들

왕인에 대한 최근의 한 연구는 왕인은 4세기 인물이 아니라 6세기 인물이며 그가 전한 《천자문》은 주흥사의 《천자문》이 맞다고 주장하여 주목을 끈다. 《천자문》에 여러 종류가 있는 건 사실이지만 종요의 《천자문》은 그 존재를 입증할 근거가 취약하다는 점, 백제에서 '박사'라는 호칭이 쓰인 시기가 6세기라는 점, 《천자문》과 함께 전한 《논어》 10권은 6세기 양 무제 때 편찬된 《논어의소論語義疏》일 가능성이 크다는 점 등이 그 이유다. 그러면서 《일본서기》나 《고사기》가 6세기 인물인 왕인을 4세기 인물로 앞당겨 기록한 이유를, 당시의 최고 선진문화였던 유교 문화가 일본에 전해진 시기를 앞당기고 싶어한 일본인들의 소망이 투영된 것이라고 풀이한다.

한편 왕인을 4~5세기 무렵 영암을 중심으로 영산강 주변에 퍼져 있던 대형 옹관묘 축조 집단과 관련지어, 왕인은 그 집단의 대표자 또는 상징적 인물로서 일본과 교류한 존재로 보는 견해도 있다.

왕인은 아직 수수께끼에 싸여 있는 인물이다. 4세기 인물인지 6세기 인물인지, 태어난 곳이 전라도 영암인지 아닌지, 그가 전한 《천자문》이 주흥사의 것인지 아닌지, 확실치 않다. 더구나 그의 행적에 주목하고 의미부여해온 과정이 일제시대에는 일본의 침략논리와 맞물려 있고, 최근에는 지방자치제도의 활성화와 더불어 급격히 늘고 있는 각 지역 출신 인물의 영웅 만들기 현상과 무관하지 않음을 고려할 때, 신중하게 판단해야 할 것이다.

■ 사료 속으로

다음은 조선 후기의 실학자 이덕무가 기록한 왕인에 대한 이야기다. 지금까지 왕인에 대한 최초의 우리 기록으로 알려져 있던 《해동역사》보다 20년쯤 앞선 것이다. 그러나 내용은 《해동역사》와 다를 바 없다. 왜냐하면 둘 다 일본 자료를 참고하여 썼기 때문이다.

오진 왜황 15년(215)에 백제 사람인 아직기가 《역경》, 《효경》, 《산해경》을 바치니, 황자 토도치가 사사하였다. 아직기가 또 박사 왕인을 추천하니, 오진이 사자를 보내어 청하였다. 구소왕이 보내라고 명하매, 왕인이 《천가문千家文(천자문)》을 가지고 이르니, 토도치가 또 사사하여, 유교가 비로소 행해졌다.

— 이덕무, 청령국지, 《청장관전서》 64

더 읽을거리

강봉룡, 《바다에 새겨진 한국사》, 한얼미디어, 2005.
한일문화친선협회, 《학성 왕인박사》, 홍익재, 2001.
이해준, 《역사 속의 전라도》, 다지리, 1999.
이근우, 왕인의 《천자문》·《논어》 일본전수설 재검토, 《역사비평》, 2004년 겨울호.
김병인, 왕인의 "지역 영웅화" 과정에 대한 문헌사적 검토, 《한국사연구》 115, 2001.

도선대사는 왕건에게 《도선비기》를 주었다?

도선道詵대사는 풍수지리의 대가요 왕건이 견훤, 궁예와 팽팽한 대결을 벌인 끝에 후삼국을 통일하고 고려를 세우는 데 결정적 도움을 준 것으로 첫손 꼽히는 인물이다. 전하는 말에 따르면, 도선은 왕건이 아직 태어나기도 전에 왕 될 인물이라고 예언하면서 그 아버지에게 천하통일의 비결을 적은 《도선비기道詵秘記》를 건네주었다 한다. 《도선비기》는 도를 깨치지 않은 사람의 눈엔 한 글자도 보이지 않는다는 신비의 책이다. 그래서 왕건을 주인공으로 한 TV 드라마는 신비의 책을 해독하기 위해 심신 단련에 전념하는 청년 왕건의 비장한 모습을 보여주기도 했다.

왕건과 도선의 인연은 《고려사》에 자세히 묘사되어 있어 의심할 여지가 없어 보인다. 그러나 당시 상황을 꼼꼼히 살펴보면 사정은 달라진다. 도선은 왕건이 아니라 왕건의 라이벌인 후백제의 견훤과 밀접한 관

태조 왕건의 고려 건국에 공헌했다고 알려져 있는 도선대사의 진영.

련을 맺고 견훤을 지원했을 가능성이 훨씬 크다.

도선에 대해 우리가 아는 것

도선의 출생지와 활동 무대는 전라도였다. 다름 아닌 견훤의 후백제 지역이었다. 도선은 전라도 영암 구림리에서 태어났으며 성은 김씨라고 한다. 어머니는 강씨 혹은 최씨라 하며, 아버지는 신라 태종무열왕 김춘추의 서얼손이라 한다. 이렇게 애매하게 말할 수밖에 없는 이유는 도선의 생애가 사실상 베일에 싸여 있기 때문이다. 현재 남아 있는 도선의 생애에 관한 기록들은 후대의 윤색이 워낙 심해 그대로 믿기가 어렵다. 가장 믿을 만하다고 여겨지는 최유청의 '옥룡사玉龍寺 선각국사비명先覺國師碑銘'도 도선이 죽은 지 250여 년이 지난 뒤에 쓴 것이다.

뿐만 아니라 《삼국유사》나 《삼국사기》에는 도선대사에 대한 기록이 한 줄도 나오지 않는다. 《삼국사기》야 유학자인 김부식이 편찬한 것이니 그렇다 치더라도, 승려인 일연이 편찬한 《삼국유사》에 도선이 언급되지 않은 것은 자자했다는 도선의 명성을 고려할 때 선뜻 이해되지 않는 일이다.

또한 도선대사와 관계 깊은 다른 선승禪僧들의 비문에도 도선은 등장하지 않는다. 특히 도선의 스승으로 일컬어지는 혜철惠哲, 도선과 같은 동리산파인 윤다允多의 비문에 도선이 전혀 등장하지 않는 것을 어떻게 해석해야 할까?

도선의 사법제자라 하는 경보慶甫의 비문에는 경보의 스승을 '도승道乘'이라 하고 있다. 이 도승을 도선과 동일인이라 여겨왔지만, 그렇지 않다는 반론도 만만치 않다.

이런 의혹들 때문에 오늘날 전해지고 있는 도선에 대한 정보, 이를테면 옥룡사 주지 경보가 도선의 사법제자였다든지, 도선이 선종 9산의 하나인 동리산문桐裏山門의 법맥을 이었다든지 하는 얘기에 전반적인 의문을 던지면서 도선을 전적으로 새롭게 조명해야 한다는 목소리가 높다.

오늘날 도선은 수많은 전설과 일화의 주인공이 되어 있다. 웬만한 절 치고 도선을 창건자로 내세우지 않은 절이 없으며, 풍수지리에 관한 것이면 으레 도선이 들먹여진다. 이 또한 도선의 생애를 신비에 싸이게 만든 요인이다. 그래도 가장 믿을 만한 최유청의 '옥룡사 선각국사비명'을 토대로 도선의 생애를 추적해보자.

도선은 827년 신라 흥덕왕 2년에 태어나 20세에 동리산파의 시조 혜철의 제자가 되고, 천도사에서 구족계具足戒를 받았으며, 전국을 방랑하며 수도한 뒤 광양 백계산의 옥룡사 주지로 35년간 있다가 898년 72세로 입적했다.

도선이 입적한 때는 신라 효공왕 2년이다. 견훤은 이미 6년 전인 892년 무진주(지금의 전라도 광주)에서 자립하여 왕을 칭하고 있었다. 하지만 그때 왕건은 아버지와 함께 궁예 밑으로 들어간 22세의 청년에 불과했다. 왕건이 궁예를 몰아내고 왕위에 오른 것은 그로부터 20년 뒤의 일이

도선대사가 지었다는 월출산 자락의 도갑사. 도선은 수많은 전설과 일화의 주인공이다. 웬만한 절치고 도선을 창건자로 삼지 않은 절이 없고, 풍수와 명당이라면 으레 도선의 이름이 오르내린다.

며, 후삼국을 통일하기까지는 왕위에 오른 뒤 17년이란 시간이 더 걸렸다. 그러므로 도선과 왕건이 직접 만났거나 혹은 어떤 식으로든 연결되었을 가능성은 매우 희박하다고 할 수밖에 없다.

그에 비해 도선이 견훤과 연결되었을 가능성은 충분하다. 도선의 뒤를 이어 옥룡사 주지가 된 경보는 견훤과 밀접한 관계를 유지하고 있었다. 경보는 당나라 유학에서 돌아올 때도 견훤의 도움을 받았으며, 돌아와서도 견훤의 배려로 옥룡사에 머물렀다. 당시 옥룡사는 견훤의 세력권 안에 들어 있었으며, 경보와 견훤의 관계는 후백제가 멸망하기 직전까지 계속되었다. 이런 점들을 고려할 때, 도선은 왕건이 아니라 견훤과 연결되어 있었을 가능성이 매우 크다는 것이다.

도선과 왕건의 창작된 인연

그럼 도선이 왕건을 지지했다는 이야기는 어떻게 생긴 것일까? 왕건이 후삼국을 통일하면서 만들어진 것으로 보인다. 도선이 입적한 지 5년 뒤, 왕건은 수군을 거느리고 전라도 나주를 공략하여 적국 후백제의 한복판에 근거지를 마련했다. 그리고 나주를 근거지 삼아 전라도 일대의 주요 인물들을 포섭했다. 두 번째 왕비 장화왕후 오씨와 그 집안, 영암 무위사의 주지 형미逈微, 곡성 대안사의 주지 윤다, 광양 옥룡사 주지 경보, 학자 최지몽崔知夢 등이 그들이다.

아마도 왕건은 이들로부터 5년 전 세상을 뜬 도선의 명성을 들었을 것이다. 왜냐하면 이들은 이런저런 경로로 도선과 닿아 있는 사람들이기 때문이다. 윤다는 선종 9산의 하나인 동리산파의 종주宗主이니, 도선의 스승 혜철이 동리산파의 시조임을 고려할 때 도선과 연결되었을 테고, 최지몽과 경보는 도선과 같은 영암 출신이다. 특히 경보는 원래 견훤과 연결되어 있었으나 나중에 왕건과 손잡음으로써 왕건과 도선을 이어주는 결정적 고리가 되었다. 만약 도선의 풍수지리 저술이 남아 있었다면 이들을 통해 왕건의 손에 들어갔을지 모른다.

그 후 도선의 풍수지리설은 왕건의 세력 확대와 후삼국 통일에 적극 활용되었다. 왕건과 도선의 끈끈한 인연은 후세에 창작되었으며, 왕건이 남겼다는 '훈요십조'와 최유청이 쓴 '도선국사 비문'에도 반영되었다.

풍수지리설은 나말여초, 즉 신라 말부터 고려 초기에 걸쳐 유행하면서 호족들에게 큰 환영을 받았다. 왜냐하면 풍수지리설은 수도 금성(경주)이 아닌 지방의 여러 곳을 명당이라고 지목함으로써 수도 중심, 중앙

지관이 사용하는 패철. 패철은 휴대용 나침반을 말한다. 19세기. 개인 소장.

귀족 중심에서 지방의 호족 중심으로 사고방식을 바꿔놓는 데 일조했기 때문이다. 그런 점에서 풍수지리설은 실로 호족의 사상이었다.

당시 한다 하는 호족들은 모두 풍수지리설에 큰 관심을 기울였다. 견훤이 경보를 극진히 대우했다든지, 궁예가 도읍을 옮기면서 산천형세를 두루 살피고 연호를 지을 때 음양오행설에 근거하여 수덕만세라 했다든지, 호족 세력이 강했던 천안에 어떤 술자術者가 있어 '오룡이 구슬을 다투는 형세'라 했다든지 하는 등등이 그를 말해준다. 요컨대 호족들은 저마다 자신을 지지하는 풍수지리설을 갖고자 했던 것이다.

하지만 오늘날 남아 전하는 풍수지리설은 죄다 왕건을 지지하거나 왕건과 관계있는 것들뿐이다. 어째서 그럴까? 왕건이 후삼국을 통일하면서 각 지역의 호족들은 왕건 휘하에 들어가거나 아니면 제거되었다. 그와 함께 그들을 뒷받침하던 풍수지리설은 왕건을 주인공으로 하는 풍수지리설로 슬쩍 바뀌거나 아니면 자취를 감추었다고 여겨진다.

도선은 당나라에 유학 간 적 없다

왕건을 주인공으로 하는 풍수지리설은 고려시대에 들어 시간이 갈수록 강화되었다. 도선에 대한 고려 왕실의 대우가 갈수록 정중해지는 것을 보면 미루어 짐작할 수 있다. 도선은 8대 현종 때는 대선사大禪師에 추증되고, 15대 숙종 때는 왕사王師에, 17대 인종 때는 국사國師에 추증되었다. 그와 함께, 도선의 행적에 신비스러운 요소가 가미되고 왕씨와의 관계에 한층 더 윤색이 심화되었으리란 건 짐작하기 어렵지 않다.

하나 더 있다. 도선이 풍수지리설을 깨친 것은 당나라에 유학하여 풍수지리의 대가인 일행一行에게 배운 것이라 하는데, 이 또한 사실이 아니다. 이 이야기는 김관의金寬毅가 편찬한 《편년통록編年通錄》에 나온다. 그러나 도선은 중국에 유학한 적이 없으며, 더군다나 일행이라는 승려는 712년에 태어나 756년, 도선이 태어나기 무려 70여 년 전에 세상을 뜬 인물이다. 그런데 어떻게 도선이 일행에게 배웠다는 얘기가 나왔을까?

당나라에 유학했던 것은 도선이 아니라 도선의 스승 혜철이었다. 혜철은 일행에게 직접은 아니지만, 그의 지리법을 배운 것으로 여겨진다. 당나라 승려인 일행의 권위를 빌리기 위해 도선의 유학설이 나온 게 아닐까 싶다.

도선의 저술로는 《도선비기》, 《도선답산가》, 《옥룡기》, 《송악명당기》, 《도선밀기》, 《삼각산명당기》 등이 있다 하나, 이중 오늘날 제대로 전하는 것은 없고, 대부분 후대에 지어진 것이다.

■ 사료 속으로

최유청의 '선각국사비명'은 도선이 풍수지리설을 깨치게 된 과정을 매우 신비스럽게 설명하고 있다. 이 비문은 도선이 입적한 때부터 252년 뒤에 지은 것으로 후대의 윤색이 적지 않지만, 오늘날 남아 있는 도선에 대한 기록으로 그래도 가장 믿을 만하다.

처음에 대사가 옥룡사를 중건하기 전에는 지리산 구령甌嶺에서 암자를 짓고 있었는데, 이상한 사람이 대사 앞에 와서 뵙고 말하기를, "제가 세상 밖에서 숨어 산 지가 근 수백 년이 됩니다. 조그마한 술법이 있어 대사님에게 바치려 하니, 천한 술법이라고 비루하게 여기지 않으신다면 뒷날 남해의 물가에서 드리겠습니다. 이것도 역시 대보살이 세상을 구제하고 인간을 제도하는 법입니다" 하고, 온데간데없어졌다. 대사가 기이하게 생각하고 그가 말한 남해의 물가를 찾아갔더니, 과연 그런 사람이 있었는데 모래를 쌓아 산천의 순역順逆 형세를 보여주었다. 돌아본즉 그 사람은 없어졌다. 그 땅은 지금 구례현求禮縣 경계인데, 그곳 사람들이 사도촌沙圖村이라 일컫는다. 대사가 이로부터 환하게 깨달아 음양 오행의 술법을 더욱 연구하여, 비록 금단金檀과 옥급玉笈의 깊은 비결이라도 모두 가슴속에 새겨두었다.

— 최유청, '백계산 옥룡사 증시선각국사비명', 고려 의종 4년(1150), 《동문선》 제117권

더 읽을거리

김지견 외, 《도선 연구》, 민족사, 1999.
류주희, 풍수지리는 과연 미신인가, 《고려시대 사람들은 어떻게 살았을까 1》, 1997.
이기백, 한국 풍수지리설의 기원, 《한국사 시민강좌》 14, 일조각, 1994, 《한국고대정치사회사연구》, 일조각, 1996.
최병헌, 도선의 생애와 나말여초의 풍수지리설, 《한국사연구》 11, 1975.

이규보의 〈동명왕편〉은 민족의식을 드높이기 위해 쓴 것이다?

몽골 침입기에 쓰인 민족서사시하면 독자들은 얼른 이규보의 〈동명왕편〉과 이승휴의 《제왕운기》를 떠올릴 것이다. 그런데 이승휴의 《제왕운기》에 대해서는 몽골 침입기의 민족서사시라는 설명이 전적으로 옳지만, 이규보의 〈동명왕편〉은 몽골 침입이 시작되기 무려 38년 전에 쓰인 것으로 몽골 침입과 아무 상관이 없다.

이규보가 〈동명왕편〉을 쓴 것은 고려 명종 23년(1193년) 4월, 그의 나이 26세 때였다. 고려가 몽골과 처음 접촉한 것은 그로부터 26년 뒤인 1219년. 당시 고려는 몽골의 요청으로 몽골 군과 함께 거란과 싸워, 김취려가 이끄는 고려군이 강동성에서 승리를 거두었다. 그로부터 다시 12년 뒤인 1231년, 고려는 몽골의 1차 침입을 맞게 된다. 〈동명왕편〉과 몽골 침입은 실로 38년이란 시간차를 두고 있는 것이다.

뿐만 아니라 이규보가 〈동명왕편〉을 쓸 때는 몽골은 물론 거란, 여진,

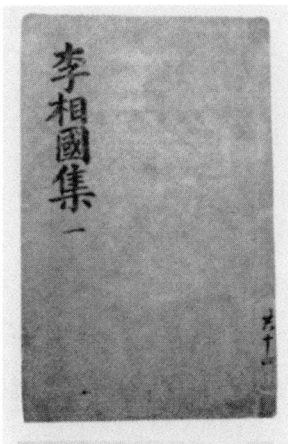

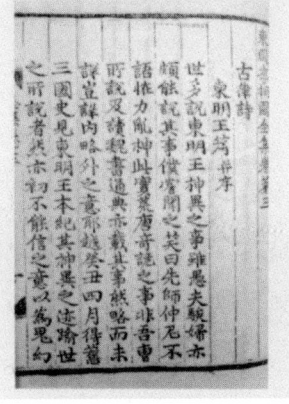

이규보의 문집 《동국이상국집》 표지와
그에 수록된 〈동명왕편〉.

어느 민족과도 민족적 저항심을 불러일으킬 만한 상황이 벌어지지 않았던 시기다. 거란이 세운 요나라는 이미 멸망한 뒤였고, 여진이 세운 금나라와는 이렇다 할 충돌이 없었으며, 몽골은 아직 칭기즈 칸이 부족을 통일하기 전이었다.

민족의식과는 별 상관없는 〈동명왕편〉

그럼 〈동명왕편〉의 진짜 창작 동인은 무엇일까? 당시 고려는 무신정변으로 무신들이 집권한 지 20여 년, 천민 출신인 이의민이 무신정권의 최고 권력자가 된 지 10년을 맞고 있었다. 무신정권의 전횡과 관리들의 부패, 백성들의 피폐한 생활, 도처에서 일어나는 민란 등으로 고려 사회는 총체적 위기에 빠져 있었다. 20대의 청년 이규보는 세 번이나 낙방한 끝에 네 번째에 겨우 과거에 급제했으나 때마침 부친상을 당하여 천마산에 우거하며 백운거사라 자칭하고 있었다. 〈동명왕편〉은 이 같은 상황에서 탄생한 작품이다.

서문에서 이규보는 《구삼국사》에 실려 있는 〈동명왕 본기〉를 읽어보니 그것은 믿을 수 없는 황당무계한 이야기가 아니라 건국을 둘러싼 장

이규보의 〈동명왕편〉은 민족의식을 드높이기 위해 쓴 것이다?

강화도에 있는 이규보 묘. 그의 고향은 경기도 여주이나, 몽골 침입으로 고려 조정이 강화도로 수도를 옮겼을 때 사망했기 때문에 이곳에 묘가 있다.

쾌한 사적이었다면서 "귀鬼가 아니라 신神이요 환幻이 아니라 성聖"임을 깨닫고 "고려가 본래 성인이 도읍한 곳임을 알리려고" 〈동명왕편〉을 쓰게 되었다고 밝히고 있다. 〈동명왕편〉 서문을 보자.

> 지난 계축년(1193, 명종 23) 4월에 《구삼국사》를 얻어 〈동명왕 본기〉를 보니 그 신이한 사적이 세상에서 얘기하는 것보다 더했다. 처음에는 믿지 못하고 귀나 환으로만 생각하였는데, 세 번 반복하여 읽어서 점점 그 근원에 들어가니, 환이 아니고 성이며, 귀가 아니고 신이었다. 하물며 국사는 사실 그대로 쓴 글이니 어찌 허탄한 것을 전하였으랴. ……동명왕의 일은 변화의 신이한 것으로 여러 사람의 눈을 현혹한 것이 아니고 실로 나라를 창시한 신기한 사적이니 이것을 기술하지 않으면 후인들이 장차 어떻게 볼 것인가? 그러므로 시를 지어 기록하여 우리나라가 본래 성인의 나라라는 것을 천하에 알리고자 하는 것이다.

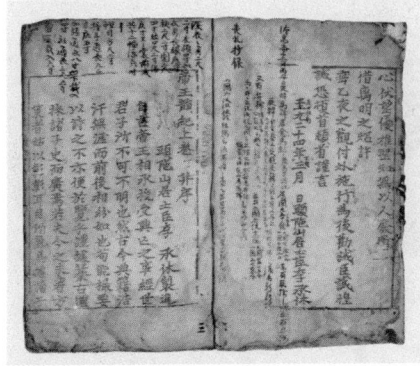

고려 충렬왕 13년(1287) 이승휴가 쓴 《제왕운기》. 중국 역사와 우리나라 역사를 운문으로 읊은 장편 서사시다.

이규보가 읽었다는 《구삼국사》는 안타깝게도 오늘날 전하지 않으므로 그 내용을 알 수 없다.

이규보는 당시 고려의 정치, 사회 현실에 대해 젊은이다운 비판을 하면서, 아직 펼쳐보지 못한 자신의 기개와 야망을 작품에 담으려 했다.

그러고 보면 〈동명왕편〉은 고려의 대외적 위기상황이 낳은 작품이 아니라 국내 상황이 낳은 작품이며, 민족의식과는 별 상관없는 작품인 것이다.

고구려 계승의식의 발로?

〈동명왕편〉을 쓴 지 석 달 뒤, 경주 근처에 있는 운문사를 중심으로 김사미와 효심의 반란이 일어났다. 김사미와 효심의 반란이 진압된 뒤에는 경주와 강원도의 농민반란군이 연합하여 '신라 부흥'의 깃발을 높이 쳐들었다. 이때 이규보는 토벌군에 참가하여 격문과 건의문을 비롯한 각종 문서를 썼다.

토벌군이 출정에 앞서 명산대천에 제사를 드릴 때 이규보가 쓴 발원문을 보면, "옛날 신라가 견훤의 침입을 받았을 때 태조가 구원하여 신라 사람들이 지금까지 번성했는데, 그 은공을 잊고 나라에 반역을 했으니 배은망덕하다"고 성토하고 있다. 때문에 〈동명왕편〉을 당시 고개를 치켜들던 신라부흥 운동에 맞서는 고구려 계승의식의 발로라고 해석하기도 한다.

하지만 바로 이듬해, 이규보가 신라 왕의 외손으로 〈역대가歷代歌〉를 지은 오세문吳世文에게 준 시에서는 신라를 한껏 칭송하고 있어, 이규보의 고구려 계승의식이 얼마만큼 뚜렷했는지 조금은 의심스럽다.

이규보의 〈동명왕편〉이 어떤 동기에서 쓰였는가는 한마디로 대답할 수 없을 것이다. 당시 고려의 이런저런 문제점들에 대한 비판의식, 위대한 영웅 동명왕과 그가 세운 고구려에 대한 새로운 발견, 20대 중반이 되도록 벼슬자리 하나 얻지 못하고 거사라 자칭하고 있는 자신의 우울한 처지, 그 모두가 창작 동기일 수 있다. 하지만 몽골 침입에 맞선 민족적 저항정신의 발로는 분명 아니다.

그럼에도 〈동명왕편〉이 몽골 침입기에 쓰인 민족서사시로 널리 알려진 것은 어째서일까? 그것은 당시 시대상황에 대한 면밀한 이해 없이 이승휴의 《제왕운기》와 함께 뭉뚱그려 본 데서 비롯된 착각과 오해라 할 것이다. 해방 후 한국사의 중심 화두였던 민족 또는 민족주의 열풍이 너무나 강렬했던 나머지, 거기에 휩쓸려 섬세함을 놓친 게 아닌가 싶다.

■ 사료 속으로

한 덩어리로 뭉친 원기 갈라져서	元氣判沌渾
천황씨 지황씨가 되었다	天皇地皇氏
머리가 열셋 혹은 열하나	十三十一頭
그 모습 기이함이 많았다	體貌多奇異
그 나머지 성스러운 제왕들도	其餘聖帝王
경서와 사기에 실려 있다	亦備載經史
……	……
해동 해모수는	海東解慕漱
참으로 하느님의 아들	鎭是天之子
처음 공중에서 내려오는데	初從空中下
자신은 다섯 용의 수레를 타고	身乘五龍軌
따르는 사람 100여 인은	從者百餘人
고니를 타고 털깃 옷을 화려하게 입었다	騎鵠紛襂襹
맑은 풍악 소리 쟁쟁하게 울리고	淸樂動鏘洋
채색 구름은 뭉게뭉게 떴다	彩雲浮旖旎

— 이규보, 〈동명왕편〉, 《동국이상국집》 권 3

이렇게 시작하는 〈동명왕편〉은 해모수, 주몽, 유리에 이르는 고구려 건국 영웅들의 이야기를 총 282구 1,410언의 시로 읊은 장편 서사시다. 동명왕은 곧 주몽을 말한다.

더 읽을거리

이종문, 〈동명왕편〉의 창작동인과 문학성, 《고려시대 역사시 연구》, 한국정신문화연구원, 1999.
이우성, 고려 중기의 민족서사시, 《한국의 역사인식》 상, 창작과비평사, 1984.
하현강, 고려시대의 역사계승의식, 《한국의 역사인식》 상, 창작과비평사, 1984.
박창희, 이규보의 동명왕편 시, 《역사교육》 11·12 합집, 1969.

《홍길동전》은 허균이 쓴 최초의 한글 소설이다?

일제시대의 국문학자 김태준이 《조선소설사》에서 《홍길동전》의 지은이는 허균이라고 밝힌 뒤 오늘에 이르기까지, 《홍길동전》은 적자와 서자의 신분차별을 비판하는 사회 소설이자 최초의 한글 소설로 의심 없는 주목을 받아왔다. 그 근거는 허균보다 열다섯 살 아래인 택당澤堂 이식李植의 문집 《택당집》 별집에 실린 다음 한 구절이었다.

> 세상에 전해지는 말에 의하면, 《수호전》을 지은 사람의 집안이 3대 동안 귀머거리와 벙어리가 되어 그 응보를 받았는데, 그 이유는 도적들이 바로 그 책을 높이 떠받들었기 때문이라고 한다. 그런데 허균과 박엽 등은 그 책을 너무도 좋아한 나머지 적장의 별명을 하나씩 차지하고서 서로 그 이름을 부르며 장난을 쳤다고 한다.
> 그런가 하면 허균은 또 《수호전》을 본떠서 《홍길동전》을 짓기까지 하였는

데, 그의 무리인 서양갑과 심우영 등이 소설 속의 행동을 직접 행동으로 옮기다가 한 마을이 쑥밭으로 변하였고, 허균 자신도 반란을 도모하다가 복주되기에 이르렀으니, 이것은 귀머거리 벙어리보다도 더 심한 응보를 받은 것이라고 하겠다.

그러나《홍길동전》의 저자가 허균이 아닐지도 모른다는 의문은 1960년대부터 일었다. 흥미로운 사실은 의문을 제기한 이들 역시 똑같이 《택당집》별집을 근거로 든다는 점이다. 이들은《택당집》별집의 신빙성에 물음표를 던진다.《택당집》별집은 이식이 죽은 지 27년 뒤에 이식의 제자요 서인의 영수인 우암 송시열이 스승의 집 안에 남아 있던 글들을 추려 교정, 편집한 것으로, 송시열이 이 글을 문집에 넣은 데는 어떤 의도가 있었다는 것이 이들의 주장이다. 심지어 문제의 글은 이식이 쓴 게 아니라고도 한다.

사실 읽어보면 알 수 있듯이 문제의 글은 역모죄로 처형당한 허균을 신랄하게 비판하는 내용으로, 한때 스승이었던 허균과의 선을 분명히 긋기 위한 글이라는 혐의를 받기에 충분하다. 이식은 원래 허균의 문하에 드나들었으며 허균이 시험관이었던 과거시험에서 급제했으나, 북인이었던 스승과 결별하고 서인의 대열에 서서 대사헌까지 오른 인물이다. 비록 결별하긴 했지만 한때나마 허균과 가까웠던 것이 이식과 이식의 제자들에게 두고두고 걸림돌이 되었으리란 건 불문가지의 일이다.

또한 문제의 글 말고는 허균이《홍길동전》을 썼다는 것을 입증하는 뚜렷한 기록이 어디에도 없다. 심지어 반대파의 격렬한 상소에도, 허균이 처형당할 때의 죄목에도《홍길동전》은 거론되지 않았다.《택당집》보다

《홍길동전》은 허균이 쓴 최초의 한글 소설이다?

허균과 그 가족의 묘

나중에 나온 《송천필담》이나 《조야집요》에서는 《홍길동전》의 지은이를 허균이라 하고 있으나, 이는 《택당집》의 글을 거의 그대로 옮겨 적은 것이다.

허균의 문집에도 없는 《홍길동전》

혹시 허균 자신이 《홍길동전》에 대해 남겨놓은 단서는 없을까? 허균은 명문 양천 허씨 집안에서 태어나 어려서부터 뛰어난 글재주로 이름을 날렸다. 형 허봉, 누이 허난설헌과 더불어 허씨 집안 3남매는 감수성 예민하고 시 잘 짓기로 유명했다. 순탄치 못한 일생 또한 3남매가 하나같이 닮았다. 허봉은 유배 갔다 풀려났으나 객사했고, 허난설헌은 불행한 결혼생활을 하다가 요절했으며, 허균 자신은 역모죄로 저잣거리에서 처형당했다.

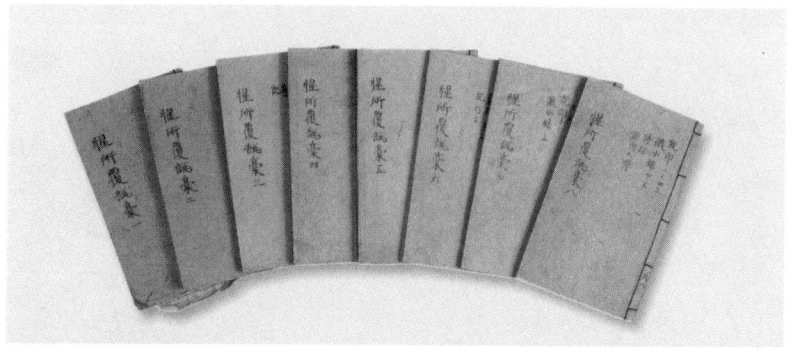

허균의 문집 《성소부부고》. 허균 사후 50여 년 만에 세상에 나올 수 있었던 이 문집의 제목은 '장독이나 덮기에 알맞을 정도로 하찮다'는 뜻이다.

역모죄로 처형당한 허균의 글들이 온전히 남아 있을 리 없다. 그와 편지를 주고받았던 이들은 행여 불똥이 튈까 봐 갖고 있던 허균의 편지를 없애버렸으며, 이미 세상에 발표된 시와 시집들에서 그의 성과 이름은 지워졌다. 《홍길동전》의 지은이를 두고 의견이 분분한 이유는 바로 그런 자료의 인멸 때문이기도 하다. 《홍길동전》을 내가 썼노라는 허균 자신의 얘기가 남아 있지 않은 것이다.

허균은 역모죄로 체포되기 전날 밤, 죽을지도 모른다는 생각에 미리 엮어둔 자신의 문집 《성소부부고惺所覆瓿藁》를 딸네 집으로 보냈다. 여느 문인이라면 죽은 뒤 가족이나 제자들이 생전에 쓴 글들을 모아 문집을 엮어주게 마련이지만, 유달리 잦은 파직과 유배를 경험한 허균은 앞날을 내다보기라도 한 듯 스스로 자신의 문집을 엮어놓은 터였다. 문집의 제목 '부부'는 '장독이나 덮기에 알맞을 정도로 하찮다'는 뜻이다.

외손자 이필진李必進은 허균의 문집을 감춰두었다가 52년이 지난 1670년에야 세상에 내놓았다. 오늘날 우리가 허균의 자취를 조금이나마 느낄 수 있는 건 그 덕분이다. 하지만 살아남은 허균의 문집에도 역시 《홍길동전》에 대한 얘기는 한마디도 없다. 이쯤 되면 '《홍길동전》은 허균이 쓴 최초의 한글 소설'이라는 기왕의 상식이 발 딛고 있는 토대는 퍽이나 허약한 게 사실이다.

《홍길동전》에 80년 뒤의 사람인 장길산이?

《홍길동전》의 지은이가 허균임에 틀림없다 하더라도 허균이 쓴 《홍길동전》은 지금 우리가 알고 있는 《홍길동전》이 아닐 가능성이 크다. 현전하는 《홍길동전》은 경판본, 완판본, 한문본 등 여러 판본이 있는데, 그중 경판본이 가장 시대가 앞선 것으로 인정받고 있다. 그런데 경판본에는 '장길산'이 등장한다. 《홍길동전》의 가장 유명한 대목, 아비를 아비라 부르지 못하고 형을 형이라 부르지 못하는 안타까움을 하소연하던 홍길동이 아버지 홍판서에게 꾸중을 듣고 어머니 춘섬에게 달려가 집을 나가겠노라고 결심을 밝히는 바로 그 대목에서다.

"소인에게 평생 서러운 일이 있습니다. 대감의 정기를 물려받고 당당한 남자로 태어났으니 아버지께서 낳아주시고 어머니께서 길러주신 은혜가 정말 깊습니다. 그런데도 아버지를 아버지라 못 하고 형을 형이라 못 하니, 소인 같은 인생을 어찌 사람이라고 하겠습니까?"
길동은 눈물을 흘려 홑저고리를 적셨다. 공이 듣고 나서 비록 측은히 여겼지만 만일 그 마음을 위로하면 길동이 방자해질까 걱정되었다. 그래서 크게 꾸짖었다. ……길동이 어머니 방에 가서 울며 아뢰었다. ……
"옛날 장충의 아들 길산은 천한 어머니에게서 태어났지만, 열세 살에 그

어미와 헤어져 운봉산에 들어가서 도를 닦은 끝에 아름다운 이름을 후세에 남겼답니다. 저도 그를 본받아 세상을 벗어나려 하오니, 어머니께선 마음을 놓고 뒷날을 기다리십시오."

장길산은 숙종 때 실존했던 광대 출신 도적으로 허균이 죽은 지 80여 년 뒤의 사람이니 허균이 직접 쓴 소설에는 등장할 수가 없다. 또한 다른 판본에서는 홍길동이 조선을 떠나면서 왕에게 대동미를 요구하는 장면이 나온다. 그런데 《홍길동전》이 무대로 삼고 있는 세종 치세는 대동법이 아직 실시되지 않았던 시절이다. 따라서 우리가 알고 있는 《홍길동전》은 허균이 쓴 게 아니라 훨씬 나중에 가필, 개작, 혹은 윤색된 것이라는 얘기다. 그 시기는 대략 18세기 후반에서 19세기로 추정한다.

그렇다면 허균의 원작은 정말 한글로 쓰였을까? 이런 의문을 갖는 데는 이유가 있다. 허균은 《홍길동전》 외에 《남궁선생전》, 《손곡산인전》, 《엄처사전》, 《장산인전》, 《장생전》 등 인물 전기를 여러 편 썼는데, 모두 순 한문체이기 때문이다. 유독 《홍길동전》만 한글로 쓸 이유가 있었을까?

1998년 중국 베이징 도서관에서 허균이 한글로 쓴 시가 발견되었다. 이 시는 임진왜란 때 조선에 원군으로 파견된 명

허균의 누이 난설헌의 시비. 허씨 집안 3남매 허봉, 허난설헌, 허균은 문장 좋고 시 잘 짓기로 유명했으며 순탄치 못한 일생 또한 닮았다. 허난설헌은 불행한 결혼 생활을 하다 요절했다.

나라 군대를 따라온 오명제吳明濟라는 관리를 배웅하면서 허균이 써준 것이다. 당시 병조좌랑 직책에 있던 허균의 집에서 머무른 오명제는 허균이 외워주는 수백 편의 시와 자신이 수집한 시를 모아《조선시선朝鮮詩選》이란 시집을 냈는데, 거기에 허균의 한글 시가 실려 있다.

송送오吳참參군軍즈子어魚대大형兄환還텬天됴朝

흔恨흔恨초初샹相식識
힝行힝行싱生별別리離
경驚혼魂디知유有몽夢
츠此별別공恐무無긔期
마馬슈首셔西풍風환換
운雲단뮌츄秋안雁비飛
금今됴朝명明경鏡니裡
쳥靑빈鬢뎡定셩成ㅅ絲

 한글을 앞세우고 한자를 뒤에 달아놓았다. 명나라에 대한 사대의리를 목숨처럼 귀하게 여기던 당시에, 조선에도 나름의 문자가 있다면서 한글로 시를 써준 허균이고 보면《홍길동전》을 한글로 쓰지 말란 법은 없을 듯하다.
 다만 대개의 고전문학 작품이 그렇듯이, 여러 사람의 입에서 입으로 전해지고 또 읽히면서 내용이 조금씩 바뀌고 흥미진진한 요소들이 덧붙여져 허균이 직접 쓴 원전과 지금 우리가 읽는《홍길동전》사이에 무시

못할 간극이 생겼는지도 모르겠다.

《홍길동전》이 허균이 쓴 한글 소설임에 틀림없다 해도 '최초' 라는 자리는 내줘야 할 것 같다. 《홍길동전》보다 먼저 쓰인 한글 소설이 발견되었기 때문이다. 허균보다 약 100년 먼저 살았던 채수蔡壽라는 사람이 쓴 《설공찬전薛公瓚傳》이 그것이다.

원래 한문으로 쓴 것을 한글로 번역한 《설공찬전》은 그동안 제목만 전해지다가 1996년에 비로소 발견되었다. 흥미롭게도 이문건李文健의 《묵재일기》 뒷면에 기록되어 있었다. 누군가 일기가 쓰인 각 장의 접힌 부분을 가르고 그 안에 기록한 다음 다시 붙여놓았는데, 400여 년이란 시간이 흐르면서 붙여놓은 것이 떨어져 안의 글씨가 드러난 것이다.

《설공찬전》이 적혀 있던 《묵재일기》 제3책은 1545년부터 1546년의 일기이고 이문건은 1567년에 세상을 떴으니 그 뒷면에 기록해놓은 한글 소설 《설공찬전》은 《홍길동전》보다 적어도 50년은 앞섰다고 봐야 한다.

■ 사료 속으로

《설공찬전》은 금서였다. 귀신이 등장하는 허무맹랑한 얘기로 화복이 윤회한다는 요설을 퍼뜨려 백성을 현혹시킨다는 이유에서다. 지은이 채수가 조선의 건국이념인 성리학을 지키는 데 누구보다 앞장서야 할 대사헌을 지낸 인물이었기에 더더욱 문제가 되었다. 《설공찬전》은 불태워졌으며, 채수는 요망한 얘기로 백성을 현혹한 죄로 사형당할 뻔했으나 그 재주를 아깝게 여긴 중종의 배려로 간신히 목숨만 건졌다. 《설공찬전》의 한 대목을 읽어보자.

이승에서 어진 재상이면 죽어서도 재상으로 다니고, 이승에서는 비록 여편네의 몸이었어도 약간이라도 글을 잘하면 저승에서 아무 소임이나 맡으면 잘 지낸다. 이승에서 비록 비명에 죽었어도 임금께 충성하여 간하다가 죽은 사람이면 저승에 가서도 좋은 벼슬을 하고, 비록 여기에서 임금을 하였더라도 주전충 같은 반역자는 다 지옥에 들어가 있었다. 주전충 임금은 당나라 사람이다. 적선을 많이 한 사람이면 이승에서 비록 천하게 다니다가도 (저승에서) 가장 품계 높이 다닌다. 서럽게 살지 않고 여기에서 비록 존귀히 다니다가도 악을 쌓으면 저승에 가도 수고롭고 불쌍하게 다닌다. 이승에서 존귀히 다니고 남의 원한 살 만한 일을 하지 않고 악덕을 베풀지 않았으면 저승에 가서도 귀하게 다니고, 이승에서 사납게 다니고 각별히 공덕 쌓은 게 없으면, 저승에 가서도 그 자손이 사납게 다니게 된다.

— 채수, 《설공찬전》(이복규 편저, 《설공찬전 – 주석과 자료》)

더 읽을거리

허경진, 《홍길동전》, 책세상, 2004.
허경진, 《허균 평전》, 돌베개, 2002.
이윤석, 《홍길동전 연구 – 서지와 해석》, 계명대 출판부, 1997.
장효현, 《홍길동전》의 생성과 유전에 대하여, 《국어국문학》 129, 2001.

한국 최초의 서구 기행문은 유길준의 《서유견문》이다?

1970, 80년대에 고등학교를 다닌 사람들은 《국어》 교과서에 실렸던 유길준의 《서유견문》을 기억할 것이다. '우리나라 최초의 서구 기행문'이라는 시험용 정답과 함께. 그런데 《서유견문》보다 먼저 쓰인 서구 기행문이 있다. 초대 주미공사였던 박정양의 《미속습유美俗拾遺》가 그것이다.

《미속습유》는 초대 주미 전권공사로 임명된 박정양이 1888년 1월부터 11월까지 미국의 수도 워싱턴에서 약 11개월 동안 근무하면서 듣고 경험한 내용을 현지에서 기록한 것이다. 《서유견문》은 유럽 여행에서 돌아온 유길준이 갑신정변 관련 혐의로 체포되어 민영익의 별장 취운정에 연금된 상태에서 1889년에 탈고한 것이니 《미속습유》보다 짧게는 몇 달, 길게는 1년 정도 늦다.

잊혀진 최초, 《미속습유》

《미속습유》가 《서유견문》보다 일찍 쓰였으며 초대 주미 전권공사라는 중책을 맡은 관리가 집필한, 왕에게 올리는 보고서 성격을 띤 저술이었는데도 그간 우리에게 전혀 알려지지 않았던 이유는 무엇일까? 《서유견문》은 책으로 출간되어 사람들에게 두루 읽혔는 데 비해 《미속습유》는 출간되지 않은 채 원고 상태로 박정양의 문집 《죽천고竹泉稿》에 수록되어 있었고, 그나마 원고마저 잃어버린 것으로 간주되어 기억조차 희미해졌기 때문이다.

《미속습유》의 존재를 세상에 처음 알린 사람은 일제시대의 역사학자이자 언론인 호암 문일평이었다. 문일평은 1934년 《한미오십년사》를 집필하면서 《미속습유》를 소개했다. 그런데 그로부터 약 40년 뒤인 1975년, 이광린 교주校註로 재간행된 《한미오십년사》에는 다음과 같은 주석이 달렸다.

"박정양의 문집 《죽천고》는 24권으로 되어 있다. 그중 권19는 '미행기美行記'이고 권22는 '미속습유', 각종 서한은 권17에 들어 있다. 박정양의 후손 집에는 대부분의 《죽천고》를 보관하고 있으면서도 권19와 권22, 권17만은 없다. 후손의 말에 의하면 문일평 씨가 본서(《한미오십년사》)를 쓰기 위해 빌려 간 뒤에 돌리지 않았기 때문이라고 한다."

문일평이 《미속습유》를 빌려 가서는 돌려주지 않았으며 그 후 종적을 찾을 수 없다는 것이다. 그 후 《미속습유》는 분실되었다고 여겨졌다. 시간이 흐르면서 박정양이 그런 것을 썼다는 사실조차 까맣게 잊혀졌다.

책·문헌·사진에 관한 잘못된 상식

초대 주미공사 박정양 일행(1887). 앞줄 왼쪽부터 서기관 이상재, 참찬관 이완용, 공사 박정양이다.

잊혀졌던 《미속습유》가 재발견된 것은 1996년에 발표된 한철호의 〈1880~1890년대 친미개화파의 개혁활동 연구〉라는 논문에서였다. 이 논문은 1984년에 간행된 박정양의 문집 《박정양전집》에 《미속습유》가 실려 있는 것을 발견하고 그를 집중분석한 것이다. 분실되었다던 《미속습유》가 어떻게 해서 《박정양전집》에 다시 실리게 되었을까? 경로는 확실치 않다. 어쨌든 1934년 처음 그 존재가 알려진 지 60여 년 만에 비로소 《미속습유》는 가치를 인정받게 되었다.

유길준과 박정양의 엇갈린 행보

유길준과 박정양은 크게 보아 같은 온건 개화파에 속하나 경향은 다소 한국 최초의 서구 기행문은 유길준의 《서유견문》이다?

보빙사 일행. 뒷줄 오른쪽에서 네 번째가 유길준, 앞줄 오른쪽에서 세 번째가 민영익, 앞줄 왼쪽 끝이 통역을 맡은 퍼시빌 로웰이다.

달라서 박정양은 친미 개화파로, 유길준은 친일 개화파로 분류된다. 나이는 유길준이 열다섯 살 아래다. 그러나 미국에 발 디딘 것은 유길준이 먼저였다. 유길준은 박정양보다 5년 앞선 1883년, 보빙사의 일원으로 미국에 건너갔다. 보빙사란 미국이 조선에 주한 미국 공사를 파견함으로써 조선을 독립국으로 인정해준 데 대해 답례로 보낸 사절단을 말한다.

사절단의 면면은 민영익, 홍영식, 서광범, 유길준, 변수, 현흥택 등이다. 불과 1년 뒤에 일어난 갑신정변에서 김옥균과 함께 주역 노릇을 한 홍영식, 서광범과 이들의 타도 대상이 된 민영익이 이즈음에는 한 배를 타고 있었던 것이다.

보빙사 일행은 미국 방문 일정을 마치고 둘로 나뉘어 민영익, 서광범, 변수는 세계일주 여행을 한 다음 1884년 5월 31일 귀국하고, 홍영식과 나머지 사람들은 곧바로 귀국했다. 유길준은 홀로 미국에 남아 매사추세츠 주 세일럼 시의 바이필드에 있는 더머 아카데미에서 유학생활을 시작한다. 이로써 그의 이름 앞에는 우리나라 최초의 일본 유학생이라는 수식어에 최초의 미국 유학생이라는 수식어가 하나 더 붙게 되었다. 유길준에게 미국에 남아 공부하라고 적극 권한 사람은 다름 아닌 민영익이었다.

보빙사로 한 배를 탔던 민영익, 홍영식, 서광범 등은 귀국 후 서로 다른 길을 걷기 시작했다. 민영익은 청나라와 전통적인 관계를 유지하는 한도 내에서 점진적으로 개화하는 길을, 홍영식과 서광범은 청나라와의 관계를 청산하고 혁신적으로 개화하는 길을 택했다. 그리고 민영익 일행이 귀국한 지 불과 몇 달 만에 홍영식, 서광범은 김옥균과 함께 갑신정변을 일으켜 민영익의 몸에 칼을 꽂았다.

미국의 학교 강의실에서 갑신정변 소식을 들은 유길준은 밤잠을 설치며 고민하다가 귀국을 명하는 고종의 친서를 받고 대학 진학을 포기한 채 귀국길에 오른다. 그러나 곧바로 서울행을 택하지 않고 유럽을 거쳐 돌아오는 길을 택했다. 귀국하자마자 그는 갑신정변 관련자로 체포되어 한규설의 집에 연금되었으며, 다시 민영익의 별장 취운정으로 옮겨졌다.

바로 그 무렵, 박정양은 미국으로 떠났다. 당시 조선은 갑신정변 후 한껏 거세어진 청의 입김에 시달리고 있었다. 고종은 청의 입김에서 벗어나기 위해 미국과 유럽에 사절단을 파견할 계획을 세웠다. 이를테면 외교 자주권을 행사함으로써 청나라에 조선이 독립국가임을 알리겠다는 것이다. 고종은 박정양을 주미 전권공사에, 심상택을 유럽 5개국 전권공

유길준이 미국 유학 시절 머물렀던 하숙집. 그는 매사추세츠 주 세일럼의 더머 아카데미에서 공부했다.

사에 임명했다.

청나라는 매우 불쾌해했지만 '영약삼단 另約三端 준수'라는 조건을 달아 한 발 뒤로 물러섰다. 영약삼단이란 외국에서 조선 공사가 지켜야 할 준수 사항을 말한다. 즉 "조선 공사는 외국에 도착하면 먼저 청국 공사관에 알리고 청국 공사와 함께 외무성으로 간다. 조회나 연회 자리에서 조선 공사는 청국 공사보다 낮은 자리에 앉는다. 교섭에 관한 중요한 일은 반드시 먼저 청국 공사에게 협의한 후 그 지시에 따른다"는, 속방으로서 지켜야 할 사항이었다. 지금 들으면 불쾌하기 짝이 없는 얘기지만 이것이 당시 조선이 처한 현실이었다.

박정양의 미국행에 동행한 사람은 이완용, 이하영, 이상재, 이채연, 알렌 등 11명이다. 안내자 역할을 맡은 알렌은 선교사이자 의사로, 갑신정변 때 칼에 맞아 중태에 빠진 민영익을 치료하여 고종과 왕비 민씨의 총애를 한 몸에 받은 인물이다. 이완용은 훗날 을사조약과 한일합방에 앞장서 대표적인 친일파요 매국노의 낙인이 찍히게 되지만, 이때는 개혁을 추구하는 개화파 대열에 서 있었다.

결국 박정양은 영약삼단을 제대로 지키지 않았다는 이유로 11개월 만에 소환당하고 만다. 박정양이 귀국할 무렵, 유길준은 취운정에서《서유견문》을 탈고했다.

《미속습유》에 담긴 호의적 미국관

《미속습유》와《서유견문》은 둘 다 조선의 부국강병의 묘책을 찾으려는 목적 아래 서양 문물을 살피고 있다는 점에서 같다. 그러나 앞서거니 뒤서거니 하며 서구 기행문을 낸 박정양과 유길준의 정치적 행보는 좀 달랐다.

박정양은 귀국 후 고종의 두터운 신임 아래 이완용과 더불어 친미개화파의 주역이 되었고, 이들의 활동은 정동구락부, 독립협회, 아관파천 추진으로 이어졌다. 박정양과는 달리 친일 개화 노선을 택한 유길준은 연금 상태에 있다가 갑오개혁 때 잠시 전면에 나섰으나 아관파천이 일어나자 일본으로 망명했고, 6년 뒤 정부 전복을 기도했다는 죄목으로 도쿄에서 약 1천 킬로미터 떨어진 태평양의 섬 오가사와라에서 5년간 유배생활을 했다. 그의 일본 망명 생활은 모두 11년에 이른다.

《서유견문》이 미국과 유럽 견문기이고 국한문 혼용체인 데 비해《미속습유》는 미국 견문기이고 순 한문체다.《서유견문》은 연금에서 풀려난 유길준이 잠시 일본에 갔을 때 일본 유학 시절 스승이었던 후쿠자와 유키치福澤諭吉에게 출판을 부탁하여 후쿠자와가 세운 출판사 교순사交詢社

에서 1895년 4월 간행되었다. 당시 출판 부수는 1천 부였다.

《서유견문》은 유길준이 망명한 뒤에도 소학교 학생들의 교과서로 사용되거나, 개화를 지향하는 지식인들에게 두루 읽혔다. 대한민국 초대 대통령 이승만도 청년 시절, 독립협회 활동을 하다 감옥에 갇혔을 때 《서유견문》을 읽고 적잖은 영향을 받았다고 한다. 한편《미속습유》는 책으로 간행되지는 않고 고종과 주요 관리들에게 원고 상태로 읽혔을 것으로 짐작된다.

《미속습유》에 담겨 있는 박정양의 미국관은 무척 호의적이다. 미국을 '세계 제일의 부국'이라고 칭찬한 다음, 그 원인이 '내수內修의 무실務實', 즉 정부의 산업보호정책, 관과 민의 직무충실, 그리고 국민교육의 보급에 있다고 분석했다. 그러나 박정양은 사유재산과 시장경제에 근거한 자본주의 체제에 대해서는 전혀 언급하지 않았다. 어쨌든 박정양의 호의적인 미국관은 고종이 미국에 대해 갖고 있던 호감을 굳히는 데 일조했다.

사료 속으로

미국과 유럽을 둘러본 유길준은 정부의 종류를 다섯 가지로 나누었다. 임금이 마음대로 하는 정치체제, 임금이 명령하는 정치체제, 귀족이 주장하는 정치체제, 임금과 국민이 함께 다스리는 정치체제, 국민들이 함께 다스리는 정치체제가 그것이다. 그의 분류에 따르면, 당시 조선은 '임금이 명령하는 정치체제'였다. 유길준은 다섯 가지 정치체제 중 가장 좋은 것은 임금과 국민이 함께 다스리는 정치체제로서 영국이 으뜸가는 모범이라고 생각했다. 미국식 대통령제보다 영국식 입헌군주제를 지지했던 것이다. 한편 박정양은 미국을 상하귀천이 없는 나라이며 민주주의를 근본 원리로 삼는 나라라고 파악했다. 그러나 당시 미국에서 흑인 노예들이 겪고 있는 참혹한 삶에 대해서는 잘 몰랐는지 언급하지 않았다.

무릇 정치체제는 어떻게 되어 있든지 간에, 그 근본 의도를 자세히 따져본다면 백성을 위한다는 한 가지 줄기에서 벗어나지 않는다. 정치체제의 종류가 달라진 까닭은 시세가 변화하고 인심이 달라지는 데 따라서 자연적으로 습관이 생긴 것이지, 사람의 지혜에 따라 하루아침에 어떠한 정치체제로 시작한 것은 아니다.

— 유길준, 《서유견문》, 1889(허경진 옮김, 《서유견문》)

이 나라는 바로 합중심성合衆心成의 권리가 민주에 있는 나라다. …… 또 교우의 도는 존비가 같으며 귀천의 구별이 없어 무릇 국민은 태어날 때부터 자주를 얻는다고 한다. 자주라는 것은 누구나 다 같이 하늘이 부여한 것이고 귀천, 존비는 모두 바깥에서 이르는 것이니 바깥에서 이른 것이 어찌 자주를 훼손할 수가 있겠는가.

— 박정양, 《미속습유》, 1888(《박정양전집》 6)

더 읽을거리

문일평, 이광린 교주, 《한미오십년사》, 탐구당, 1975.
한철호, 〈1880~1890년대 친미개화파의 개혁활동 연구〉, 한림대학교 박사논문, 1996, 《친미개화파 연구》, 국학자료원, 1998.

책 · 문헌 · 사진에 관한 잘못된 상식 36

교과서에 실렸던 명성황후 사진은 진짜다?

19 90년대 초반에 중고등학교를 다닌 사람은 《국사》 교과서에서 명성황후의 사진을 보았을 것이다. 〈사진 1〉이 그것이다. 교과서에서 배운 국사 지식을 금과옥조처럼 믿어온 대부분의 사람들에게 명성황후는 사진 속의 모습으로 각인되어 있다. 그런데 1990년대 후반 들어 이 사진은 교과서에서 슬그머니 자취를 감추었다. 왜일까? 이유는, 사진의 진위를 놓고 논쟁이 벌어졌기 때문이다. 명성황후 사진 논쟁은 지금도 갈수록 뜨거워지고 있으며 명쾌한 결론이 내려지지 않고 있다.

지금까지 명성황후라고 주장하는 사진은 모두 네 장이었다. 교과서에 실렸던 〈사진 1〉, 주한 이탈리아 외교관이었던 까를로 로제티의 《꼬레아 꼬레아니》에 실린 〈사진 2〉, 초대 대통령 이승만이 청년 시절에 쓴 《독립정신》에 실린 〈사진 3〉, 그리고 청일전쟁 때 중국 특파원이었던 프랑스 기자 드 라게리가 1898년 출간한 《라 코레 LA CORÉE》의 표지를 장

책 · 문헌 · 사진에 관한 잘못된 상식

〈사진 2〉 주한 이탈리아 외교관 까를로 로제티의 《꼬레아 꼬레아니》에 실린 사진.

〈사진 1〉 1990년대 초반, 중·고등학교 《국사》 교과서에 실렸던 사진.

〈사진 3〉 이승만이 청년 시절에 쓴 《독립정신》에 실린 사진.

〈사진 6〉 의자에 기생의 옷을 걸쳐놓은 사진. 까를로 로제티의 《꼬레아 꼬레아니》 수록.

〈사진 7〉 여성의 한복 일습을 찍은 사진. 까를로 로제티의 《꼬레아 꼬레아니》 수록.

〈사진 8〉 성장한 궁정 기생의 앞뒤 모습. 까를로 로제티의 《꼬레아 꼬레아니》 수록.

〈사진 4〉 프랑스 기자 드 라게리의 《라 코레》 표지에 실린 사진.

〈사진 5〉 영국인 테리 베넷이 2006년 공개했으나, 이미 1894년 간행된 조지 커즌의 《100년 전의 여행, 100년 후의 교훈》에 실려 있는 사진.

교과서에 실렸던 명성황후 사진은 진짜다?

1935년 1월 1일자 〈조선일보〉 기사 '규중에 숨은 고운 각시들'에 실린 사진들. 왼쪽은 〈사진 1〉과 같은 것이고 오른쪽은 〈사진 3〉과 동일인물임에 틀림없다. 서지학자 김종욱이 발굴하여 《월간중앙》에 소개되었다.

1894년 11월 간행된 잡지 《데모레스트 패밀리 매거진》의 표지사진. 한국해연구소 이돈수 소장 발굴.

〈사진 9〉 1901년 한국을 다녀간 프랑스 인류학자 루이 마랭이 수집한 사진. 프랑스 기메 박물관 소장. 《먼 나라 꼬레 - 이폴리트 프랑뎅의 기억 속으로》 수록. 〈사진 2〉와 배경이 같다.

337

식하고 있는 〈사진 4〉. 여기에 최근 독일인이 찍었다는 〈사진 5〉가 새롭게 논쟁에 뛰어들었다.

사진의 주인공, 궁녀인가 왕비인가

〈사진 1〉의 출처는 어디일까? 우리나라에 온 최초의 장로교 선교사 호레이스 언더우드의 부인으로 명성황후의 시의侍醫였던 릴리아스 언더우드가 1905년에 간행한 《토미 톰킨스With Tommy Tomkins in Korea》, 역시 선교사로서 육영공원 교사였으며 《코리아 리뷰Korea Review》의 편집자였던 헐버트가 1906년에 간행한 《대한제국멸망사》에 실려 있다.

뿐만 아니라 러일전쟁 발발 직전인 1904년 크리스마스이브, 전운이 감도는 조선에 밀입국하여 약 한 달 동안 고종과 세자부터 일반 백성에 이르기까지 두루 만나본 스웨덴 기자 아손 그렙스트의 《스웨덴 기자 아손, 100년 전 한국을 걷다》에도 같은 사진이 뒷배경을 오려낸 채로 실려 있다. 1988년 일본 작가 쓰노다 후사코角田房子는 《민비암살》이란 책을 출간하면서 이 사진을 표지에 실어 주목을 끌었다. 2001년에는 1904년판 프랑스 잡지 《르 투르 뒤 몽드》에 같은 사진이 실려 있는 것이 발견되었다.

그런데 언더우드 부인은 사진 설명을 '정장한 한국 여인A Korean Lady in Full Costume'이라 했고, 헐버트는 '정장한 궁중 여인A Palace Woman in Full Regalia'이라 했으며, 아손 그렙스트는 '나인-궁중여인EN NAIN-HOFDAM'이라 했다. 언더우드 부인은 의과대학을 졸업하고 한국에 와서 명성황후의 주치의가 된 사람이며, 헐버트는 고종이 신임했던 인물이라 그 어느 외국인보다도 명성황후를 가까이 접한 이들이다. 사진의 주인공이 명성황후라면 그들은 왜 왕비라 하지 않았을까?

한편 〈사진 2〉는 언더우드 부인과 헐버트의 책보다 조금 앞선 1904년에 간행된 《꼬레아 꼬레아니》에 실려 있는 것이다. 이 책은 1902년부터 1903년까지 서울에서 이탈리아 총영사로 근무했던 까를로 로제티가 썼다. 똑같은 사진이 영국인 수집가 테리 버넷이 1998년에 출간한 《코리아: 시간의 굴레에 갇힌 Korea: Caught in Time》에도 실려 있다.

그런데 예리한 독자는 〈사진 1〉과 로제티의 〈사진 2〉가 배경만 다를 뿐 같은 인물이라는 것을 단박에 알아차렸을 것이다. 그럼 〈사진 2〉에 나타난 배경은 어디일까? 〈사진 2〉야말로 진짜 명성황후라고 주장하는 역사학자 이태진은 경복궁에 있는 집옥재라고 보았다. 집옥재는 건청궁과 함께 경복궁에서도 가장 안쪽에 자리 잡은 건물로, 벽면을 빙 둘러가며 설치된 서가에 책들이 들어찬 고종의 서재이자 집무실이다.

그런데 로제티의 책을 처음부터 끝까지 주의 깊게 살펴보면, 〈사진 2〉와 배경이 똑같은 사진이 두 장 더 있는 것을 발견할 수 있다. 의자에 기생의 옷을 걸쳐놓은 〈사진 6〉과 여성의 한복 일습을 찍은 〈사진 7〉이다. 뒷면은 다소 다르게 처리되었으나 옆쪽의 커튼과 바닥의 돗자리를 보면 같은 장소임에 틀림없다. 뿐만 아니라, 사진 상태가 나빠 분명하진 않지만 성장한 궁정 기생의 앞뒤 모습을 찍은 두 장의 〈사진 8〉 역시 같은 장소에서 찍은 것이라고 판단된다. 즉 〈사진 2〉, 〈사진 6〉, 〈사진 7〉, 〈사진 8〉은 동일한 장소에서 피사체를 바꿔가며 찍은 것이다. 마치 오늘날 사진관에서 촬영할 때처럼 말이다.

만약 사진의 배경이 집옥재라면, 아무리 왕조 말기라고는 하나 엄격한 신분제가 존재하고 또 까다로운 궁중법도가 살아 있던 당시에, 궁궐 깊숙이 자리 잡은 왕의 서재에서 한 번은 기생의 옷을 찍고, 또 한 번은 여성용 한복 일습을 속곳과 속치마까지 걸어놓고 찍고, 다음 번엔 기생의 옷을 걸쳐놓은 상태에서 국모인 왕비를 앉혀놓고 사진을 찍었다는 얘기인데, 이만저만한 어불성설이 아니다. 〈사진 2〉의 배경은 과연 고종의 서재 집옥재이며, 사진 속 인물은 명성황후일까? 그리고 배경은 다르나 같은 인물임에 틀림없는 〈사진 1〉은 또 무엇일까?

《독립정신》에 실린 사진의 진위

〈사진 1〉과 〈사진 2〉에 대한 의혹이 커지면서 부각된 것이 〈사진 3〉이다. 이것은 1910년 미국에서 간행된 이승만의 《독립정신》에 실려 있다. 1927년 간행된 역사학자 장도빈의 《대원군과 명성황후》에도 같은 사진이 실려 있다. 그러나 이에 대한 반론도 만만치 않다. 이유인즉, 일국의 왕비가 적삼 바람으로 사진을 찍었을 리 없으며, 더욱이 사진 속 여인은 임신한 것으로 보이는데, 임신하면 매사에 삼가고 또 삼가야 할 왕비가 적삼 바람으로 사진을 찍는다는 건 상식 이하라는 지적이다.

그보다 더 분명한 반론의 근거가 있다. 현재까지 확인된 기록에 따르면 고종이 처음 사진을 찍은 것은 1884년 3월, 미국인 퍼시벌 로웰에 의해서였다. 로웰은 미국에 보빙사를 파견할 때 통역 겸 고문을 맡았던 인물로서 훗날 천문학자로 이름을 날린 사람이다. 로웰이 사진 찍던 날의 일을 초대 미국 공사 푸트의 통역관이었던 윤치호는 일기에 적어두었다. 3월 10일(음력 2월 13일)자 일기를 보자.

"11시경에 사서기司書記, 로웰과 같이 대궐에 들어가 왕의 사진과 세자궁의 사진을 촬영하고 오후 5시경 물러나 공사관으로 돌아오다."

사흘 뒤인 13일(음력 2월 16일), 로웰은 다시 한 번 입궁했다.

"로웰. 사서와 같이 예궐하여 어진을 촬영하다. 이날 지설봉(지운영)도 어진을 촬영하다."

로웰과 같은 날 고종의 사진을 찍었다는 지설봉은 종두법 보급으로 유명한 지석영의 형 지운영池運永으로 황철黃鐵과 더불어 우리나라 최초의 사진가로 손꼽히는 인물이다.

'윤치호 일기'에 따르면 고종이 사진을 처음 찍은 것은 1884년이니, 명성황후가 사진을 찍었다면 필경 그보다 나중일 터이고, 그렇다면 당시 명성황후의 나이는 30대 중반이며 임신 중은 물론 아니었다. 명성황후는 4남 1녀를 낳았는데 둘째인 순종만 살아남고 나머지 셋은 모두 어려서 죽었다. 막내를 낳은 것은 1878년의 일이다. 그러므로 〈사진 3〉의 인물과는 상당한 거리가 있는 것이다.

또한 〈사진 3〉을 두고 결혼 전에 찍은 것이라느니, 피신 중이던 임오군란 때 미복차림으로 찍은 것이라느니 하는 주장도 있으나, 명성황후가 결혼하기 전인 1866년 이전은 아직 사진이 우리나라에 들어오지 않은 때였다. 더욱이 요즘처럼 집집마다 카메라가 있는 것도 아니어서 사진을 찍으려면 직접 사진관으로 찾아가거나 사진사를 불러야 했던 임오군란 당시에, 목숨을 구하기 위해 은신중이던 명성황후가 사진을 찍었을 리는 만무한 일이다.

반론의 근거는 또 있다. 최근 서지학자 김종욱이 찾아낸 1935년 〈조선일보〉 1월 1일자 33면에는 '규중에 숨은 고운 각시들'이란 기사에 두

장의 사진이 실려 있다. 하나는 〈사진 3〉과 동일 인물임에 틀림없는 여인의 전신 사진이요, 다른 하나는 다름 아닌 〈사진 1〉이다. 이 기사는 신년 첫 호에 설 풍속을 스케치하면서 '하룻날부터 보름까지 모두가 명절날', '한양의 옛 얼굴', '규중에 숨은 고운 각시들', '서로 만나서 새해의 복을 비는 말' 등의 내용을 다룬 것인데, 먼저 〈사진 1〉과 같은 것에 대한 설명을 보자.

"이것은 큰 머리에 큰 옷을 입은 육십년 전의 부인네올시다. 지금 어느 아씨더러 보라 하면 저렇게 차리고 어찌 견디느냐고 할지 모르지만 옛날 부인네는 이 머리 이 옷으로 일평생을 보냈을 뿐 아니라 또 그중에는 이렇게 못 차리게 되어 한탄으로 지낸 이도 없지 않답니다."

다음은 〈사진 3〉과 같은 인물에 대한 설명이다.

"저고리는 젖가슴도 못 가리도록 짧지만 치마만은 두발을 폭 싸도록 자르르 끌리는 것이 꼴사납기도 하나 알지 못하게 옛맛이 납니다. 이것은 육십년 전 젊은 아낙네의 옷맵시이외다. 머리 뒤를 보십시오. 방망이만 한 석류잠이 달려 있지 않습니까?"

명성황후와는 아무 상관없이 여성의 과거 옷차림을 설명하는 도구로 사용되고 있다. 오늘날 저마다 명성황후라고 주장하는 〈사진 1〉과 〈사진 3〉이 명성황후 사후 40년 뒤인 1935년에는 '규중에 숨은 고운 각시들'이라는 제목으로 일간신문을 장식했던 것이다.

사진이 아니라 그림

한편 프랑스 기자 드 라게리의 〈사진 4〉는 자세히 보면 사진이 아니라 그림이라는 것을 알 수 있다. 아마도 〈사진 1〉 또는 〈사진 2〉를 보고 그린 게 아닐까 싶다. 어쨌든 흥선대원군, 고종과 나란히 배치한 것으로 보아 저자는 이를 명성황후라고 확신했던 것 같다. 일단 그의 견해를 존중한다 하더라도, 1912년 프랑스에서 발행된 파리 외방전교회의 《전교회지》에 똑같은 그림이 실려 있고 '한 천주교 여성 교우'라고 설명되어 있는 것은 어떻게 이해해야 할까?

라게리의 그림과 비슷한 것은 몇 개 더 있다. 1894년 일본에서 제작되어 최근 캐나다에서 발견된 것으로 고종을 가운데, 왼편에 명성황후를, 오른편에 대원군을 그렸는데 여기 나타난 명성황후 역시 〈사진 1〉과 거의 같다. 1895년의 프랑스 잡지 《릴뤼스트라시옹》과 스페인의 화보신문에도 거의 같은 삽화가 실렸다. 연대로 보아, 일본에서 제작된 초상화가 유포되어 영향을 미친 게 아닐까 싶다.

최근 등장한 〈사진 5〉는 영국인 수집가 테리 베넷이 2006년 공개하여 주목을 끌었다. 1894년에서 1895년 무렵 한국을 다녀간 어느 독일 사진작가의 사진첩에 들어 있는 것으로, 'Die Ermordete Konigin(시해된 왕비)'라는 설명이 달려 있었다고 한다.

그러나 똑같은 사진이 이미 1891년 미국 국립박물관 보고서에 '궁궐에서 시중드는 여인'으로 실려 있고, 1894년 간행된 영국인 외교관 조지 커즌의 《100년 전의 여행, 100년 후의 교훈 Problems of the Far East》에도 '조선의 시녀'로 실려 있으니, 아무래도 사진의 주인공이 명성황후일 가능성은 먼 듯하다.

이쯤 되면 논쟁의 초점은 다시 〈사진 1〉과 〈사진 2〉로 모인다. 〈사진 1〉로 돌아가자. 1894년 11월, 미국의 잡지 《데모레스트 패밀리 매거진 Demorest's Family Magazine》에 '조선의 왕비'라는 특집기사가 실렸다. 잡지 표지를 장식하고 있는 것은 다름 아닌 〈사진 1〉이다. 한국해연구소 이돈수 소장이 찾아낸 것으로, 지금까지 발견된 여러 장의 〈사진 1〉 중 가장 연대가 오랜 것이다. 사진 설명은 '조선 왕비의 상궁 The Queen of Korea's Chief Lady in Waiting'이라고 되어 있다. 이 특집기사는 미국인 저널리스트 프랭크 카펜터가 1894년 여름에 취재하여 쓴 것인데, 이에 따르면 〈사진 1〉의 주인공은 왕비가 아니라 궁녀다.

한말 외국인 견문기에 똑같은 사진들이 실려 있는 이유

1880년대 초 서울에는 전문 사진사, 사진관들이 있었다. 일본인이 운영하는 사진관도 있었고 한국인이 운영하는 사진관도 있었다. 후지다藤田庄三郎의 옥천당 사진관, 무라카미村上幸次郎의 생영관 등이 당시 대표적인 일본인 사진관이었으며, 한국인이 운영하는 사진관은 1883년 서울 종로 대안동 자신의 집에서 문을 연 황철의 사진관, 1884년 서울 종로 마동에서 개업한 지운영의 사진관, 1900년대 초 서울 중구 석정동에서 문 연 김규진金圭鎭의 천연당 사진관 등이다. 1895년에 네 곳이던 일본인 사진관은 1905년에는 열세 곳으로 늘어났다.

이들 사진관은 한국의 풍습, 경치, 인물 사진들을 찍어 대량복제해서 팔았다. 주 고객은 당시 한국을 찾은 외국인들이었다. 19세기 말 한국을

해강 김규진의 천연당 사진관. 김규진은 우리나라 사진사의 개척자로 손꼽히는 인물이다.

다녀간 외국인들이 쓴 수십 종의 견문기에 똑같은 사진들이 실려 있는 이유는 바로 그 때문이다. 그 사진들을 유심히 살펴보면 배경이나 소품이 같거나 연출된 분위기가 아주 비슷한 경우가 많다. 한 사진관에서, 혹은 같은 사진사가 시리즈처럼 찍은 사진들인 것이다. 이탈리아 외교관 로제티, 미국인 선교사 헐버트, 스웨덴 기자 아손도 스스로 찍은 것 말고는 이런 사진들을 구입해갔을 것이다.

그런데 여기서 주목할 만한 사진이 있다. 프랑스 기메 박물관이 소장하고 있는 한국 관련 사진 중의 하나인 〈사진 9〉다. 1901년 서울에 약 15일가량 머물렀던 프랑스 인류학자 루이 마랭이 수집해간 것인데, 로제티의 〈사진 2〉와 비교해보자. 술 달린 커튼, 바닥에 깔린 돗자리, 책들로 가득한 뒷면이 완벽하게 일치한다. 이 사진과 〈사진 2〉, 〈사진 6〉,

〈사진 7〉은 같은 장소에서 피사체를 바꿔가며 찍은 것임을 한눈에 알수 있다. 뿐만 아니라 〈사진 2〉에서는 잘 드러나지 않았지만 뒷면의 책들이 진짜 책이 아니라 〈책가도〉 그림을 그린 병풍이라는 것을 알 수 있다. 거울을 보고 있는 주인공은 사진 설명에 따르면, 기생이다. 오른쪽 밑에 '경성기생京城妓生'이라고 쓰여 있다.

이쯤 되면 로제티의 〈사진 2〉가 명성황후일 가능성은 실로 희박하다. 사진 찍은 장소는 경복궁 안 집옥재가 아니라 서울의 어느 사진관이며, 전문 사진사가 찍은 일련의 사진들 중 하나가 〈사진 2〉라는 추정이 가능하다. 배경만 다른 〈사진 1〉도 마찬가지다. 기메 박물관 소장품에는 〈사진 1〉도 물론 있다.

그럼 〈사진 1〉과 〈사진 2〉가 인물은 같은데 배경이 다른 이유는 뭘까? 한 인물이 배경을 바꿔 찍은 걸까? 당시 사진기술은 눈, 코 등을 수정하거나 배경을 지우고 새로 그려 넣는 등 수성작업 수준이 상당히 발달해 있었다고 하니, 아마도 그런 과정을 거친 것인지 모르겠다.

그러고 보면 〈사진 1〉을 비롯해서 지금까지 명성황후라고 알려진 사진들은 당시 활동하던 전문 사진사가 찍은 것으로 여러 외국인의 손에 들어가 왕비 또는 궁녀, 아니면 천주교 신자라는 제각각의 설명을 달고 서로 다른 매체에 실리게 된 것으로 보인다.

명성황후 사진, 과연 있기는 한가?

명성황후의 사진은 어느 것인가? 과연 사진이 있기는 있는 걸까? 명성황후는 사진 찍기를 기피했기 때문에 없다는 주장도 있으나, 시해 당

교과서에 실렸던 명성황후 사진은 진짜다?

1884년 3월 퍼시벌 로웰이 찍은 고종. 고종이 찍은 최초의 사진으로 알려져 있다. 로웰은 미국에 파견된 보빙사의 통역을 맡기도 했다.

시 시해범들이 사진을 갖고서 시신과 사진을 대조하여 왕비임을 확인했으며, 그때 서울에 있던 무라카미덴신村上天眞 사진관의 주인 무라카미가 찍은 사진이 시해 때 사용되었다고도 한다. 또한 지운영 후손의 말에 따르면 지운영은 고종에 이어 명성황후와 순종의 사진을 찍었다 한다.

사실 왕실 일가의 사진은 오늘날 꽤 남아 있다. 흥선대원군, 고종, 순종의 사진을 비롯하여 고종의 계비 순헌귀비 엄씨, 순종의 계비 순정효황후 윤씨, 고종의 막내딸 덕혜옹주의 사진들이 있는 것으로 보아 유독 명성황후의 사진만 없다고 단정할 근거는 없지 않을까. 그래서 일본인들이 사진을 인멸했을 거라고 말하는 학자들도 있다.

고종은 사진 찍기를 즐겨했던 듯하다. 그는 퍼시벌 로웰과 찍은 1884년의 사진 이후 여러 사진을 찍었으며 전문 사진사 말고도 외교관, 선교사, 외국인 여행가들 앞에서도 포즈를 취했다.

고종의 사진은 일반인에게 인기가 있었다. 복제된 고종의 사진은 널리 퍼졌으며, 심지어 〈그리스도 신문〉은 고종의 사진을 대량 인쇄하여 1년을 '이어 보는' 정기구독 신청자에게 사은품으로 주기도 했다. 다음은 〈그리스도 신문〉 1897년 7월 15일자 기사다.

> 월전에 신문사 사장 원두우(元杜尤, 언더우드) 씨가 대군주 폐하께 대군주의 사진 뫼실 일로 윤허하심을 물어 월전에도 말했거니와 한 달 후에 이 사진을 뫼실 터인데 1년을 이어 보는 사람에게 한 장씩 주기로 하였으나, 지금부터 1년을 보려는 사람에게도 주겠노라. …… 경향간 어떠한 사람이든지 이 사진을 뫼시려거든 1년을 이어 보시오.

현재 어느 것이 진짜 명성황후 사진인가 하는 물음에 대한 답은 유보할 수밖에 없다. 명성황후의 얼굴을 정확히 아는 사람은 아무도 없다. 남아 있는 기록을 바탕으로 상상할 뿐이다. 경기도 여주 명성황후 생가 옆에는 기념관이 있다. 기념관 문을 들어서면 정면에 고종과 명성황후의 모습을 도자기로 모자이크한 대형 벽화가 보인다. 벽화에 묘사된 명성황후는 앞서의 사진들과는 퍽 다른 모습을 하고 있다. 1995년 권오창 화백이 그린 초상을 벽화로 옮겨놓은 것이다.

■ 사료 속으로

릴리아스 언더우드는 명성황후를 가장 가까이에서 볼 수 있었던 외국인이다. 그녀는 명성황후의 시의로서 신임을 얻었다. 그녀가 선교사 언더우드와 결혼할 때 명성황후는 결혼 축하금으로 100만 냥이란 거금을 냈을 정도다. 릴리아스 언더우드가 기록한 명성황후의 인상을 보자.

약간 창백하고 아주 가냘프며, 어느 정도 뚜렷한 얼굴과 명석하고 날카로운 눈을 가진 그(왕비)는 언뜻 보기에 아름답게 보이지는 않았지만 어느 누가 보기에도 그 얼굴에서 보이는 힘과 지적이고 강한 성격을 읽을 수 있었다. 그가 말을 시작했을 때 쾌활성, 순수성, 기지, 이 모두가 그의 용모를 밝게 해주었으며 단순한 육체적인 아름다움보다 훨씬 크고 놀라운 매력을 주었다. …… 그는 모든 조선의 부인들처럼 머리 중앙을 가르고 얼굴 옆으로 단단하고 아주 매끄럽게 잡아당겨서 머리 뒤쪽 약간 아래쪽에 묶었다. 그리고 내가 어떤 다른 부인에게서 전혀 보지 못했던 것으로서 아마도 그의 지위를 표시한다고 생각되는 작은 장식이 머리의 꼭대기에 얹혀 있었다. 산호, 진주, 그 밖의 보석을 박은 금세공의 긴 장식 머리핀 한두 개가 머리 뒤의 묶은 곳을 꿰뚫고 있었다. 그는 보통 노란 비단 저고리를 입고 진주나 호박으로 된 단추를 채우고 아주 길게 끌리는 푸른색 비단 치마를 입고 있었다.

– 릴리아스 언더우드, 《상투의 나라》(신복룡 · 최수근 역주, 《상투의 나라》)

더 읽을거리

경기도 박물관, 《먼 나라 꼬레 – 이폴리트 프랑뎅의 기억 속으로》, 경인문화사, 2003.
최인진, 《한국사진사 1631-1945》, 눈빛, 1999.
월간중앙 특별취재팀, 사진 발굴 김종욱, 사후 110년 명성황후 진짜 사진 가린다, 《월간중앙》 2005년 5월호.
은정태, 명성왕후 사진 진위논쟁, 《역사비평》, 2001년 겨울호.

5

정치·사회·생활에 관한 잘못된 상식

정치·사회·생활에 관한 잘못된 상식 37

신라에만 여왕이 있었던 것은 신라 여성의 지위가 높았기 때문이다?

한국 역사에는 여왕이 셋 있었다. 선덕여왕, 진덕여왕, 진성여왕. 셋 다 지금으로부터 천여 년 전인 신라시대의 인물들이다. 신라를 제외하고는 한국 역사상 어느 시대, 어느 나라에도 여왕은 없었다. 이렇게 유독 신라에만 여왕이 있었던 것을 두고 신라 여성의 지위가 높았기 때문이라고 하는데 이는 사실과 다르다.

결론부터 말하면, 신라에서 여왕의 즉위는 성골聖骨이라는 특별한 혈족의식이 빚어낸 것이지 여성의 지위와는 별다른 상관이 없다. 신라에 여왕이 등장했을 무렵, 중국과 일본에서도 여왕이 등장했

중국 최초의 여황제 무측천. 그가 즉위한 것은 선덕여왕보다 50여 년 나중의 일이다.

353

다. 중국 당나라에서는 무측천이 일개 궁녀로 출발해서 후궁, 황후를 거쳐 황제 자리에 올랐으며, 일본에서는 스이코推古 천황을 시작으로 쇼토쿠稱德 천황까지 무려 여섯 명의 여자 천황이 등장했다. 스이코 천황은 선덕여왕보다 40년 먼저, 무측천은 선덕여왕보다 50여 년 나중에 즉위했다.

무측천이 반대파와의 치열한 정쟁 끝에 황제가 된 데 비해, 일본의 여자 천황들은 다음 후계자가 정해지지 않았을 때, 또는 황태자가 천황에 오를 때까지 과도기를 메우는 매개자 역할을 했다. 그리고 신라의 세 여왕은 직계 혈족 중심으로 왕위계승이 이루어지면서 등장했다.

'성골 남자가 없어서'

신라에 여왕이 즉위하게 된 이유를 《삼국유사》는 '성골 남자가 없어서聖骨男盡'라고 설명하고 있다. 성골이란 무엇일까? 상식으로 알려져 있기로는 부모 모두 왕족인 경우가 성골, 한쪽만 왕족인 경우는 진골眞骨이라지만, 그보다는 23대 법흥왕부터 진흥왕, 진평왕을 거치면서 강조된 특별한 혈족의식이라는 게 학계의 중론이다.

특히 26대 진평왕은 왕족 중에서도 자신을 중심으로 하는 직계 혈족만 따로 구별하여 특화시켜서, 자신의 직계 혈족과 석가모니 집안을 동일시했다. 그리하여 자기 이름은 석가모니 아버지의 이름을 따서 백정白淨, 아내는 석가모니 어머니의 이름을 따서 마야 부인, 친동생들은 석가모니 삼촌들의 이름을 따서 국반國飯, 백반伯飯이라 불렀다. 만약 진평왕이 아들을 낳았다면 틀림없이 석가라 했을 것이다. 그런데 진평왕은 딸 신라에만 여왕이 있었던 것은 신라 여성의 지위가 높았기 때문이다?

선덕여왕릉. 선덕여왕은 성골의 왕위계승을 지키려는 진평왕에게 유일한 선택이었다.

만 낳았다. 선덕여왕이 된 덕만공주, 천명공주가 그들이다.

진평왕의 뒤를 이을 만한 남성 후보자는 없었을까? 신라에서는 아들이 없는 경우 사위가 왕위를 잇는 일이 종종 있었다. 남해왕의 사위 탈해 이사금, 조분왕의 사위 미추 이사금, 미추 이사금의 사위 내물 마립간, 헌안왕의 사위 경문왕이 좋은 예다. 당시에는 사위를 한 가족으로 여겼기 때문에 가능한 일이었다. 그렇다면 어째서 여왕의 남편들은 왕위에 오르지 못했을까? 남편이 없었던 것일까?

흔히들 신라의 여왕은 남편 없이 평생 독신으로 살았을 거라고 생각하는데, 그렇지 않다. 《삼국유사》〈왕력편〉을 보면 선덕여왕의 배필은 음飮갈문왕, 진성여왕의 배필은 위홍 대각간이라고 기록되어 있다. 《삼국사기》의 기록은 조금 달라서, 선덕여왕의 배필에 대해서는 언급하지 않았으며, 진성여왕에 대해서는 "위홍과 평소 통해온 사이王素與角干魏弘通"라고 했다. 진성여왕에게는 아들이 셋 있었으니 설령 위홍이 아니더라도 남편이 있었던 게 분명하다. 다만 진덕여왕은 뚜렷한 사료가 없어 결혼을 했는지 자식을 두었는지 정확히 모른다.

그런데 왕위에 올랐을 때 선덕여왕은 마흔이 넘은 나이였다. 쉰이 넘었을 거라고 추정하기도 한다. 당시 사람들의 평균수명을 고려할 때, 여왕은 만년의 나이였다. 그래서《삼국사기》에서 김부식은 선덕여왕을 '늙은 할멈老嫗'이라 불렀던 것이다. 여자가 왕 노릇하는 것을 못마땅히 여긴 김부식은 이렇게 말했다.

"하늘의 이치로 말하면 양은 굳세고 음은 부드러우며, 사람으로 말하면 남자는 존귀하고 여자는 비천하거늘 어찌 늙은 할멈이 안방에서 나와 나라의 정사를 처리할 수 있겠는가? 신라는 여자를 세워 왕위에 있게 했으니 진실로 어지러운 세상의 일이다. 나라가 망하지 않은 것이 다행이라 하겠다."

선덕여왕의 나이를 고려할 때 진평왕이 왕위를 물려주고 싶었어도 선덕여왕의 남편 음갈문왕은 이미 세상을 떠나고 없었는지 모른다.

혹시 선덕여왕에게 아들은 없었을까? 당시 여성들의 평균 결혼연령이 어림잡아 15세 즈음이니, 선덕여왕이 적령기에 음갈문왕과 결혼하여 아들을 낳았다면 그가 왕위를 이을 수 있겠기에 하는 말이다. 그러나 선덕여왕에게는 자식이 없었던 것 같다. 필사본《화랑세기》에는 선덕여왕이 공주 시절, 아버지의 명에 따라 용춘, 용수 형제와 잇달아 관계를 가졌으나 아들을 낳지 못했다고 기록되어 있다.《화랑세기》는 그 신빙성을 둘러싼 의혹이 아직 풀리지 않았지만 어쨌든 미루어, 아들이 없었을 가능성을 점쳐볼 수 있다.

사실 당시 왕위를 이을 가장 유력한 남성 후보자는 선덕여왕의 여동생(실은 언니이나, 어머니가 달라서 장녀로 인정받지 못했다고도 한다)인 천명부인의 남편 용춘龍春이었다. 그러나 용춘은 어찌 된 일인지 왕위계승 서열에서 한 발 뒤로 밀려나 있었다. 이유는 어머니의 혈통이 문제되었기 때문이라고 하는데, 그것 말고도 용춘의 아버지 진지왕이 폐위당한 것과 관련이 있을 것이다.

경주 황성동에서 출토된 7세기 여인상. 당시 신라 여인들의 모습을 알게 해준다.

진지왕은 진흥왕의 둘째 아들로 진흥왕의 뒤를 이었으나 즉위한 지 3년이 채 못 되어 귀족들로 구성된 화백회의和白會議 결의에 의해 왕위에서 쫓겨났으며 곧이어 세상을 떠났다. 폐위당한 이유는 '정란황음政亂荒婬', 즉 '정치를 어지럽게 하고 음탕하다'는 것이었는데 실은 왕위를 둘러싼 권력다툼에서 밀려난 거라고 생각된다. 쫓겨난 진지왕의 자리를 차지한 사람은 다름 아닌 진평왕이었다. 그러므로 진지왕의 아들 용춘이 진평왕으로부터 왕위를 물려받긴 어려웠을 것이다.

당시 용춘이 처한 정치적 입지를 성골의 거주지와 관련지어 해석하기도 한다. 즉 새 왕이 즉위하면 그의 직계가족을 중심으로 새로운 성골 집단이 만들어지는데, 거기 들지 못하는 사람은 비록 지난날의 성골이라도 왕궁을 떠나 다른 곳에서 살아야 하며, 성골의 거주지인 왕궁을 떠난다는 것은 곧 성골 신분을 잃는다는 뜻이라는 것이다. 그에 따르면 용춘은 아버지 진지왕이 폐위당하고 진평왕이 즉위했을 때 왕궁을 떠나야 했으며 더는 성골이 아니게 되었다는 것.

이렇게 볼 때, 성골의 왕위계승을 지키려는 진평왕으로서는 유일한 선택이 바로 딸을 즉위시키는 것뿐이었다는 결론에 이른다. 직계 혈족 가운데 아들도 사위도 손자도 없는 진평왕에게 남은 선택은 딸 선덕여왕뿐이었던 것이다.

최후의 선택, 여왕

선덕여왕이 죽은 뒤에는 남아 있는 유일한 성골, 진덕여왕이 즉위했다. 진덕여왕은 진평왕의 친동생 국반의 딸로, 선덕여왕과는 사촌 간이다. 진덕여왕의 결혼 여부는 확실히 알 수 없는데, 선덕여왕과 나이 차가 크게 나지 않았을 것이니 만약 결혼했더라도 즉위 무렵엔 역시 남편이 죽은 뒤였을지 모른다. 여하튼 진덕여왕을 끝으로 성골은 맥이 끊기고, 이후 태종무열왕부터는 진골이 왕위를 잇게 된다.

태종무열왕의 즉위 전 이름은 김춘추, 바로 용춘과 천명부인의 아들이다. 그리고 보면 용춘과 천명부인의 결혼은 쫓겨난 진지왕의 아들과 진지왕을 쫓아내고 왕이 된 진평왕의 딸 사이에 이루어진 드라마틱한 결혼이며, 용춘으로서는 아비가 놓친 왕위를 아들이 되찾아준 셈이다. 김춘추는 신라에게 멸망당한 가야 출신의 장군 김유신과 손잡고 김유신의 지원 아래 다른 귀족들의 견제를 물리치고 왕위에 올랐다.

신라 헌강왕 때 생긴 처용무. 아내를 빼앗은 역신을 쫓는 것을 주제로 하고 있다. 헌강왕은 진성여왕의 오빠로, 그의 치세에 경주는 숯으로 밥을 지어 연기가 나지 않을 정도로 풍요를 누렸다. 그림은 조선시대 경로잔치 기록화의 일부다.

그 후 진골로 이어지는 신라 왕위계승에서, 진덕여왕 사후 233년 만에 세 번째 여왕이 등장하니 바로 진성여왕이다. 진성여왕의 즉위는 경문왕 직계들만이 왕위를 잇게 되면서 일어난 일이었다.

진성여왕은 경문왕의 딸로, 오빠 정강왕의 유언에 따라 왕이 되었다. 당시 가장 유력한 왕위계승 후보자는 경문왕의 친동생 위홍이었다. 진성여왕의 삼촌이요, 《삼국유사》에 따르면 남편인 인물이다. 위홍은 최고 관직인 상대등으로 국정을 사실상 좌우해온 당대의 실권자였다.

그런데도 정강왕이 삼촌 위홍 아닌 여동생에게 왕위를 물려준 것은 경문왕의 직계 중에서 계승자를 골랐기 때문이다. 마치 진평왕이 자신의 직계 중에서 고른 결과가 선덕여왕이었던 것처럼. 위홍도 이의 없이 따랐던 것 같다. 그리하여 진성여왕은 아버지 경문왕의 지지기반이었던 화랑 세력과, 당대의 실권자 위홍의 지원을 받으며 순조로이 즉위할 수 있었다. 이로써 경문왕의 자식들은 모두 왕위에 올랐다. 헌강왕, 정강왕, 진성여왕이 그들이다.

진성여왕과 위홍의 진실

여기서 잠깐 진성여왕과 그 남편 위홍에 대해 짚고 넘어가자. 진성여왕과 위홍은 삼촌과 조카딸 사이다. 삼촌과 조카딸의 결혼이라니, 오늘날의 눈으로 보면 있을 수 없는 일이겠으나 당시 신라 왕실에서는 이런 근친혼이 흔했다. 왕실의 혈통을 순수하게 보존하기 위해서였다. 일례로, 선덕여왕의 할아버지인 동륜 태자는 고모와 결혼했고, 내물 마립간은 사촌누이와 결혼했으며, 흥덕왕은 형의 딸과 결혼했다.

선덕여왕의 배필 음갈문왕도 삼촌이었던 것으로 여겨진다. 음갈문왕이 누구인가에 대해서는 의견이 분분한데 창녕 조씨 족보에는 시조 조계룡이 진평왕의 사위라고 쓰여 있고, 필자 미상인 《동경잡기》에는 김인평이라 했다. 그 밖에 을제 혹은 알천閼川이라는 설도 있으나, 학계에서는 진평왕의 친동생 백반이 음갈문왕이라는 견해가 우세하다. 그렇다면 선덕여왕은 삼촌과 결혼한 셈이 된다.

삼촌과 조카 사이의 결혼은 당시 신라 왕실의 결혼 관행으로 보아 아무 문제가 되지 않았다. 그러나 김부식은 진성여왕을 혹독하게 비판하고 있다. 《삼국사기》 '진성왕조'를 보자.

> 왕은 평소 각간 위홍과 더불어 정을 통해왔는데, 이때 이르러서는 늘 궁궐에 들어와 일을 마음대로 처리하였다. 이에 그에게 명하여 대구화상大矩

和尙과 함께 향가를 모아 편찬하도록 하였는데, 그 책을 일러 《삼대목三代目》이라 하였다. 위홍이 죽자 혜성대왕으로 추존하였다.

위홍에게는 아내 부호부인이 있었다. 부호부인은 진성여왕의 어린 시절 유모였다. 위홍이 진성여왕의 남편이 된 것은 부호부인이 사망한 뒤였을 거라고 생각되지만, 어떻든 두 사람의 관계는 300여 년 뒤에 살았던 유학자 김부식의 눈에는 황음무도하기 이를 데 없는 불륜으로 비쳤을 것이다. 위홍과 진성여왕이 평소 사통해왔으며 위홍이 여왕을 믿고 정치를 마음대로 좌지우지했다는 김부식의 신랄한 비판은 그 같은 맥락에서 이해해야 한다.

그러나 위홍은 진성여왕 즉위 바로 다음 해에 세상을 떠났다. 따라서 그가 진성여왕 대의 정치를 마음대로 주물렀다고는 할 수 없다. 오히려 여왕의 즉위를 돕고 통치기반을 닦는 데 주력하다 세상을 떴다고 해야 하지 않을까.

위홍이 대구화상과 함께 《삼대목》이라는 향가 모음집을 편찬한 것도 단순히 문화적 동기에서가 아니라, 여왕의 즉위에 정당성을 부여하고 통치기반을 확립하기 위한 일이었다. 향가는 화랑과 밀접한 관련이 있고, 경문왕은 화랑 출신이었으며, 진성여왕의 지지기반은 화랑 세력이었기에 하는 말이다. 진성여왕은 김부식의 혹평처럼 황음무도하고 무능하기만 했던 왕은 아니다.

진성여왕은 11년(재위 887~897) 동안 왕위를 지켰다. 그리고 장성한 아들을 셋이나 두었으면서도 자기 아들이 아니라 조카, 즉 큰오빠 헌강왕의 아들, 게다가 적자도 아닌 서자 효공왕에게 왕위를 물려주고 은퇴

해인사. 팔만대장경이라 불리는 《고려대장경》이 봉안되어 있으며, 신라 진성여왕의 마지막 거처이기도 하다.

했다. 은퇴한 여왕은 북궁北宮에서 6개월을 살다 사망했다.

북궁은 어디일까? 이름만 전해오던 북궁의 존재가 실체를 드러낸 것은 여왕이 죽은 지 600여 년 뒤인 조선 성종 21년(1490), 해인사 중창 현장에서였다. 한창 공사 중이던 해인사 비로전(지금의 대적광전) 양미樑楣(도리 혹은 처마)에서 전권田券, 즉 토지문서가 발견되었다. 이를 보고 조위曺偉라는 인물이 '서해인사전권후書海印寺田券後'를 썼으니, 다음은 그중 한 대목이다.

> 을사 이전에는 북궁해인수北宮海印藪라고 칭했다. 경술 이후 처음으로 혜성대왕 원당이라 칭한 것은 각간 위홍이 무신 2월에 사망하였으니 진성여왕 2년이다. 진성여왕은 위홍을 옆에 두고 총애하다가 혜성대왕으로 추봉하였는데 혜성이라고 하는 사람이 위홍이라는 것은 의심할 것이 없

고…… 11년 정사년 6월에 진성은 효공왕에게 왕위를 물려주고 그해 12월 북궁에서 세상을 떠났으니…… 위홍을 그리워하는 마음에 몸을 절에 의탁하여 이곳에서 세상을 마쳤으니 무덤을 함께 하고자 하는 뜻을 비친 것이다.

이에 따르면, 을사년 그러니까 헌강왕 11년(885)까지는 해인사를 북궁해인수라고 불렀는데 진성여왕 4년(890)인 경술년부터는 혜성대왕 원당이라 부르게 되었다는 얘기다. 그리고 진성여왕이 말년을 보낸 북궁은 해인사이며, 해인사는 위홍의 원당이었고 진성여왕은 해인사를 자신의 마지막 거처로 삼았다는 것이다. 여왕에게 위홍은 죽어서도 함께 하고픈 사람이었나 보다. 북궁해인수에서 '수'는 숲이란 뜻이니, 당시 해인사 일대는 숲이 무성했던 모양이다.

한편 진성여왕의 뒤를 이은 효공왕이 아들 없이 죽음으로써 경문왕 직계는 끊어지고, 그 뒤 왕위는 다른 가계로 넘어갔다.

■ 사료 속으로

그대는 모르는가, 여씨가 한실 능멸하던 때에	君不見呂氏憑陵漢室時
한나라가 기우뚱 위태로웠던 것을	漢室岌岌嗟將危
또한 모르는가, 무씨가 당실에서 행악하매	又不見武氏鴟張唐帝家
당나라 왕업이 마침내 어지러웠던 것을	唐家功業終紛挐
예부터 명철한 아낙이 성을 무너뜨리고	由來哲婦必傾城
아낙이 말 잘하면 화단을 일으킨다	婦有長舌厲非經
신라 여주 선덕이라 이름 하나	新羅女主名善德
좋은 정치 소문 없고 사특만 좋아했네	治則無聞崇怪慝
……	……
오명과 방명을 사람들이 평한다	遺臭遺芳人所評
공업만 이루어도 일생이 만족하고	但得功業一生足
섶에 싸여 들에 버려져도 나쁠 것은 없는데	衣薪棄野亦不惡

— 김시습, 선덕여왕릉(안정복, 《동사강목》 제3하)

조선 세조 때의 유학자 매월당 김시습이 지은 시 〈선덕여왕릉〉이다. 《동사강목》에서 이 시를 인용한 정조 때의 유학자 안정복은 "마치 암탉이 새벽에 우는 것이 떳떳한 도리인 양 김유신 같은 무리도 일대의 인물로 호칭을 받으면서 머리를 숙이고 귀를 기울여 여주女主를 섬기되 부끄러워하지 않았으니 무엇 때문이었을까?"라면서 김유신 같은 당대의 호걸조차 여왕을 섬기면서도 부끄러운 줄 몰랐다고 힐난했다. 여왕을 바라보는 유학자들의 눈길은 이토록 싸늘했다.

더 읽을거리

박찬흥, 왜 신라에만 여왕이 있었을까?, 《우리 역사 속 왜?》, 서해문집, 2002.
김기흥, 《천년의 왕국 신라》, 창작과비평사, 2000.
이종욱, 《화랑세기로 본 신라인 이야기》, 김영사, 2000.
조범환, 《우리 역사의 여왕들》, 책세상, 2000.

정치·사회·생활에 관한 잘못된 상식 38

윤관이 개척한 동북 9성은
여진족의 간청으로 돌려주었다?

2007년판 초등 6학년 《사회》 교과서는 "살 곳을 잃은 여진족이 조공을 바치겠다고 하며 돌려달라고 간청하여 나라에서 돌려주었다"라고 서술하고 있지만, 실은 인심 좋게 돌려준 것이 아니라 지키기 어려워 포기한 것이다. 예나 지금이나 냉정하기 이를 데 없는 국제관계에서 어렵사리 쟁취한 영토를 돌려달란다고 선뜻 돌려주는 일이 어찌 있으랴.

12세기 초, 고려의 북쪽 국경선은 압록강 하구에서 지금의 함경남도 영흥의 도련포에 이르는 선이었다. 그 선을 따라 천리장성이 구축되어 있었고 장성 밖, 지금의 함경북도 일대는 여진족이 사는 땅이었다.

여진족의 다른 이름은 만주족이다. 숙신, 읍루, 말갈이라고도 불리었다. 훗날 중국 대륙을 석권하고 청나라를 세운 것이 바로 이들이다. 청나라는 우리에게 병자, 정묘 두 차례의 호란과 더불어 남한산성에 피신

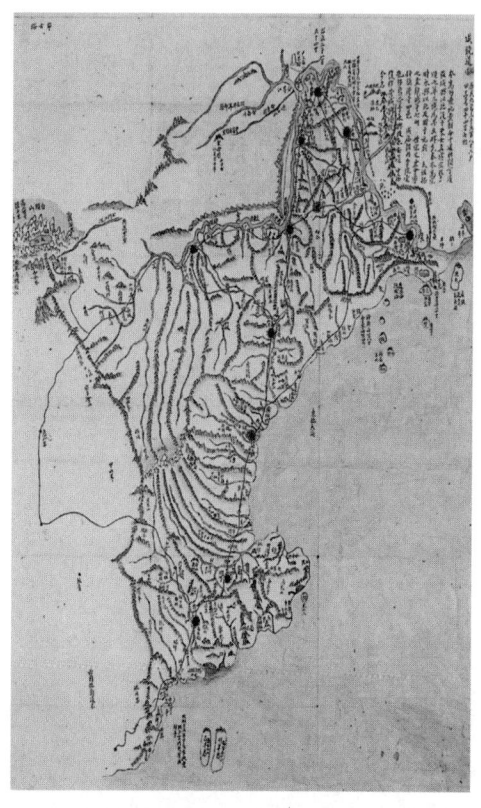

《여지도》 중 함경북도 부분. 19세기 전반기 작품으로 채색 필사본이다.

해 있던 왕이 삼전나루에 나가 삼고구궤를 하는 뼈아픈 기억을 안겨준 장본인이다. 그러나 이때만 해도 한반도 동북부 일대에 흩어져 살면서 이따금 동해안 일대에 출몰하여 먹을 것과 생활필수품 따위를 약탈해가는 소수 민족일 따름이었다. 그런 이들을 고려에서는 번적蕃賊 또는 동번적東蕃賊이라 불렀다.

17만 대군이 출정한 여진 정벌

고려 16대 왕 예종 2년(1107) 음력 윤10월, 부왕 숙종의 유지를 앞세운 예종의 명령으로 여진 정벌이 시작되었다. 일찍이 숙종은 여진을 공격하다 패하자 이를 '국치國恥'로 여겨 설욕을 다짐했다. "패인은 적의 기병을 우리 보병으로 대적할 수 없었기 때문"이라는 윤관의 건의를 받아들여 기병을 비롯한 군대 양성에 전력을 기울였다. 그 결과 탄생한 군대가 바로 별무반이다. 별무반은 문무 양반부터 서리, 승려, 상인, 노예에 이르기까지 신분을 망라하여 동원한 거국적 군대로서 신기군, 신보군, 항마군으로 이루어졌다.

숙종이 숙원사업을 미처 이루지 못하고 세상을 뜬 뒤, 아들 예종이 시작한 이번 여진 정벌에 동원된 군사는 무려 17만 명이었다. 고려로서는 일찍이 해본 적 없는 대규모 원정이었다. 원수 윤관이 이끄는 고려군은 천리장성을 넘어 동북쪽으로 거슬러 올라가면서 135개 촌락을 무너뜨리고 5천 명의 적을 죽였으며 포로 5천을 사로잡는 대승을 거둔 다음 그 땅에 9성을 쌓았다. 이것이 동북 9성이니 함주, 영주, 웅주, 길주, 복주, 공험진, 통태진, 숭녕진, 진양진이다.

〈척경입비도〉. 1107년 윤관과 오연총이 여진족을 정벌한 뒤, 길주·공험진 등 9성을 쌓고 선춘령에 '고려지경'이라고 새긴 비를 세워 경계를 삼은 일을 그린 그림. 조선 후기에 제작된 《북관유적도첩》의 일부다.

동북 9성의 정확한 위치가 어디인가에 대해서는 아직도 논란이 분분하다. 여말 선초의 사료에서는 두만강 일대라고 했으며, 식민지 시대 일본 학자들은 훨씬 남쪽인 함흥평야 일대로 보았다. 최근의 국내 학자들은 함흥에서 두만강 유역까지의 해안평야를 따라 9성이 있었다고 본다.

새로 쌓은 9성에는 남쪽 지방의 백성 6만 9천여 호를 옮겨 살게 했다. 이른바 사민정책徙民政策이다. 이는 일종의 농업이민이라 할 수 있는데, 새로운 농경지를 필요로 했던 당시 고려 사회의 일면을 엿볼 수 있는 대목이다.

윤관은 숙종의 유언을 받들어 길주성에 호국인왕사, 진동보제사라는 두 절을 세운 다음 의기양양하게 개선했다. 윤관에게는 동북 9성을 개척한 공로로 공신 칭호가 주어졌다.

그러나 동북 9성은 유지하기가 쉽지 않았다. 각종 물자와 인력 부담이 만만치 않은 데다가, 여진족의 완안부完顔部 추장 아골타阿骨打의 반격이 매우 거셌기 때문이다. 때문에 고려군은 개선하자마자 다시 출정해야 했다. 그 후 전선은 1년 넘도록 일진일퇴를 거듭했다.

그러자 고려 조정에서는 전쟁 반대론이 고개를 들었다. 애초부터 정벌에 반대하던 이들이 목소리를 높였다. 이자의李資義 등 문벌 세력이 그들이다. 왕 또한 마음이 흔들렸다. 결국 예종 4년(1109) 6월, 9성 반환 여부를 놓고 회의가 벌어졌다. 재상, 대간, 6부 관리들이 모인 자리에서 반환 찬성 28명, 반대 2명이 나왔다.《고려사》윤관 열전은 이 대목을 다음과 같이 기록하고 있다.

> 우리의 성들이 견고하여 좀처럼 함락되지는 않았으나 전투와 방어에서 우리 병력의 상실 또한 많았으며, 새로 얻은 지역이 지나치게 넓고 아홉 성들의 거리가 멀 뿐만 아니라 골짜기가 깊고 수목이 무성하여 적들이 자주 매복하고 있다가 왕래하는 행인들을 약탈하였다. 국가에서도 군사의 조련에 비용이 많이 들어 중앙과 지방이 소란할 뿐만 아니라 기근과 유행

병이 겹쳐 인민의 원망이 드디어 일어났으며 여진 또한 우리를 귀찮게 굴었다. 이때 왕이 여러 신하들을 소집하고 토의한 결과 마침내 아홉 성을 여진에게 반환하기로 결정하고 그 성들에 저장했던 전구戰具와 식량 등을 내지로 옮기고 성에서 철수하기로 하였다.

그런데 바로 그때였다. 여진의 화친 사절이 도착했다. 화친의 조건은 9성 반환이었다. 전쟁 반대자들은 내심 쾌재를 불렀다. 더구나 여진의 태도는 공손하기 이를 데 없었다.

"만일 아홉 개 성을 돌려주어 백성들의 생활을 안착시키신다면 우리는 하늘을 두고 맹세하여 대대손손에 이르기까지 정성을 다하여 공물을 바칠 것이요, 감히 기와조각 하나라도 국경에 던지지 않겠습니다."

화친의 명분으로 삼기에 이보다 더 좋은 제의가 있으랴. 7월, 문무 3품관 이상 회의가 열리고, 이번엔 만장일치로 9성 반환을 결정했다. 이렇게 동북 9성은 유지하기 어려워 포기한 것이었으며, 여진의 간청은 포기의 명분에 지나지 않았다.

동북9성이 남긴 것

9성에 주둔했던 군사와 백성들은 철수했다. 그런데 일은 거기서 끝나지 않았다. 재상과 대간들은 입을 모아 윤관에게 패전의 책임을 물었다. "명목이 서지 않는 병력을 함부로 동원하여 군대를 패전시키고 국가에 손해를 끼친 죄"를 지었으니 용서할 수 없다는 이유였다.

사실 숙종과 예종이 여진 정벌을 단행한 데는 윤관 같은 측근 세력을

윤관 장군묘. 경기도 광탄에 있다.

앞세워 문벌 세력을 누르려는 정치적 의도도 숨어 있었다. 그런데 9성을 반환함으로써 정벌 주도 세력의 입지는 현저히 약화되고 반대 세력이 힘을 얻어 이후 정국을 좌우하게 되었으니, 이자연과 손자 이자겸이 그들이다. 왕은 마지못해 윤관의 관직과 공신 칭호를 박탈했다. 그러나 얼마 안 있어 관직을 되돌려주었으며, 복직한 지 5개월 만인 예종 6년(1111) 5월, 윤관은 눈을 감았다.

동북 9성을 쌓기 100여 년 전, 고려는 서희의 담판으로 강동 6주를 획득했다. 그러나 강동 6주와 달리, 동북 9성은 결과적으로 실패했다. 강동 6주 획득으로 고려의 서쪽 국경선은 압록강 일대로 확장되었지만, 동북 9성의 실패로 동쪽 국경선은 여전히 함흥 일대에 머물렀다. 동쪽 국경선이 두만강 일대까지 확장된 것은 조선시대의 일이다.

한편 여진은 고려와의 화친으로 얻은 안정을 바탕으로 내부 단합과 발전에 박차를 가하여 만주를 장악하고 금나라를 세웠으며, 거란을 정복하고 중국 대륙으로 진출, 송을 남쪽으로 몰아내고 황하 이북을 차지하여 12세기 동아시아의 최강국이 되었다.

■ 사료 속으로

여진 정벌 때 문벌 세력이 정벌에 소극적이었던 이유 중 하나는 그 아들들이 전쟁터에 나가야 했기 때문이다. 별무반의 핵심인 신기군에는 '말을 가진 자'라면 누구나 동원되었는데, 당시 말은 경제적 여유가 있어야 소유했으므로 자연히 일반인보다는 문벌 귀족 집안 아들들이 차출되었다. 재신과 추밀, 그러니까 지금의 국무총리 이하 각부 장관쯤 되는 최고위 관리의 아들들도 예외가 아니었다. 그 결과 불만의 소리가 높아지자, 동계병마사 오연총吳延寵은 왕에게 재추(재신과 추밀)의 아들로서 자원자 아닌 경우는 면해주자고 건의한다. 있는 집 자식들의 군대 기피는 예나 지금이나 한가지인 듯하다.

예종 원년 정월에 동계병마사 오연총이 아뢰기를,
"지금 징발하는 중앙, 지방 신기군으로서 부모의 연령이 70세 이상이고 외아들이면 병역을 면제하여주고, 1호 안에 3~4명이 군대에 나갔으면 1명을 감해주고, 재신과 추밀의 아들로서 자원하지 않으면 또한 면제해줍시다."
라고 하니 왕이 이 제의를 좇았다.

- 《고려사》 권 81, 지志35 병兵1 병제兵制

더 읽을거리

임용한, 《전쟁과 역사 2》, 혜안, 2004.
이정호, 두만강까지 영토를 차지하다, 《고려시대 사람들 이야기 1-정치생활》, 신서원, 2001.
박종기, 《5백 년 고려사》, 푸른역사, 1999.

임진왜란 때
경복궁을 불태운 건 백성들이다?

왜란이 시작된 지 꼭 17일 만에 선조는 수도 한양을 버리고 북쪽을 향해 피난길에 올랐다. 깜깜한 새벽, 몰래 도망치듯이 창덕궁을 나서서 도성의 서쪽 대문인 돈의문을 빠져나갔다. 비가 쏟아지는 새벽이었다. 왕이 버리고 떠난 한양성 안에서 불길이 치솟았다. 경복궁, 창덕궁, 창경궁, 세 궁궐이 잿더미로 변했다. 누가 불을 질렀을까?

지금껏 역사학자 이기백의《개정판 한국사 신론》을 비롯하여 대부분의 한국사 개설서와 임진왜란을 다룬 글에서는 백성들이 불을 질렀다고 말해왔다. 그런데 재일사학자 이진희, 〈조선왕조 궁궐 경영과 양궐체제의 변천〉이란 박사 논문을 쓴 홍순민은 백성이 아니라 왜군이라 했다.

여태껏 상식이 되어 있던 '왜군이 미처 도착하기도 전에 백성들의 손에 불탄 경복궁', 그래서 '떠날 대로 떠난 민심'의 상징이었던 백성의 경복궁 방화설은 과연 사실인가?

'간민'과 '난민'이 불태웠다는 경복궁

경복궁 방화범을 백성으로 보는 견해는 《선조수정실록》을 근거로 한다.

"거가車駕가 떠나려 하자 도성의 간민奸民이 내탕고에 들어가 보물을 훔쳤고, 거가가 떠나자 난민亂民이 크게 일어나 먼저 공사 노비 문적이 있는 장예원과 형조를 불태우고 궁성의 창고를 약탈하고 방화하여 경복궁, 창덕궁, 창경궁이 일시에 모두 없어졌다."

〈경복궁도〉. 1997년 뉴욕의 소더비 경매에 출품되면서 알려진 경복궁 그림이다. 임진왜란으로 경복궁이 불타기 전의 모습에 영조 때 세운 친잠비와 채상대를 더해서 그렸다. 18세기 후반 영조 연간에 그려진 것으로 추정된다.

왕이 한양을 떠난 1592년 4월 30일자 《선조수정실록》 기사다. 여기서 '간민'과 '난민'은 노비를 비롯한 하층민들을 가리킨다.《실록》편찬자는 질서와 기강이 무너진 당시 상황을 적나라하게 설명하기 위해 이런 기사를 썼는지 모르나, 20세기의 후손들은 이 기사를 무사안일에 빠져 국가의 안위를 돌보지 못한 무능한 군주와 지배층을 향해 치솟은 민의 분노로 해석해왔다.

그런데 《선조수정실록》보다 40여 년 먼저 나온 《선조실록》에는 같은 날짜에 그런 기사가 한 줄도 없다. 다만 사흘 뒤인 5월 3일, 왜군이 도성에 입성하는 장면을 묘사하면서 "이때 궁궐이 불탔으므로 왜군이 종묘에 들어가 머물렀다"고 쓰고 있다. 궁궐이 불탔다는 날짜가 서로 다른 것이다.

왕이 떠난 4월 30일 바로 그날, 선조와 함께 피난길에 올랐던 서애 유성룡의 이야기를 들어보자. 유성룡은 자신이 겪은 임진왜란을 《징비록》이란 한 권의 책에 담았는데, 문제의 4월 30일자 기록은 이러하다.

"돈의문을 나와서 사현沙峴(지금의 서대문구 현저동)에 이르니 동쪽 하늘이 차츰 밝아왔다. 고개를 돌려 도성 안을 바라보니 남대문 안 큰 창고에서 불이 일어나 연기가 이미 하늘에 치솟았다."

남대문 안 창고에서 불길이 일었다고

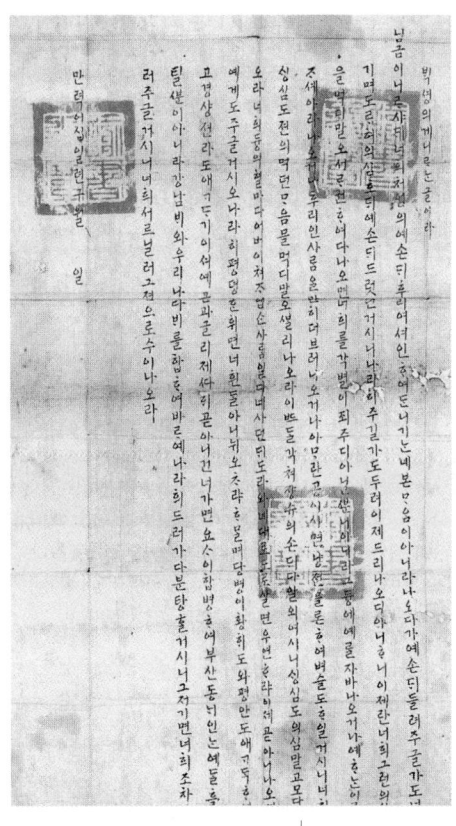

선조의 국문교서. 피난길에 올랐던 선조는 서울로 돌아오기 전, 모든 백성들이 쉽게 알 수 있도록 한글로 쓴 교서를 내렸다. "왜적에게 잡혀간 백성의 죄는 묻지 않는다. 왜군을 잡아 오거나 포로가 된 백성을 데리고 나오면 신분을 따지지 않고 벼슬을 시켜준다" 등 백성을 회유하는 내용이 담겨 있다.

했으나, 백성들이 궁궐에 불을 질렀다는 얘기는 없다.

그런데《선조실록》과《선조수정실록》은 왜 서로 다른 기록을 남겼을까?《선조수정실록》과《선조실록》둘 중 어느 것이 더 믿을 만한가?《선조수정실록》은 이름 그대로《선조실록》을 수정한 것이다.《실록》은 왕이 죽으면 뒤를 이은 왕대에 선왕 치세에 일어난 일을 사초에 근거하여 편찬하는 관찬사서다.《실록》의 기본 사료가 되는 사초는 제아무리 왕이라도 마음대로 볼 수 없었다. 이는 역사기록으로서의 객관성과 공정함을 유지하기 위해서였다. 따라서 그렇게 엄정하게 만들어진《실록》이 수정된다는 건 있을 수도 없고 있어서도 안 되는 일이었다. 그런데도《선조실록》은 역대 실록사상 최초로 수정본을 냈다. 왜일까?

《선조실록》에는 없는 '간민'과 '난민'

《선조실록》은 선조의 뒤를 이은 광해군 8년(1616)에 편찬되었다. 그런데 광해군이 인조반정으로 폐위되고 인조가 즉위하자마자《실록》을 고쳐야 한다는 의논이 고개를 들었다. "적괴賊魁에 의해 편찬되어 부끄럽고 욕됨이 심하다"는 이유에서였다. 적괴란 광해군 때의 집권 세력이었던 북인을 말한다. 북인과 광해군을 몰아내고 집권한 서인들로서는 북인 정권기에 쓰인《선조실록》을 인정할 수 없었던 것이다.

그러나 이괄의 반란, 병자호란 같은 중요한 사건들이 잇달아 일어나는 바람에《실록》수정은 오랫동안 진행되지 못하다가, 호란이 끝난 지 5년 뒤인 1641년 이식, 최명길 등의 상소로 수정 작업이 본격화되었다.《선조수정실록》이 완성된 것은 효종 때인 1657년이었으니 인조반정 후 무려 34년 만이다.

《선조실록》과 《선조수정실록》을 비교해보면 정치적 입장이나 평가가 엇갈리는 문제에 대해서 적잖은 차이가 있다. 인물평도 사뭇 다르다. 《선조실록》에는 서인인 이이나 남인인 이황에 대한 기사가 아주 간략하거나 비판적인 데 비해, 《선조수정실록》은 매우 자세하고 당대 최고의 인물이라 극찬하고 있다. 《선조수정실록》은 동인인 정여립 사건을 자세하게 다루면서 정여립을 명백한 역적이라고 강조하고 있는 데 비해, 《선조실록》은 정여립 사건을 맡았던 정철이 서인인지라 옥사를 지나치게 확대했다고 비판하고 있다.

명칭도 다르다. 《선조실록》의 원명은 '선종공경대왕실록'인데, 《선조수정실록》의 원명은 '선조공경대왕수정실록'이다. '종'이 '조'로 바뀐 것이다. 국난을 이겨낸 공로가 크다 하여 '종'에서 '조'로 바꿔주었다.

역대 실록에 비해 《선조실록》이나 《선조수정실록》은 둘 다 탄탄한 사료를 기초로 하여 완성도 높게 편찬되지 못했다. 전쟁으로 사초를 비롯하여 《실록》 편찬에 필요한 기초 사료들이 몽땅 없어진 바람에 개인의 문집이나 일기, 개인이나 문중이 갖고 있는 자료들을 끌어모아 가까스로 편찬한 것이니 어느 쪽이 확실히 믿을 만하다고 단정하기도 어렵다.

그러나 《선조실록》이 총 221권 116책, 《선조수정실록》은 총 42권이니 《선조실록》이 훨씬 상세하고 풍부하다. 또한 《선조수정실록》에는 병자호란 후 점점 더 경직되어가는 서인 정권의 이데올로기가 강하게 반영되어 있다. 《선조실록》에는 없는 '간민'과 '난민'의 방화가 《선조수정실록》에 등장하게 된 것은 당시 서인 정권의 경직된 대민 의식의 반영이라고 하면 지나친 비약일까?

임진왜란 때 경복궁을 불태운 건 백성들이다?

일제시대에 정설로 굳어진 방화설

경복궁 근정전. 국가의식을 거행하고, 외국 사신을 접견하던 경복궁의 정전正殿이다. 임진왜란 때 불탄 것을 흥선대원군이 중건하였다.

《선조수정실록》에 등장한 백성들의 경복궁 방화설은 일제시대를 거치며 정설로 굳어졌다. 1934년 편찬된 《경성부사京城府史》는 '경성의 화재'라는 제목으로 《선조수정실록》보다 훨씬 많은 지면을 할애하여 이렇게 설명하고 있다.

> 처음에 천민 등이 공사비의 문적이 소장되어 있는 장예원을 불살랐던 것은 이 기회를 타서 자기의 호적을 인멸시키려고 했던 것이다. 다음에 미창米倉인 선혜청 및 각 궁궐 등에 미친 것은 미곡과 재보를 약탈하고 그로써 죄적을 감추려는 짓이었을 것이다.

그러면서 왜군은 군율이 엄하여 방화나 약탈은 전혀 하지 않았으며, 오히려 왜군이 "무정부 상태에 빠진 경성의 질서를 회복해주었다"고 서술하고 있다.

《경성부사》는 일제시대에 경성부에서 주관하여 편찬한 서울의 역사책으로, 고대부터 일제시대에 걸쳐 상세한 내용과 방대한 분량으로 서울의 역사를 다룬 일제의 관찬사서다. 첫 페이지에 '조선총독 우가키 이치나리 宇垣一成 각하'라고 쓰여 있고, 다음 페이지에 그의 친필 사인이 들어 있으며, 그 다음 페이지에는 '후작 박영효 각하'라는 글과 박영효의 친필 사인이 잇달아 실려 있다.

경복궁은 과연 누구 손에 불탔을까? 《선조수정실록》과 《선조실록》의 기록에 뚜렷한 차이가 있다는 것은 앞에서 얘기한 바와 같다.

일제시대 광화문. 임진왜란 때 소실되었던 광화문은 흥선대원군에 의해 중건되었으나, 조선총독부 청사를 지으면서 (1927) 건춘문 북쪽으로 옮겨졌다. 그 후 광화문은 한국전쟁 때 또 불탔으며, 1968년 콘크리트로 중건되었다가 2007년 현재 복원공사 중이다.

그럼, 당시 텅 빈 한양에 입성했던 왜군 장수들이 남긴 기록을 보자. 다음은 왜군의 선봉대로 가장 먼저 한양에 입성했던 고니시 유키나가小西行長 휘하의 장수 오오제키大關의 전기 《조선정벌기》의 한 대목이다. 5월 3일에 입성한 그는 경복궁을 처음 본 소감을 적어 놓았는데, 그에 따르면 적어도 5월 3일까지 경복궁은 건재했다.

> 안으로 들어가 보니 궁전은 텅 비었고 사대문은 제멋대로 열려 있었다. 그제야 전각을 자세히 살펴보니 궁궐은 구름 위에 솟아 있고 누대는 찬란한 빛을 발하여 그 아름다운 모습은 진나라 궁전의 장려함을 방불케 하더라. ……후궁에는 화장품 향기가 감돌고 산호의 대상에는 화려한 거울이 덧없이 남아 있었다. ……건물마다 문이 열려 있고 궁문 지키는 자 없으니 어디를 보아도 처량하기 짝이 없다…….

경복궁의 장려한 위용이 마치 진시황의 궁전 같다며 찬탄하고 있다.

이튿날인 5월 4일 오전, 가토 기요마사加藤淸正 부대가 두 번째로 한양에 입성했다. 가토 부대의 종군 승려 제타쿠是琢의 《조선일기》를 보면 이때까지도 궁궐은 그대로였다. 그런데 다른 종군 승려 덴케이天荊가 쓴 《서정일기西征日記》에는 사흘 뒤인 5월 7일 "금중禁中에 들어가니 궁전은 모두 초토로 변해 있었다"라고 기록되어 있다. 이에 따르면, 궁궐은 4월 30일이 아니라 왜군이 입성한 5월 4일부터 5월 7일 사이에 불탄 것이고 방화범은 백성이 아니라 왜군이 된다.

궁궐을 태운 불길은

왜군이 입성했을 때 한양은 텅 비어 있었다. 왕 이하 고관대작들은 일

찌감치 피신했고, 뒤늦게야 왕이 떠난 줄 안 백성들은 허둥지둥 도성 밖으로 도망쳤다. 당시 왕 이하 고관대작들이 보인 행태는 400여 년 뒤 한국전쟁 때, 수도 서울을 버리고 남쪽으로 도망친 이승만 대통령 이하 고관들의 행태와 놀라우리만큼 닮았다. 선조는 떠나기 전날까지 "내가 한양을 두고 어디로 가겠는가, 염려 말라"는 말을 되풀이하다가 비 쏟아지는 새벽에 성문을 빠져나갔고, 이승만 대통령은 "안심하고 생업에 종사하라"는 라디오 녹음 방송을 틀어놓고 한강을 건넜다.

수도를 되찾은 다음의 행동도 꼭 닮았다. 3개월 만에 서울에 돌아온 이승만 대통령은 피난 못 가고 서울에 남았던 시민들을 공산당에 부역하지 않았느냐고 닦달했고, 1년 반 만에 돌아온 선조는 그 사이 왜놈 말을 익혀 지껄이는 자나 왜놈에게 빌붙었던 자는 엄벌에 처한다는 영을 내렸다.

경복궁이 누구에 의해서 불탔는지는 아직 정확히 밝혀지지 않았다. 영원히 밝혀지지 않을지도 모른다. 누구 손에 불탔던들 어떠랴. 중요한 건 백성이든 왜군이든 또 다른 누구에 의해서였든, 당시 궁궐을 태운 불길은 지배층의 나태와 무책임을 질타하는 소리 없는 아우성이었다는 사실이다.

■ 사료 속으로

임진왜란 때 불탄 경복궁은 흥선대원군 때 중건하기까지 거의 300년 동안 폐허로 남아 있었다. 《실록》에 따르면 폐허가 된 경복궁에는 송충이가 득실거려 백성들을 동원하여 잡아야 했고, 심지어는 호랑이까지 드나들었다고 한다.

경복궁 안에 송충松蟲이 치열하게 발생하였으므로, 오부五部로 하여금 방민坊民을 내어 잡게 하였다.

— 숙종 30년(1704) 5월 26일

호랑이가 구궐舊闕(경복궁)에 들어왔다.

— 영조 27년(1751) 6월 9일

호랑이가 경복궁 후원으로 들어왔다.

— 영조 28년(1752) 1월 2일

땔감을 채취하던 아이 하나가 옛날의 금배金杯 한 쌍과 동銅 사자 하나를 경복궁의 옛터 석혈 속에서 얻어 바치니, 임금이 이상하게 여겨 그 아이에게 상을 내렸다.

— 영조 40년(1764) 2월 13일

더 읽을거리

홍순민, 《우리 궁궐 이야기》, 청년사, 1999.
이진희, 임란 경복궁 방화주범은 왜군, 〈부산국제신보〉 1991년 6월 15일자, 《정내암사상연구논총》 제1집, 내암선생기념사업회, 1995.

정치 · 사회 · 생활에 관한 잘못된 상식 40

조선시대에도
담배는 어른들만 피웠다?

조선시대에는 아이들도 담배를 피웠다. 유교 윤리에 따라 장유유서와 남녀유별을 매우 중시했던 조선시대건만 담배만큼은 남녀노소 구별이 없었다. 17세기 중엽 조선에 표류해와 13년 동안 살았던 네덜란드인 하멜은 《하멜 표류기》에 이렇게 썼다.

> 담배가 매우 성행하여 어린아이들까지도 4, 5세 때 담배를 배우기 시작한다. 그래서 남녀 간에 담배를 피우지 않는 사람이 극히 드물다.

하멜은 1653년 배를 타고 일본으로 가다가 폭풍을 만나 제주도에 표착한 뒤, 13년 28일 동안 조선에 살면서 서울 고관대작들의 생활부터 전라도 시골 촌부의 가난한 살림까지 폭넓게 보고 들은 것을 《하멜 표류기》에 남겨놓아 17세기 조선 사회를 이해하는 데 귀중한 정보를 제공

해주고 있다.

조선시대에 아이들이 담배를 피운 것은 《실록》으로도 입증된다. 《순조실록》에서 조선 23대 왕 순조는 "담배 피우는 속습(俗習)이 이미 고질이 되어 남녀노소를 논할 것 없이 즐기지 않는 사람이 없어서 겨우 젖먹이를 면하면 으레 횡죽(담뱃대)으로 담배를 피운다"면서 개탄하고 있다.

김홍도의 그림 〈점괘〉. 긴 담뱃대를 들고 있는 아이가 연동이다.

약으로 쓰인 담배

조선시대에 아이들에게 담배가 허용된 까닭은 당시 사람들이 담배가 약효를 갖고 있다고 믿었기 때문이다. 담배는 약초로 여겨졌던 것이다. 회충 없애는 데, 가래가 목에 걸려 떨어지지 않는 데, 비위가 거슬려 침이 흐르는 데, 소화 잘 안 되는 데, 먹은 게 걸려 신물 올라오는 데, 추위를 막는 데 담배는 신통한 효과가 있다고 믿었다. 혹시 독자 가운데 어린 시절, 장난치다 손가락을 칼로 베였을 때 상처에 할머니가 담뱃가루를 바르고 붕대로 찬찬히 감아주시던 기억을 간직하고 있는 사람이라면

이교익 그림 〈휴식〉. 나무 아래에서 세 사
람이 휴식을 취하며 담배를 피우고 있다.

얼른 고개를 끄덕일 것이다. 종기나 상처
가 났을 때 담뱃잎으로 싼다든지, 담뱃가
루를 약으로 쓴다든지 하는 일은 우리나라뿐 아니라 서양에서도 널리
쓰이던 민간요법이었다.

다른 주장도 있다. 담배 피우기는 성인이 되었음을 나타내는 표시였
다는 것이다. 결혼 적령기가 15, 16세였던 조선시대에 결혼과 함께 담
배를 피움으로써 성인이 되었음을 주위에 알렸고, 그리하여 10대에 담
배에 중독되는 경우가 많았다는 것이다.

아이들의 흡연은 당시의 담배 피우는 방법과도 관련이 있었다. 조선
시대의 담배는 요즘 같은 궐련이 아니라 담뱃대에 담뱃잎을 말아넣어
피우는 잎담배, 아니면 잘게 썬 담뱃잎을 대통에 쟁여 넣고 피우는 살담

배였다. 그러므로 담뱃대는 흡연의 필수품이었다. 대가 긴 담뱃대를 장죽, 짧은 것을 곰방대라 했는데, 그중에서도 장죽은 상층 신분의 상징이었다. 왜냐하면 기다란 장죽을 입에 문 상태에서는 대통에 손이 닿지 않았으므로 누군가가 불을 붙여주어야 했고, 따라서 장죽을 피우려면 불 붙여주는 종을 거느리고 다녀야 했기 때문이다. 불 붙여줄 종을 거느릴 처지가 못 되는 사람은 장죽을 피울 수 없는 것이 자명한 이치였다.

담뱃불 붙여주는 종은 대개 나이 어린 소년이었다. 이 소년을 담배 연煙, 하인 동僮 자를 써서 연동이라 불렀다. 김홍도나 신윤복의 풍속화를 유심히 보면 한껏 멋을 부린 기생이나 갓 쓴 점잖은 양반 옆에 긴 담뱃대를 들고 서 있는 소년을 발견할 수 있을 것이다. 이 소년이 바로 연동이다.

그런데 장죽에 불 붙이기란 쉬운 일이 아니었다. 대가 긴 만큼 세게 빨아들여야 겨우 불이 붙었다. 그래서 양반 체면에 볼 씰룩이면서 불 붙이는 모습이 볼썽사납다 하여 어린아이에게 담뱃대를 빨아 불이 붙게 한 다음 불 붙은 담뱃대를 넘겨받는 양반이 꽤 많았다고 한다. 양반의 체모 유지를 위해 아이들의 흡연이 조장된 셈이다.

어린아이들의 흡연은 중국에서도 흔한 일이었다. 청나라 때 사람 육요陸耀는《연보煙譜》라는 저서에서 "사대부, 부녀자, 아이 할 것 없이 모두들 담뱃대를 들고 다니고 끼니는 걸러도 담배는 거르는 법이 없다" 했으며, 19세기 말 만주에 간 캐나다 목사 게일은 다섯 살짜리 아이가 담뱃대로 담배를 피우고 있는 것이 신기해서 20센트를 주고 담뱃대를 샀다고 한다.

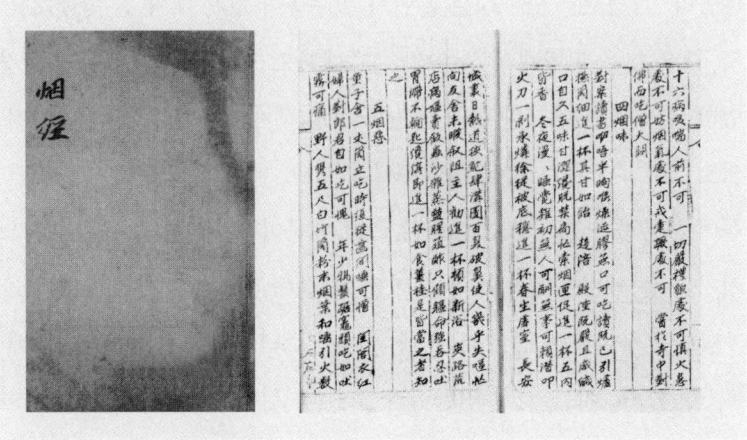

담배에 대한 모든 것이라 할 이옥의《연경》. 1810년작. 이옥은 성균관 유생 시절, 과거 시험에서 소설문체로 답안지를 썼다가 당시 정조가 추진하던 문체반정에 걸려 과거길이 막혔으나, 끝내 자신의 문체를 고집했다.

정조는 소문난 애연가

우리나라에 담배가 들어온 것은 지금으로부터 약 400년 전인 임진왜란 후였다. 그러니 '호랑이 담배 먹던 시절'이란 실은 그리 까마득한 옛날이 아닌 셈이다. 어쨌든 우리나라에 들어온 담배는 남초南草, 남령초南靈草, 서초西草, 연다煙茶라고도 불리며 빠른 시간에 어린아이부터 어른에 이르기까지, 남자와 여자 가림 없이, 왕 이하 사대부부터 시골 촌부에 이르기까지 널리 사랑받는 기호품이 되었다. 특히 정조는 소문난 애연가였다. 그는 담배가 "더위를 씻어주고 추위를 막아주며, 식사 후 음식을 소화시키고, 변을 볼 때 악취를 쫓고, 잠이 오지 않을 때 잠이 오게 한다"면서 담배 예찬론을 폈다.

정조는 하늘에 기우제를 드릴 때도 다른 왕들과는 달리 술은 금하되 담배는 금하지 않았다. 이유인즉, 제를 올리려면 마음을 고요히 하여 정성을 다해야 하는데 담배를 못 피우게 하면 담배 생각에 도리어 마음이 산란해지기 때문이라고 다소 옹색한 변명을 펼쳤다.

실학을 집대성한 다산 정약용도 둘째가라면 서러워할 애연가였으며, 정조 때 문인으로 대단한 애연가였던 이옥李鈺은 담배의 경작 방법부터 다양한 맛, 피우는 방법, 필요한 도구, 담배 피우기의 격조와 예절에 이르기까지 담배에 관한 모든 것을 한 권의 책으로 썼다. 이름하여 《연경煙經》, 곧 '담배 경전'이다. 그중 한 대목을 읽어보자.

연오烟惡(담배 피우는 것이 미울 때)

어린아이가 한 길 되는 담뱃대를 입에 문 채 서서 피우다가 또 가끔씩 이빨 사이로 침을 뱉는다. 가증스러운 놈! …… 젊은 계집종이 부뚜막에 걸터앉아 안개를 토해내듯 담배를 피워댄다. 호되게 야단맞아야 한다. …… 망가진 패랭이를 쓴 거지가 지팡이와 길이가 같은 담뱃대를 들고서 길 가는 사람을 가로막고 한양의 종성연鐘聲烟 한 대를 달랜다. 겁나는 놈이다! 대갓집 종놈이 짧지 않은 담뱃대를 가로 물고 그 비싼 서초西草를 마음껏 피우는데, 그 앞을 손님이 지나가도 잠시도 피우기를 쉬지 않는다. 몽둥이로 내리칠 놈!

연취烟趣(담배 피우는 것의 멋)

"담배를 대령하라!" 한마디만 하면 영리한 종놈이 어디선가 나타나 서둘러 청동합을 열고 금빛 담배를 꺼내 관음자죽 7척 담뱃대를 취하여 불을 붙여 중간쯤 타오면 소매를 뒤집어 담뱃대를 닦아서 허리를 굽신 구부려 올린다. 그러면 화문석에 높다랗게 기대앉아 천천히 피워댄다. 이것이 귀격貴格이다. …… 어리고 아리따운 미인이 님을 만나 애교를 떨다가 님의 입에서 반도 태우지 않은 은삼통銀三筒 만화죽滿花竹을 빼내어, 재가 비단치마에 떨어지는 줄도 생각할 겨를이 없이, 침이 뚝뚝 떨어지는 것도 아랑곳하지 않고, 앵도 같은 붉은 입술에 바삐 꽂아 물고는 웃으면서 빨아댄다. 이것이 염격艷格이다.

'연오'는 '꼴불견 담배'요, '연취'는 '격조 담배'라 할까. 그렇다고 조선시대 사람들이 담배를 무조건 예찬만 한 것은 아니었다. 《인조실록》은 담배를 가리켜 "가래를 치료하고 소화를 시킨다고 하는데, 오래 피우면 가끔 간의 기운을 손상시켜 눈을 어둡게 한다"고 그 효능과 해악을 두루 지적했으며, 애연가 정조 또한 전국의 기름진 땅마다 담배 농사 짓기에 바쁘니 담배 심은 땅에 곡식을 심게 하면 몇 만 섬은 충분히 얻을 거라면서 담배 농사를 금지시킬까 어쩔까 심각하게 고민하기도 했다.

그런가 하면 같은 실학자라도 정약용과 달리 이익은 《성호사설》에서 흡연은 "안으로 정신을 해치고 밖으로

담뱃대걸이. 기다란 장죽은 상층 신분의 상징이었다.

듣고 보는 것까지 해쳐서 머리가 희게 되고 얼굴이 늙게 되며, 이가 일찍 빠지게 되고 살도 따라서 여위게 되니, 사람을 빨리 늙도록 만드는 것이다"라면서 담배의 해악을 조목조목 지적했으며, 이수광은 《지봉유설》에서 "독이 있으니 경솔히 쓰지 말라"고 충고하고 있다.

  담배가 이 땅에 들어온 지 400여 년, 장죽과 곰방대부터 잘게 썬 담뱃가루를 신문지로 말아 피우는 봉초, 필터 없는 새마을 담배를 거쳐 요즘의 고급 필터 담배에 이르기까지 담배는 찬반논쟁에서 자유로웠던 적이 없다.

정치 · 사회 · 생활에 관한 잘못된 상식

■ 사료 속으로

최근 발굴된 정조 때 문인 이덕리李德履의 〈기연다記烟茶〉는 지금까지 담배에 관한 최초의 저술로 알려졌던 이옥의 《연경》보다 20여 년 앞선 것이다. 이옥의 《연경》이 애연가 입장에서 쓴 담배론이라면, 〈기연다〉는 그 반대 입장에서 쓴 담배론이다. 이덕리는 진도에서 약 18년 동안 유배생활을 한 인물로 국방에 관한 《상두지桑土志》, 차에 관한 《기다記茶》 등 여러 저술을 남겼다.

이제 우리나라 360개 고을 중에서 큰 고을은 빼고, 작은 고을은 꼽지 않더라도, 하루 사이 한 고을 안에서 담뱃대를 입에 물고 연기를 뿜는 자가 만 명을 밑돌지 않을 것이다. 피우는 데 한 문의 돈이 든다 치면 360일로 누계하여 1,260만 냥이나 된다. 대저 1,260만 냥이라면 온 나라에 흉년이 들었을 때 구휼하는 재물로 삼더라도 남을 것이다. 이것으로 마땅히 해마다 온 백성의 먹고 입는 비용의 절반을 제공할 수도 있을 것이다. 만약 능히 금하여 끊게 한다면 이는 해마다 360개 고을 사람에게 1,260만 냥을 나눠주는 것이니, 나라를 부유하게 하고 백성을 넉넉하게 함이 어찌 적다 하겠는가?

— 이덕리, 기연다(정민, 담배에 관한 최초의 저술, 이덕리의 기연다, 《문헌과해석》)

더 읽을거리

헨드릭 하멜, 강준식 역, 《하멜 표류기》, 웅진닷컴, 2002.
정연식, 《일상으로 본 조선시대 이야기 1》, 청년사, 2001.
안대회, 이옥의 저술 《담배의 경전(연경烟經)》의 가치, 《문헌과 해석》, 2003년 가을호.

겉보리 서 말만 있으면 처가살이 안 했다?

처가살이는 못난 놈이나 하는 낯부끄러운 일이라는 의미가 깔려 있는 이 말은 지금으로부터 200~300년 전에는 존재하지 않았던 말이다. "처갓집과 뒷간은 멀수록 좋다"는 속담도 마찬가지다. 처가살이는 우리 고유의 결혼 풍습이었기 때문이다.

"우리 동방의 전장典章과 문물은 모두 중국을 본받으면서 오로지 혼인의 예는 아직도 옛 풍속을 따라서 양으로써 음을 따르므로 남자가 여자 집에 가 아들과 손자를 낳아 외가에서 자랍니다."

《태종실록》14년(1414년) 기사는 이렇게 말하고 있다. 우리의 혼인 풍속은 중국과 달리 결혼하면 남편이 아내 집으로 가 아들 손자 낳고 산다는 것이다. 세칭 처가살이라 하는 이러한 결혼 풍속을 학술용어로는 남귀여가혼男歸女家婚 또는 서류부가혼婿留婦家婚이라 한다. 남귀여가혼 또는 서류부가혼은 삼국시대부터 고려시대 내내, 그리고 조선시대 들어서도

김홍도의 〈장가가는 날〉. 신랑이 신부 집에 혼인하러 가고 있다.

오랫동안 지켜졌던 결혼 풍습이다. '장인 집에 들어간다〔入杖家〕'는 뜻의 '장가杖家든다', '장가간다'는 이 오랜 풍습에서 나온 말이다.

처가살이는 고유의 전통

삼국시대나 고려시대는 그렇다 치더라도 조선시대에까지 처가살이를 했다니 선뜻 납득이 가지 않을지 모른다. 조선시대 여성은 결혼하면 당연히 시집살이를 하면서 오로지 시집을 위해 헌신했다는 게 오늘날의 상식이기 때문이다. 그러나 적어도 조선 전기, 그러니까 임진왜란 전인 16세기까지는 결혼하면 처가살이가 보통이었다.

신사임당의 경우를 보자. 조선시대를 대표하는 모범 여성으로 알려져 있는 신사임당이니만큼 당연히 시집살이를 하면서 시부모 모시는 데 정성을 다했으려니 싶지만, 신사임당의 삶을 눈여겨보면 새로운 사실을 발견하게 된다. 신사임당은 강릉 외갓집에서 태어나 거기서 줄곧 살다가 19세에 이원수와 결혼을 했다. 결혼한 뒤 몇 번 시집에 다녀온 것을 빼고는 강릉 친정에서 내내 살았다. 혹시 외동딸 아니었을까? 아니, 신사임당은 다섯 자매 중 둘째 딸이었다.

신사임당은 친정에서 살면서 딸 셋, 아들 넷을 낳아 키웠다. 신사임당

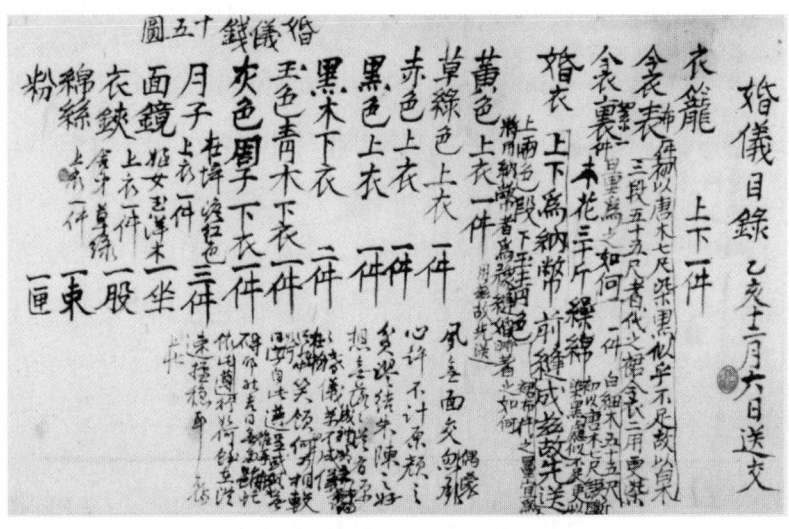

혼의 목록. 혼인 때 신부 측에 보낼 혼수 물목을 적어 신부 집으로 보낸 것이다. 보통 혼례 며칠 전에 보낸다.

이 친정생활을 정리하고 시집으로 간 것은 결혼한 지 무려 20년이나 지난 뒤였다. 그때 신사임당의 나이는 38세. 그로부터 10년 뒤에 세상을 떠났으니, 신사임당은 일생의 대부분을 친정에서 산 것이다. 신사임당의 일생은 결혼 후 처가살이를 하는 전통의 풍습을 잘 보여주고 있다.

신사임당뿐만이 아니다. 사림파의 시조라 일컬어지며 조광조를 비롯한 성리학자들로부터 존경받는 김종직은 밀양 외가에서 태어나 결혼과 함께 처가가 있는 금산에서 살았으며, 영남 좌도의 퇴계 이황과 쌍벽을 이루며 영남 우도를 이끌었던 성리학자 남명 조식은 외가인 경상도 삼가에서 태어나 결혼 후 처가가 있는 김해로 이사했고 15년 뒤 어머니가 돌아가시자 외가인 삼가로 돌아갔다. 당대의 내로라하는 학자요 관리들이 이러했으니 평범한 일반 백성들이 전통의 방식대로 결혼하면 처가살이를 했으리라는 것은 쉽게 짐작할 수 있는 일이다.

처가살이 전통은 아버지에서 아들, 손자로 이어지는 부계 혈족이 강고하지 않았다는 것을 말해준다. 며느리가 시집 귀신이 되는 게 아니라 사위가 처가의 식구가 되니 아버지에서 아들로 이어지는 부계 혈족이 실생활에서 힘을 발휘할 수가 없는 것이다. 그래서 우리나라에 부계 혈족이 생긴 것은 시집살이가 일반화되기 시작한 조선 후기의 일이며 그 전에는 아예 부계 혈족이 없었다는 주장도 있다. 비록 부계 혈족이 없었다고까지는 아니더라도, 적어도 우리 고유의 혈족 관념은 부계와 모계를 똑같이 존중하는 양계 혈족이었다는 데 학자들은 입을 모은다. 여자가 결혼한 뒤에도 남편의 성으로 바꾸지 않고 친정의 성을 그대로 쓰는 것은 양계 존중의 한 표현이라 할 수 있다.

양계 존중 풍습은 친척을 부르는 호칭에도 나타난다. 고려 때는 외할아버지 외할머니라는 말 자체가 없었다. 외할아버지 외할머니와 친할아버지 친할머니 구분 없이 모두 할아버지, 할머니라 불렀다. 당시 말로는 '한아비', '한어미'였다. 이모, 고모의 구분이나 외삼촌, 삼촌의 구분 또한 없이 그냥 '아자미', '아자비'라 불렀다. 아자미는 오늘날의 아주머니, 아자비는 아저씨에 해당한다.

외가와 친가를 엄격히 구분하여 한자의 '외外' 자를 붙여 외할아버지와 친할아버지를 가르고, 외삼촌과 친삼촌, 이모와 고모를 가르기 시작한 것은 조선시대에 들어서다. 조상님하면 아버지 쪽 조상만 떠올리는 조선 후기와 달리, 그 이전에는 어머니 쪽 조상도 똑같이 조상으로 여겼던 것이다.

사위는 처가의 한 식구

그럼 사위의 처가살이는 어땠을까? '고추 당초보다 맵다'는 며느리의 시집살이처럼 사위의 처가살이도 눈물겹고 고단했을까? 《성종실록》 18년(1487) 8월의 기사를 보자.

> 우리나라 풍속은 처가에서 자라서 처의 부모를 자기 부모같이 대하고 처의 부모 또한 사위를 자기 자식같이 대한다.

《성종실록》 21년(1490) 6월에는 이런 기사도 있다.

> 우리나라에는 중국의 친영례親迎禮가 없고 모두 처가를 집으로 삼으며 처의 아버지를 아버지라 부르고 처의 어머니를 어머니라 부르며 항상 부모로 섬기니 이 또한 강상이다.

사위와 장인장모 사이는 친부모자식과 다름없다는 것이다. 정서적으로 가까운 데 그치지 않고 사위는 처가 가족의 한 구성원으로서 그에 걸맞은 권리를 누렸다. 고려 때는 음서라 하여 5품 이상 고위 관리나 공신의 자식들에게 과거 시험을 면제받고 벼슬에 나갈 수 있는 특혜를 주었는데, 이때 음서를 받는 자격순위가 정해져 있었으니 아들, 손자, 사위, 조카의 순서였다. 사위가 조카보다 순위가 앞선다. 부계 혈족 관념을 따르자면 마땅히 아들, 손자, 조카의 순서가 되어야 할 터인데 말이다.

그래서일까. 처갓집 덕에 입신양명한 가난한 수재들이 많았다. 고려

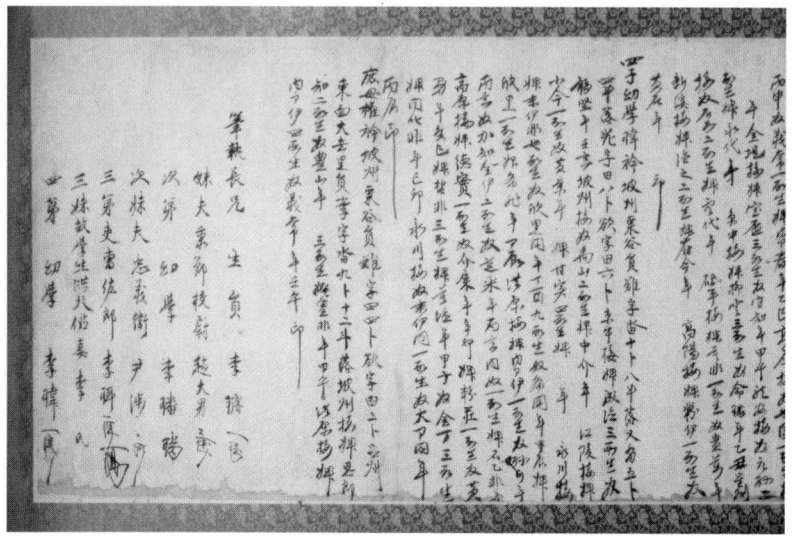

율곡선생남매분재기. 율곡 이이 형제자매들의 재산 분배에 대한 화회문기和會文記다. 화회문기란 부모가 죽은 뒤 형제자매들이 모여 합의하여 유산을 분배하면서 작성한 문서다.

때 동래의 향리 집안에서 태어난 정목鄭穆은 18세에 단신으로 개경에 유학하여 과거에 급제하자, 고위관료인 고익공高益恭이 사위로 삼았으며 그 후 정목의 집안은 귀족가문으로 급성장했다. 고려 때 재상을 지낸 이규보는 《동국이상국집》에서 이렇게 말한다.

"지금은 부인을 얻으면 남자가 여자 집으로 가니 필요한 것을 모두 처가에 의지하여 장인장모의 은혜가 부모의 은혜와 같다."

사위는 처가의 한 식구로서 혜택뿐 아니라 벌도 같이 받았다. 장인의 죄에 사위가 연좌되기도 하고, 반대로 사위의 죄에 장인이 연루되기도 했다. 고려를 뒤흔든 권신 이자겸의 아들을 사위로 맞은 김경용은 이자겸이 반란을 일으켰다 실패하자 연좌되어 벼슬이 강등되었다. 이자겸이 반란에 성공했더라면 김경용의 삶은 퍽 달라졌을 것이다. 사위와 처가는 공동운명체였던 것이다.

처가살이와 상속은 동전의 앞뒷면

결혼 풍습은 혈족 관념뿐 아니라 재산 상속, 제사 모시기와 밀접한 관련이 있다. 중국처럼 부계 중심으로 혈족이 구성되고 재산 상속과 제사 상속도 부계 중심으로 이루어지면 결혼은 자연히 여자가 남자 집으로 들어가 사는 시집살이가 된다. 그러나 고려 때는 재산 상속과 제사 상속이 부계 중심으로 이루어지지 않았으므로 시집살이가 고정불변의 의무가 아니었다.

고려 때는 재산 상속을 할 때 아들딸 가림 없이, 장남과 차남 구분 없이, 결혼 여부와 상관없이 똑같이 나눠주었다. 이를 균분상속이라 한다. 결혼한 딸이 부모로부터 재산을 물려받으면 남편이나 시집의 재산에 보태어지는 것이 아니라 별도의 자기 소유가 되었다. 오늘날의 표현을 빌리면 부부별산제다. 그리고 결혼한 딸이 자식 없이 죽으면 그 재산은 친정에 되돌려주게 되어 있었다. 이러한 균분상속은 중국에서는 찾아볼 수 없는 제도다. 중국에서는 상속할 때 딸은 원칙적으로 열외였다.

재산 상속에 남녀차별이 없었으므로 제사 모시기에도 아들딸, 장차남 차별이 없었다. 아들이 없으면 딸이 제사를 모셨고, 장남만이 아니라 차남, 삼남이 모시기도 했으며, 형제간에 돌아가면서 모시기도 했다. 아들이 없으면 딸이 모셨기 때문에 제사 모실 아들이 없어 대가 끊어진다는 이유로 양자를 들이는 일도 없었다. 사위 입장에서 보면 처가로부터 재산을 상속받을 권리와 함께 처가의 제사를 지낼 의무를 동시에 갖고 있는 셈이다.

재산 상속과 제사 모시기에 관한 이와 같은 풍습은 고려뿐 아니라 조선시대에 들어서도 계속되었다. 《중종실록》 11년(1516)의 기사는 이러한 사실을 웅변해주고 있다.

"우리나라는 대를 이을 자손이 없는 자일지라도 후사를 세워 제사를 지내지 않고 딸에게 제사를 지내게 하니……"

16세기까지만 해도 양자를 들이기보다는 딸에게 제사를 지내게 했다는 것이다. 외손자가 제사를 지내는 경우도 적지 않았다. 율곡 이이가 외할머니의 제사를 지낸 것이 좋은 예다. 남녀 차별 없는 재산 및 제사 상속은 처가살이와 동전의 앞뒷면처럼 긴밀한 관계를 지니고 있었다.

17세기 이후 서서히 일어난 변화

그럼 사위의 처가살이가 언제, 어떻게 며느리의 시집살이로 바뀌게 된 것일까? 중국에서 들어온 친영례와 관련이 깊다. 친영례는 성리학을 집대성한 중국 송나라 학자 주희의 《가례》에 명시되어 있는 결혼 풍습으로, 신랑이 신부를 데려와 신랑 집에서 결혼식을 올리고 신랑 집에서 사는 것, 즉 시집살이다.

친영례는 결혼과 동시에 여성이 남편의 가족, 친척 중심으로 생활하고 친정과는 멀어지는 특징이 있다. 여성은 결혼하면 출가외인이 되는 것이다. 그러나 우리의 전통 풍습은 남편이 아내의 집에 가 처가살이를 하기 때문에 아내의 가족, 친척 중심으로 생활하는 특징을 갖게 된다. 여성의 입장에서 보면 결혼 전과 마찬가지로 결혼 후에도 여전히 친정을 중심으로 생활하게 된다.

그러므로 처가살이 풍습에서 출가외인이란 말은 설 자리가 없다. 딸을 키워 결혼시키면 남의 식구가 되는 게 아니라 든든한 사위를 맞아 제 식구로 만들게 되니 말이다. 따라서 자연히 집안에서 아내의 위치는 시집살이에서의 며느리와 비교할 때 상당히 높았을 것이다. 이 점이 충실한 성리학자 눈에는 못내 못마땅했는지, 조선의 개국공신으로 새 나라 조선의 문물제도를 다지는 데 큰 역할을 한 삼봉 정도전은 《조선경국전》에서 이렇게 말했다.

> "친영례를 행하지 않고 남귀여가하니, 부인이 무지하여 그 부모의 사랑을 믿고 지아비를 가볍게 여기지 않는 자가 없어, 교만하고 투기하는 마음이 날로 자라 마침내 반목하는 데 이르러 가도家道가 무너지니 모두 시작을 삼가지 않은 데 있다."

정도전의 눈에 처가살이는 아내를 교만방자하게 만들어 남편의 권위를 땅에 떨어뜨리고 집안의 질서를 어그러뜨리는, 바꿔야 할 습속이었던 것이다.

정도전을 비롯하여 조선 건국의 주축세력으로서 성리학을 국가와 사

열쇠패. 집에서 쓰는 열쇠들을 꿰어 보관하는 것으로 신부는 열쇠패를 신방에 걸어두고 집안의 평안과 번영을 기원했다. 조선 후기에는 친정 어머니가 특별히 별전別錢으로 혼수용 열쇠패를 만들어 선물했다.

회의 지도이념으로 삼은 신진 사대부들은 주희의《가례》에 따라 생활윤리를 새롭게 세우고자 했고, 그 일환으로 중국의 친영례를 적극 도입하려 했다. 그러나 사람들의 생활양식은 쉽게 바뀌지 않았다. 더욱이 혼례와 상례, 제례 풍습은 가장 더디게 변화하는 것이어서, 친영례로 결혼 풍습을 바꾸려는 지배층의 노력에도 불구하고 임진왜란 직전인 16세기 후반까지도 일반 백성은 물론 지배층 인사들조차 전통적인 방식을 그대로 따르고 있었다.

그런데 임진왜란 이후 17세기부터 결혼 풍습은 처가살이에서 시집살이로 차츰 바뀌어갔다. 바뀐 건 결혼 풍습만이 아니었다. 아들딸 차별 없이 나눠주던 균분상속이 딸에게는 적게, 아들에게는 많이 주는 남녀 차별 상속으로, 또 여러 아들 중에서도 맏아들에게 많이 주는 장남우대 상속으로 바뀌어갔다. 제사도 형제자매 간 돌아가며 지내던 것이 딸은 제사를 지내지 않는 것으로, 또 아들 중에서도 맏아들이 지내는 것으로 바뀌었다.

이와 같은 변화는 하루아침에 갑자기 일어난 것이 아니라 오랜 시간을 두고 천천히 일어났으며 지배층에서 일반 백성으로, 서울에서 지방으로 퍼져나갔다. 장남 부부가 시부모를 모시고 제사 지내는 것을 당연한 도리요 의무로 여기는 풍습은 이렇게 해서 차츰 정착되기에 이르렀다.

결혼 풍습과 상속제도가 바뀌게 된 이유는 당시의 사회 변화와 밀접한 관련이 있다. 그동안 소수의 지배층 사이에서만 지켜지던 성리학 윤리가 시간이 흐름에 따라 일반 백성에게까지 퍼진 데 큰 이유가 있고, 재산을 여러 자식들에게 분할하기보다는 한 자식에게 몰아주는 것이 재산을 지키고 늘리는 데 더 유리하게 된 경제조건, 그 같은 조건을 낳은 사회구조의 변화 등이 저변에 깔려 있다.

제도 변화가 낳은 사고방식의 변화

그렇다고 중국의 친영례가 우리나라에 그대로 적용된 것은 아니다. 결혼식은 예전처럼 신부 집에서 하되 친영례를 일부 받아들이는 절충형의 혼례가 생겨났으니, 이를 반친영이라 한다. 오늘날 우리가 알고 있는 이른바 전통혼례가 바로 이것이다.

사실 처가살이가 식자들의 비판거리가 된 이유는 처갓집에서 산다는 거주지 문제뿐만 아니라 혼례 절차에도 있었다. 전통의 처가살이 혼례는 '선합방 후예식', 즉 신랑이 신부 집에 도착하면 그날 밤 바로 합방을 하고 3일째 되는 날 비로소 예식을 치르게 되어 있었다. 예를 중시하는 사대부들은 이를 두고 "남녀가 외진 골방에서 몰래 만나 3일이 지난 뒤에야 비로소 상견" 하는 외설스럽고 비루한 짓이라고 비판했다.

반친영은 친영례에서 두 가지 점을 받아들였으니, 신랑신부가 만난

신식결혼식. 신여성으로 손꼽히는 서양
화가 나혜석과 김우영의 결혼식이다.

당일날 예식을 치르고 합방하는 '선예식 후합방', 그리고 바로 다음 날 시부모에게 인사드리는 것이다. 그나마 다음 날 시부모에게 인사드리기는 거리상 불가능한 경우가 많았으므로, 달라진 것은 '합방 후 예식'이 아니라 '예식 후 합방'이라는 점이었다.

그럼 반친영이 곧 처가살이에서 시집살이로의 변화였을까? 딱히 그렇지는 않았던 것 같다. 반친영으로 혼례를 치른 뒤에도 처가살이를 하는 경우가 많았기 때문이다. 그러나 처갓집에서 사는 기간이 차츰 짧아지면서 시간이 흐름에 따라 혼례식은 신부 집에서 하고 살림은 시집에 가 사는 시집살이가 자리 잡게 되었다. 고유의 전통이던 처가살이가 시집살이로 대체된 것이다.

결혼 풍습과 상속제도의 변화는 매우 중요한 의미를 담고 있다. 이는 단지 제도의 변화만이 아니라, 한 사회를 이루는 가족과 친족 구성이 바꾸고 사회질서가 바뀌고 사람들의 사고방식, 가치관이 바뀌는 것을 의미한다. 그 결과, 고유의 풍습이던 처가살이는 어느새 못난 놈이나 하는 낯부끄러운 일로 인식되기에 이르렀고, "며느리는 죽어도 시집귀신이 되어야 한다"든지 '출가외인'이란 말이 전통의 자리를 차지하여 오늘에 이르게 되었다.

처가살이를 자존심 구기는 일이거나 돈에 팔려가는 굴욕적인 일로 여기는 사고방식은 적어도 16세기 이전의 남성들에겐 해당되지 않았다. 처가살이는 삼국시대부터 조선 전기까지 천 년 넘도록 남부끄러운 특별한 일 아닌 자연스럽고 당연한 일이었다. 마치 조선 후기 여성들의 시집살이가 당연한 일이었듯이.

■ 사료 속으로

믿기지 않을지 모르나, 균분상속의 방법은 놀랍게도 '제비뽑기'였다. 아래의 문서는 경북 안동의 사족士族 하자징河自澄 4남매가 어머니의 유산을 나눈 화회문기다. 4남매가 골고루 균분하고 있는데 그 방식이 집주執籌, 즉 제비뽑기다. '주'는 산가지란 뜻이니, '산가지를 잡는다'는 '집주'는 노비나 전답의 이름 따위가 적힌 산가지를 뽑는다는 의미다. 하자징 남매는 노비의 나이와 건강, 전답의 비옥도에 따라 노비와 전답을 고르게 넷으로 나누고 각 몫에 자호를 붙인 다음 제비뽑기를 했다. 이렇게 제비뽑기를 하면 공평함을 유지할 수 있고, 설령 불만이 있더라도 어찌할 수 없어 상속자 간 화의가 이루어지기 쉽다. 제비뽑기에 의한 균분상속은 조선 전기까지 이루어지다가 그 후 차츰 사라진 것 같다. 하자징은 사육신의 한 사람인 하위지의 후손으로, 진주 하씨다.

정덕正德 14년(중종 14년, 1519) 기묘 11월 초8일 우리네 동생 4남매가 분집기分執記를 성치成置하는 일은 어머님께서 노비, 전답들을 분급하지 못하고 돌아가셨으므로 동생이 골고루 원노비의 노老와 미약迷弱, 실實과 부실不實로 분류하여 평균 4깃(몫)으로 나눈 뒤 자호字號를 집주하며…… 전답도 품등品等을 분간하여 4깃으로 나누어 집주하여 분집기 각 일도一道를 성치하니……

– 하자징 남매 화회문기(이수건 편저, 《경북지방고문서집성》)

더 읽을거리

국사편찬위원회, 《혼인과 연애의 풍속도》, 두산동아, 2005.
이배용, 《우리나라 여성들은 어떻게 살았을까》 1, 청년사, 1999.
한국여성연구소 여성사연구실, 《우리 여성의 역사》, 청년사, 1999.
이종서, 조선 전기 '화회和會'의 어의語義와 균분의 실현방식 '집주執籌', 《한국사연구》 110, 2000.

정치 · 사회 · 생활에 관한 잘못된 상식 42

씨 없는 수박은
우장춘의 발명품이다?

우장춘은 씨 없는 수박을 우리나라에 널리 알린 사람이지 그것을 발명한 사람이 아니다. 씨 없는 수박의 발명자는 일본인 기하라 히토시木原均, 우장춘과 친밀한 교류를 나누었던 교토 대학의 교수다.

기하라 히토시가 씨 없는 수박을 발명한 것은 1943년 무렵이요, 그 내용을 〈3배체를 이용한 무종자 수박의 연구〉라는 논문으로 발표한 것은 1947년이며, 우장춘이 한국에 씨 없는 수박을 널리 알린 것은 우장춘이 일본에서 귀국한 뒤인 1953년 무렵의 일이다. 그런데 어째서 우장춘하면 씨 없는 수박, 씨 없는 수박하면 우장춘을 떠올릴 만큼 씨 없는 수박이 우장춘의 트레이드마크가 된 걸까?

우장춘 신화의 탄생

우장춘은 일본에서 태어나 일본에서 활동하다 1950년 3월, 그의 나이 53세에 한국에 정착했다. 그의 연구 분야는 유전학의 한 분야인 육종학育種學이었다. 요즘이야 황우석 박사의 줄기세포 연구로 유전학의 중요성을 누구나 알고 있지만, 55년 전인 그때만 해도 육종학이란 생소하기 이를 데 없는 학문이었다. 때문에 우장춘은 한국인들에게 육종학이 지닌 위력과 실용적 가치를 설득시킬 필요가 있었다. 그래서 적절한 예로 기하라 히토시의 씨 없는 수박을 얘기했던 것이다. 1953년에는 우장춘이 직접 씨 없는 수박을 시범 재배해 보여주기도 했다.

씨 없는 수박이 우장춘의 트레이드마크가 된 데는 또 다른 이유가 있다. 귀국 후 우장춘은 새로운 채소 종자 개발에 온 힘을 쏟았다. 당시 일본에서 수입하고 있던 채소 종자들을 대체할 수 있는 우리의 채소 종자 개발과 보급이 목표였다. 하지만 그때 우장춘은 몇몇 전문가를 제외하고는 일반인들에게 거의 알려지지 않은 인물이었으며, 그가 개발한 새 종자는 우장춘의 이름만큼이나 농민들에겐 생소하고 미덥지 않은 것이었다. 때문에 우장춘의 이름은 물론 새로 개발한 채소 종자를 널리 알릴 계기가 필요했다. 씨 없는 수박만큼 그에 적절한 것은 없었다.

1955년 7월 30일자 〈영남일보〉에는 "육종계의 세계적 권위자인 우장춘 박사를 환영하고 과학농업의 발전상을 널리 소개하고자 씨 없는 수박 시식회를 개최하오니 다수 참석을 앙망하나이다. 지방 독농가의 참석 특히 환영"이라는 광고가 실렸다. 우장춘이 속해 있던 연구소의 산하 기관인 한국농업과학협회 주도로 '우장춘 박사 환영회 겸 씨 없는

귀국하기 전에 찍은 우장춘의 가족 사진. 왼쪽부터 부인 고하루, 넷째 딸 아사코, 큰딸 도모코, 큰아들 모토하루, 우장춘, 둘째 딸 마사코, 차남 스에하루, 셋째 딸 요오코.

수박 시식회'가 열린 것이다.

시식회의 본래 목적은 연구소에서 개발한 채소 종자를 보급하는 데 있었지만, 씨 없는 수박의 인기가 워낙 좋아서 우장춘 하면 씨 없는 수박을 떠올리게 하는 데 시식회가 커다란 역할을 했다. 당시 신문은 '육종학의 마술사'라는 제목으로 씨 없는 수박과 우장춘을 대서특필했다. 한국전쟁 직후 피폐해질 대로 피폐해진 사람들 마음에 우장춘의 씨 없는 수박은 자부심과 희망을 일깨워주는 한 줄기 단비와 같았다. 사람들은 우장춘하면 씨 없는 수박을 떠올렸다. 우장춘 신화가 탄생한 것이다. 이렇게 해서 우장춘은 씨 없는 수박의 발명자로 알려졌으며 교과서에까지 그렇게 실리게 되었다. 교과서가 정정된 것은 1980년대 말이다.

그러나 우리가 우장춘의 업적으로 기억해야 할 것은 씨 없는 수박이 아니라 그의 '종의 합성' 이론이다. 더욱이 그의 연구 대상은 유채, 배추, 무 같은 십자화과 작물이었지 수박이 아니었다. 씨 없는 수박을 만드는 데 결정적 작용을 하는 콜히친이라는 화학물질은 우장춘의 연구에서는 사용되지 않았다. 우장춘은 "수박은 검은 씨앗 한두 개를 깨물며 먹는 쪽이 훨씬 맛이 있다"고 말하곤 했다.

우장춘은 1936년 〈아부라나Aburana 속屬에 있어서의 게놈 분석 – 나푸스Napus의 합성과 특수 수정현상〉이란 논문으로 도쿄제국대학에서 농학박사 학위를 받았다. 유채를 비롯한 배추과 작물의 게놈 분석에 관한 이 논문은 자연의 새로운 종을 교잡실험을 통해 인위적으로 만들어냄으로써 세계 최초로 '종의 합성' 이론을 입증한 것이었다. 이미 나팔꽃 연구와 겹꽃 피튜니아 연구로 일본 육종학계에 이름을 알렸던 우장춘은 이 논문으로 국제적 명성을 얻었다. 따지고 보면 씨 없는 수박이 우장춘과 아무 관련 없는 것은 아니었다. 그의 '종의 합성' 이론은 씨 없는 수박의 기초 원리를 제공하고 있기 때문이다.

우장춘의 겹꽃 피튜니아 연구는 종자를 대준 사카타坂田 종묘種苗 회사를 돈방석 위에 앉혀놓은 것으로도 유명하다. 피튜니아는 겹꽃끼리 교잡해도 홑꽃이 섞여나오곤 했다. 우장춘은 수많은 실험 끝에 어떤 것과 교잡시켜도 전부 겹꽃만 만들어내는 절대 우성형질을 지닌 완전 겹꽃 피튜니아를 발견했다. 사카타 종묘회사는 우장춘의 피튜니아에 '사카타 매직'이란 이름을 붙여 시장에 내놓았고, 세계 피튜니아 시장을 독점했다. 사카타 매직의 값은 보통 피튜니아의 10배였다.

명성황후 시해사건과 아버지 우범선

우장춘에 대한 신화는 씨 없는 수박 말고 또 있다. 그의 생애를 둘러싼 신화다. 우장춘의 아버지는 명성황후 시해사건에 관여했다가 일본으로 망명한 군인 우범선이다. 우범선은 명성황후 시해 현장에 있었던 조선인 훈련대 제2대대장이었다. 조선인 훈련대가 시해 현장에 있었던 이유에 대해서는 아직까지도 해석이 분분하다. 명성황후에 의해 해산당할 위기에 처해 있던 훈련대에게 시해죄를 뒤집어씌우려는 일본 측 음모에 의해 강제로 동원되었다는 설, 적극 가담한 것이라는 설 등등. 게다가 우범선은 명성황후의 시신을 불태워 연못에 뿌린 당사자로까지 알려져 있다.

아무튼, 사건 후 우범선은 일본으로 망명했다. 조선에 아내와 딸을 남겨둔 채. 그리고 기타노 이치헤이北野一平라는 일본 이름으로 도쿄에서 살다가 일본 여인 사카이 나카酒井仲와 결혼했다. 그때 우범선의 나이는 39세, 사카이는 24세였다.

두 사람 사이에서는 첫 아이 우장춘을 비롯해 2남 4녀가 태어났다. 그러나 우장춘이 여섯 살 때 아버지 우범선은 피살당했다. 살해자는 황국협회 부회장과 만민공동회 회장을 지내다 일본으로 망명한 고영근과 그 하수인 노윤명이었다.

아버지 우범선과 어머니 사카이 나카, 그리고 어린 우장춘.

그 후 고영근은 귀국하여 '역적 우범선을 살해한 공적'으로 고종의 환대를 받았으며 고종과 명성황후의 무덤을 지키는 능참봉을 지내다 세상을 떴다.

남편을 잃은 사카이는 정식 교육을 받지 못했고 글도 읽을 줄 몰랐지만 성심껏 자식들을 키웠다. 우장춘 형제는 조선총독부로부터 양육비와 학비를 지원받았다. 우장춘의 둘째 딸 마사코昌子의 증언에 따르면, 양육비와 학비를 지원받을 수 있도록 일본 정부에 주선해준 사람은 우범선과 친분이 있던 박영효였다고 한다.

히로시마 현립 구레吳 중학교를 졸업한 우장춘은 학비를 지원해준 조선총독부의 지시에 따라 도쿄제국대학 농학부 농학실과에 입학했다. 식민지 조선의 청년들에게 대학교육보다는 실업교육을 권장하는 것이 당시 일본의 방침이었으며, 우장춘이 입학한 농학실과 역시 대학 학부가 아닌 전문학교 과정이었다.

우장춘은 1919년 농학실과를 졸업했다. 하지만 그는 거기서 머물지 않았다. 농림성 소속 농사시험장에 취직해 일하는 한편 박사학위를 받기 위해 연구를 계속했다. 그에게 박사학위는 조선인이라는 민족차별과 농학실과 출신이라는 학력차별을 극복하는 유일한 길이었다. 그가 농사시험장에서 받은 월급은 25엔이었다. 당시 일본인 대졸 은행원 초봉이 40엔에서 50엔이었으니 절반밖에 안 되는 돈이다. 마침내 그는 1936년 농학박사 학위를 받았지만, 그를 둘러싼 현실은 바뀌지 않았다. 승진도, 원했던 중국 근무도 이루어지지 않았다.

조국으로 돌아오다

그럼 그는 어떻게 해서 한국에 오게 된 걸까? 우장춘을 주인공으로 한 위인전에서 묘사하듯, 투철한 애국심의 발로로 귀국을 결심한 걸까? 아니면 아버지의 죄를 대신 씻는 마음으로 한국행을 택한 걸까? 우장춘은 자신의 아버지에 대해 아무런 말도 남기지 않았으며, 명성황후 시해 사건과 아버지에 관해서는 가까운 지인에게조차 입 밖에 낸 적이 없다.

우장춘은 8·15 해방 후 한 달이 채 안 된 9월 초, 근무하던 다키이龍 井 종묘회사 농장장 일을 그만두었다. 그리고 1950년 초 귀국할 때까지 5년 동안 특별한 일 없이 지냈다. 이유는 정확히 알 수 없다. 사실 우장춘은 귀국을 망설였다. 일본에는 가족이 있었고, 해방 후 복잡한 한국 상황을 볼 때 자신이 발붙일 자리가 있을지도 미덥지 않았다. 아버지 우범선이 한국에서 '국적國賊'으로 낙인찍혀 있는 것도 커다란 부담이었을 것이다. 게다가 그는 한국어를 할 줄 몰랐다. 때문에 귀국해서도 친일파라고 손가락질받은 적이 있다.

귀국하여 부산 부두에서 환영의 꽃다발을 손에 든 우장춘.

우장춘의 귀국은 그의 역량과 재능을 알

우장춘을 비롯한 농학자들은 수입에 의존하던 종자들을 자체 개발하여 '씨앗독립'을 이루는 데 힘썼다.

아본 몇몇 인사들의 제안과 설득의 결과였다. 우장춘과 함께 다키이 종묘회사에서 일했고 《원예와 육종》이라는 농학잡지 편집장을 지냈으며 우장춘이 귀국하여 한국농업과학연구소 소장이 되자 부소장을 맡았던 김종金鍾을 중심으로 우장춘 박사 환국추진위원회가 조직되어 성금을 모으는 한편, 부산 동래에 국가 지원을 받는 한국농업과학연구소가 설립되어 우장춘을 기다렸다. 마침내 우장춘은 일본에 아내 와타나베 고하루渡邊小春와 2남 4녀를 남겨둔 채 홀몸으로 귀국했다. 해방된 지 5년 만인 1950년 3월, 한국전쟁 발발 3개월 전의 일이다.

그런데 실은 우장춘은 이때 처음 한국 땅을 밟은 것이 아니었다. 해방 전에도 몇 차례 이복누이, 그러니까 우범선이 일본으로 망명할 때 남겨둔 딸 우희명禹姬命의 집을 다녀갔다고 우희명의 아들 강우창은 증언하고 있다. 귀국 후 우장춘은 우희명과 자주 만났고, 우장춘의 아내 고하루가 우범선이 망명할 때 두고 온 첫 번째 부인을 '당신의 한국인 어머님'이라고 깍듯이 부른 것으로 보아, 우장춘은 해방 전부터 이미 한국의 가족들과 교류했다는 것을 알 수 있다.

그리고 우장춘의 한국 시절, 그에게는 아내 말고 또 다른 여인이 있었다. 한국인이지만 일본에서 교육받고 일본어를 잘했던 그녀는 우장춘이 세상을 뜰 때까지 부산 동래에서 함께 살았다. 우장춘의 전기를 쓴 쓰노다 후사코에 따르면, 그녀는 우장춘이 죽은 뒤 그의 무덤이 자리한 수원에서 여생을 마쳤다 한다.

조국은 나를 인정했다

귀국 후 우장춘은 육종사업과 후진양성 두 가지에 몰두했다. 이승만 대통령이 그에게 농림부장관 자리를 제안했는데 단호히 거절했다. 평소 그는 제자들에게 관찰의 중요성을 강조하면서 이렇게 말하곤 했다.

"'안광眼光이 지배紙背를 철한다'는 말이 있지. 식물을 관찰할 때도 '안광이 엽배葉背를 철할 수 있도록' 해야 한다."

한국에서 우장춘의 연구와 활동은 당시 한국에 절실히 필요했던 실질적인 문제에 집중되었다. 과학자로서 좀더 수준 높은 연구에 몰두하고픈 내밀한 소망은 조용히 묻어두었는지도 모른다. 덕분에 한국은 일본으로부터의 수입에 의존하던 채소 종자들을 자체 개발하고 재배하게 되어 '씨앗 독립'을 이룰 수 있었다. 한국의 재래종 채소들은 우장춘의 손을 거쳐 한층 맛좋고 질 높은 품종으로 재탄생되어 한국인들의 밥상을 윤택하게 만들었다. 지금 우리가 먹는 배추, 무, 강원도 감자, 제주 감귤

이 모두 그런 것들이다.

　우장춘은 1959년 8월 10일 새벽 3시 10분, 십이지장궤양 수술을 받은 후 회복되지 못하고 사망했다. 세상을 떠나기 3일 전, 한국 정부는 그에게 대한민국 문화포장을 수여했다. 상을 받은 우장춘은 이렇게 말했다.

　"고맙다. 조국은…… 나를 인정했다."

■ 사료 속으로

"언니가 태어났을 무렵 아버지는 나팔꽃에 관한 연구를 하고 있었습니다. 나팔꽃을 여러 가지로 교배하여 기형만 만들고 있었으므로 언니가 태어나자마자 아버지는 혹시나 비정상적인 아이가 태어나지 않았을까 하여 손가락과 발가락을 하나하나 세어보고 있었다고 합니다."

– 우장춘의 셋째 딸 가네다 요오코金田葉子의 수기(김태욱, 《인간 우장춘》)

우장춘은 한글을 읽을 줄은 알았지만 말하기는 끝내 잘하지 못했다. 매운 김치도 좋아하지 않았다. 배추가 그의 전문이었지만, 배추김치까지 좋아하긴 어려웠던 모양이다.

더 읽을거리

김근배, 한국에 헌신한 세계적 유전육종학자 우장춘, 《한국과학기술인물12인》, 해나무, 2005.
정재정, 우장춘 – '국적國賊의 아들'에서 '흥농興農의 아버지'가 된 세계적인 육종학자, 《63인의 역사학자가 쓴 한국사인물열전 3》, 돌베개, 2003.
쓰노다 후사코角田房子, 오상현 옮김, 《조국은 나를 인정했다》, 교문사, 1992.
김태욱, 《인간 우장춘》, 신원문화사, 1984.

정치·사회·생활에 관한 잘못된 상식 43

대한민국은
한반도에서 유일한 합법정부다?

대한민국 헌법상으로는 분명 그렇다. 하지만 유엔 승인안에 따르면 대한민국은 한반도 전체가 아니라 북위 '38도선 이남에서만' 유일한 합법정부다.

38도선 이남에서만 유일한 합법정부라는 유엔의 규정은 중대한 의미를 띠고 있다. 다시 말하면 38선 이북 지역에 대해 대한민국은 아무런 통제도, 법적 권한도 행사할 수 없다는 뜻이기 때문이다. 만약 어느 날 갑자기 북한 정권이 무너지면 누가 북한에 통치권을 행사할 것인가라는 질문에 그야 마땅히 대한민국, 이라고 생각하면 오산인 것이다. 유엔 승인안에 따르면 그럴 권리도 자격도 없다. 혹시라도 품고 있을지 모를, 북한에 있는 조상의 땅을 되찾겠다든지 발빠른 부동산 투기로 한몫 잡겠다든지 하는 소망은 유엔 승인안에 따르면 이룰 수 없는 꿈일 뿐이다.

철원과 속초 주민들이 선거권을 행사하지 못한 이유

정부수립 선포식. 1948년 8월 15일 태극기와 유엔기가 나란히 걸린 가운데 정부수립 선포식이 거행되었다.

대한민국은 한반도 전체가 아니라 38선 이남에서만 합법적인 정부라는 유엔 승인안은 우리 현대사의 주요 고비마다 결정적인 영향을 미쳤다. 1965년 한일협정 조인 때, 일본은 유엔이 승인한 범위 안에서만 대한민국을 합법정부로 인정하겠다고 주장했고, 국제법인 유엔 승인안을 앞세운 일본의 주장 그대로 협정이 조인되었다. 지금 일본이 북한과 수교협상을 벌이고 있는 것도 유엔 승인안에 법적 근거를 두고 있다. 만약 유엔 승인안이 한반도 전체에서 대한민국을 유일한 합법정부라고 규정했다면 일본은 북한과 별도로 수교할 수 없을 것이다. 1991년 남한과 북한이 유엔에 동시 가입한 것도 유엔 승인안에 근거한다. 대한민국이 한반도 전체를 아우르는 유일한 합법정부로 규정되어 있다면 북한의 유엔 가입은 이루어질 수 없었을 것이다.

대한민국 정부의 지위에 대한 유엔의 이 같은 규정은 한반도의 현대

사뿐만 아니라 그 안에서 살고 있는 사람들의 구체적 생활에까지 영향을 미쳤다. 한국전쟁이 정전협정 체결로 일단락되었을 때, 휴전선 이남에 속하게 된 철원과 속초는 전쟁 전과는 달리 대한민국 영토가 되었지만 38선 이북에 위치하고 있었기 때문에 유엔 승인안에 저촉되어 한동안 대한민국 정부의 통치권이 미치지 못하는 곳으로 남아 있어야 했다. 때문에 이곳 주민들은 전쟁이 끝난 지 10개월 뒤에 실시된 1954년 총선에서도 선거권을 행사하지 못했다.

대한민국은 한반도에서 유일한 합법정부라는 대전제 아래 북한을 "정부를 참칭하거나 국가를 변란할 목적으로 조직된 반국가 단체가 지배하는 지역"으로 규정하고 있는 국가보안법도 실은 그 존재 근거가 유엔 승인안과 상충된다. 유엔 승인안에 따르면 38선 이북에 대해 대한민국은 뭐라 말할 입장이 아닌 것이다.

유엔 승인안, 왜 그렇게 되었나

그럼 도대체 유엔은 왜 대한민국을 38선 이남에서만 합법정부로 승인한 걸까? 해방 후 일본이 물러간 한반도에는 북위 38도선을 경계로 남쪽에 미국 군정이, 북쪽에 소련 군정이 들어섰다. 그 후 한반도 문제는 미, 영, 중, 소 4대 강국의 얽히고설킨 이해관계 속에서 모스크바 삼상회의, 신탁통치 파동, 미소공동위원회 개최와 결렬 등 격렬한 진통 끝에 유엔으로 넘어갔다.

한반도 문제를 유엔에 넘긴 것은 미국이었다. 미국은 1947년 9월 17일 제2차 유엔 총회에 한국 문제를 의안으로 상정했으며, 그로부터 두

미소공동위원회의 질문서 '당신의 의무와 권리'. 미소공동위원회는 새로 수립되어야 할 정부에 대한 견해를 듣기 위해 정당 및 사회단체 지도자들에게 질문서를 돌렸다.

달 후인 11월 14일, 유엔 감시하에 총선거를 실시하여 정부를 수립케 하자는 '한국 독립문제에 대한 결의안'이 총회에서 통과되었다. 그에 따라 유엔한국임시위원단이 파견되었는데 유엔한국임시위원단의 구성은 호주, 캐나다, 중국, 엘살바도르, 프랑스, 인도, 필리핀, 시리아, 우크라이나 등 9개국이었다. 그러나 우크라이나의 불참으로 8개국이 되었다.

소련은 38도선 이북에 유엔한국임시위원단이 입국하는 것을 거부했다. 소련의 거부는 미국에 의해 한반도 문제가 유엔으로 넘어가는 순간부터 이미 예상된 일이었다. 그러자 위원단은 한반도 문제를 유엔 소총회에 다시 회부했고, 1948년 2월 26일 소총회는 '위원단이 접근하기 용이한 부분의 한국 영토에서만' 선거를 치르기로 결의했다. 이에 따라 선거는 38도선 이남에서만 치러졌으니, 이것이 1948년의 5·10 선거다.

5·10 선거로 제헌의회가 구성되고 헌법이 만들어졌으며 대통령이 선출되어 대한민국 정부가 수립되었다. 남은 절차는 유엔의 승인이었다. 미국은 호주와 공동발의로 유엔 총회에 대한민국 정부 승인안을 제출했다. 애초에 미국이 구상했던 것은 당연히 '한반도에서 유일한 합법정부' 안, 즉 대한민국을 남북한을 아우르는 통일정부로 인정하자는 안이었다. 그러나 미국의 안은 반대에 부딪혔다. 호주를 비롯한 몇몇 회원국들이 "선거가 치러지지 않은 지역까지 대한민국 정부가 통제하게 할 수는 없다"고 이의를 제기한 것이다.

당시 선거 감시를 담당했던 유엔한국임시위원단의 견해는 크게 둘로 갈려 있었다. 대한민국을 남북한을 아우르는 통일정부로 규정하려는 미국 정책을 지지하는 친미 블록과 그에 반대하는 영국 블록이 그것이다. 친미 블록에는 중국, 필리핀, 엘살바도르 등이 속했고 영국 블록에는 캐나다, 호주, 인도 등이 속했다.

미국은 호주, 캐나다 등 영국 블록의 강한 반대에 주춤했다. 열띤 막후협상과 토론 끝에 1948년 12월 12일 제3차 유엔 총회는 대한민국을 "유엔한국임시위원단이 총선거와 감시, 협의를 실시할 수 있었던 남한 지역에서 유일한 합법정부"라고 규정하고 이를 찬성 48, 반대 6, 기권 1로 결의했다. 이렇게 결의된 대한민국의 지위가 오늘날까지 국제법으로 그 효력을 발휘하고 있는 것이다.

대한민국 국민이라면 누구나 철석같이 믿고 있는 북한에 대한 남한의 통치권. 그것은 유엔에 의해 보장된 적이 없다. "대한민국의 영토는 한반도와 그 부속도서로 한다"고 대한민국 헌법은 엄연히 북한을 대한민국의 통치주권이 미치는 영역으로 규정하고 있지만, 헌법의 이 조항은

정치 · 사회 · 생활에 관한 잘못된 상식

유엔 한국임시위원단 환영 포스터.

　　　여태껏 유엔을 비롯한 어떤 국제기구에서도 인정받지 못했다. 현행 국제법상 대한민국은 한반도 전체가 아니라 절반의 지역에서만 합법정부인 것이다. 1948년부터 쭉 그랬다. 독도를 비롯하여 영토 문제가 갈수록 뜨거운 이슈로 떠오르는 요즘, 이 점을 분명히 알고 있어야 국제무대에서 적절한 대처를 할 수 있을 것임을 지난 역사는 웅변해준다.

> **더 읽을거리**
>
> 박태균, 《한국전쟁》, 책과함께, 2005.
> 심지연 · 김일영 편저, 《한미동맹 50년: 법적 쟁점과 미래의 전망》, 백산서당, 2004.
> 박명림, 《한국 1950: 전쟁과 평화》, 나남출판, 2002.
> 리영희, 대한민국은 한반도의 '유일 합법정부'가 아니다, 《사회와 사상》, 1989년 12월호, 《반세기의 신화》, 삼인, 1999.

■ 사료 속으로

다음은 유엔 총회의 대한민국 정부 승인안이다. 대한민국 헌법의 관련 조항과 비교해보면 어떤 차이가 있는지 알 수 있다.

유엔한국임시위원단이 감시와 협의를 할 수 있었으며 또 한국 국민의 다수가 거주하고 있는 한국 지역에 대한 효과적인 통치와 관할권을 가진 합법정부가 수립되었다는 것과, 이 정부는 한국의 이러한 지역의 유권자의 자유의사의 정당한 표현이며 위원단이 감시한 선거에 기반을 두었다는 것과, 또한 이 정부가 한국 내의 이와 같은 유일한 정부라는 것을 선언한다.
유엔한국임시위원단이 총선거와 감시와 협의를 실시할 수 있었던 남한 지역에서 효과적으로 통제 및 사법권을 보유한 합법정부가 수립되었으며, 이 정부는 선거가 가능했던 한반도 내에서 유일한 합법정부임을 승인한다.

Declares that there has been established a lawful government (the government of ROK) having effective control and jurisdiction over that part of Korea where Temporary Commission was able to observe and consult and in which the great majority of the people of all Korea reside; that this government is based on elections which were a valid expression of the free will of the electorate of that part of Korea and which were observed by the Temporary Commission; and that is the only such government in Korea

- 제3차 유엔 총회의 대한민국 정부 승인안, 1948. 12. 12(Document 42, Department of State, United States Policy Regarding Korea 1834~1950, 아시아문화연구소 엮음, 《미국의 대한정책 1834~1950》)

제3조 대한민국의 영토는 한반도와 그 부속도서로 한다.
제6조 1 헌법에 의하여 체결된, 공포된 조약과 일반적으로 승인된 국제법규는 국내법과 같은 효력을 가진다.

- 대한민국 헌법

베트남 파병은
미국의 요구 때문이었다?

베트남 파병은 약소국 한국이 강대국 미국의 요구를 거절할 수 없어 어쩔 수 없이 한 것이라고 알고 있는 사람이 많으나, 실은 미국이 요구하기 전에 한국 정부가 먼저 제안한 것이었다.

5·16 군사쿠데타를 일으킨 박정희는 집권 6개월 만인 1961년 11월, 국가재건최고회의 의장으로서 미국을 방문했다. 당시 미국 대통령은 존 F. 케네디였다. 11월 14일 케네디와 만난 자리에서 박정희는 그 무렵 한창 심각한 문제로 대두되고 있던 베트남 전쟁에 한국군을 파견하겠다고 제안했다. 비공식으로 이루어진 박정희의 제안은 일반인들에게 알려져 있지 않다가 최근 미국 측 기밀문서가 공개되면서 밝혀졌다.

"한국에는 100만 명의 훈련된 군대가 있다"

박정희는 말했다.

> 동남아시아, 특히 베트남과 관련해 한국은 확고한 반공국가로서 극동의 안보에 기여하기 위해 최선을 다할 것이다. 북베트남은 잘 훈련된 게릴라 부대를 가지고 있다. 한국은 이 같은 유형의 전쟁에 잘 훈련된 100만 명의 인력을 보유하고 있다. 이들은 정규부대에서 훈련받았고, 지금은 전역해 있다. 미국의 승인과 지원이 이루어진다면, 한국은 베트남에 한국군을 보낼 수 있으며, 만약 정규군의 파병이 바람직하지 않다면, 지원병을 모집해 보낼 수도 있을 것이다. 이 같은 조치는 자유세계 국가들이 통일된 행동을 취할 수 있다는 사실을 증명하게 될 것이다. 본인이 한국에서 출발하기 전에 이 같은 문제를 한국의 고위장성들과 협의했는데, 그들은 모두 이 문제에 대해 적극적이었다. 대통령도 본인의 제안을 군사 관계자들에게 검토하게 한 뒤 그 결과를 알려주기 바란다.

박정희의 파병의사는 매우 적극적이었다. 정규군 파병이 적절치 않으면 지원병을 모아 보낼 수도 있다고 말했다. 그러나 케네디의 반응은 애매하고 미온적이었다. 왜냐하면 당시 미국은 베트남 전쟁에 아직 본격적으로 개입하지 않고 있었으므로 한국군 파병까지 고려할 이유가 없었기 때문이다.

케네디의 완곡한 거절에도 박정희는 파병의사를 거두지 않았다. 케네디를 만나고 온 6개월 뒤인 1962년 4월, 박정희는 남베트남의 응오딘지

정치 · 사회 · 생활에 관한 잘못된 상식

린든 존슨과 박정희. 베트남전에 한국군의 추가 파병을 요청하기 위해 한국을 방문한 존슨 미국 대통령이 박정희 대통령과 악수하고 있다.

엠 대통령에게 보내는 편지에서 이렇게 말했다.

"한국 정부와 국민은 국내 재원과 국제적인 관례 그리고 한국인의 이익이 허용하는 한도 내에서 자유 베트남을 지원하는 데 가능한 노력을 다하겠다."

그런 다음 게릴라 전문가로 이루어진 10여 명의 군사시찰단을 극비리에 베트남으로 보내 약 2개월 동안 현지상황을 살피게 했다.

박정희는 언제부터 베트남 파병을 생각한 것일까? 어쩌면 케네디를 만나러 가기 전, 집권 초부터였는지도 모른다. 5·16 쿠데타가 있은 지 한 달 반 뒤인 1961년 6월 30일, 주미 대사 정일권이 케네디를 면담하는 자리에서 건넨 말을 들어보자.

"1950년, 공산군이 침략했을 때 한국 병사들은 미국 병사들과 같은 전선 참호에서 침식을 같이하며 나란히 싸웠습니다. 한국은 결코 미국과 한국이 공동 운명체였음을 잊지 않을 것이며, 필요하다면 언제든지 양국의 공통된 목표를 위해서 한국인의 목숨을 희생하는 것을 주저하지 않을 것입니다."

미국과 한국은 한국전쟁 때 함께 싸운 '공동 운명체Riding the Same Horse'

라면서 한국인의 목숨을 희생하는 일도 마다하지 않겠다고 강조하고 있다.

미국의 변화, '보다 많은 깃발' 정책

그러나 박정희의 베트남 파병 제안은 그저 제안으로 끝났다. 한국은 한국대로 민정이양 선거 때문에 분주해졌으며, 미국은 여전히 베트남 전쟁에 적극 개입하지 않는 정책을 유지하고 있었기 때문이다. 그런데 3년 뒤, 미국의 베트남 정책이 변화하면서 일대 국면전환이 일어났다. 미국은 태도를 바꿔 훨씬 적극적으로 나오기 시작했다. 당시 미국 대통령은 린든 존슨이었다. 원래 부통령이었으나 케네디가 암살당하자 대통령이 된 인물이다.

베트남 전쟁에서 미국은 딜레마에 빠져 있었다. 전쟁 확대 아니면 철회, 양자택일의 기로에 서 있었다. 그때껏 미국의 지지를 받아온 남베트남의 응오딘지엠 정부가 부정부패와 독재로 민심을 잃고 군사 쿠데타로 1963년 11월 무너지자, 북베트남의 호찌민이 이끄는 베트남민족해방전선이 베트남 전체를 장악할 가능성이 커졌기 때문이다. 고심 끝에 미국은 전쟁 확대, 즉 적극 개입을 선택했다. 그렇지 않으면 베트남의 공산화를 막을 수 없다는 판단에서였다.

확전을 선택한 미국은 한국군 참전에 부정적이었던 종전의 태도를 바꿔 슬그머니 한국에 손을 내밀었다. "1월 15일까지 한국군이 베트남에 도착하면 미국 정부에 큰 도움이 되겠다"고 1963년 말 미국의 번디 차관보는 주미 한국대사에게 말했으며, 새로 들어선 베트남 정부도 공식

1965년 베트남으로 떠나기 직전 부산항에서 열린 청룡부대 환송식. 왼쪽에 거수경례를 하고 있는 사람이 채명신 소장이다.

적으로 한국군의 파병을 요청해왔다. 3개월 뒤인 1964년 4월 23일, 존슨 대통령은 '보다 많은 깃발More Flags' 정책을 발표했다. 베트남에 미국 외에 다른 여러 나라의 깃발이 휘날려야 한다면서 나토와 미국이 주도하고 있는 시토(SEATO, 동남아시아조약기구)의 동맹국들, 그리고 한국을 포함한 25개 우방국에 참전을 촉구한 것이다. 미국이 단독으로 베트남전을 치르는 부담을 줄이고 국제 여론과 미국 내 반대 여론을 무마하기 위해서였다.

그런데 미국의 참전 요청에 적극 호응한 것은 한국과 대만뿐이었다. 나머지 나라들은 난색을 표했으며 파병하더라도 아주 적은 수의 병력을 상징적으로 보내겠다고만 했다. 따라서 이미 몇 년 전부터 자발적으로 꾸준히 파병 의사를 밝혀온 한국의 중요도는 한껏 격상되었다. 게다가 베트남 파병은 미국의 요구 때문이었다?

맹호부대 환송식. 1965년 여의도에서 거행된 베트남전 파병 환송식에 참석하기 위해 행사장으로 들어서는 맹호부대.

한국은 당시 시토 회원국도 아니었다.

비전투원 아닌 전투병력 파견을 먼저 제안한 것 역시 한국이었다. 미국의 정책이 비전투부대 파병에서 전투부대 파병으로 바뀐 것은 통킹 만 사건 후인 1965년 3월이다. 그런데 이미 1년 전, 한국은 전투부대 파병의사를 내비친 바 있다.

1964년 6월 5일 남베트남을 방문한 한국의 강기천, 장우주 장군과 남베트남 수상 응우옌칸이 주고받은 대화를 보자. "한국에 대해 전투부대 지원을 요청할 생각이 있는가?"라는 한국 측 질문에 응우옌칸 수상이 "현재는 생각하고 있지 않지만 필요하게 되면 요청할지도 모른다"고 답하자 강기천은 "한국 정부는 전투부대 지원도 생각하고 있다"고 말하고 있다.

427

결국 한국은 1964년 9월부터 10년 뒤 베트남 정전협정이 체결된 1973년까지 총 6차에 걸쳐 전투원과 비전투원 포함 약 5만 명, 연인원 약 31만 명을 베트남에 보냈다. 1차 파병은 의무장교와 위생병, 간호장교 130명으로 이루어진 이동외과병원, 그리고 태권도 교관 10명의 총 140명이었다. 이들은 1964년 9월 11일 부산항을 출발하여 9월 22일 사이공에 도착했다. 이듬해 1965년 3월 16일에는 2천여 명의 건설지원단이 사이공에 도착했다. 이름하여 비둘기 부대다.

최초로 전투병력을 보낸 것은 1965년 10월의 3차 파병이다. 이봉출 준장이 지휘하는 4천여 명의 해병 제2연대, 채명신 소장이 지휘하는 1만 3천여 명의 수도사단이었다. 청룡부대, 맹호부대라는 그 이름부터 용맹무쌍한 한국 젊은이들은 휘날리는 태극기 아래 베트남으로 향했다. 해병대인 청룡부대는 미 해군 수송선을 타고 부산을 출발하여 10월 9일 베트남의 캄란 만에 상륙했으며, 육군인 맹호부대는 10월 22일 퀴논에 도착했다. 뒤이어 혜산진부대, 백마부대 등이 떠났다. 청룡, 맹호, 백마 모두 한국전쟁 때 전투 잘하기로 소문났던 부대들이다. 베트남에서도 이들의 전투력은 미국으로부터 호평을 받았다.

박정희의 승부수, 베트남 파병 카드

그런데 놀라운 사실이 있다. 박정희 전에 이승만도 한국군 파병을 미국에 제안했다는 것이다. 남북 간 골육상쟁을 벌인 한국전쟁을 마감하는 정전협정서의 잉크가 채 마르기도 전인 1954년 1월 28일, 이승만은 인도차이나에 한국군 1개 사단을 파병하겠다고 주한 유엔군 사령관 존헐에게 제안했다. 당시 베트남, 라오스를 비롯한 인도차이나는 프랑스와 전쟁 중이었다. 프랑스의 오랜 식민지였던 인도차이나가 식민지를 포기하지 않으려는 프랑스와 디엔비엔푸에서 혈전을 벌이고 있었던 것이다.

이승만은 외쳤다. "인도차이나 지역에 국군을 파견하여 반공 십자군 운동을 전개하겠다", "한국인들은 공산주의가 지배하는 아시아에서 살아남을 수 없다"고. 일본의 식민지 지배에 항거하는 데 평생을 바쳤다고 자부해온 독립운동가 출신 대통령 이승만이 프랑스 식민지로부터 벗어나기 위해 안간힘 쓰는 인도차이나에 프랑스를 돕는 군대를 보내겠다고 한 것이다.

이승만이 파병을 제안한 이유는 주한미군 철수를 막고 미국의 원조를 계속 얻어내기 위해서였다. 당시 미국은 주한미군 감축을 꾸준히 추진하고 있었다. 이승만은 거듭 파병 의지를 천명했다. 1957년 베트남의 응오딘지엠 대통령이 한국을 방문했을 때 한국군을 파병할 의사가 있다고 했으며 1958년에는 인도네시아 파병을, 1959년에는 라오스 내전에 개입할 의사를 밝히면서 당시 국방부 정보기관 책임자였던 이후락을 라오스에 파견하기도 했다.

그러나 이승만의 제안은 실현되지 않았다. 북한과 정전협정을 맺은 지 얼마 되지 않은 미국으로서는 휴전반대, 북진통일을 소리 높이 외치며 강경한 자세를 고집해온 이승만을 다시금 반공의 일선에 서게 함으로써 난처한 입장에 빠지고 싶지 않았기 때문이다.

박정희가 파병을 제안한 이유도 이승만과 같았다. 케네디 정부의 대한정책은 박정희 군사정부의 민정 이양, 주한미군 감축, 한일관계 정상화, 군사원조 감축 등이었다. 미국의 이러한 입장은 새로 집권한 군사정부를 난처하게 했다. 또 하나, 주한미군 감축이나 철수보다 더 중요한 문제가 한국군 감축 문제였다. 한국군을 감축해야 한다는 주장은 이미 1950년대부터 미국 내에서 꾸준히 제기되어왔다. 한국군 감축은 군사 쿠데타로 집권한 박정희 정권에게는 치명타나 마찬가지였다. 게다가 미국은 새 집권자 박정희를 의구심과 불신의 눈으로 바라보고 있었다. 박정희의 남로당 활동 경력이 큰 걸림돌이었던 것이다.

그러나 만약 베트남 파병을 한다면 한국군 감축은 논의의 대상이 될 수 없었다. 북한과 대치하고 있는 마당에 해외 파병까지 하는 한국에게 군대를 줄이라고 할 순 없는 노릇이기 때문이다. 박정희 정부가 베트남 파병으로 얻은 가장 중요한 대가는 국가의 안보보장이라기보다는 정권의 안전보장이라는 의혹을 받는 대목이 바로 여기다.

베트남 파병은 자신을 껄끄러운 눈으로 바라보는 미국의 마음을 돌리기 위해 준비한 박정희의 야심찬 카드였다. 실제로 케네디와의 회담과 한일협정, 한국군 베트남 파병이라는 일련의 과정을 거치며 한미관계는 급격히 좋아졌다. 그리하여 어떤 학자는 베트남 파병은 박정희의 고민, 즉 "정치적 정당성 확보와 경제적 빈곤을 동시에 해결해줄 수 있는 중요한 기회"였으며 일본 육사 출신의 직업군인으로서 "베트남전에 대한 의미와 가능성을 누구보다도 잘 알고 있는 박정희만의 전략적 승부수"였다고 정의한다.

1966년 열린 한국과학기술연구소KIST 기공식. KIST는 베트남 파병의 대가로 미국의 적극적 지원을 받아 세워졌다.

파병으로 얻은 것과 잃은 것

한국 정부가 파병의 대가로 최우선의 관심을 두었던 것은 경제원조와 미국으로부터 확실한 안보보장을 받아내는 것이었다. 한국 정부는 한미상호방위조약을 유럽의 북대서양조약과 같은 수준으로 끌어올릴 수 있기를 바랐다. 즉 한국이 공격당했을 경우, 미국이 공격당한 것과 똑같이 대응하게끔 '자동적으로 개입한다'는 조항을 넣고자 했다. 그리고 주한미군 철수 중단을 요구했다. 그러나 이는 한국의 짝사랑일 뿐이었다. 한미상호방위조약에 한국의 소망은 반영되지 않았다. 사전협의 없는 미군 철수는 없다고 누누이 말하던 미국은 존슨의 뒤를 이은 닉슨 대통령 때 한마디 사전협의 없이 주한미군 7사단을 철수시켰다.

한국이 베트남 파병의 대가로 미국에게 받아낸 것은 4차 파병을 담보로 받아낸 1966년 3월의 '브라운 각서'다. 당시 주한 미대사의 이름을 딴 이 각서는 주한미군 병력 유지와 안보공약 재확인, 1억 5천만 달러의 개발차관, 군사원조 이관계획 연기, 대미·대월 수출시장에 대한 미국의 우호적 태도 등을 보장한다는 내용을 담고 있다. 다음은 '브라운 각서'의 주요 내용이다.

> 첫째, 베트남에 증파되는 사단과 한국에서 이를 대체하는 데 연관된 순수 추가비용을 한국 정부에 보상한다.
> 둘째, 앞으로 2년간 한국에 있는 한국군 장비의 현대화를 촉진한다.
> 셋째, 한국 정부의 대간첩장비를 개선한다.
> 넷째, 1966년도 AID 차관을 증액한다.
> 다섯째, 한국군 주둔기간 중 군원이관 계획을 중단한다.
> 여섯째, 미국의 해외구매에 있어서 한국이 참여할 수 있는 더 많은 특별한 기회를 부여한다.
> 일곱째, 베트남에 있는 한국군의 처우를 개선한다.

베트남 파병은 한국 경제성장의 주춧돌이 되었다. 젊은이들이 남의 나라 정글에서 피 흘린 대가로 수십억 달러를 벌어들였으며 그 돈으로 경제성장의 기초를 다졌다. 베트남 파병으로 벌어들인 외화는 약 10억 달러. 40여 년 전 당시의 화폐가치를 고려할 때, 대단한 액수다. 그중 상당 부분은 군인들의 봉급이었다. 한국군은 사령부가 직접 군인들의 봉급을 관리하면서 본국으로 송금시켰다. 1972년까지 송금된 파월 한국군의 봉급 총액은 2억 달러가 넘었으며 그중 40퍼센트가 은행에 저축되었다. 전사자나 부상자에게 지급된 보상금 송금액은 1972년까지 총

6,500만 달러. 문자 그대로 목숨 값, 피 값이었다. 파병의 경제적 효과는 계산에 따라 조금씩 다르지만 직접적인 효과부터 간접적인 효과까지 적게는 30억 달러, 많게는 100억 달러로 추산한다. 그렇다면, 만약 파병하지 않았다면 베트남 특수를 누리지 못하고 경제성장도 이루지 못했을까? 그리고 젊은이들의 피 값을 온전히 받아내기는 한 걸까?

베트남 특수의 가장 큰 수혜자는 일본이었다. 일본은 전쟁이 벌어지고 있는 베트남에 온갖 물자를 대면서 피 한 방울 흘리지 않고 한국이 베트남 전쟁 전 기간 동안 벌어들인 돈보다 훨씬 많은 돈을 매년 벌어들였다. 대만은 단 20여 명을 파병했음에도, 한국이 얻은 베트남 특수는 대만이 얻은 특수를 약간 웃도는 액수였다. 홍콩이나 싱가포르는 단 한 명의 병력도 파견하지 않았지만 베트남 특수에서 배제되지 않았다.

뿐만 아니라 한국은 젊은이들의 피 값도 제대로 받아내지 못했다. 베트남에 파병된 한국군 소장이 미국으로부터 받는 월급은 354달러였으나, 같은 파병국인 필리핀과 태국 소위의 월급은 각각 442달러, 389달러였다. 한국군 일반 사병의 월급은 남베트남군보다도 낮은 것이었다. 한국의 협상력이 부족해서였을까? 그보다는 박정희 정부의 주안점이 다른 데 있었기 때문 아닐까? 박정희는 "미국이 어려움에 처해 있는데"라고 말했으며, 포터 주한 미국대사는 "한국 정부는 다른 국가가 한국보다 더 받고 있으니 어떠니 하는 따위의 문제로 미국을 괴롭히지 않았다"고 증언했다.

미국은 한국을 비롯한 외국 군대를 베트남 정글에 보냄으로써 미국 젊은이들의 생명을 아끼는 동시에 비용까지 절감하는 효과를 톡톡히 누렸다. 주월 미군 1인당 유지비가 연간 1만 3천 달러인 데 비해 주월 한국군

아들을 떠나보내는 어머니. 주름진 얼굴에 염려가 가득하다.

1인당 유지비는 5천 달러였으니, 1인당 8천 달러씩 연인원 31만 명, 약 25억 달러의 비용 절감을 본 것이다. 《뉴스위크》 1966년 9월 19일자는 백마부대의 환송식 장면을 보도하면서 이렇게 쓰고 있다.

"최근 한국이 이룬 경제적 성과에도 불구하고 이 모든 훈련과 신규 장비, 베트남전에 필요한 무기 등에 소요되는 비용은 한국 정부가 감당하기 힘들다. 따라서 미국 정부는 한국에 매년 정기적으로 쏟아붓는 군사원조금 약 1억 5천만 달러 이외에 베트남 파병과 관련해 별도의 지출예산안 채택을 합의했다. 그래도 미국 국방부는 헐값이라고 말한다. 미군 병사 한 명의 유지비용으로 한국군 43명에게 월급, 식량, 장비 일체를 제공한다."

한편 베트남 특수는 한국 경제성장의 초석이 된 것이 분명하지만 이면으로는 이른바 베트남 재벌의 탄생과 경제구조 왜곡의 시발점이 되기도 했다. 베트남 재벌이란 베트남 특수로 급성장한 독점기업을 말한다. 소규모 건설업체였다가 베트남 항만 준설 공사를 비롯하여 각종 토목공사를 도맡아 함으로써 대기업으로 발돋움한 현대, 군복을 비롯한 섬유

제품 수출로 창업 2년 만에 급성장한 대우, 베트남에 운송회사를 차려 미군의 하청을 받아 위험을 무릅쓰고 전투 지역을 드나들며 급성장한 한진이 바로 대표적인 베트남 재벌이다. 한진의 창업주 조중훈은 1968년부터 1971년까지 국내 최고의 소득세 납부자였으며, 한진이 한국 최초의 민간항공사가 될 수 있었던 데는 베트남 전쟁으로 맺은 미국과의 인연이 한몫을 했다. 한국의 전투병력 파병을 앞두고 존슨 대통령은 1968년 한국 민간항공사 설립지원 건의안에 서명함으로써 최초의 민간항공사를 탄생케 했다. KAL, 즉 대한항공의 탄생은 베트남 파병의 대가라 해도 과언이 아닌 것이다.

치유되지 못한 후유증

베트남 파병은 강대국의 요구를 무시할 수 없었던 약소국의 어쩔 수 없는 선택이 아니라 박정희가 나름의 필요에 따라 적극 선택하고 추진한 카드였다. 베트남 파병으로 박정희 정부는 미국의 지원을 얻고 정권의 기반을 다질 수 있었다. 미군 철수와 한국군 감축을 막음으로써 정치적 안정을 얻었으며 젊은이들의 희생을 바탕으로 한 베트남 특수로 외화를 벌었다.

또 하나, 베트남 파병은 전쟁의 깃발 아래 국민을 모으는 효과를 발휘했다. 쿠데타로 집권한 박정희는 장장 8년 반이라는 베트남 참전기간 동안 통수권자로서 군을 완벽하게 장악했으며, 당시 처음으로 개국한 텔레비전 방송을 적극 활용하여 온 국민에게 베트남 파병의 당위성을 선전하고 국민들의 애국심을 한껏 고취시켰다. 방송 시작과 동시에 울

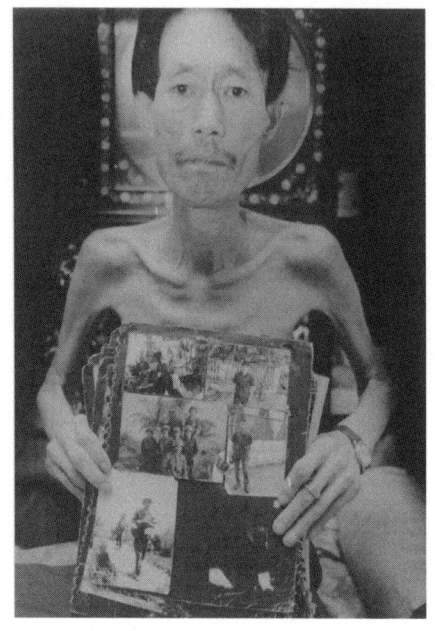

베트남 전쟁도 끝났지만 후유증은 아직도 끝나지 않았다. 많은 고엽제 피해자들이 고통받고 있다.

려퍼지는 파병부대 군가는 어린아이들까지 따라 부르는 국민가요가 되었고, 영화관에서 영화 시작에 앞서 상영되는 〈대한뉴스〉는 베트남에서 벌이는 국군의 활약상을 신나게 전파했다. 초등학교와 중고등학교 학생들은 연필을 꼭꼭 눌러쓰며 파월장병 아저씨들에게 위문편지를 보냈다.

베트남 파병은 1973년에 끝났다. 그러나 그 후유증은 아직도 끝나지 않았다. 5천여 명의 전사자와 1만여 명의 부상자, 고엽제를 비롯한 화학무기들로 인한 후유증, 전쟁이 남긴 정신적 상처를 앓고 있는 사람들이 있다. 베트남 정글에서 젊음을 바쳤건만 제대로 인정받지도 충분히 보상받지도 못한 채 가난과 우울 속에서 살고 있는 이들이 있다. 파병 한국군이 베트남 민간인들을 학살했다는 고발과 비판, 베트남에 남겨놓은 한국인 2세들 문제는 또 어찌할 것인가.

한국은 21세기에 들어서도 아프가니스탄, 이라크에 군대를 보냈다. 미국이 개입하고 있는 분쟁지역에 뒤따라 개입하고 있다. 그 득과 실은 과연 무엇일까? 30여 년 전의 베트남 파병을 되돌아보는 이유가 거기에 있다.

■ 사료 속으로

자유통일 위해서 조국을 지키시다
조국의 이름으로 님들은 뽑혔으니
그 이름 맹호부대 맹호부대 용사들아
가시는 곳 월남땅 하늘은 멀더라도
한결같은 겨레마음 님의 뒤를 따르리라
한결같은 겨레마음 님의 뒤를 따르리라

– 공보부 제정, 류호 작사, 이희목 작곡, 〈맹호들은 간다〉

1960년대에 어린 시절을 보낸 40대라면 누구나 기억할 것이다. 줄맞춰 행진하는 늠름한 국군들과 양옆에 늘어서서 한 손으론 연신 눈물을 닦고 한 손으론 태극기 흔들던 아주머니들, 여학생들. 그리고 힘차게 울려퍼지던 군가, 〈맹호들은 간다〉. 뿐이랴. 청룡부대의 〈우리는 청룡이다〉도 있고, 백마부대의 〈달려라 백마〉도 있었다.

더 읽을거리

박태균, 《우방과 제국, 한미관계의 두 신화》, 창비, 2006.
정성화 편, 《박정희시대 연구의 쟁점과 과제》, 선인, 2005.
한홍구, 박정희는 왜 베트남에 군대를 보냈을까?, 《우리 역사 속 왜?》, 서해문집, 2002.

■ 더 읽을거리 외 참고문헌

《삼국사기》
《삼국유사》
《고려사》
《고려사절요》
《동국이상국집》
《제왕운기》
《조선왕조실록》
《승정원일기》
《훈몽자회》
《사성통해》
《해동명장전》
《징비록》
《연려실기술》
《송와잡설》
《동국통감》
《왜한삼재도회》
민족문화추진회 http://www.minchu.or.kr
조선왕조실록 http://sillok.history.go.kr

1. 고조선의 '고'는 이성계의 조선과 구별하기 위해 붙인 것이다?
　이덕일·김병기·신정일,《고조선은 대륙의 지배자였다》, 역사의아침, 2006.
　송호정,《단군, 만들어진 신화》, 산처럼, 2004.
　이승휴, 김경수 역주,《제왕운기》, 역락, 1999.
　일연, 이재호 옮김,《삼국유사》, 솔, 1997.
　이우성·강만길 편,《한국의 역사인식》하, 창작과비평사, 1976.
　한국학중앙연구원,《국역 율곡전서》4, 1988.
　한영우, 한말의 신채호의 역사인식,《단재 신채호와 민족사관》, 1980.

2. 고려 태조 왕건의 성은 왕씨다?

서해숙, 《한국 성씨의 기원과 신화》, 민속원, 2005.

김갑동, 성과 본관은 어떻게 해서 만들어졌는가, 《고려시대 사람들 이야기》 2, 신서원, 2002.

김정현, 《한국의 성씨 이야기 : 흥하는 성씨 사라진 성씨》, 조선일보사, 2001.

이종서, 나말여초 성씨 사용의 확대와 그 배경, 《한국사론》 37, 1997.

정구복, 고려조의 피휘법에 관한 연구, 《이기백 선생 고희기념한국사학논총》 상, 1994.

이순근, 신라시대 성씨 취득과 그 의미, 《한국사론》 6, 1980.

3. 백정은 도살업자다?

박종성, 《백정과 기생》, 서울대학교 출판부, 2003.

이옥 지음, 심경호 옮김, 《선생, 세상의 그물을 조심하시오》, 태학사, 2001.

허경진 옮김, 《낙하생 이학규 시선》, 평민사, 1998.

유창규, 고려의 백정 농민, 《전남사학》 11, 1997.

김중섭, 일제침략기 형평운동의 지도세력 — 그 성격과 변화, 《동방학지》 76, 1992.

문철영, 고려말·조선초 백정의 신분과 차역, 《한국사론》 26, 1991.

백원철, 낙하생 이학규의 생애와 문학, 《한국한문학연구》 6, 1982.

유승원, 조선 초기의 '신량역천' 계층, 《한국사론》 1, 1973.

강만길, 선초鮮初 백정고白丁考, 《사학연구》 18, 1964.

이우성, 한인·백정의 신해석, 《역사학보》 19, 1962.

4. 내시는 거세한 남자다?

박영규, 《환관과 궁녀》, 김영사, 2004.

이이화, 《역사풍속 기행》, 역사비평사, 1999.

장희흥, 〈조선시대 환관 연구〉, 동국대학교 박사논문, 2004.

홍순민, 조선 왕조 내시부의 구성과 내시 수효의 변천, 《역사와 현실》 52, 2004.

최규성, 고려 남반직의 성격변화에 대한 연구, 《사학연구》 58·59, 1999.

김재명, 고려 전·중기의 재정운영과 내시, 《역사와 사회》 24, 1999.

박한남, 〈고려 내시에 관한 연구〉, 성균관대학교 석사논문, 1982.

이우철, 고려시대의 환관에 대하여, 《사학연구》 1, 1958.

5. 고려장은 고려시대의 장례풍습이다?

박영만·권혁래 옮김,《화계 박영만의 조선전래동화집》, 한국국학진흥원, 2006.

이순우,《그들은 정말 조선을 사랑했을까?-일그러진 근대 역사의 흔적을 뒤지다 2》, 하늘재, 2005.

박용운·이정신·이진한 외 공저,《고려시대 사람들 이야기 2-경제·사회생활》, 신서원, 2002.

W. E. 그리피스, 신복룡 역주,《은자의 나라 한국》, 집문당, 1999.

손진태,《한국민족설화의 연구》, 을유문화사, 1947.

손진태,《조선민담집》, 동경 향토연구사, 1930.

한구,〈고려장 설화 연구〉, 한국교원대학교 석사논문, 1998.

김민한, 고려장 설화의 허구성에 관한 연구,《한국사상과 문화》5, 1999.

이명화, 조선총독부 학무국의 기구변천과 기능,《독립운동사연구》6, 1992.

손동인, 한국전래동화사연구,《한국아동문학연구》Vol.1 No.1, 1990.

이수자, 고려장 설화의 형성과 의미,《국어국문학》98, 1987.

정길자, 고려시대 화장에 대한 고찰,《부산사학》Vol.7 No.1, 1983.

김정학, 고려장의 전설에 대하여,《사상계》10-10, 1962.

6. 행주치마는 행주대첩에서 나온 말이다?

민승기,《조선의 무기와 갑옷》, 가람기획, 2004.

한국어문교육연구회 제131회 학술연구 발표회,《최세진의 생애와 학문》, 1999.

신채호, 이만열 주석,《조선상고사 하》, 단재 신채호 선생 기념사업회, 1983.

최창렬, 우리말의 어원과 국어교육,《어학》19, 1992.

강전섭, '단심가'와 '하여가'의 소원적遡源的 연구,《동방학지》35, 1983.

한글학회,《한글》, 통권 제138호, 1966.

7. '두문불출'은 '두문동 72현'에서 나온 말이다?

이수건,《한국의 성씨와 족보》, 서울대 출판부, 2003.

하태규, 고려수절신가문의 지방분산과 그 정치적 동향,《전환기 호남지역사연구》, 나라, 1997.

정두희, 조선 초기 황희의 정치적 역할,《길현익 교수 정년기념 사학논총》, 1996.

유주희,〈조선 태종대 정치세력 연구〉, 중앙대학교 박사논문, 2000.

정치헌, 여말선초 과거문신세력의 정치동향,《한국학보》64, 1991.

8. 함흥차사는 모두 죽었다?

안준희, 조선 초기 태종의 집권과정과 조사의의 난,《외대사학》, 1993.

9. '현모양처'는 조선시대의 이상적 여성상이다?

김혜경,《식민지하 근대가족의 형성과 젠더》, 창비, 2006.

필립 아리에스,《아동의 탄생》, 새물결, 2003.

최혜실,《신여성들은 무엇을 꿈꾸었는가》, 생각의나무, 2000.

이은상,《사임당의 생애와 예술》, 성문각, 1962.

이송희, 한말, 일제하의 여성교육론과 여성교육정책,《여성연구논집》16, 2005.

박선미, 가정학이라는 근대적 지식의 획득: 일제하 여자일본유학생을 중심으로,《여성학논집》Vol. 21 No. 2, 2004.

전미경, 1920-30년대 현모양처에 관한 연구-현모양처의 두 얼굴, 되어야만 하는 '현모' 되고 싶은 '양처',《한국가정관리학회지》Vol. 22 No. 3, 2004.

홍양희, 〈조선총독부의 가족정책 연구- '가' 제도와 가정 이데올로기를 중심으로〉, 한양대학교 박사논문, 2004.

이임하, 1950년대 여성교육에서의 성차별과 현모양처 이데올로기,《동방학지》122, 2003.

지현숙, 여성국민 만들기로서의 남경정부시기 중학교과서-국문, 공민, 역사, 가사교과서를 중심으로,《동양사학연구》83, 2003.

김경일, 식민지 여성 교육과 지식의 식민지성-식민권력과 근대성의 각축,《사회와 역사》59, 2001.

홍양희, 일제시기 조선의 여성교육-현모양처교육을 중심으로,《한국학논집》35, 2001.

김혜수, 1950년대 한국여성의 지위와 현모양처론,《외대사학》Vol. 12 No. 1, 2000.

川本 綾, 〈조선과 일본에서의 현모양처 사상에 관한 비교연구-개화기로부터 1940년대 전반을 중심으로〉, 서울대학교 석사논문, 1999.

조경원, 대한제국 말 여학생용 교과서에 나타난 여성교육론의 특성과 한계;《녀자독본》《초등여학독본》《녀자소학수신서》를 중심으로,《교육과학연구》30, 1999.

김경일, 한국 근대 사회의 형성에서 전통과 근대,《사회와 역사》54, 1998.

조경원, 개화기 여성교육론의 양상 분석,《교육과학연구》28, 1998.

홍양희, 〈일제시기 조선의 '현모양처' 여성관의 연구〉, 한양대학교 석사논문, 1997.

조경원, 조선시대 여성교육의 분석,《여성학논집》12, 1995.

10. 바보 온달은 평강공주와 결혼한 덕분에 출세했다?

정구복,《인물로 보는 삼국사》, 시아, 2006.

이이화,《한국사, 나는 이렇게 본다》, 길, 2005.

한국역사연구회 고대사분과, 바보 온달과 평강공주의 사랑은 사실인가,《문답으로 엮은 한국고대사 산책》, 역사비평사, 1994.

박인호, 온달을 통해 본 6세기 고구려 귀족사회,《한국고대사연구》36, 2004.

진재교,《삼국사기 열전》분석의 한 시각 – 온달 전의 경우,《한국한문학연구》19, 1996.

임기환, 온달·서동 설화와 6세기의 사회,《역사비평》, 1993년 가을호.

11. 원효대사는 해골 물을 마시고 깨달음을 얻었다?

역사학자 48인 지음, 대구사학회 편,《영남을 알면 한국사가 보인다》, 푸른역사, 2005.

고영섭,《원효탐색》, 연기사, 2001.

남동신,《원효》, 새누리, 1999.

황영선,《원효의 생애와 사상》, 국학자료원, 1996.

김상현,《역사로 읽는 원효》, 고려원, 1994.

고영섭, 원효는 어떻게 이해되어 왔는가,《오늘의 동양사상》4, 2001.

김영태, 원효의 소명小名 서당誓幢에 대하여,《불교사상사론》, 민족사, 1992.

이기동, 설중업과 담해삼선의 교환交歡 – 통일기 신라와 일본과의 문화적 교섭의 일단면,《역사학보》134·135 합집, 1992.

김영태, 원효의 신라말 이름 새부塞部에 대하여 – 기신론별기 찬자명을 중심으로,《신라문화》8, 1991.

전미희, 원효의 신분과 그의 활동,《한국사연구》63, 1988.

김영태, 전기와 설화를 통한 원효 연구,《불교학보》17, 1980.

박노춘, 설총과 그의 '화왕계',《문호》6, 1971.

12. 최영 장군은 '황금 보기를 돌같이 하라'고 말했다?

김광철,《고려 후기 세족층 연구》, 동아대학교 출판부, 1991.

13. 강감찬은 귀주대첩에서 강물을 막아 대승을 거두었다?

이용범,《한말교류사 연구》, 동화출판사, 1989.

14. 문익점은 붓두껍에 목화씨를 몰래 감춰 왔다?

정수일, 《한국 속의 세계》 하, 창작과비평사, 2005.

김윤희·이욱·홍준화, 《조선의 최후》, 다른세상, 2004.

이덕일·이희근, 문익점은 목화씨를 몰래 들여왔나, 《우리 역사의 수수께끼》, 김영사, 1999.

《문삼우당선생실기》, 성영당, 1927.

문경현, 문익점의 사행과 목면전래, 《경북사학》 26, 2003.

이재호, 을지문덕과 목면의 이론異論에 관한 일 고찰, 《한국사연구》 39, 1982.

15. 신숙주 부인은 남편의 변절이 부끄러워 자살했다?

지두환, 《세조대왕과 친인척》, 역사문화, 2008.

유영박, 《사육신 — 정사의 사육신, 야사의 사육신》, 동방도서, 1996.

강주진 편역, 《보한재 신숙주 정전正傳》, 세광출판문화사, 1988.

정두희, 《조선 초기 정치지배세력 연구》, 일조각, 1983.

이광수, 《단종애사》, 삼중당, 1966.

신승운, 성삼문 문집의 편찬과 간행에 대하여, 《어문연구》 Vol. 30 No. 3, 2002.

강문식, 집현전 출신 관인의 학문관과 정치관, 《한국사론》 39, 1998.

정두희, 단종과 세조에 대한 역사소설의 검토, 《역사비평》, 1992년 봄호.

정두희, 집현전 학사 연구, 《전북사학》 4, 1981.

최승희, 집현전 연구, 《역사학보》 32·33, 1966·1967.

16. 홍길동은 실존 인물이 아니다?

설성경, 《실존인물 홍길동》, 중앙M&B, 1998.

이능우, 《홍길동전》과 허균의 관계, 《국어국문학》 42·43, 1969, 《고소설론》, 이우출판사, 1980.

김동욱, 홍길동전의 국내적 소원溯源, 《이숭녕 박사 송수기념 논총》, 1968.

17. 율곡 이이는 십만양병론을 주장했다?

이덕일, 《설득과 통합의 리더 유성룡》, 역사의아침, 2007.

유새롬, 〈17세기 서인의 학통의식과 율곡연보의 편찬〉, 서울대학교 석사논문, 2005.

오항녕, 《선조실록》 수정고攷, 《한국사연구》 123, 2003.

배동수, 선조실록 수정편찬의 정치사적 의미, 《정정政正》 13, 2000.

장숙필, 율곡의 십만양병설에 대한 소고, 《율곡학보》 12, 1999.
정규진, 율곡사업과 율곡의 국방사상 재음미, 《군사논단》 14·15, 1998.
이원주, 율곡선생 신도비명과 그 산개刪改사실에 대하여, 《한국학논총》 15, 1988.

18. 김정호는 《대동여지도》 때문에 국가기밀 누설죄로 옥사했다?
민윤식, 《소파 방정환 평전 — 청년아, 너희가 시대를 아느냐》, 중앙M&B, 2003.
이영화, 《최남선의 역사학》, 경인문화사, 2003.
이명희, 《어린이》 자매지 《학생》의 의미, 《문학, 환멸 속에서 글쓰기》, 새미, 2002.
국립지리원, 《고산자 김정호 기념사업 연구보고서》, 2001.
국립지리원, 《고산자 김정호 기념사업 자료집》, 2001.
이상태, 《한국 고지도 발달사》, 혜안, 1999.
배우성, 《조선후기 국토관과 천하관의 변화》, 일지사, 1998.
원경렬, 《대동여지도의 연구》, 성지문화사, 1991.
이우형 외, 《대동여지도의 독도讀圖》, 광우당, 1990.
방동인, 《한국의 지도》, 세종대왕기념사업회, 1975.
엄정선, 〈《소년》지의 '봉길이 지리공부'에 나타난 최남선의 지리교육사상〉, 동국대학교 석사논문, 2007.
류시현, 〈최남선의 '근대' 인식과 '조선학' 연구〉, 고려대학교 박사논문, 2005.
소재구, 김정호 원작 대동여지도 목판의 조사, 《미술자료》 58, 1997.
이종학, 고산자 김정호 옥사하지 않았다, 《월간 경기》 1995년 7월호.
권정화, 최남선의 초기 저술에서 나타나는 지리적 관심;개화기 육당의 문화운동과 명치明治 지문학地文學의 영향, 《응용지리》 13, 1990.
배현숙, 최성환의 인물과 저작물, 《역사학보》 103, 1984.
홍재걸, 일제기의 조선어과 교과서, 《논문집》 Vol. 5 No. 1, 대구교육대학교, 1969.
신영철, 고산자 김정호 선생 이약이, 《어린이》 7권 3호, 1929.
최진순, 대동여지도와 김정호 선생의 일생, 《학생》 창간호, 1929. 1.
최남선, 70년 전에 단신 실사독력實査獨力 창제한 고산자의 대동여지도, 《별건곤》 1928년 5월호, 《육당 최남선 전집》 9, 현암사, 1974.
최남선, 고산자를 회懷함, 〈동아일보〉 1925년 10월 8-9일, 《육당 최남선 전집》 10, 현암사, 1974.

19. 명성황후는 한미한 집안의 고아 소녀여서 왕비로 간택되었다?
    이태진, 역사 소설 속의 명성황후 이미지 — 정비석의 역사소설《민비》의 경우,
    《한국사시민강좌》41, 2007.
    신명호,《조선왕비실록》, 역사의아침, 2007.
    황현·허경진 옮김,《매천야록》, 서해문집, 2006.
    서영희, 명성황후 — 수구본당인가 개화의 선각자인가,《63인의 역사학자가 쓴
      한국사 인물 열전》3, 돌베개, 2003.
    유홍종,《다큐멘터리 소설 명성황후》, 해누리기획, 2003.
    변원림,《고종과 명성》, 국학자료원, 2002.
    최문형,《명성황후 시해의 진실을 밝힌다》, 지식산업사, 2001.
    윤정란,《조선의 왕비》, 차림, 1999.
    정비석,《소설 명성황후》1·2, 고려원, 1995.
    이광린, 민비와 대원군,《명성황후 시해사건》, 민음사, 1992.
    강신재,《명성황후》1·2·3, 세명서관, 1991.
    나홍주,《민비암살 비판》, 미래문화사, 1990.
    김동인,《운현궁의 봄》, 1933. 4 — 1934. 2,〈조선일보〉연재소설, 일신서적출판
      사, 1996.
    이선근,《한국최근세사연구》, 휘문출판사, 1985.
    이선근,《한국사 5: 최근세편》, 을유문화사, 1959.
    장도빈,《대원군과 명성황후》, 덕흥서림, 1927.
    菊池謙讓,《朝鮮最近外交史 大院君傳 附 王妃の一生》, 京城 日韓書房, 1910.
    金 熙明,《興宣大院君と閔妃 — 朝鮮王朝 最近世史》, 洋洋社, 昭和42年, 1867.

20. 최익현은 대마도에서 단식 끝에 굶어죽었다?
    황현, 허경진 옮김,《매천야록》, 서해문집, 2006.
    田中 明, 崔益鉉 '斷食死' 說の誤り,《物語 韓國人》, 文藝春秋, 2001.
    윤병석,《한말 의병장 열전》, 독립기념관 한국독립운동사연구소, 1991.

21. 고인돌은 남방식, 북방식으로 나눈다?
    권혁희,《조선에서 온 사진엽서》, 민음사, 2005.
    이영문,《세계문화유산 화순 고인돌》, 동북아지석묘연구소, 2004.
    유태용,《한국 지석묘 연구》, 주류성, 2003.

한국역사민속학회, 《남창 손진태의 역사민속학 연구》, 민속원, 2003.
석광준, 《조선의 고인돌 무덤 연구》, 중심, 2002.
이영문, 《한국 지석묘 사회 연구》, 학연문화사, 2002.
최몽룡 외, 《한국 지석묘 연구 이론과 방법》, 주류성, 2000.
하문식, 《고조선 지역의 고인돌 연구》, 백산자료원, 1999.
송찬섭, 일제의 식민사학, 《한국의 역사가와 역사학》 하, 1994.
한국역사연구회, 한국사 인식의 방법과 과제, 《한국사강의》, 한울, 1989.
이기백 외, 특집 – 식민주의사관 비판, 《한국사 시민강좌》 1, 일조각, 1987.
이만열, 일제관학자들의 식민사관, 《한국의 역사인식》 하, 창작과비평사, 1976.
손진태, 《조선민족문화의 연구》, 을유문화사, 1948.
지건길, 한반도 고인돌문화의 원류와 전개, 《마한백제문화》 13, 1993.
하문식, 한국 청동기 묘제에 관한 한 연구, 《박물관기요》 6, 1990.
이융조·하문식, 한국 고인돌의 다른 유형에 관한 연구 – 제단고인돌 형식을 중심으로, 《동방학지》 63, 1989.
임병태, 한국 지석묘의 형식 및 연대 문제, 《사총》 9, 1964.

22. 금관은 왕이 평소 머리에 썼던 것이다?
전봉관, 《황금광 시대》, 살림, 2005.
강종훈, 《신라상고사연구》, 서울대 출판부, 2000.
강인구, 《삼국시대 분구묘墳丘墓 연구》, 영남대 출판부, 1984.
주보돈, 마립간시대 신라의 지방통치, 《영남고고학》 19, 1996.
윤무병, 한국 묘제의 변천, 《충남대 인문과학연구소 논문집》 2-5, 1975.

23. 포석정은 왕의 놀이터였다?
강돈구, 포석정의 종교사적 이해, 《한국사상사학》 4·5, 1993.
윤국병, 경주 포석정에 관한 연구, 《한국정원학회지》 2, 1983.

24. 경주 첨성대는 천문대다?
박창범, 《하늘에 새긴 우리 역사》, 김영사, 2002.
신복룡, 《한국사 새로 보기》, 풀빛, 2001.
이문규, 《고대 중국인이 바라본 하늘의 세계》, 문학과지성사, 2000.
문중양, 천문대이자 제단인 첨성대, 〈경향신문〉 '과학으로 배우는 역사', 2004. 6. 11.

이문규, 첨성대를 어떻게 볼 것인가: 첨성대 해석의 역사와 신라시대의 천문관, 《한국과학사학회지》Vol. 26 No. 1, 2004.
이기동, 선덕여왕의 시대 - 첨성대 논쟁에 덧붙여서, 《한국과학사학회지》Vol. 3 No. 1, 1981.
한국과학사학회, 첨성대 토론회, 《한국과학사학회지》Vol. 1 No. 1, Vol. 2 No. 1, Vol. 3 No. 1, 1979, 1980, 1981.
박성래, 첨성대에 대하여, 《한국과학사학회지》Vol. 2 No. 1, 1980.
김용운, 첨성대 소고, 《역사학보》54, 1974.
김용운, 첨성대의 구조와 주비산경, 《Korea Journal》, 1974.
남천우, 첨성대에 관한 제설諸說의 검토: 김용운·이용범 양씨 설을 중심으로, 《역사학보》64, 1974, 《유물의 재발견》, 학고재, 1997.
이용범, 첨성대존의瞻星臺存疑, 《진단학보》38, 1974.

25. 거북선은 세계 최초의 철갑선이다?
신병주, 《규장각에서 찾은 조선의 명품들》, 책과함께, 2007.
김태훈, 《이순신의 두 얼굴》, 창해, 2004.
이민웅, 《임진왜란 해전사》, 청어람미디어, 2004.
H. B. 헐버트, 신복룡 역주, 《대한제국멸망사》, 1999.
최영희, 귀선고龜船考, 《사총》 제3집, 1958.

26. 광화문 앞 해태는 화기를 막기 위한 것이다?
양택규, 《경복궁에 대해 알아야 할 모든 것》, 책과함께, 2007.
김성재, 《갑골에 새겨진 신화와 역사》, 동녘, 2000.
김재일, 《우리의 고궁》, 한림미디어, 1997.
조재모·전봉희, 고종조 경복궁 중건에 관한 연구, 《대한건축학회논문집》계획계 Vol. 16 No. 4, 2000.

27. 운현궁은 조선시대 궁궐이다?
신병주, 《규장각에서 찾은 조선의 명품들》, 책과함께, 2007.
황현, 허경진 옮김, 《매천야록》, 서해문집, 2006.
류시원, 《풍운의 한말 역사 산책 - 문화유산 운현궁》, 한국문원, 1996.
나신균, 〈인조-숙종대 행궁의 배치와 공간이용에 관한 연구〉, 명지대학교 석사논문, 2001.

김훈 · 맹웅재, 조선전기 군왕의 질병에 관한 연구,《대한한의학원전학회지》 10-2, 1997.

홍순민, '궁궐플레이' - 왕은 왜 궁궐을 옮겨다녔을까,《역사비평》, 1996년 겨울호.

홍순민, 왕십리 경복궁 - 왕조 창업과 5대 궁궐,《역사비평》, 1996년 가을호.

홍순민, 서울의 궁궐을 얼마나 아십니까,《역사비평》, 1996년 여름호.

28. 독립문은 반일의 상징이다?

김윤희 · 이욱 · 홍준화,《조선의 최후》, 다른세상, 2004.

김승태, 서재필,《63인의 역사학자가 쓴 한국사 인물 열전》3, 돌베개, 2003.

유영익,《갑오경장 연구》, 일조각, 1990.

신용하,《독립협회연구》, 일조각, 1976.

주진오, 독립협회의 주도세력과 참가계층 - 독립문건립추진위원회 시기를 중심으로,《동방학지》77-79, 1993.

주진오, 교과서의 독립협회 서술은 잘못되었다,《역사비평》1989년 겨울호.

이광린, 서재필의 독립신문 간행에 대하여,《진단학보》39, 1975.

29. 태극기는 처음부터 지금과 같은 모양이었다?

이선근, 국기 제정의 역사적 고찰,《한국최근세사연구》, 휘문출판사, 1985.

백광하,《태극기 - 역리와 과학에 의한 해명》, 동양수리연구원 출판부, 1965.

이선근, 우리 국기 제정의 유래와 그 의의,《국사상의 제문제》2, 동국문화사, 1959.

김문식, 1882년 박영효가 사용한 조선 국기,《문헌과해석》, 2006년 가을호.

김원모, 봉사도의 태극도형기(1725)에 대하여 - 태극기 기원문제를 중심으로,《아세아문화연구》4, 2000.

최창동, 태극기의 제정배경과 법철학적 의의 및 남북한 통일기 제정안 소고,《비교법학》, 1989.

30.《삼국유사》에 따르면 고조선은 기원전 2333년에 건국되었다?

송호정,《단군, 만들어진 신화》, 산처럼, 2004.

이덕일,《살아있는 한국사 1》, 휴머니스트, 2003.

전국역사교사모임, 《살아있는 한국사 교과서 1》, 휴머니스트, 2002.
국사편찬위원회, 《한국사 4》, 1997.
정구복, 조선전기의 역사서술, 《한국의 역사인식》상, 창작과비평사, 1976.
한영우, 동국통감의 역사서술과 역사인식 상·하, 《한국학보》15·16, 1979.

31. 백제의 왕인 박사는 일본에 《천자문》을 전해주었다?
김정호 집필, 정영호 감수, 《왕인 전설과 영산강문화》, 영암군 왕인박사탄생지 고증위원회, 1997.
전용신 역, 《완역 일본서기》, 일지사, 1989.
이병도, 백제 학술 및 기술의 일본 전파, 《한국고대사연구》, 박영사, 1976.
김창수, 《박사 왕인》, 박사왕인연구소, 1975.
왕인박사현창협회, 《왕인박사유적 종합조사보고서》, 1974.
이은창, 왕인박사의 연구-영암 왕인 유적지 조사를 중심으로, 《백제의 종교와 사상》, 1974.
김주성, 영산강유역 대형옹관묘 사회의 성장에 대한 시론, 《백제연구》27, 1997.
안춘근, 왕인박사 일본전수 천자문 고구考究, 《출판학연구》33, 1991.
하타다 다카시旗田巍, 일본에 있어서의 한국사 연구의 전통, 《한국사시민강좌》1, 1987.

32. 도선대사는 왕건에게 《도선비기》를 주었다?
강봉룡, 《바다에 새겨진 한국사》, 한얼미디어, 2005.
박찬홍 외, 《영화처럼 읽는 한국사》, 명진출판, 1999.
이해준, 《역사 속의 전라도》, 다지리, 1999.
최창조, 《땅의 논리, 인간의 논리》, 민음사, 1992.
허흥식, 《고려불교사연구》, 일조각, 1986.
이병도, 《고려시대의 연구》재판, 을유문화사, 1954, 개정판, 아세아문화사, 1980.
김두진, 나말여초 동리산문의 성립과 그 사상, 《동방학지》57, 1988.

33. 이규보의 〈동명왕편〉은 민족의식을 드높이기 위해 쓴 것이다?
박명호, 이규보 〈동명왕편〉의 창작동기, 《사총》52집, 2000.
노명호, 〈동명왕편〉과 이규보의 다원적 천하관, 《진단학보》83, 1997.
박종기, 《동국이상국집》에 나타난 고려시대상과 이규보, 《진단학보》83, 1997.
탁봉심, 〈동명왕편〉에 나타난 이규보의 역사의식, 《한국사연구》44, 1984.

김정심, 이규보의 〈동명왕편〉에 관한 고찰, 《원우논총》 1, 1983.
이기백, 《한국사신론》, 일조각, 1976.

34. 《홍길동전》은 허균이 쓴 최초의 한글소설이다?
설성경, 《홍길동전의 비밀》, 서울대 출판부, 2004.
신병주·노대환, 《고전 소설 속 역사 여행》, 돌베개, 2002.
이덕일·이희근, 《우리 역사의 수수께끼》, 김영사, 1999.
이복규 편저, 《설공찬전―주석과 자료》, 시인사, 1997.
이이화, 《허균》, 한길사, 1997.
허경진, 《조선시선朝鮮詩選》이 편집되고 조선에 소개된 과정, 《아세아문화연구》 6, 2002.
정규복, 서평 《홍길동전 연구―서지와 해석》, 《고소설연구》 Vol. 5 No. 1, 1998.
정상균, 《홍길동전》 연구, 《서울시립대학논문집》 30, 1996.
백승종, 고소설 《홍길동전》의 저작에 대한 재검토, 《진단학보》 80, 1995.
김광순, 《홍길동전》의 작가시비에 대하여, 《문화전통논집》 창간호, 부산경성대 향토문화연구소, 1993.
허경진, 허균의 문집에 대하여, 《인문과학》 49, 1983.
김진세, 홍길동전의 작자고攷―하나의 가설 제기를 위하여, 《서울대논문집》 1, 1969.
이능우, 허균론, 《숙대 논문집》 5, 1965.

35. 한국 최초의 서구 기행문은 《서유견문》이다?
유길준, 허경진 옮김, 《서유견문》, 서해문집, 2004.
서현주, 유길준, 《63인의 역사학자가 쓴 한국사 인물 열전》 3, 돌베개, 2003.
박정양, 《미속습유》, 한국학문헌연구소 편, 《박정양전집》 6, 아세아문화사, 1984.
한철호, 유길준의 개화사상서 《서유견문》과 그 영향, 《진단학보》 89, 2000.

36. 교과서에 실렸던 명성황후 사진은 진짜다?
이돈수, 《100년 전 우리나라에 가다》, 서울문화사, 2007.
아손 그렙스트, 김상열 옮김, 《스웨덴 기자 아손, 100년 전 한국을 걷다―을사조약 전야 대한제국 여행기》, 책과함께, 2005.
신복룡, 명성황후의 초상은 없다, 《한국사 새로 보기》, 풀빛, 2001.
윤치호, 송병기 역, 《국역 윤치호 일기 1》, 연세대학교 출판부, 2001.

퍼시벌 로웰, 조경철 옮김, 《내 기억 속의 조선, 조선 사람들》, 예담, 2001.
릴리아스 언더우드, 신복룡·최수근 역주, 《상투의 나라》, 집문당, 1999.
H. B. 헐버트, 신복룡 역주, 《대한제국멸망사》, 집문당, 1999.
까를로 로제티, 서울학연구소 역, 《꼬레아 꼬레아니》, 숲과나무, 1996.
조지 커즌, 라종일 역, 《100년 전의 여행, 100년 후의 교훈》, 비봉출판사, 1996.
이사벨라 버드 비숍, 이인화 역, 《한국과 그 이웃나라들》, 살림, 1994.
나홍주, 《민비암살 비판》, 미래문화사, 1990.

37. 신라에만 여왕이 있었던 것은 신라 여성의 지위가 높았기 때문이다?

박순교, 《김춘추, 외교의 승부사》, 푸른역사, 2006.
역사학자 48인 지음, 대구사학회 편, 《영남을 알면 한국사가 보인다》, 2005.
김태식, 《화랑세기, 또 하나의 신라》, 김영사, 2002.
김대문 저, 이종욱 역주해, 《화랑세기》, 소나무, 1999.
이종욱, 《신라 골품제 연구》, 일조각, 1999.
이기동, 《신라 사회사 연구》, 일조각, 1997.
한국역사연구회 고대사분과, 《문답으로 엮은 한국고대사 산책》, 역사비평사, 1994.
한국불교연구원 편, 《해인사》, 일지사, 1975.
박문옥, 〈《화랑세기》로 본 김유신의 세계世系, 인통姻統과 혼인 ─ 신라 골품제하에서의 지위〉, 서강대학교 석사논문, 2002.
문경현, 살왕설과 선덕여왕, 《백산학보》 52, 1999.
서의식, 신라 상대의 왕위 계승과 성골, 《한국사연구》 86, 1994.
이근직, 〈삼국유사 왕력편 연구〉, 효성카톨릭대학교 석사논문, 1995.
정용숙, 신라의 여왕들, 《한국사시민강좌》 15, 1994.
전기웅, 신라 하대 말의 정치사회와 경문왕가, 《부산사학》 16, 1989.
정중환, 비담·염종 난의 원인 고考 ─ 신라 정치사회의 전환기에 관한 일시고─ 試考, 《동아논총》 14, 1977.

38. 윤관이 개척한 동북 9성은 여진족의 간청으로 돌려주었다?

이용범, 《한만교류사》, 동화출판공사, 1989.
추명엽, 11세기후반 ─ 12세기초 여진정벌 문제와 정국동향, 《한국사론》 45, 2001.

김광수, 고려전기 대여진교섭과 북방개척문제,《동양학》7, 1977.
김구진, 공험진과 선춘령비,《백산학보》21, 1976.
이기백, 고려 별무반고,《김재원박사 회갑기념논총》, 1969,《고려귀족사회의 형성》, 일조각, 1990.

39. 임진왜란 때 경복궁을 불태운 건 백성들이다?
  허균,《사료와 함께 새로 보는 경복궁》, 한림미디어, 2005.
  이장희,《임진왜란사 연구》, 아세아문화사, 1999.
  오항녕,《선조실록》수정고故,《한국사연구》123, 2003.
  배동수, 선조실록 수정편찬의 정치사적 의미,《정정政正》13, 2000.
  홍순민,〈조선 왕조 궁궐 경영과 양궐체제의 변천〉, 서울대학교 박사논문, 1996.

40. 조선시대에도 담배는 어른들만 피웠다?
  김영진, 이옥의 가계와 명청소품 독서,《조선후기 소품문의 실체》, 태학사, 2003.
  정민, 담배에 관한 최초의 저술, 이덕리의〈기연다〉,《문헌과 해석》, 2007년 봄호.
  정민, 이덕리 저《동다기東茶記》의 차문화사적 자료 가치,《문헌과해석》, 2006년 가을호.
  김영진, 이옥 문학과 명청明淸 소품 — 신자료의 소개를 겸하여,《고전문학연구》23, 2003.
  김균태, 이옥의 문학사상연구,《현상과 인식》Vol. 1 No. 4, 1977.

41. 겉보리 서 말만 있으면 처가살이 안 했다?
  손병규,《호적》, 휴머니스트, 2007.
  권순형,《고려의 혼인제와 여성의 삶》, 혜안, 2006.
  이종서,《한국사탐험대 7 — 가족》, 웅진주니어, 2006.
  (사)한국여성연구소,《개정판 새 여성학 강의》, 동녘, 2005.
  문숙자,《조선시대 재산상속과 가족》, 경인문화사, 2004.
  박용운, 고려시대 동래 정씨 가문 분석,《고려 사회와 문벌 귀족 가문》, 경인문화사, 2003.
  장병인,《조선전기 혼인제와 성차별》, 일지사, 1997.
  이수건 편저,《경북지방고문서집성》, 영남대 출판부, 1981.
  장병인, 조선중기 혼인제의 실상 — 반친영의 실체와 그 수용여부를 중심으로,

《역사와 현실》 58, 2005.
이종서, '전통적' 계모관의 형성과정과 그 의미, 《역사와 현실》 51, 2004.
이종서, 〈14-16세기 한국의 친족용어와 일상 친족관계〉, 서울대학교 박사논문, 2003.
이종서, 14세기 이후 친족용어의 변천과 친족관계, 《역사비평》, 2003년 여름호.
이종서, 고려~조선 전기 친족관계-族族을 중심으로, 《역사비평》, 2003년 가을호.
장병인, 조선시대와 일제시대 여성의 법적 지위 비교, 《호서사학》 36, 2003.
이욱, 남녀차별은 정말 우리 민족 고유의 전통일까?, 《우리 역사 속 왜?》, 서해문집, 2002.
한만영, 중종대의 친영논쟁과 조선중기 혼례제도의 변화, 《외대사학》 Vol. 12 No. 1, 2000.
권순형, 〈고려시대 혼인제도 연구〉, 이화여자대학교 박사논문, 1997.
이순구, 〈조선초기 종법의 수용과 여성지위의 변화〉, 정신문화연구원 박사논문, 1995.
김기흥 외, 기획—혼인의 사회사, 《역사비평》 25, 1994년 여름호.
최숙경 외, 특집—한국사상의 여성, 《한국사시민강좌》 15, 일조각, 1994.
박혜인, 모처부처제 혼인거주규칙의 잔재—서류부가혼속을 중심으로, 《민족문화연구》 17, 1983.
박혜인, 서류부가혼속의 변천과 그 성격—조선시대 가족제도 변화를 중심으로, 《민족문화연구》 14, 1979.

42. 씨 없는 수박은 우장춘의 발명품이다?
박성래·신동원·오동훈, 겨레의 농학자 우장춘, 《우리 과학 100년》, 현암사, 2001.
한겨레신문사, 헐벗은 식탁을 기름지게 하다—우장춘, 《발굴 한국현대사 인물 1》, 한겨레신문사, 1991.

43. 대한민국은 한반도에서 유일한 합법정부다?
아시아문화연구소 엮음, 《미국의 대한정책 1834-1950》, 한림대학교 출판부, 1987.
미의회조사국, 북한의 국제적 승인에 관련된 법적 분석, 《전략연구》 Vol. 4 No. 2, 1997.
강성천, 1947-1948년 'UN조선임시위원단' 과 '통일정부' 논쟁, 《한국사론》 35, 1996.
최우순, 〈한국의 유엔 외교에 관한 연구—남북한 동시가입을 중심으로〉, 조선대학교 박사논문, 1993.
리영희, 국가보안법 논리의 위대한 허구,《한국논단》, 1991년 6월호.

44. 베트남 파병은 미국의 요구 때문이었다?
조성렬, 한미 상호방위조약과 한미동맹 50년의 평가,《한미동맹 50년: 법적 쟁점과 미래의 전망》, 백산서당, 2004.
홍규덕, 베트남전 참전 결정과정과 그 영향,《1960년대의 대외관계와 남북문제》, 백산서당, 1999.
최동주, 베트남 파병이 한국경제의 성장과정에 미친 영향,《동남아시아 연구》 11권, 2001년 봄호.
박태균, 1950·60년대 미국의 한국군 감축론과 한국정부의 대응,《국제·지역연구》 9권, 2000년 가을호.
박홍영, 한국군 베트남 파병(1961-1966)의 재검토: 릿세의 '행위의 논리' 적용 가능성,《국제정치논총》Vol. 40 No. 4, 2000.
서중석, 이승만과 북진통일—50년대 극우 반공독재의 해부,《역사비평》, 1995년 여름호.
문유미,〈한국의 월남전 참전 연구〉, 서울대학교 석사논문, 1994.
이기종, 한국군 베트남 참전의 결정요인과 대외관계의 변화,《국제정치논총》Vol. 31 No. 1, 1991.
이기종, 베트남 전쟁과 한국군 참전의 재조명,《평화연구》Vol. 8 No. 1, 1989.

■ 사진 및 그림 출처

고려대학교박물관
국립고궁박물관
국립경주박물관
국립중앙박물관
규장각한국학연구원
선암사 성보박물관
온양민속박물관
전쟁기념관
함부르크 민족학박물관
호암미술관

《사성통해》
《삼우당실기》
《청춘》
《한국민족문화대백과사전》1~28, 한국정신문화연구원, 1991.
《한국의 영화포스터》, 정종화 엮음, 범우사, 1993.
《꼬레아 꼬레아니》, 까를로 로제티, 서울학연구소 역, 숲과나무, 1996.
《충무공 이순신》, 이상훈 외, 대한출판문화협회, 1998.
《사진으로 보는 서울》1~3, 서울특별시사편찬위원회, 2002.
《중학교 국사》, 국정도서편찬위원회, 2002.
《먼 나라 꼬레》, 이폴리트 프랑뎅, 경인문화사, 2003.
《서울의 문화재》1~5, 서울특별시사편찬위원회, 2003.
《고인돌》, 이영문, 동북아지석묘연구소, 2004.
《신동아 별책부록-100년 전 한국》, 신동아 편집부, 2005년 1월호.
《남도에서 꼭 가봐야 할 100곳》, 전라남도, 2006.
《영국화가 엘리자베스 키스의 코리아 1920~1940》, 엘리자베스 키스 · 엘스펫 K. 로버트슨 스콧, 송영달 역, 책과함께, 2006.
《도덕 5학년》, 한국교육과정평가원, 2007.
《사회과탐구 6-1》, 국정도서편찬위원회, 2007.

대한민국고엽제후유증전우회 http://www.kaova.or.kr
고려대장경연구소 http://www.sutra.re.kr
개미실사랑방(김윤만님 블로그) http://blog.naver.com/roaltlf
한철호 소장자료

*출처를 확인하지 못한 자료는 확인하는 대로 일반적인 기준에 따라 저작권료를 꼭 지불하겠습니다.

한국사 상식 바로잡기

1판 1쇄 2007년 11월 24일
1판 9쇄 2015년 11월 16일

지은이 | 박은봉
펴낸이 | 류종필

편집 | 천현주, 박진경
마케팅 | 김연일, 이혜지, 노효선

표지 디자인 | 이석운

펴낸곳 | (주) 도서출판 **책과함께**
　　　주소 (04029) 서울시 마포구 월드컵로 50 덕화빌딩 5층
　　　전화 335-1982~4
　　　팩스 335-1316
　　　전자우편 prpub@hanmail.net
　　　블로그 blog.naver.com/prpub
　　　등록 2003년 4월 3일 제6-654호

ISBN 978-89-91221-31-4(03900)